R 27408

Paris
1875

Bain, Alexander

Logique déductive et inductive

1

LOGIQUE

DÉDUCTIVE ET INDUCTIVE

AUTRES OUVRAGES DE M. AL. BAIN

TRADUITS EN FRANÇAIS.

Les Sens et l'Intelligence, suivis d'une étude sur la psychologie d'Aristote, 1874, 1 fort volume in-8°, traduit de l'anglais, par M. E. Cazelles.................................... 10 fr.

Les Émotions et la Volonté. 1 fort volume in-8°, traduit de l'anglais, par M. E. Cazelles. (*Sous presse.*)

L'Esprit et le Corps considérés au point de vue de leurs relations, suivis d'études sur les erreurs généralement répandues au sujet de l'esprit. 1 volume in-8°, de *la Bibliothèque scientifique internationale*; cartonné.................................... 6 fr.

AUTRE OUVRAGE DE M. G. COMPAYRÉ.

La Philosophie de David Hume. 1873 (Thorin); 1 vol. in-8°.

LOGIQUE
DÉDUCTIVE ET INDUCTIVE

PAR

ALEXANDRE BAIN

PROFESSEUR DE LOGIQUE A L'UNIVERSITÉ D'ABERDEEN

TRADUIT DE L'ANGLAIS

PAR

GABRIEL COMPAYRÉ

Docteur ès lettres, professeur suppléant à la Faculté
des lettres de Toulouse

TOME PREMIER

DÉDUCTION

PARIS
LIBRAIRIE GERMER-BAILLIÈRE
17, RUE DE L'ÉCOLE DE MÉDECINE, 17

1875

PRÉFACE DU TRADUCTEUR

M. Bain n'est plus un inconnu pour le public français. Une esquisse de M. Ribot, dans son livre sur la *Psychologie anglaise*, avait déjà donné un aperçu de la méthode pénétrante et minutieuse que M. Bain applique à l'analyse des phénomènes de l'esprit. La traduction d'un des plus importants ouvrages du philosophe anglais, *les Sens et l'Intelligence* (1), publiée par M. Cazelles, a permis d'apprécier directement, et sur pièces authentiques, cette psychologie savante, qui, par l'abondance de ses informations et de ses vues de détail, corrige le caractère un peu systématique et absolu de ses conclusions générales. C'est d'elle que Stuart Mill a pu dire « qu'elle avait poussé la recherche analytique des phénomènes moraux au point le plus avancé qui ait encore été atteint ».

La Logique, que nous publions aujourd'hui, nous paraît digne d'être jugée avec la même faveur. Venue après la logique de Stuart Mill, elle rivalise

---

(1) *Les Sens et l'Intelligence*, traduction Cazelles. Germer-Baillière, 1874.

avec elle, non pour la combattre, mais pour la perfectionner. Écrite dans le même sens, elle ne lui ressemble pourtant pas, et ne fait nullement double emploi avec elle. Il est vrai qu'elle renchérit peut-être sur ses défauts, en marquant plus nettement encore sa complaisance pour l'empirisme, dont elle adopte les principes; mais, en revanche, elle ajoute à ses qualités par une ordonnance meilleure, par des additions ou des corrections précieuses, surtout par l'effort qu'a fait l'auteur, non sans succès, pour écrire une logique à la fois scientifique et pratique.

La logique de Stuart Mill, malgré l'admirable lucidité d'esprit qui est une des qualités maîtresses de son auteur, reste avant tout une logique savante, par suite un peu compliquée et obscure par endroits, une logique où les hautes questions de la science sont discutées avec vivacité et avec force, mais où les parties élémentaires du sujet, les parties vraiment utiles, sont systématiquement négligées ou omises. Préoccupé de ses vues théoriques, Stuart Mill a écarté à dessein de son plan les détails techniques. Il a écrit pour les académies plutôt que pour les collèges. Ainsi, quoique peu disposé à partager le dédain trop répandu de nos jours pour l'art syllogistique, dédain qui veut se donner les airs d'une plus grande force d'esprit, mais qui n'est au fond qu'une paresse, une vaine délicatesse intellectuelle, Stuart Mill a, de parti pris, abrégé dans son livre la théorie du syllogisme. De même il n'a abordé qu'en passant cette partie de la logique pratique, qui consiste à déterminer pour chaque science les applications de la méthode.

C'est, au contraire, dans le développement des lois de la logique élémentaire ou appliquée que se découvre la plus grande originalité du travail de M. Bain. Près de trois cents pages ont été consacrées par l'auteur à l'étude des méthodes dans les différentes sciences. Nous trouvons là une logique réelle et technique qui suit pied à pied les sciences dans leurs démarches, s'ajustant à tous leurs contours, serrant de près tous leurs progrès, afin d'en exprimer la substance et de nous présenter, dans une série de tableaux, les moyens dont dispose l'esprit humain pour faire face à la diversité des problèmes scientifiques. Ces études de logique appliquée, outre qu'elles peuvent fournir aux savants de profession des indications utiles, ont encore pour résultat de contribuer à cette culture générale de l'esprit, qui était, on le sait, le but favori des logiciens de Port-Royal, et qu'on aurait tort de sacrifier tout à fait à des idées absolues d'érudition étroite et de science spéciale. Le logicien n'a point perdu sa peine, quand, par une synthèse bien faite des procédés et des résultats de chaque science, il a mis ses lecteurs à même d'embrasser d'une vue générale l'ensemble des connaissances humaines. D'un autre côté, et pour ne signaler que cet autre point, M. Bain est entré dans les plus grands détails, pour rendre claire et profitable l'exposition de l'art syllogistique, cet excellent instrument d'analyse intellectuelle. Il a fait suivre ses études sur ce sujet d'une série d'exemples et d'exercices destinés à familiariser les jeunes gens avec la dialectique déductive. En un mot, et sans oublier les problèmes de la logique spéculative, M. Bain a composé un livre qui, par certaines parties tout au moins, est un véritable manuel scolaire et un livre d'éducation, un livre enfin qui rendrait la logique populaire, si la logique pouvait jamais le devenir.

C'est ce caractère éminemment pratique de la logique de M. Bain qui nous paraît être le meilleur titre de recommandation pour la traduction que nous en donnons aujourd'hui. L'état des études logiques dans notre pays ne justifie que trop tous les efforts qu'on peut faire pour réveiller le goût de la dialectique abstraite. Qu'on relise les pages remarquables que M. L. Peisse écrivait à ce sujet en 1840, dans sa préface aux *Fragments philosophiques* de Hamilton (1). Après un intervalle de trente ans, ces observations sévères, sur l'extinction graduelle et la décadence de la logique, ont gardé leur justesse et leur vérité. Ce déclin continu de la logique provient moins de l'abaissement des talents que d'une sorte de dédain et de discrédit, propagé le plus souvent par l'irréflexion, encouragé quelquefois par l'esprit de système. De plus en plus on

---

(1) Voir *Fragments de philosophie*, par Hamilton. Traduction L. Peisse, p. xix et suiv.

s'imagine que la pensée émancipée n'a pas besoin de s'astreindre à des règles, que la meilleure logique, c'est le talent, le tempérament. Les politiques répètent volontiers ce lieu commun que les hommes des sociétés modernes songent plutôt à revendiquer leurs droits qu'à pratiquer leurs devoirs. Les savants peuvent avec raison faire entendre des plaintes analogues. La liberté de penser, qui est le droit, tout le monde la réclame et avec raison ; mais la logique, qui est le devoir, le devoir d'user d'après les règles de la pensée libre, qui donc se soucie d'en apprendre les lois ?

A peine enseignée dans nos classes, la logique est présentée aux élèves sous des formes trop sèches et trop laconiques pour qu'elle puisse captiver et façonner leurs esprits. Quelle impression garderait des mathématiques quelqu'un qui ne les aurait étudiées qu'un mois ou deux ? Quel profit attendre de cette initiation superficielle et purement verbale à une science abstraite, qui ne peut devenir utile qu'au prix d'une pratique prolongée ? Le sentiment général de nos élèves, quand ils quittent la classe de philosophie, c'est que la logique est la partie la plus ennuyeuse du cours. Le seul résultat de ce maigre enseignement, c'est le plus souvent de les en dégoûter pour la vie.

N'y aurait-il pas un remède à apporter au mal ? Peu d'efforts ont été tentés jusqu'ici. Je ne parle pas de la logique générale et scientifique, qui, malgré le petit nombre de ses adeptes, a donné lieu à quelques écrits remarquables, tels que les *Essais* de M. Cournot. Mais la logique élémentaire ne semble avoir inspiré depuis longtemps aucune tentative sérieuse de réforme et d'amélioration. Lorsque le caprice d'un ministre substitua le mot de *logique* au mot de *philosophie*, comme désignation officielle des classes de nos lycées, le résultat, cherché ou non, devait être, on le sait, l'abaissement des études philosophiques, et non la restauration de la logique. A part cet honneur équivoque, dont elle se serait passée, on ne voit pas, dans l'histoire de ces dernières années, que rien ait été fait pour fortifier ou rajeunir l'enseignement de cette science (1).

Le plus grand mal peut-être, c'est qu'il n'y ait pas d'autre texte à mettre entre les mains des élèves que *la Logique* de Port-Royal. Admirable écrit sans doute, véritable chef-d'œuvre de cet esprit modéré, de ce bon sens exquis dont le dix-septième siècle a transmis l'héritage à des successeurs trop peu empressés quelquefois à le recueillir! C'est avec respect qu'on doit parler d'un tel livre, qui fut en son temps d'une nouveauté originale et hardie, et où les sages de Port-Royal, avec non moins de force et plus de

(1) Ce n'est pas qu'il n'y ait eu des essais particuliers très-remarquables et dus pour la plupart à des savants : par exemple, la *Méthode dans les sciences de raisonnement* de M. Duhamel ; la *Philosophie chimique* de M. Dumas ; l'*Introduction à la Médecine expérimentale* de M. Claude Bernard, etc. Ce qui manque, c'est un travail d'ensemble.

modération que Descartes, ont préparé le triomphe de la réflexion personnelle et de l'esprit de discernement sur les préjugés de l'autorité et les erreurs du pédantisme. Mais enfin tout vieillit, du moins en partie ; et, s'il y a dans la logique de Port-Royal des parties durables, comme les fines réflexions morales de Nicole sur les égarements de l'amour-propre, il y a aussi des points, et en grand nombre, où l'œuvre, en raison du progrès des sciences, est devenue insuffisante et arriérée.

Je ne sais par quelle illusion les philosophes se sont imaginé, pour la plupart, que la logique, définitivement établie en une fois par le génie d'Aristote, n'avait plus de progrès à faire. Kant partageait jusqu'à un certain point ce préjugé. « Depuis Aristote, écrivait-il, la logique n'a pas beaucoup gagné quant au *fond*, et même elle ne peut gagner beaucoup à cet égard. » Il est vrai qu'il ajoutait : « Mais elle peut très-bien acquérir en *exactitude*, en *précision* et en *clarté* (1). »

Il faut aller plus loin et reconnaître que depuis Aristote, ou, ce qui revient au même, depuis la fin de la scolastique, la logique a singulièrement agrandi son domaine et renouvelé ses théories. D'une part, des logiciens ingénieux, pour la plupart mathématiciens, tels que de Morgan et Boole (on trouvera dans le présent ouvrage l'exposition de leurs systèmes), ont développé ou simplifié la

---

(1) *Logique* de Kant. Traduction Tissot. Introduction, p. 18.

théorie du syllogisme, en appliquant des symboles numériques ou des signes algébriques à l'expression des notions et des propositions : dans la même voie, Hamilton, en exigeant que dans les propositions la quantité du prédicat fût déterminée aussi exactement que celle du sujet, a accru le nombre des formes fondamentales et des modes possibles, que dans une de ses listes il énumère au nombre de cent huit. Certes, nous sommes loin de nous figurer qu'on ait reculé les bornes de l'esprit humain en doublant le nombre des syllogismes concluants; mais nous croyons qu'il y a quelque profit à déterminer avec plus d'exactitude les conditions de la pensée et du raisonnement déductif, et à ajouter ainsi quelque chose à l'analyse du mécanisme intellectuel. D'autre part, la logique inductive a été créée de toutes pièces, non pas seulement par Bacon, dont les intuitions, pourtant si clairvoyantes, ont elles-mêmes un peu vieilli, mais par des savants qui, tels que Newton et Herschell, ont non-seulement pressenti par leur génie, mais éprouvé par leurs découvertes, les vraies méthodes expérimentales; et aussi par des généralisateurs, comme Whewell et Stuart Mill, qui, venus après les grands progrès de la science, n'ont eu qu'à résumer, à formuler dans des lois le travail scientifique des derniers siècles. Comment nier après cela la possibilité du renouvellement et du progrès des études logiques? Ce n'est pas qu'en reconnaissant les accroissements de la logique on veuille lui contester la fixité immuable de ses principes, pas plus qu'on ne songe à nier l'éternelle vérité de la géométrie, en refusant de l'étudier dans Euclide! Mais que dirait-on, par exemple, d'une poétique qui, composée du temps d'Homère, ne traiterait que de la poésie épique et ignorerait les autres formes de la poésie? Ne faut-il pas juger de même une logique qui, après les grands efforts et les grands succès de la méthode inductive, telle qu'on la pratique depuis Bacon, voudrait en demeurer à l'étude du syllogisme, tel que l'entendait Aristote?

Or, par la faute des temps, la logique de Port-Royal en est restée là. Le mot induction n'y est prononcé qu'une fois, et seulement, par une étrange distraction, à propos des sophismes ou des faux raisonnements. On ne s'explique pas que l'induction, sur laquelle Arnauld garde un silence absolu, quand il s'agit d'analyser les procédés réguliers et légitimes du raisonnement, apparaisse inopinément parmi les sources d'erreurs (1). Il y a là précisément un de ces sophismes que Port-Royal signale trois pages plus haut : le sophisme du dénombrement imparfait. Le plus étrange, c'est que Port-Royal savait parfaitement « que toutes nos connaissances commencent par l'induction, parce que les choses singulières se présentent avant les universelles ». Mais la force de l'habitude et l'autorité de la tradition condamnaient encore les es-

---

(1) *Logique de Port-Royal*, l. III, chap. XIX, p. 4.

prits les plus pénétrants à respecter les étroites limites de la logique déductive. Combien d'autres logiciens, moins excusables, ont commis la même erreur après Port-Royal !

L'ignorance ou l'oubli de la méthode inductive est la grande lacune de la logique d'Arnauld et de Nicole, écrite pourtant un demi-siècle après *le Novum Organum;* mais ce n'est pas la seule. Les classifications n'y sont étudiées que d'une façon superficielle et comme en passant. L'étude des mots et du langage est à peine abordée. Les principes rationnels sur lesquels se fonde le syllogisme ne sont pas mis en relief. Les sophismes sont présentés dans une liste confuse, qui est une énumération faite au hasard et non une classification systématique; les mêmes sophismes y sont signalés plusieurs fois, sous des noms différents, au mépris de la règle essentielle de la division, règle que Port-Royal énonce lui-même, et où il est dit que les membres d'une division ne doivent pas être enfermés l'un dans l'autre.

Il serait superflu d'insister plus longtemps sur les défauts inévitables d'un livre, qui a rendu de grands services à l'éducation de la jeunesse, qui peut en rendre encore, mais qui a le tort de dater de 1662. Qui ne comprend qu'il serait urgent de faire pour *la Logique* de Port-Royal, et à plus forte raison encore, ce que M. Ch. Lévêque a tenté dernièrement avec succès pour *l'Existence de Dieu* de Fénelon, en reproduisant dans ses *Harmonies providentielles* d'autiques vérités, rajeunies, mises à la mode du jour et accommodées aux besoins nouveaux? Une logique où l'on conserverait tout ce que Port-Royal a écrit d'excellent sur la confusion des idées, sur les limites de la science, sur les causes de nos erreurs, mais où l'on rajeunirait les exemples en puisant largement dans le trésor de la science moderne, où l'on accorderait à l'induction la place qu'elle mérite, où l'on introduirait des chapitres nouveaux sur les mots et leurs rapports avec les idées, sur la définition, sur la classification, sur l'expérience et les autres procédés scientifiques, une logique enfin écrite dans le même esprit que la logique de Port-Royal, sur le même plan, mais avec d'autres matériaux, qui ne voit qu'elle serait éminemment utile et nécessaire?

Et cependant, sur un ou deux points, quelque excellent qu'il soit dans ses tendances générales, cet esprit de Port-Royal devrait être lui-même modifié et corrigé. D'abord la logique de Port-Royal ne croit pas assez à la science, qui est pour elle un moyen et non un but. Mais surtout, et c'est, à notre gré, son plus grand défaut, elle ne croit pas assez à elle-même. Sainte-Beuve la louait précisément de cet esprit de modestie : « Les autres logiques, dit-il, sont plus ou moins éprises d'elles-mêmes. » Les logiciens de Port-Royal, au contraire, doutent de l'efficacité de la logique. C'est avec une malicieuse ironie qu'ils parlent de la science qu'ils nous enseignent et dont ils ne veulent pas être dupes :

« Il est raisonnable, disent-ils, d'acheter par la peine d'apprendre ces questions le droit de les mépriser. » Quelle confiance veut-on qu'inspirent à de jeunes esprits, très-disposés déjà par eux-mêmes à dédaigner toute étude pénible, des savants qui déprécient eux-mêmes leur science, et qui déclarent lestement qu'on peut, en sept ou huit jours, apprendre de la logique tout ce qui vaut la peine d'en être su? Qui donc, parmi nos élèves, lira des chapitres précédés de cette mention : « Les chapitres suivants ne sont nécessaires que pour la spéculation. C'est pourquoi ceux qui ne voudront pas se fatiguer l'esprit à des choses peu utiles pour la pratique les peuvent passer (1). » Cette allure fine et défiante peut être très-philosophique; elle peut plaire à des esprits raffinés, mais elle ne convient pas à un livre d'éducation. Il faut, pour qu'une science s'impose à la jeunesse, qu'elle parle avec autorité, qu'elle affiche plus de confiance encore qu'elle n'en a peut-être au fond; enfin, qu'elle ne prenne pas les devants pour diriger contre elle-même un reproche d'inutilité que la paresse et la légèreté ne seront que trop portées à lui adresser. Défions-nous d'une logique qui a pu, à un si haut degré, gagner les bonnes grâces d'un sceptique tel que Sainte-Beuve. Quand on doute de la science humaine, quand on pousse la haine du pédantisme jusqu'à proscrire volontiers les croyances fortes et

---

(1) *Logique de Port-Royal*, l. II, chap. XVII.

sûres d'elles-mêmes, il est naturel qu'on s'éprenne d'une logique, dont le dernier mot est presque : Il n'y a pas de logique! Mais quand on croit à la force de la raison, et quand on veut communiquer cette conviction salutaire à l'âme des jeunes gens, comment ne pas préférer une logique, je ne dis pas plus présomptueuse, mais plus courageuse, plus fière, qui n'avouerait pas qu'elle a bâclé sa besogne en deux ou trois jours, et qui, demandant plus d'efforts, promettrait plus de récompenses?

Cette logique complète, riche en développements, appropriée à l'état de la science, enfin animée de cette ferme confiance qui convient à tout art sérieux et utile, il nous semble la trouver, au moins en partie, dans la logique de M. Bain. Ce sera l'honneur de l'école anglaise contemporaine d'avoir entrepris et mené à bonne fin l'œuvre du rajeunissement, du renouvellement de la logique. Les philosophes français de l'école spiritualiste se sont, en général, tenus trop à l'écart des sciences positives pour pouvoir prétendre à remplir heureusement cette tâche. L'école positiviste d'A. Comte a naturellement professé pour la logique le même dédain que pour la psychologie. « Tout ce qu'on peut dire de réel, quand on envisage l'esprit abstraitement, se réduit à des généralités tellement vagues qu'elles ne sauraient avoir aucune influence sur le régime intellectuel. La logique sera peut-être possible plus tard, mais pour le moment elle est inexécutable, les grands procédés logiques ne pouvant encore être expliqués avec la précision suffisante, séparément de leur application (1). »

Les psychologues anglais ont fait une réponse victorieuse à cette condamnation sommaire et remis la logique à son rang. Elle est à leurs yeux la plus abstraite des sciences, et ils la placent dans leur classification avant les mathématiques (2). Mais pour la mettre au-dessus de toutes les sciences, au degré le plus élevé de la généralité et de l'abstraction, ils n'en font pas cependant une science purement formelle, et ne se contentent pas d'y introduire une nomenclature sèche des lois les plus élémentaires de l'esprit. Leur premier mérite, et nous voudrions insister sur ce point, est d'avoir exactement déterminé et défini le domaine de la logique.

Ce n'est pas là une question oiseuse, quoi qu'en pense Port-Royal. On pourrait calculer les progrès qu'a faits depuis trois siècles l'esprit scientifique, rien qu'en confrontant avec les principes aujourd'hui reçus une phrase comme celle-ci : « C'est une chose extrêmement ridicule que les gênes que se donnent certains auteurs, qui prennent autant de peine pour borner la juridiction de chaque science, et faire qu'elles n'entreprennent pas les unes sur les autres, que l'on en prend pour marquer les

---

(1) *Cours de philosophie positive*, t. I, p. 34.
(2) Spencer : *Classification of the sciences*, p. 12 et 14.

limites des royaumes et régler les ressorts des parlements (1). » A qui, de notre temps, est-il nécessaire d'apprendre qu'il n'y a pas pour une science de question plus capitale et plus essentielle que la définition de son objet?

Or l'attribution exacte des sujets que la logique embrasse, la délimitation de son domaine, soulève encore quelques difficultés. D'une part, la logique confine à la psychologie dont elle n'est qu'une application; d'autre part, elle avoisine les sciences, puisqu'elle en règle la marche, et suit la pensée dans ses développements, à travers les différents objets de la connaissance. Il est donc malaisé de faire une place à part à la logique, et de la caractériser assez nettement pour qu'elle ne risque d'être absorbée ni d'un côté ni de l'autre, ni par la science à laquelle elle emprunte ses principes, ni par les sciences auxquelles elle impose leur méthode.

Ce n'est pas une raison cependant pour tomber dans un autre excès, qui consisterait à proclamer, comme le fait Kant, l'indépendance absolue de la logique. D'après lui, « dans les deux parties de la logique (dogmatique et technique), on ne doit donner la moindre attention, ni à l'objet ni au sujet de la connaissance (2) ». Si l'on suivait à la lettre le précepte de Kant, on aurait une logique qui, à la fois, manquerait de solidité, puisque,

---

(1) *Logique de Port-Royal*; premier discours, p. XXIX.
(2) Kant: *Logique*. Introduction, p. 74.

privée de tout fondement psychologique, elle serait construite tout à fait *in abstracto*, et d'utilité pratique, puisqu'elle n'oserait pas même jeter un coup d'œil sur le développement réel de la science.

Nous touchons ici au plus grand débat auquel puisse donner lieu la définition de la logique. Il s'agit de savoir si, comme l'ont pensé Kant, Hamilton et un grand nombre d'autres philosophes, la logique doit être réduite à l'étude des lois formelles de la pensée, ou s'il faut, au contraire, prendre parti pour Mill et pour M. Bain qui, à la logique purement formelle, opposent ce qu'ils appellent la logique *matérielle* ou *réelle*. A vrai dire, il ne faudrait pas être ici dupe d'une question de mots. Les expressions péripatéticiennes de la matière et de la forme nous semblent être nécessaires et justes; mais les philosophes en ont étrangement abusé, et l'on pourrait être tenté de répondre à la discussion qu'ont engagée sur ce point les logiciens formalistes, par une fin de non-recevoir, comme le fait spirituellement le mathématicien anglais de Morgan : « Lorsqu'on aura clairement établi par des définitions et des exemples ce que l'on entend par la distinction de la forme et de la matière, je serai plus capable que je ne le suis aujourd'hui de traiter la question avec précision. » Il n'est pourtant pas impossible de démêler avec quelque netteté le sens que les philosophes ont attaché, en général, au mot *formel*, quand ils l'ont appliqué à la logique. Nous voudrions précisément montrer comment ils lui ont attribué une signification trop étroite et trop mesquine, qui ne répond pas à l'ampleur et à l'étendue des questions logiques ; nous voudrions faire voir aussi que le terme de *logique formelle*, avec certaines restrictions et une interprétation juste, mérite d'être conservé pour caractériser, même dans ses plus larges développements, une science qui, pour être fidèle à elle-même, doit toujours demeurer abstraite, ne jamais se préoccuper du contenu des jugements et des raisonnements, et se borner à analyser la pensée dans son mécanisme général, dans son application à toute vérité.

Hamilton, qui sur ce point comme sur beaucoup d'autres s'est inspiré de l'esprit de Kant, définit la logique, à laquelle il accorde d'ailleurs une grande importance : « la science des *formes* nécessaires de la pensée. » — « La logique, dit-il ailleurs, a affaire à la *forme* de la pensée, à l'exclusion de la matière (1). » Mais c'est Kant qui a certainement exprimé, avec le plus de force et de précision, la théorie des logiciens formalistes.

Quand on lit l'Introduction d'ailleurs admirable de la logique de Kant, comment ne pas s'étonner que, dans l'histoire de cette science, parmi les hommes qui ont contribué le plus à ses progrès, un penseur aussi éminent ait compté Wolf et Baumgarten, et omis Bacon ? Le silence systématique que

(1) Hamilton : *Lectures*, III, p. 15.

Kant a gardé sur l'homme qui passe à bon droit pour avoir régénéré la logique, est un trait significatif, qui donne immédiatement la clé des idées de l'auteur sur les destinées et le rôle de la logique. D'après Kant, la logique ne saurait servir aux sciences ; elle ne doit, en aucune façon, s'occuper de l'objet de la pensée. On ne demande pas en logique comment se comporte l'entendement, comment il pense, comment il a pensé jusqu'ici, mais simplement comment il a dû penser. Il serait aussi absurde d'introduire des principes psychologiques en logique, que de faire sortir la morale de l'observation des mœurs humaines. Il n'y a qu'une question en logique : comment l'entendement se connaît-il lui-même ? etc. (1).

En résumé, la logique n'est plus que la science théorique de l'accord nécessaire de la pensée avec elle-même. Elle se borne à l'analyse du jugement, de la déduction, et des lois fondamentales de la pensée. Elle devient une sorte de psychologie abstraite, qui considère l'entendement dans ses formes vides, sans consentir à le suivre dans son application à la réalité. Elle n'a plus aucun caractère pratique, et ne songe nullement à prouver la vérité en général. Elle montre à l'esprit, non plus par quelle voie sûre il atteindra en toute science la certitude ou la probabilité, mais seulement comment les fonctions intellectuelles les plus simples

---

1. Kant : *Logique*, introduction, *passim*.

peuvent se mettre d'accord avec elles-mêmes. A certains égards, préoccupée avant tout de déterminer les équivalents de nos jugements et de nos raisonnements immédiats, elle n'est en quelque sorte que l'art de la tautologie. Enfin, et pour employer une comparaison, elle joue, par rapport à la pensée, le même rôle que la grammaire par rapport au langage : elle nous enseigne l'emploi régulier des notions dans le jugement, et des jugements dans le raisonnement, de même que la grammaire nous fait connaître l'usage correct des mots dans les phrases. Mais elle ne ressemble en rien à la rhétorique et à la poétique, qui nous apprennent à user des mots, correctement associés, pour exprimer de beaux sentiments et de grandes pensées ; elle ne sait plus nous dire comment on combine les jugements et les raisonnements pour découvrir le vrai sous toutes ses formes.

Sans avoir la prétention d'épuiser le débat en quelques lignes, qu'il nous soit permis de dire combien les vues de Kant nous paraissent inexactes, incomplètes surtout. Le philosophe allemand s'est arrêté à la première partie de la logique, celle qui analyse l'entendement dans ses linéaments les plus essentiels et les plus généraux. Il est difficile, d'ailleurs, d'admettre que dans cette première partie la logique puisse être séparée de la psychologie. A coup sûr il ne faut pas que la logique soit le tableau réel et historique des vicissitudes de la pensée humaine, pas plus que la morale proprement dite ne peut être l'image fidèle des mœurs des hommes, esquissées à la façon d'un la Bruyère ou d'un la Rochefoucauld. Mais la logique perdra-t-elle son caractère, cessera-t-elle d'être la science idéale des lois nécessaires de la connaissance, parce qu'elle aura appris à l'école de la psychologie de quelle façon la pensée se manifeste et se produit? Y a-t-il même pour elle un autre moyen d'acquérir cette connaissance de l'entendement, qui est, d'après Kant, son unique objet? L'exercice réel des opérations intellectuelles, convenablement dirigées, n'est-il donc pas précisément la même chose que leur exercice nécessaire? La logique a-t-elle autre chose à faire qu'à transcrire, comme règles et lois formelles, les applications concrètes que fait sans cesse de son entendement, non pas seulement l'homme de science, mais le vulgaire lui-même?

Il nous semble qu'on admet une distinction fausse et que rien ne justifie, quand à l'usage *nécessaire* de la pensée (dans la déduction, dans les formes équivalentes) on oppose son usage contingent (dans l'expérience, dans l'induction). A vrai dire, il est aussi nécessaire, étant données des observations et des expériences bien faites, de poser la loi générale qui en résulte, qu'il est nécessaire de mettre d'accord la conclusion d'un syllogisme avec la majeure et la mineure qui la supportent. Prenez les séries d'expériences de Well, de Leslie, de Dalton : n'est-il pas aussi nécessaire pour l'esprit, de lier à ces connaissances empiriques la loi inductive qui établit un rapport entre le refroidissement de la température et la production de la rosée, qu'il le serait d'admettre la conséquence déductive des prémisses les plus simples? Sans doute la logique peut être définie la science de l'accord de la pensée avec elle-même, mais la pensée s'accorde avec elle-même, dans ses applications expérimentales, aussi bien que dans ses déductions *à priori*. L'esprit a certainement ses principes propres et essentiels, mais il se réalise de plus en plus, il ajoute sans cesse à son être, à mesure qu'il saisit plus d'objets. Chaque vérité nouvelle, découverte par l'expérience ou autrement, accroît en quelque sorte sa substance. Que sont toutes les connaissances empiriques elles-mêmes, sinon des formes régulières, nécessaires de la pensée?

Qu'on maintienne donc, si l'on veut, l'appellation de logique formelle, mais après s'être rendu compte qu'il y a de la *forme* dans toutes les opérations de l'esprit. L'induction a ses règles formelles, non moins que la déduction. Ni dans ses opérations les plus abstraites et les plus générales l'esprit ne peut se passer d'un certain objet ou d'une certaine matière, qui détermine en partie la nature de ces opérations; ni dans ses applications les plus concrètes et les plus expérimentales, l'exercice de la pensée ne va sans une certaine forme. Voilà pourquoi la logique est éminemment perfectible, et progresse sans cesse avec la science elle-même. Il ne peut y avoir de nouvelle science fondée, ni de nouvelle méthode employée, sans qu'aussitôt il n'y ait lieu d'ajouter un chapitre nouveau à la logique, et de décrire de nouvelles formes de la pensée. Quelquefois, et grâce à la divination pénétrante d'un Bacon, la logique devancera le travail de la science. D'autres fois et plus souvent, comme par exemple pour la méthode expérimentale appliquée par M. Claude Bernard à la physiologie, ce sont les découvertes du savant qui précéderont et inspireront les réflexions du logicien. Dans tous les cas, la logique sera, non-seulement une quintessence de la psychologie, mais la synthèse de la science humaine.

Il était bon que la logique réagît contre la tendance des logiciens formalistes à exclure de leur science tout ce qui ne se rapportait pas directement au syllogisme. Mais on pouvait craindre que, par esprit de réaction, le logicien de l'expérience ne se laissât aller à imiter Bacon dans son dédain de la logique déductive, et à répéter le cri d'impatience qui échappait déjà à saint Ambroise : *A dialectica Aristotelis, libera nos, Domine!* Alors même qu'il serait vrai de dire, avec un ancien, que « ceux qui s'enferment dans la dialectique peuvent être comparés aux mangeurs d'écrevisses qui, pour une bouchée de chair, perdent leur temps sur un monceau d'écailles », nous estimerions encore que cette substance excellente, contenue au fond de la dialectique, mérite que pour arriver jusqu'à elle on passe par-dessus les difficultés qui la hérissent. C'est ce que M. Bain a admirablement compris. La logique déductive a obtenu de lui la même attention que la logique inductive, et son livre réconcilie, avec une ampleur de développement tout à fait nouvelle, la logique de Bacon et la logique d'Aristote.

Mais pour être large et compréhensive, la logique, telle que l'entend M. Bain, n'en a pas moins un rôle, un but précis. Il est impossible de mieux caractériser la science qui nous occupe, que ne l'a fait notre auteur, en nous la présentant : 1° comme la science théorique et abstraite, qui expose les lois fondamentales de toute affirmation ; 2° comme la science pratique de toutes les formes de la preuve ; 3° comme un système de méthodes appropriées à la recherche et à la découverte de la vérité. Sous ces trois aspects, la logique n'a, en définitive, qu'un seul et même objet : la preuve de la vérité. Mais cette preuve suppose soit des principes que l'analyse intellectuelle nous découvre, soit des formes spéciales, un mécanisme compliqué d'opérations et de raisonnements ; soit enfin des combinaisons de moyens et de procédés, en un mot des méthodes.

Il faut savoir gré à M. Bain d'avoir fait entrer l'art de la découverte dans le domaine de la logique. Sans doute la logique sert plus souvent à vérifier des vérités déjà trouvées, qu'à découvrir des vérités encore inconnues. Les découvertes scientitiques sont plutôt l'œuvre d'un hasard heureux, d'une inspiration soudaine, que d'une application studieuse des règles de la logique. C'est dans les hypothèses, dans les suggestions presque spontanées de l'esprit, que le plus grand nombre des théories scientifiques ont eu leur berceau, et non dans des combinaisons savantes de raisonnements déductifs, ou même de méthodes expérimentales. La logique a donc pour rôle essentiel de prouver ce qui a déjà été trouvé. Mais, au moins incidemment, elle peut suggérer des vérités nouvelles. La vigueur logique ne s'épuise pas tout entière dans la preuve, dans l'exposition méthodique, dans la vérification exacte des connaissances déjà acquises; elle se manifeste aussi, par de véritables acquisitions, par des conquêtes réelles dans le champ de la vérité.

Pour avoir délimité sévèrement le sujet de la logique, M. Bain n'en reconnaît pas moins ses rapports avec les autres sciences. Bien qu'il la classe, comme M. Spencer, avant toutes les autres études scientifiques, au premier rang de la généralité et de l'abstraction, il sait qu'elle ne peut se passer du secours des sciences moins abstraites et moins générales, et en particulier de la psychologie. « L'établissement des lois générales, dit-il, suppose évidemment un effort inductif considérable que facilite singulièrement l'étude des phénomènes de l'esprit. » En effet, améliorant sensiblement sur ce point la logique de Mill, M. Bain a placé en tête de son livre un résumé substantiel de ses théories sur l'esprit. Il n'a pas accepté les vues systématiques de Spencer, qui, prenant trop à la lettre sa classification des sciences, rangées d'après leur ordre de complexité progressive, semble croire que les sciences fondamentales n'ont aucun besoin des sciences subordonnées qui viennent après elles. Il a admirablement compris, au contraire, le principe si vrai de la solidarité scientifique, qui veut que, dans le domaine des sciences, comme ailleurs, un grand ait souvent besoin d'un plus petit que soi. Il en est des rapports de la logique avec la psychologie et les sciences en général, comme des rapports de la pensée avec le langage. Si la pensée précède le langage et lui donne naissance, le langage une fois créé, par une remarquable réciprocité de services, le langage précise, accélère, enrichit la pensée. De même si la logique instinctive ou réfléchie hâte le progrès des sciences, les sciences, à leur tour, développent et fortifient la logique.

On ne saurait trop s'étonner qu'une logique aussi nettement définie que la logique de Mill et de M. Bain, une logique qui sait aussi clairement ce qu'elle est et ce qu'elle veut être, ait encouru, de la part de certains philosophes, l'accusation bien inattendue de ne constituer qu'un amas confus de connaissances. « Qu'est-ce que la logique de M. Mill? » demande M. Véra, et ce qu'il dit de Mill, il le dirait de la logique de Bain. « Est-ce une logique formelle, ou bien une logique objective, ou comme on voudra l'appeler? Ou bien encore est-elle une logique quelconque? Or, je dis que la seule réponse qu'on puisse faire à ces questions, c'est qu'elle est un amas confus, indigeste et superficiel de toutes les sphères de la connaissance, ce qui veut dire qu'elle est le contraire de ce qu'elle prétend et de ce qu'elle doit être (1). »

Ces critiques s'expliquent en elles-mêmes (sinon dans leur ton acerbe et presque injurieux qui nous paraît inexcusable envers de grands penseurs tels que Mill et M. Bain), lorsqu'on voit que M. Véra, en fidèle Hégélien, entend la logique dans un sens tout à fait particulier. Il est même plus Hégélien que Hégel, qui, reconnaissait en partie l'utilité de la logique ordinaire, dont il avouait qu'elle a pour avantage de *nettoyer la tête*. Mais Hégel ne s'arrête pas à cette logique vulgaire; il passe outre, pour s'élever à une logique entièrement nouvelle, non moins vague dans son objet qu'étrange dans ses conclusions. La logique, pour lui, se confond avec la métaphysique (2). Elle est la science de l'idée en soi et pour soi. Elle doit être tout à fait séparée de la philosophie de la nature ou science de l'idée dans son existence concrète. Elle peut être définie : la science de l'idée pure, de l'idée dans l'élément abstrait de la pensée (3). Au premier abord

---

(1) Traduction de la logique de Hégel, par A. Véra, t. I. Avant-propos, p. VII.
(2) Logique de Hégel : traduction Véra, t. I, p. 232.
(3) Id., p. 211.

on se demande s'il n'y a pas là tout simplement une exagération emphatique, dissimulée par de grands mots, de cette vérité banale que la logique doit étudier uniquement les lois générales et communes à toute science. Mais, en y regardant de plus près, on s'assure vite qu'il n'y a aucun rapport entre les idées de Hégel et celles de la plupart des logiciens. Ce ne sont pas les lois fondamentales de la pensée, c'est la pensée pure, en dehors de ses déterminations empiriques, de ses applications à la réalité finie, c'est la pensée vide de tout contenu, ou n'ayant pour contenu que le monde supra-sensible, que Hégel veut étudier dans sa logique. Ce n'est pas ici le lieu d'examiner si dans de pareilles recherches Hégel aboutit à des résultats qui aient quelque solidité, ou à de pures chimères verbales. Il nous semble, quant à nous, que la pensée ne peut pas plus se déterminer à vide, que l'estomac ne peut digérer à jeun. Quand on lit la logique de Hégel, tout en admirant la vigueur merveilleuse de cet étonnant penseur, on a quelque envie de s'écrier, comme le fait M. Véra lui-même, à propos des *Recherches logiques* de Trendelenburg : « Sommes-nous, dans la sphère de la logique ou dans les espaces imaginaires (1)?» Mais peu nous importe pour le moment. Qu'il nous suffise d'avoir prouvé, par cet aperçu rapide de la logique Hégélienne, que les logiciens de cette école

---

(1) Logique de Hégel : traduction Véra. Avant-propos, p. IX.

sont, en un sens, incompétents pour apprécier des œuvres logiques conçues dans un tout autre esprit, et que leurs critiques ont plus de vivacité que de portée.

Il est d'ailleurs facile d'établir que la logique anglaise, et en particulier celle de M. Bain, loin d'être un amas confus et indigeste de connaissances, a, au contraire, un caractère systématique très-prononcé, et qu'on y trouve, non pas seulement cette multitude de détails dans lesquels la pensée s'éparpille, mais aussi des théories, des généralisations dans lesquelles la pensée se concentre et se saisit elle-même. Nous distinguerons d'abord, à ce point de vue, la loi qui ramènerait toutes les connaissances humaines à deux faits essentiels : la différence et l'accord. L'esprit, d'après M. Bain, n'est pas autre chose que le pouvoir de saisir des différences et des rapports. L'opération fondamentale consiste à distinguer. La conscience, c'est-à-dire la perception d'une idée, est à ce prix. Avoir conscience, c'est au fond saisir la différence de deux impressions. Plus la différence est forte, plus la conscience est vive. Une impression toujours la même cesserait promptement d'être un objet de la conscience. De là, M. Bain tire cette conclusion, que l'esprit humain, dans toutes ses manifestations, est soumis à la grande loi de la relativité universelle. Une idée ne peut être conçue que par opposition avec d'autres idées. Plus sont nombreuses ces idées contraires, et plus l'idée primitive a de force et de clarté. Mais, après avoir distingué, l'esprit assimile. Il saisit les rapports et de là sortent les connaissances générales. De même que la perception de la différence donne lieu à des impressions distinctes, particulières, de même la perception de la ressemblance, saisie entre plusieurs impressions qui se renouvellent, produit d'autres formes de la conscience, qui sont les idées générales.

La loi de la différence et de l'accord régit les propositions non moins que les notions. Sans doute M. Bain semble quelquefois effacer la distinction qui, aux yeux des philosophes, sépare la notion de la proposition. Une notion générale, par exemple, ne serait pas autre chose que l'association de diverses propositions mêlées, et que l'habitude aurait, pour ainsi dire, fondues l'une dans l'autre. Cependant M. Bain, en d'autres endroits de son livre, maintient nettement la différence des notions et des propositions. Les notions n'expriment qu'*un* seul point de ressemblance ; les propositions doivent au moins embrasser *deux* choses. Par une généralisation hardie, M. Bain, reprenant et corrigeant le travail par lequel Aristote a essayé de dresser la table des catégories, réduit toutes les propositions à trois espèces essentielles, d'après la nature des prédicats qui s'y unissent aux sujets. Ces trois espèces sont : la quantité, la succession, la coexistence. Mill comptait cinq prédicats ultimes ; l'existence, la coexistence, la succession, la causalité, la ressemblance. Poussant plus loin l'analyse, M. Bain prétend que l'existence n'est, en elle-même, qu'une forme abstraite des autres prédicats. Dire qu'une conspiration *existe*, c'est affirmer qu'un groupe d'hommes s'est *réuni* pour *accomplir* une action commune (proposition de coexistence, proposition de causalité). On peut admettre sur ce point la réduction de M. Bain. Mais on comprend beaucoup moins qu'il ait supprimé la catégorie de la causalité, pour la faire rentrer dans la succession, alors qu'il reconnaît lui-même qu'il y a dans la causalité quelque chose de plus que dans la simple succession (1). Quant à la ressemblance que Mill mettait à part, M. Bain estime qu'elle ne peut constituer une catégorie fondamentale de propositions, parce qu'il y a ressemblance partout où il y a proposition générale. Les seules propositions de ressemblance, qui aient un caractère vraiment spécial, sont les affirmations d'égalité, de convenance numérique, et ces affirmations seront mieux désignées par le terme de quantité qui est adopté par M. Bain.

Systématique dans sa théorie sur les propositions, M. Bain ne l'est pas moins dans ses vues sur le raisonnement. La déduction a sans doute à ses yeux une grande importance et une valeur propre. Et, en effet, ce n'est pas au moment où les sciences ont une tendance marquée à devenir de plus en plus déductives qu'il conviendrait aux logiciens de négliger l'étude de la déduction. Mais au fond la

---

1 Voir plus loin, p. 106.

déduction n'est, pour M. Bain comme pour Mill, qu'une induction dissimulée, déguisée. D'une part, l'axiome du syllogisme, comme les axiomes en général, n'est qu'une inférence inductive, fondée sur l'expérience, garantie par la croyance à l'uniformité de la nature, croyance vers laquelle nous entraîne un élan instinctif de notre esprit. Mais de plus l'opération syllogistique elle-même n'est que l'enveloppe *formelle* d'une opération *matérielle*, d'une véritable induction. Le principe qui sert de majeure au syllogisme doit être décomposé en deux parties : en premier lieu, l'affirmation qu'il exprime embrasse tous les cas observés ; en second lieu, cette même affirmation porte sur tous les cas semblables qui n'ont pas encore été observés et qui sont simplement inférés. De là les difficultés que présente la théorie du syllogisme. Or l'inférence inductive consiste, on le sait, à passer des cas particuliers à d'autres cas particuliers ; de ce que d'autres hommes sont morts, nous inférons que le pape actuel, qui est un homme, que le pape qui lui succédera, mourront aussi. C'est la ressemblance qui nous guide dans chacune de ces inférences, et nous sommes prêts à renouveler le raisonnement toutes les fois que la même ressemblance nous frappera. Dans ces conditions, ne nous est-il pas permis de dire une fois pour toutes : tous les êtres qui ressembleront aux hommes, comme le pape actuel leur ressemble, tous ces êtres mourront? Nous nous risquons alors à déterminer, dans une proposition générale, les ressemblances qui nous autorisent à inférer des cas passés aux cas à venir. Cette proposition générale devient la majeure de la déduction. Par sa forme universelle elle nous fait illusion et nous entraîne à supposer que tous les cas ont été observés. Il n'en est rien pourtant. Une vue plus correcte du syllogisme nous apprend que la majeure n'est au fond qu'une affirmation relative à un certain nombre de cas constatés ; mais qui en même temps, par les caractères généraux, par les ressemblances qu'elle indique, peut s'appliquer à tous les cas où nous reconnaissons successivement ces caractères de ressemblance. C'est précisément le rôle de la mineure de constater que tel ou tel cas possède ces caractères, et, par suite, de rendre possible une nouvelle application de la majeure.

Telle est, d'après M. Bain, comme d'après Stuart Mill, l'explication des difficultés du syllogisme, « explication destinée à produire, dans la logique, une véritable révolution. » C'est le seul moyen de faire du syllogisme autre chose qu'une tautologie, qu'une « solennelle futilité ». C'est le seul moyen de rétablir l'unité des opérations logiques, et de résoudre l'antinomie que créait, dans les lois du raisonnement, l'opposition apparente de l'induction et de la déduction. Il ne peut être question de discuter ici une pareille théorie. Avouons cependant qu'il est difficile de ne pas l'accepter, quand on l'a bien comprise, et faisons remarquer, en passant, à M. Bain que, pour se conformer tout à fait à cette réduction ingénieuse, qui tend à effacer le caractère spécial et distinctif du raisonnement déductif pour le ramener à n'être que l'expression formelle du raisonnement inductif, il aurait dû disposer, dans un ordre inverse, les deux parties de son livre.

En consacrant la première partie de son ouvrage à la déduction et au syllogisme, M. Bain nous paraît avoir fait une concession regrettable aux habitudes et aux traditions de la vieille logique. Si vraiment l'induction est la seule opération réelle de l'esprit, il serait logique et convenable que l'induction fût étudiée la première.

Nous ne pouvions que signaler ici, sans avoir la prétention de les juger, des généralisations aussi hardies, et dont on ne contestera pas au moins l'originalité. Ces vues systématiques ne compromettent pas d'ailleurs l'utilité pratique des détails qui remplissent les deux volumes de M. Bain. Sans doute il eût été désirable que l'auteur s'abstînt de prendre aussi nettement parti pour les solutions empiriques. Stuart Mill était mieux inspiré quand il voulait que la doctrine de son Traité s'accordât également avec la théorie intuitive, et la théorie empirique de l'origine de nos idées, et quand il s'efforçait « d'exposer les questions logiques dans des termes qui fussent la propriété commune des deux écoles rivales de métaphysique ». Et, en effet, il semble qu'il serait, jusqu'à un certain point, possible de construire, en dehors des discussions des systèmes, une logique à peu près indifférente à toute solution dogmatique, de même qu'on a essayé d'organiser une morale indépendante de toute métaphysique. Que les axiomes de la géométrie soient des vérités innées, ou des inductions expérimentales, le résultat est le même au point de vue logique ; puisque dans les deux cas ces principes servent de point de départ à une série de déductions dont le logicien doit analyser le mécanisme. Que la succession soit ou non distincte de la causalité, la loi générale des sciences physiques n'en est pas moins de constater des uniformités de succession. De telle sorte que la logique pourrait, en un sens, constituer ses règles et ses vérités au-dessus et en dehors des contradictions des philosophes. Mais il est plus facile peut-être de former une pareille conception que de la réaliser, et nous ne devons pas être surpris que M. Bain n'ait pas cru devoir faire la moindre réserve dans l'exposition de ses théories empiriques.

Comment signaler toutes les innovations intéressantes d'un travail aussi considérable? Nous voulons du moins indiquer encore l'effort qu'a fait M. Bain pour donner à la théorie de la définition l'importance qu'elle mérite. Avec lui cette théorie est passée de sa phase purement formelle, dont s'étaient contentés les scolastiques, à sa phase réelle et positive. Signalons enfin, comme une des parties les plus neuves de l'ouvrage, les beaux développements consacrés à la loi de la persistance ou de la conservation de la force. C'est par elle que M. Bain explique la loi de la causalité. A ses yeux, il n'y a plus de causes ni d'effets, dans le vieux sens de ces deux mots; il n'y a que des transformations successives d'une même force. C'est ici surtout que se marque, par ses rapports avec le système de l'évolution, la date actuelle d'un livre, qu'anime l'esprit du temps, et qui ne veut rester étranger à aucune des hypothèses de la science moderne.

Un mot seulement sur les principes qui nous ont guidé dans notre travail de traduction. Inutile de dire que nous avons aspiré surtout à l'exactitude. Mais nous nous sommes interdit, dans la mesure du possible, d'employer des mots nouveaux, comme *rétentivité, discrimination*, etc. Nous n'avons pas hésité à ramener ces néologismes aux vieux mots de la langue philosophique française, non pas seulement pour rendre plus facile la lecture de notre auteur, mais aussi pour éviter à certains esprits la tentation qui pourrait leur venir de croire que, derrière ces mots nouveaux, il y a des idées nouvelles, méconnues jusqu'à ce jour par la légèreté de l'esprit français.

Quels que soient les défauts du livre original que nous publions, et ceux que la traduction peut y avoir ajoutés, nous croyons qu'il est appelé à rendre quelques services à la philosophie française. Puisse-t-il contribuer à rappeler sur les études logiques l'attention qu'elles méritent! Un écrivain anglais, M. Galton, qui applique ingénieusement la statistique aux questions morales, dans l'enquête qu'il a ouverte tout récemment sur les conditions du génie scientifique, sur l'éducation, sur le régime intellectuel qui convient à la jeunesse des futurs savants, a recueilli le témoignage de quelques-uns de ses correspondants, qui parlent avec insistance des avantages qu'ils ont retirés de l'étude de la logique (1). Sans doute on devient souvent un savant sans le secours de la logique, mais avec la logique on le deviendrait plus commodément et plus fréquemment. D'ailleurs, outre l'influence positive qu'elle exerce sur les progrès réels de la vérité, la logique a aussi pour résultat de « dégager le cerveau », selon l'expression de Hégel, de dissiper les chimères et les fantômes, d'empêcher les écarts de l'esprit. De même que l'étude sérieuse de l'esthétique et de ses lois nous débarrasserait des faux poëtes, soit en les décourageant, soit en les rendant meilleurs, de même la connaissance approfondie de la logique aurait tout au moins l'avantage de diminuer le nombre des faux savants. Les aberrations de l'esprit de système, les conceptions irréfléchies de l'imagination, les utopies sociales, les rêveries astronomiques, la folie du spiritisme et des autres formes de la superstition, en un mot la déraison sous toutes ses espèces, tout cela nous serait épargné en partie, si tous ceux qui se mêlent de penser et d'écrire, avaient d'abord soumis leur esprit à la sévère discipline de la logique.

GABRIEL COMPAYRÉ.

(1) Voir *Revue des Cours scientifiques*, 2 mars 1874.

PRÉFACE DE L'AUTEUR

Le présent ouvrage aspire à présenter un système complet de logique à la fois formelle et inductive.

Un chapitre préliminaire expose, avec les doctrines psychologiques qui exercent quelque influence sur la logique, la nature de la connaissance en général, et la classification des sciences; on a voulu ainsi éviter, dans le cours de l'ouvrage, toute digression qui aurait trait à des points de doctrine. Bien que ce chapitre soit destiné à préparer l'intelligence de tout ce qui suit, il pourra suffire, à une première lecture du livre, de le parcourir rapidement.

La première partie (déduction) contient la théorie ordinaire du syllogisme, avec les additions d'Hamilton, et un abrégé des systèmes composés récemment avec un si remarquable talent par de Morgan et Boole.

La seconde partie induction) comprend les méthodes de la recherche inductive, et toutes les questions accessoires que M. Mill a soulevées, en les considérant comme des parties du problème de l'induction. Diverses modifications ont été apportées à la position de la question, à l'ordre des arguments, aux proportions de la discussion. L'innovation la plus considérable est l'explication de la loi de causalité, par la théorie nouvelle de la conservation, de la persistance ou de la corrélation de la force.

Les vues de M. Mill sur les rapports de la déduction et de l'induction sont adoptées sans réserve. Seules, en effet, elles donnent le moyen de résoudre le problème du syllogisme, qui reste autrement inextricable; seules elles assurent l'unité et la clarté de la logique.

Un livre spécial a été réservé à la logique des sciences, en vue d'éclaircir par un grand nombre d'exemples les méthodes logiques, et aussi de jeter quelque lumière sur différentes parties des sciences elles-mêmes. Dans cet examen on a donné place à toutes les sciences théoriques, ou fondamentales, — les mathématiques, la physique, la chimie, la biologie et la psychologie; aux sciences de classification, c'est-à-dire à l'histoire naturelle; enfin à deux sciences pratiques des plus importantes, — la politique et la médecine.

La théorie de la définition est pour la première fois soumise à un plan méthodique, et étudiée sur le même pied que la déduction et l'induction, comme une branche essentielle de la logique. Les méthodes de la définition, considérée comme un instrument de généralisation, sont ramenées à deux règles, une règle positive, et une règle négative.

L'attention du lecteur est appelée sur les difficultés principales de la définition : — l'incertitude du sens des mots, et le changement insensible qui transforme graduellement une qualité en la qualité contraire.

Dans la discussion des sophismes, j'ai épluché les raisons que l'on donne pour justifier l'usage, généralement adopté, qui consiste à séparer l'étude des erreurs, contraires aux règles logiques, et l'exposition de ces règles elles-mêmes. Je me suis efforcé de montrer que dans ce sujet deux parties seulement méritaient d'être étudiées à part : les tendances sophistiques de l'esprit, et les sophismes de confusion. Comme ces deux questions sont de grande importance et comportent de longs éclaircissements, elles ont été examinées l'une et l'autre avec quelque minutie.

On n'a omis aucune des questions qui se rapportent à la logique; mais il a paru convenable de séparer ces discussions du corps même de l'ouvrage. Dans un appendice, on a réuni les diverses classifications des sciences, la détermination du domaine de la logique, la classification des objets qui peuvent recevoir un nom, le postulat universel, les divers sens de l'analyse et de la synthèse, les théories de l'induction, l'art de la découverte, et enfin les règles de l'évidence historique.

Pour adapter cet ouvrage à un cours élémentaire de logique, il faudrait omettre les additions au syllogisme, la logique des sciences, et les chapitres de l'Appendice. Les jeunes étudiants ou les candidats aux examens, sans chercher à connaître ces parties réservées, peuvent trouver dans le reste de l'ouvrage un livre de lecture classique.

C'est une conviction généralement répandue que la logique purement formelle est médiocrement utile, et que les règles de l'induction doivent être expliquées par des exemples, même dans les cours de logique les plus élémentaires. J'ajouterai qu'une attention croissante doit être accordée à la définition et à la classification, en les rattachant l'une et l'autre aux études scientifiques, et même à des sujets qui ne passent pas en général pour scientifiques.

Comme je pourrais être accusé de présomption en paraissant rivaliser ici avec M. Mill, je me hasarderai à remarquer que la seule chose qui ait manqué jusqu'à présent au succès de son grand ouvrage, c'est d'avoir suscité de nouveaux efforts pour étendre plus loin encore le système de plus en plus élargi des méthodes logiques.

Aberdeen, mars 1870.

LA LOGIQUE
DÉDUCTIVE ET INDUCTIVE

INTRODUCTION

1. La logique peut être brièvement définie, un corps de doctrines et de règles qui se rapportent à la vérité.

Le rôle de la logique sera, dans la suite de l'ouvrage, déterminé avec détail et précision. Pour le moment, remarquons qu'elle concerne la vérité des choses, non les choses particulières dont il s'agit, la forme, non la matière. D'ailleurs, si elle est à un point de vue une science théorique, elle est surtout, dans ses principales visées, une science pratique.

Dans ce chapitre préliminaire nous avons à considérer les questions suivantes :

1° Les données psychologiques ou fondements de la logique ;

2° Les premiers principes de la logique ;

3° La nature et les classifications des sciences ;

4° Les différentes formes données à la définition de la logique ;

5° Les divisions de la logique.

I. Données psychologiques de la logique.

2. La logique, à tous les points de vue, implique de fréquents appels aux lois et aux opérations de l'esprit ; et plus ces appels se multiplient, plus s'étend le domaine de la logique.

Dans la logique vulgaire des écoles, c'est-à-dire dans la logique déductive ou syllogistique, voici sur quelles opérations intellectuelles portent les explications d'usage: la perception ou simple appréhension ; l'abstraction qui forme les notions ou les concepts ; le jugement qui formule des propositions ; et le raisonnement, ou le fait de tirer de prémisses données des inférences et des conclusions.

Dans la logique inductive, on se livre ordinairement à des recherches sur l'idée de cause. Par suite on s'enquiert de la discussion relative à l'origine des idées : on discute la question de savoir si nos connaissances dérivent toutes de l'expérience ; ou si elles sont en partie (par exemple, l'idée de cause, les axiomes des mathématiques, etc.), intuitives, instinctives ou innées.

On considère comme une partie de la logique la théorie de l'explication des phénomènes, et des limites de cette explication. Il est pour cela nécessaire de faire un retour vers la constitution des pouvoirs de l'esprit. C'est là le but avoué de Locke, dans son *Essai sur l'Entendement :* un des livres qui ont le plus contribué au développement de la science de l'esprit.

Dans ces conditions, il semble que la méthode la plus satisfaisante soit d'exposer, d'expliquer, une fois pour toutes, au début de ce livre, toutes les parties de la psychologie qui sont en quelque façon impliquées dans les règles de la logique. Cette exposition, d'ailleurs, sera nécessairement brève.

DISTINCTION OU RELATIVITÉ.

3. Pour que l'esprit éprouve un *sentiment*, il faut qu'il y ait un changement dans l'impression ; d'où il résulte que tout sentiment a, pour ainsi dire, deux côtés (*is two-sided*). C'est la loi de la distinction ou de la relativité.

L'observation montre que la continuité ininterrompue d'une même impression n'est pas accompagnée de conscience. Plus grand est le changement, et plus vive est la conscience. Une sensation permanente du toucher, ou un son monotone, cessent promptement d'être sentis ; si la température reste la même, nous perdons tout sentiment du chaud ou du froid. Plus convaincants encore sont les exemples qui montrent que les changements nous affectent d'autant plus qu'ils sont plus considérables ou plus soudains. Toute modification brusque nous excite et nous stimule. Le premier rayon du soleil au sortir de l'obscurité, la première gorgée d'eau qui nous désaltère, le moment où l'on passe de la pauvreté à la richesse, — voilà les phénomènes qu'accompagne le degré le plus élevé de la conscience. Les moments de transition une fois passés, il y a comme un apaisement insensible de l'émotion produite.

Par conséquent, il ne suffit pas de savoir que l'esprit est soumis à l'action d'un sentiment ou d'une impression, pour connaître dans quelle mesure il en a conscience; il faut encore savoir quelle était la condition qui a précédé immédiatement, et depuis combien de temps dure l'impression nouvelle. Qu'un homme possède aujourd'hui mille livres, ce n'est pas un critérium suffisant pour apprécier jusqu'à quel point il jouit de cette abondance de biens. Si, il y a un an, ce même homme ne possédait rien, il est évident qu'il éprouve des sentiments tout à fait différents de ceux d'un homme riche, qui aurait vu sa fortune tomber de dix mille à mille livres.

4. Pour ce qui regarde la connaissance, il doit y avoir de même une modification ou un changement : l'acte de connaître contient toujours deux choses.

Lorsque nous considérons les phénomènes de l'esprit au point de vue de la connaissance, la même loi est encore vraie. Nous connaissons la chaleur parce que nous venons d'éprouver le froid : la lumière, parce que nous sortons des ténèbres : le haut, par opposition avec le bas. Toute connaissance absolue est une chimère ; nous ne connaîtrions pas le « mouvement », si nous étions incapables de connaître le « repos ». Comment saisir ce qu'on entend par une ligne *droite*, si l'on n'a pas vu une ligne courbe ou brisée ?

Nous avons, il est vrai, le pouvoir de fixer notre attention, dans ces couples d'objets, sur un terme plutôt que sur l'autre. En ce sens seulement il est permis de parler d'une qualité individuelle. Nous pouvons attacher notre pensée à la chaleur plus qu'au froid, à la ligne droite plus qu'à la ligne courbe ; de ces deux idées, l'une peut être l'objet *explicite* de notre pensée, tandis que l'autre n'en est que l'objet *implicite*. Comme les changements peuvent se produire dans nos impressions en deux sens, — du chaud au froid, et du froid au chaud, — notre sensibilité est affectée différemment dans les deux cas. La plus vive conscience de la chaleur se produit lorsque nous passons à une température plus élevée; la plus vive conscience du froid lorsque nous passons à une température plus basse. L'état mental *où* nous arrivons est notre conscience *explicite*; l'état mental *d'où* nous sortons est notre conscience *implicite*.

Le principe de la *relativité* est appelé à jouer dans la logique un rôle important. Nous le retrouverons dans les théories relatives aux noms, aux définitions, aux propositions ou jugements. Il est destiné à rectifier toute une vaste catégorie de sophismes : les sophismes qui consistent à supprimer la relation, ou sophismes de l'absolu.

ACCORD OU RESSEMBLANCE.

5. Lorsque, après un intervalle, une impression se renouvelle, **nous éprouvons une forme nouvelle et particulière de conscience, l'impression ou la conscience de l'accord dans la différence.**

Nous voyons devant nous brûler une bougie ; on l'enlève ; on la rapporte quelques instants après. Nous éprouvons alors, outre l'impression de lumière, une impression nouvelle : le sentiment de l'*accord*, de l'identité, de la répétition. C'est là, dans nos opérations intellectuelles, un état mental non moins important que la conscience de la différence ou de la distinction. Nous expérimentons sans cesse le renouvellement de nos impressions antérieures, sous des formes plus ou moins modifiées, et nous sommes affectés d'une conscience d'autant plus vive, que la modification est plus grande. Cette conscience de l'accord comporte dans son intensité un grand nombre de degrés : depuis l'impression insignifiante qui nous fait reconnaître le commencement d'un nouveau jour, jusqu'à l'éclair de génie qui produit une grande découverte, en assimilant, en identifiant, comme l'a fait Newton, la chute d'une pierre à la force qui pousse la lune vers le globe terrestre.

LA CONNAISSANCE ASSOCIE LA DIFFÉRENCE ET L'ACCORD.

6. Connaître un fait, c'est à la fois le distinguer de tous les faits différents, et l'accorder ou l'identifier avec tous les faits semblables.
Outre ces deux pouvoirs de l'esprit, le seul autre élément de la connaissance est la mémoire, qui est d'ailleurs impliquée dans ces deux pouvoirs.

La connaissance de la chaleur comprend : 1° une série d'impressions de différence ou de distinction entre la chaleur et le froid ; 2° l'accord ou le renouvellement de ces mêmes impressions dans des conditions différentes.

Outre la transition de la chaleur au froid, transition qui est le premier élément de la connaissance de la chaleur, d'autres transitions se produisent qui nous font passer de la chaleur à d'autres sensations. Par exemple, nous passons d'une sensation de chaleur à une sensation de lumière ; la différence de ces deux sensations introduit dans notre conscience un nouvel élément de distinction, et donne une signification nouvelle à la chaleur, et aussi à la lumière. La chaleur alors n'est plus seulement ce qui s'oppose au froid, elle est aussi ce qui s'oppose à une sensation de lumière. C'est ainsi que chaque sensation nouvelle qui succède à la sensation de chaleur, et qui se distingue d'elle dans notre conscience, donne à la chaleur une nouvelle signification négative ; nous disons alors que la chaleur n'est ni le goût, ni l'odeur, ni la solidité, ni le son.

D'un autre côté, une impression mentale, comme l'idée ou la connaissance d'un schelling, est la somme de toutes les différences que nous avons constatées entre ce schelling et tout ce qui n'est pas lui ; en même temps que la somme de toutes les ressemblances qui existent entre le schelling et les choses que nous lui avons comparées. Nous disons qu'il est rond : cela signifie qu'il diffère de ce qui est carré, oblong, ovale, etc.; cela signifie encore qu'il ressemble à tous les autres objets également ronds, qui dans un grand nombre de circonstances nous ont frappés par leur forme identique à la forme du schelling.

Il en est de même pour le poids d'un schelling. Nous le connaissons par différence et par ressemblance : nous savons que le schelling est plus lourd que certains objets, plus léger que certains autres, ce qui est une différence; nous savons qu'il est au contraire identique dans son poids avec une troisième classe d'objets, ce qui est une resssemblance.

La connaissance, l'idée, ou la représentation d'un objet concret, est donc comme l'agrégat de toutes ces opérations mentales de différence ou de concordance, fixées et retenues dans l'esprit par le pouvoir intellectuel qu'on appelle la mémoire : c'est grâce à la mémoire que nous sommes capables de distinguer et de comparer nos impressions présentes et nos impressions passées, et d'accumuler une vaste provision d'effets et pour ainsi dire de dépôts intellectuels, appelés idées, connaissances, pensées.

LA CONNAISSANCE EST DE DEUX ESPÈCES : ELLE EST OBJECTIVE OU SUBJECTIVE.

7. La connaissance d'un schelling, d'une maison, d'une montagne, d'une étoile, est dite objective ; elle se rapporte à l'objet, en d'autres termes, au monde extérieur. La connaissance d'un plaisir, d'une peine, d'une succession d'idées dans notre esprit, est dite subjective : elle se rapporte au sujet, c'est-à-dire au monde intérieur.

Nous possédons tous un grand nombre de connaissances de ces deux genres : quelques esprits renferment cependant plus de connaissances subjectives, quelques autres plus de connaissances objectives.

LA CONNAISSANCE CONSIDÉRÉE : 1° COMME INDIVIDUELLE ET CONCRÈTE ; 2° COMME GÉNÉRALE ET ABSTRAITE.

8. La connaissance d'une table qui est située dans une chambre à un moment déterminé, est une connaissance individuelle ou concrète au plus haut degré. La connaissance de la table sans relations de temps ni de lieu est une connaissance générale ou abstraite. Grâce à la loi d'accord et de ressemblance, nous associons dans notre esprit plusieurs tables particulières, en ne considérant que leurs rapports, et en négligeant leurs différences. Nous concevons les qualités qui leur sont communes à toutes. C'est en cela que consiste le pouvoir généralisateur de l'esprit : l'un des pouvoirs les plus importants de notre intelligence, et qui n'est d'ailleurs qu'une conséquence du pouvoir fondamental de l'accord ou de l'assimilation.

DISCUSSION RELATIVE AUX CONNAISSANCES GÉNÉRALES APPELÉES AUSSI IDÉES ABSTRAITES.

9. Les connaissances générales, prises dans leur sens rigoureux, résultent de l'accord de plusieurs connaissances particulières : cet accord est constaté par l'emploi d'un mot commun.

Un mot général comme « cercle », « rond », « animal », « sage », est appliqué à des choses qui par certains côtés se ressemblent, et qui par d'autres diffèrent, afin d'exprimer leur ressemblance.

On a quelquefois supposé que les qualités communes aux choses semblables existaient quelque part en dehors des choses. C'est la doctrine appelée *réalisme*.

Certains philosophes, de l'école de Platon, ont cru qu'il existait, dans l'univers des êtres, un cercle en général, c'est-à-dire une forme circulaire sans substance, sans grandeur, sans couleur. De même il y aurait des archétypes, des formes idéales pour l'homme, pour la justice, pour Dieu, etc. Après une ardente controverse qui fit rage au temps de la philosophie scolastique, cette opinion a été abandonnée.

Néanmoins le réalisme subsiste encore dans la doctrine d'un monde extérieur indépendant, et aussi dans la croyance à une âme, à un esprit considéré comme une substance distincte. A parler rigoureusement, nous ne connaissons le monde extérieur que comme une perception de nos sens, et l'esprit ne se révèle jamais à nous que dans son union avec le corps.

Une autre façon d'entendre l'accord dans la différence, consiste à admettre que l'esprit peut se représenter à lui-même dans une notion les ressemblances des objets mêmes, en perdant entièrement de vue les différences. C'est ce qu'on appelle le *conceptualisme*.

Dans ce cas, si l'on reconnaît qu'il n'y a pas en réalité de cercle en soi, on suppose du moins que l'esprit est capable de penser à la forme circulaire, à l'exclusion des autres qualités propres aux cercles particuliers : — la matière, la couleur, la grandeur.

Cette opinion, elle aussi, est inexacte ; car elle exagère le pouvoir que possède l'esprit d'accorder la préférence de son attention à l'un ou à l'autre des attributs d'un objet concret, tel qu'un schelling ou une roue. Sans doute nous pouvons donner plus d'attention à la rondeur, et moins à la grandeur ; mais il est impossible que nous pensions à la rondeur, sans penser à une certaine grandeur ou à une certaine couleur.

Penser une abstraction, ou concentrer son esprit sur une qualité isolée, c'est penser alternativement aux différents objets qui possèdent cette qualité. Nous pensons à la rondeur, en nous représentant divers objets ronds, qui diffèrent d'ailleurs par la matière, par la grandeur, par la couleur, etc. Le résultat de cette transition rapide de l'esprit qui passe d'un objet à un autre, c'est que la qualité de la rondeur fait pour ainsi dire saillie, parmi toutes les autres qualités, qui au contraire sont rejetées à l'arrière-plan, sans disparaître cependant entièrement. Le grand fait que l'abstraction implique constamment, c'est l'acte de passer en revue des objets particuliers qui se ressemblent sur un ou plusieurs points, malgré leurs autres différences.

Nous avons l'habitude d'employer des objets individuels

pour symboliser une multitude d'objets : comme dans les figures géométriques d'Euclide. Il est inutile, dans les raisonnements géométriques, de penser à un grand nombre de choses circulaires : il suffit d'étudier les propriétés du cercle dans une seule figure, pourvu que nous prenions soin de ne rien *affirmer* qui se rapporte à la grandeur, à la couleur, ou à la matière ; qualités nécessairement inséparables même de la figure la plus simple.

Lorsque les logiciens parlent d'idée, de notion, de concept abstrait, il ne faut pas entendre par là autre chose que l'accord d'un certain nombre de choses à un point de vue donné.

QUE L'IDÉE D'UN INDIVIDU EST UN ASSEMBLAGE D'IDÉES GÉNÉRALES.

10. Lorsque nous donnons un nom à la perception d'un individu, comme par exemple un arbre, il n'y a pas là seulement l'impression sensible du moment, il y a aussi un agrégat, un assemblage de plusieurs impressions généralisées.

Lorsque nous regardons un arbre, nous sommes soumis à un grand nombre d'impressions diverses : les couleurs, les formes, les grandeurs, etc. Or, chaque impression distincte nous rappelle, par suite de la loi d'accord ou de ressemblance, toutes les impressions semblables que nous avons antérieurement éprouvées, et l'idée de l'arbre se trouve être ainsi non pas une représentation sensible primitive, mais un composé, un ensemble, où se mêlent à cette représentation nouvelle plusieurs sensations anciennes. Chaque trait, chaque détail de l'arbre nous suggère une classification appropriée à cette qualité : les couleurs brune et verte ne font impression sur nous que comme le résumé de toutes les sensations semblables de ces mêmes nuances.

Le concret et l'abstrait sont donc, on le voit, inextricablement mêlés et confondus dans l'esprit. Un objet absolument concret, qui ne pourrait être analysé et ramené à des abstractions ou à des classifications, c'est quelque chose qu'on ne rencontre nulle part. Notre connaissance suit à la fois deux marches différentes : les connaissances individuelles produisent des généralités, et les généralités réagissent pour constituer les notions individuelles. S'il se rencontrait dans le monde une chose concrète qui n'eût aucun rapport avec d'autres objets concrets déjà connus, nous pourrions sans doute, en fixant les yeux sur cet objet, en le comparant à lui-même, acquérir l'idée d'une individualité réellement concrète, dans laquelle ne serait impliquée aucune idée générale ; mais un tel objet concret différerait de tous les objets concrets que nous connaissons. Nous ne sommes donc pas en état de nous former une pareille idée.

11. Ce qui caractérise une existence individuelle et concrète, c'est qu'elle est un composé déterminé que nous ne confondons pas avec d'autres existences individuelles.

Le nombre des qualités générales qui se rattachent à une existence individuelle doit être de nature à lui donner un caractère spécial et défini. L'arbre que nous considérons pour le moment est individualisé par une rencontre de qualités qui ne s'était jamais produite auparavant ; ou, sinon par cette rencontre elle-même, du moins par les circonstances environnantes, par les particularités de temps et de lieu qui accompagnent la perception. Un schelling est de même individualisé par les circonstances de temps et de lieu où il se montre à nous.

12. La distinction entre la *présentation* (sensation actuelle) et la *représentation* (conception abstraite) revient à la distinction qui existe entre un assemblage déterminé d'idées générales, et un assemblage indéterminé de ces mêmes idées.

Un schelling dans ma main, c'est ce que j'appelle une *présentation* ; le schelling considéré comme une monnaie générale du royaume, c'est ce que j'appelle une *représentation*. Ici, en effet, ma pensée se porte indifféremment sur divers endroits, divers moments, diverses circonstances ;

elle n'est point liée à un moment déterminé, à une situation définie.

13. Les noms qui désignent les individus correspondent généralement au caractère qu'ont les individus d'être des assemblages d'idées générales.

Il y a un très-petit nombre de cas où les noms des individus n'ont aucun rapport avec les idées générales qui entrent dans la composition des idées individuelles : par exemple, lorsqu'un homme est appelé César. On a alors les noms propres, mots qui ont le moins de sens possible, purs symboles, employés pour distinguer les objets les uns des autres. Mais, dans la grande majorité des cas, les expressions verbales trahissent dans leur composition la marche que l'esprit a suivie dans la conception de l'objet ; elles spécifient les notions générales qui composent l'idée individuelle. Un vaste édifice gothique, un homme robuste de quarante ans, un cristal cubique d'une certaine dureté et d'une certaine densité, voilà des désignations verbales qui sont tout à fait d'accord avec la nature des idées.

La philologie confirme ici notre opinion. Les noms primitifs de certains objets concrets comme le soleil, la lune, le père, la mère, ont au fond un sens général. La lune (*moon*) est l'astre qui « mesure », le père (*father*) est le nourricier (*feeder*), et ainsi de suite.

Il semble donc qu'il ne soit pas possible de concevoir les objets individuels sans généraliser et classer en même temps. Un même mot est à la fois individuel et général.

LA LOI INTELLECTUELLE DE L'ACCORD OU DE LA RESSEMBLANCE EST LE PRINCIPE DU RAISONNEMENT.

14. Le raisonnement, sous toutes ses formes, implique les opérations que dirige la loi de la ressemblance, et qui consistent à assimiler une chose à une autre.

Le raisonnement, sous sa forme la plus générale, consiste à inférer d'un fait particulier un autre fait particulier de la même espèce. C'est la ressemblance qui suggère l'inférence et qui nous autorise à généraliser les qualités. Nous jetons une pierre dans un étang. La pierre, après avoir produit à la surface de l'eau des éclaboussures bruyantes, tombe au fond, pendant qu'autour du point où elle est tombée se dessine une série de vagues. De là nous inférons par raisonnement, nous présumons qu'une autre pierre jetée dans le même étang y produira les mêmes effets. Nous pouvons aller plus loin, étendre cette inférence à un autre étang ou à toute autre masse d'eau. C'est là faire des inférences, des raisonnements ; c'est dépasser notre expérience actuelle pour étendre notre affirmation à ce que nous ne connaissons pas. La ressemblance des cas est ce qui détermine l'esprit à faire ce pas en avant, à anticiper dans ses jugements sur ce qui n'est pas encore arrivé. Ainsi nous n'irons pas inférer qu'une poignée de feuilles sèches produira jamais les conséquences de la chute d'une pierre. Ni nos croyances instinctives, ni notre expérience de la nature, ne nous déterminent à attendre la production des mêmes effets dans des circonstances différentes.

Cette forme de raisonnement est d'un usage général et nous est commune avec les animaux. Un animal, habitué à trouver un abri sous un buisson, conclut par inférence d'un buisson à un autre buisson, et ce qui le dirige dans ce raisonnement, c'est la ressemblance des deux objets. Un chien est détourné d'une action même par les menaces d'un étranger qui manie devant lui un bâton qu'il n'a jamais vu : c'est encore la ressemblance partielle avec les expériences antérieures qui suffit ici pour éveiller la crainte du chien.

Une autre manière de raisonner, c'est lorsque, au moyen des mots généraux, nous inférons d'un seul cas ou d'un petit nombre de cas tous les autres cas de la même espèce : lorsque, par exemple, après un petit nombre d'expériences, nous concluons que toutes les pierres vont au fond de l'eau, que toutes les matières végétales sont combustibles, que tous les animaux naissent d'autres animaux. C'est là l'*induction*, dans son sens le plus technique, c'est-à-dire le raisonnement qui passe, non pas d'un cas particulier à un autre cas particulier, mais de cas particuliers à une affirmation universelle. Ici encore c'est la ressemblance qui guide l'esprit, la ressemblance, c'est-à-dire la loi d'après laquelle une chose nous suggère l'idée des choses qui lui ressemblent. C'est en vertu de la ressemblance que nous associons dans l'esprit tous les faits analogues qui ne sont jamais venus à notre connaissance ; nous sommes alors capables de comparer les traits communs, les rapports, en vue d'établir une proposition générale, ou, en d'autres termes, une proposition inductive.

La troisième forme de raisonnement, que l'on appelle la *déduction*, est encore fondée sur le principe de la ressemblance. Lorsque de cette proposition — toutes les pierres vont au fond de l'eau — nous inférons que tel autre corps ira de même au fond de l'eau, nous faisons une déduction ; nous sommes autorisés à la faire parce que ce corps ressemble aux autres, ou possède tout au moins les qualités générales indiquées par le mot « pierre ». Lorsque l'esprit s'est emparé d'un principe général, c'est par la ressemblance qu'il est conduit à découvrir les cas particuliers qu'il convient de rattacher à ce principe, et c'est ainsi que nous étendons notre connaissance par le procédé déductif.

ORIGINE EMPIRIQUE DE NOTRE CONNAISSANCE.

15. **Nos connaissances, soit par rapport à la matière, soit par rapport à l'esprit, sont le résultat d'expériences dont nous avons conscience.**

Pour ce qui regarde la matière, le monde extérieur ou *objectif*, c'est par l'intermédiaire des sens, associés aux mouvements, et gouvernés par les trois lois de l'INTELLIGENCE : la *différence*, la *ressemblance*, la *mémoire*, que nous acquérons nos connaissances. Nous voyons, nous entendons, nous touchons, nous goûtons, nous flairons. Nos énergies actives sont provoquées à l'action par la résistance des objets, par leurs mouvements, par leur étendue. Nous distinguons ou nous identifions nos diverses impressions ;

nous acquérons le pouvoir permanent de les reproduire ; nous associons les objets dont les rapports nous frappent. Enfin, par ces diverses opérations (expliquées tout au long par des exemples dans la science mentale ou psychologie), nous enrichissons peu à peu notre trésor d'images, d'idées, de pensées, relativement au monde extérieur.

En ce qui concerne l'esprit, c'est-à-dire la connaissance de notre vie intérieure, les sens n'agissent plus. Nous avons directement ou immédiatement conscience de nos sentiments, de nos pensées, de nos volontés, et nous acquérons ainsi le pouvoir permanent de nous les représenter. Nous nous rappelons nos plaisirs et nos peines, et l'ordre dans lequel ils se sont produits ; nous faisons connaissance non-seulement avec les choses, mais aussi avec les idées des choses, avec les lois qui gouvernent la naissance et la succession de ces idées. Ainsi, c'est un fait de notre vie psychologique ou subjective que nous nous rappelons aisément tout ce qui dans la réalité a fortement frappé notre atttention.

16. Il a été allégué que quelques parties de notre connaissance, au lieu d'être le résultat de l'expérience, comme la plupart de nos idées, sont intuitives, c'est-à-dire inhérentes à notre esprit, enfin indépendantes, soit de l'opération de nos sens sur les choses actuelles, soit des phénomènes particuliers de notre conscience subjective.

A différentes époques de l'histoire de la philosophie on a donné diverses listes des éléments intuitifs ou *à priori* de notre connaissance. Aujourd'hui, la discussion porte principalement sur ces quatre notions : le *temps,* l'*espace,* la *substance,* la *cause.*

On soutient qu'il y a dans ces notions quelque chose que l'expérience ne peut produire, et qui doit par conséquent dériver d'une autre source de connaissance.

D'un autre côté, les partisans de la théorie empirique prétendent que la force motrice, les sens et la conscience, assistés par les fonctions intellectuelles, suffisent à rendre compte de ces notions.

Le TEMPS, par exemple, est une abstraction, et, comme toutes les autres abstractions, il résulte d'une certaine ressemblance saisie entre différents objets, entre différentes impressions de l'esprit. Toutes nos expériences, objectives ou subjectives, se montrent à nous avec une durée plus ou moins longue : l'attribut du temps est précisément l'association, l'assimilation de ces états qui durent, considérés uniquement au point de vue de leur durée. En dehors de ces expériences réelles, relatives à la différence et à la ressemblance des choses qui durent, le temps n'est rien : il n'est pas une substance, à moins qu'on n'accepte la doctrine vieillie du réalisme ; il n'y a pas non plus d'idée distincte du temps, à moins qu'on n'adhère à la fausse doctrine du conceptualisme. En l'absence d'objets ou d'états continus ou durables, une intuition du temps est contradictoire ; mais, en présence d'expériences réelles qui nous représentent des choses durables, que nous pouvons comparer, malgré leurs différences, au point de vue de leur durée, nous sommes conduits à former l'idée du temps.

Il en est de même de l'ESPACE ou de l'étendue, qui est l'attribut commun de toute matière, et qui ne concerne plus l'esprit. L'étendue appartient à la fois à la matière solide et aux intervalles qui séparent les masses de matière solide. Ces intervalles sont appréciés eux aussi par notre sensibilité, c'est-à-dire par les impressions musculaires du mouvement, soutenues de nos sensations passives.

Les philosophes de l'*à priori* allèguent que l'espace ne dérive pas de l'expérience, que l'idée de l'espace est déjà inhérente à l'esprit avant toute perception ; car l'idée de l'espace est, disent-ils, la condition de toute perception des choses extérieures.

En opposition à cette doctrine nous soutenons que l'espace, au point de vue abstrait, n'est que la ressemblance, le trait commun de tous les corps étendus, et des intervalles qui les séparent, c'est-à-dire du vide. Nous comparons tous les objets à ce point de vue ; nous pensons à eux à la lumière de cette comparaison, et de cette façon nous pensons à l'espace. C'est la seule théorie conforme au nominalisme. Une idée innée de l'espace est une espèce de conceptualisme.

L'intuition pure de l'espace est, dit-on, la source de la connaissance des axiomes géométriques, ces axiomes ayant des caractères que l'expérience ne saurait expliquer. Dans ce cas, les révélations *à priori* prendraient la forme de principes, et non pas seulement de pures notions; mais au fond c'est la même chose; il n'y a de différence que dans l'expression. Que « deux lignes droites ne peuvent renfermer un espace », que « deux choses égales à une troisième sont égales entre elles », voilà des principes intuitifs pour les philosophes qui soutiennent que la notion de l'espace est elle-même intuitive.

L'idée de CAUSE, elle aussi, est comprise parmi les prétendues notions intuitives. Cette idée peut être exprimée sous forme de notion ou sous forme de principe. Dans ce dernier cas on dit : « Tout effet doit avoir une cause. » Une proposition équivalente serait : « La nature est uniforme, ou bien, ce qui a été sera. » La discussion se réduit à soutenir que si l'expérience peut nous montrer des effets particuliers obéissant à la loi de causalité ou d'uniformité, elle ne peut du moins nous apprendre que tout effet doit avoir, et a en réalité une cause; que ce qui a été jusqu'ici sera toujours.

L'idée de la SUBSTANCE signifie que derrière les phénomènes ou les apparences de la matière ou de l'esprit, il y a un substratum inconnu et inconnaissable, appelé *substance*, *noumène*, *existence permanente*. Cette idée ne peut dériver de l'expérience. Sa définition exacte prouve qu'elle dépasse l'expérience, et cependant quelques philosophes prétendent que nous sommes obligés d'y croire.

Par rapport à l'esprit, la substance n'est qu'un autre nom de l'identité personnelle, c'est-à-dire de la continuité supposée de notre existence mentale; — la trame qui supporte et soutient toutes nos pensées, tous nos sentiments, toutes nos volontés, enfin tous ces phénomènes dont se compose le courant de notre vie consciente.

Sur ce point la doctrine contraire soutient que la notion de substance est une fiction hors de propos et inutile.

S'il s'agit de la matière, la substance n'est autre chose que le rapport de tous les corps, le fait le plus général de leur existence, ou en d'autres termes la résistance, l'inertie, le poids, les pouvoirs mécaniques de la matière. S'il s'agit de l'esprit, la substance n'est encore que la propriété ou les propriétés les plus générales de la conscience, les faits sur lesquels se fonde la ressemblance de tous les esprits, et en raison desquels ils ont reçu la désignation commune d'esprits, par opposition avec le non-moi, avec la matière. Ces rapports sont le sentiment, la volition, l'intelligence, trois faits qui se rattachent plus ou moins à tout être appelé esprit.

EXPLICATIONS SUR LA NATURE DE LA CROYANCE, POUR ÉCLAIRCIR LA DISCUSSION RELATIVE A L'ORIGINE DE NOS CONNAISSANCES.

17. Il y a une tendance naturelle de l'esprit qui le porte à croire au-delà de l'expérience.

La disposition primitive de l'esprit, par rapport à la croyance, est de supposer que tout ce qui existe continuera à exister, que ce qui existe en ce lieu et dans ce jour existera toujours et partout. Cette croyance instinctive et innée est comme tenue en échec et affaiblie par l'expérience. Nous découvrons vite en effet que nos présomptions sont allées trop loin ; peu à peu notre confiance décroît, et nous proportionnons nos vues à la réalité des choses.

Voici des exemples vulgaires de cette tendance. Avant l'expérience nous nous imaginons devoir sentir toujours ce que nous sentons aujourd'hui ; que tous les hommes éprouvent les mêmes sentiments que nous ; que ce qui nous arrive arrive à tout le monde ; que tout ce qu'on nous dit est vrai. Par un élan naturel l'esprit adhère à toutes ces présomptions. L'expérience, loin de les favoriser, a plutôt pour effet de les modérer et de les affaiblir.

Attribuer à une expérience particulière la valeur d'une expérience universelle, c'est le résultat d'une tendance instinctive et aveugle de notre esprit. Mais cela ne prouve pas que les choses se réalisent dans la nature conformément à nos prévisions. Nous devons donc, puisque nous sommes disposés à étendre nos assertions au-delà des faits, nous devons nous tenir particulièrement en garde contre les affirmations universelles. C'est là un des points faibles de la nature humaine, une des sources principales de nos erreurs.

Cette remarque générale s'applique particulièrement à la causalité. Nous sommes très-disposés à généraliser d'une façon universelle la loi de cause et d'effet. Mais nous éprouvons la même tendance à l'égard d'une infinité d'autres choses, à propos desquelles nous constatons ensuite que nous nous sommes trompés. La preuve réelle de la loi de causalité doit être cherchée ailleurs que dans notre tendance à la croire vraie.

ON NE PEUT RIEN AFFIRMER DE VRAI SANS LA GARANTIE DE L'EXPÉRIENCE.

18. Puisque notre crédulité naturelle nous entraîne à des erreurs, il faut résister à notre instinct, et considérer l'expérience comme le seul critérium de la certitude.

C'est la conséquence inévitable de notre théorie sur la nature et sur l'origine de la croyance. Les partisans des principes innés, eux-mêmes, admettent aujourd'hui que ces principes ne se développent qu'à l'occasion des choses réelles; circonstance qui réduit nos connaissances innées à la mesure de l'expérience, aussi complétement que si elles n'étaient pas innées du tout. On suppose par exemple que l'intuition de la cause ne se présente à nous que lorsque nous avons observé un nombre suffisant d'exemples de causalité. Cette intuition est donc enveloppée et impliquée dans l'expérience à un degré tel qu'elle n'a véritablement plus d'existence indépendante. Il n'y a pas moyen de découvrir ce que les intuitions nous apprennent d'elles-mêmes. Laissons donc de côté ces prétendues intuitions, et ne tenons compte que de l'observation et de l'expérience.

LES LIMITES DE NOTRE CONNAISSANCE SONT CELLES DE NOTRE SENSIBILITÉ.

19. Nous sommes en état de connaître tous les objets qui affectent nos diverses facultés de sentir, et les notions composées qui en résultent. Notre connaissance ne va pas au delà.

Nous possédons diverses facultés de sentir : les sens (sensibilité passive) ; les muscles (sensibilité active). Lorsqu'une de ces facultés est affectée, il y a connaissance, expérience. Ainsi nous connaissons la lumière, le son, le tact, le goût, l'odeur, et nos différentes impressions organiques. Nous connaissons encore la résistance et le mouvement. Nous connaissons enfin nos divers états affectifs, comme la crainte, l'amour, la colère, etc. Notre esprit a fait un grand nombre d'expériences sur les différences ou les ressemblances de ces divers états. C'est là, pour ainsi dire, l'alphabet de la connaissance. Nous pouvons combiner en effet un grand nombre de ces impressions primitives, de façon à former des composés, des agrégats ; par exemple l'idée d'une orange, d'un homme, du globe entier. Mais il nous est impossible, quelque effort que nous fassions, de franchir les limites de ces impressions primitives de la sensibilité. A supposer que l'univers renferme des propriétés qui ne fassent pas impression sur nos sens, tels qu'ils sont constitués pour le moment, nous ne pouvons en aucune façon connaître de telles propriétés.

Par conséquent la notion d'une substance distincte de tous ses attributs est une chose inconnaissable.

Nous pouvons connaître le corps par ses qualités sensibles, et l'esprit par ses sentiments, ses pensées et ses volontés ; mais nous ne pouvons rien connaître au delà.

II. Premiers principes de la logique.

20. Il y a dans la logique un certain nombre de principes généraux, qui la constituent comme une véritable science, et qui lui permettent d'établir des règles et des méthodes pratiques.

Ces principes ont été diversement exprimés. On les a appelés *lois de la pensée* ou *axiomes fondamentaux du raisonnement*. C'est parce que la logique embrasse ces généralités, qui sont les plus hautes de toutes et qui dominent toutes les sciences, c'est parce qu'elle donne à toutes les sciences les règles de leur méthode, qu'elle a pu être appelée avec raison : *Scientia scientiarum*, la science des sciences.

Les premiers principes de la logique peuvent être présentés dans l'ordre suivant :

1° Le principe de *consistance* ou d'*identité*, ou la vérité nécessaire.

2° Les principes de la *déduction*.

3° Le principe de l'*induction*.

PRINCIPE DE CONSISTANCE OU D'IDENTITÉ. — VÉRITÉ NÉCESSAIRE.

21. Le raisonnement, comme le langage, exige qu'on admette ce principe : une affirmation présentée sous une forme peut l'être sous une autre.

Le langage contient souvent des expressions équivalentes du même fait. Il y a des mots synonymes, comme « rond », « circulaire ». « La matière est pesante, » « la matière gravite, » sont deux expressions différentes de la même pensée : si l'une de ces propositions est vraie, l'autre l'est aussi, en raison du principe d'identité. Il y a des formes générales de langage qui nous permettent d'affirmer à la fois plusieurs faits distincts, en les réunissant dans une seule proposition. Au lieu de dire successivement : Mercure se meut dans une ellipse, Vénus se meut dans une ellipse, etc., nous pouvons nous contenter de cette affirmation abrégée : toutes les planètes ont des orbites elliptiques. Si nous avons une fois avancé cette proposition générale, nous sommes forcés par les lois de l'identité de maintenir toutes les vérités particulières qu'elle comprend : l'orbite de Saturne est elliptique, et ainsi pour les autres.

Il est évident que sans cette loi d'identité il ne pourrait y avoir de communication intelligente entre un esprit humain et un autre. Comment comprendre un homme qui ne maintiendrait pas la même pensée dans les différentes expressions qu'il lui donne ? Toute discussion, tout raisonnement serait impossible.

Ces affirmations, identiques au fond, quoique diverses par l'expression, sont ce qu'on appelle des *vérités nécessaires*. « Toute matière est pesante, » donc telle « matière est pesante, » voilà une inférence *nécessaire*. On exprimerait encore mieux sa pensée en disant que ce sont des assertions *identiques, impliquées l'une dans l'autre,* ou ÉQUIVALENTES.

Il y a un contraste radical entre l'opération par laquelle nous passons d'une expression à une autre pour un même fait, et l'opération par laquelle nous passons d'un fait à un autre fait, indépendant du premier. Lorsque nous disons : A est mortel, parce que A et B sont l'un et l'autre mortels, nous ne faisons que nous répéter ; — lorsque nous disons : A est mortel, donc B est mortel, nous prenons l'affirmation d'un fait comme le fondement sur lequel nous appuyons l'affirmation d'un autre fait. Dans le premier cas, il nous suffit de connaître le sens des mots ; dans le second cas, nous devons consulter les faits et l'expérience.

Des philosophes ont prétendu que ces vérités, qui sont contenues dans d'autres vérités, et qu'on appelle à tort nécessaires, ne pouvaient sortir des propositions équivalentes d'où elles dérivent que grâce à un pouvoir spécial et inné de l'esprit, pouvoir tout à fait distinct de la faculté d'observer l'ordre de la nature. Sans ce pouvoir, sans cet instinct particulier, les vérités en question ne sauraient être conçues, ni obtenir la foi absolue que nous leur accordons. Mais il n'y a point de raisons suffisantes pour justifier une pareille hypothèse. Nous pouvons être disposés à nous mettre d'accord avec nos principes, sans qu'il y ait besoin pour cela d'un instinct spécial. L'impossibilité de communiquer par le langage avec nos semblables, dans le cas où nous ne nous mettrions pas d'accord avec nous-mêmes, nous force à obéir à la loi d'identité, jusqu'à un certain point du moins, car nous ne lui obéissons pas toujours. Il n'est pas besoin ici d'un autre instinct que de la tendance générale qui nous pousse à la conservation de nous-mêmes ; sans cela, nous nous préoccuperions sans doute fort peu d'observer les lois des vérités nécessaires. Si nous pouvions avancer aussi bien dans notre discours, tout en niant sous une forme la vérité que nous avons affirmée sous une autre, il semble qu'il n'y aurait rien dans notre constitution mentale qui pût nous garantir contre les contradictions. Si l'on considère nos facultés à la façon des philosophes qui font dériver toute connaissance de l'expérience seule, et si l'on tient compte en même temps des nécessités pratiques qui nous dirigent, on a, à ce qu'il semble, toutes les conditions nécessaires pour expliquer que l'esprit adhère aux mêmes principes, malgré la diversité des formes qu'il emploie pour les exprimer (1).

22. Il y a certaines maximes particulières, relatives à l'accord des propositions, et qui sont connues sous le nom de « *Lois de la pensée* ». Ce sont les principes d'identité, de contradiction, et de l'exclusion du milieu.

Le principe de l'identité peut être exprimé ainsi : « A est A. » Une chose est ce qu'elle est : un homme est un

---

(1) Parmi les philosophes de l'*à priori*, un certain nombre seulement, par exemple Leibniz, soutiennent qu'il existe une faculté intuitive dont la fonction est de saisir ces jugements de pure identité. Kant, et d'autres après lui, ne réclament le mérite spécial de la nécessité et de l'origine intuitive que pour certains jugements synthétiques, où les deux notions données sont distinctes, et où les faits ne s'impliquent pas mutuellement. C'est un des traits particuliers au système de Kant de prétendre qu'il y a de tels jugements synthétiques *à priori* dépassant l'expérience, par exemple cette proposition : « deux lignes droites ne peuvent enfermer un espace. »

homme. Platon aurait dit : « L'idée est égale à elle-même. »

Il semble qu'on n'ait pas affaire ici, à proprement parler, à un cas compris dans la loi générale de consistance. La proposition « A est A » ne nous présente pas un même fait sous des formes différentes de langage : elle nous présente le même fait sous le même langage. Dire que la même pensée exprimée par le même mot ou par les mêmes mots est la même, n'est-ce pas une affirmation superflue? La seule chose que nous ayons à craindre, c'est de nous tromper à propos d'un même fait diversement exprimé.

On répond à cette critique en donnant au principe d'identité une interprétation qui suppose quelque diversité dans l'expression de la même pensée. On dit alors que le principe signifie que A, sous un autre nom, est encore A : ce qui revient à exprimer avec moins de netteté la loi générale de l'accord des propositions. Si A égale ou renferme *a*, *b*, *c*, *d*, etc., nous pouvons dire alors, en changeant les termes : A est égal à la série entière des choses qu'il renferme. Un tout est la somme de ses parties. Un composé est l'ensemble de tous les éléments qui le composent.

Passons au principe de *contradiction*. « La même chose ne peut pas à la fois être et ne pas être A. » Cette chambre ne peut être à la fois chaude et froide. La loi de l'accord des propositions avec elles-mêmes exige qu'affirmant un fait déterminé on ne le nie pas en même temps. Si nous avons avancé une assertion, nous devons nous en tenir là. Le principe de contradiction peut être éclairci avec plus de netteté encore. D'après la loi de la relativité, toute pensée, toute affirmation s'oppose à une notion ou affirmation contraire ; ainsi, à ce que nous appelons « une ligne droite » s'oppose une chose contraire, « la ligne brisée ou courbe. » Or l'accord des propositions avec elles-mêmes veut qu'ayant affirmé quelque chose de la ligne droite, nous soyons prêts à le nier de la ligne courbe. Lorsque nous appelons un homme : sage, nous nions en même temps qu'il soit fou. C'est là une forme équivalente qui joue un grand rôle en logique. D'après ces explications, on voit que la loi de contradiction a une signification importante, ce qu'on ne peut guère dire de la loi d'identité.

Quant au principe de l'*exclusion du milieu*, il consiste à dire : « Une chose doit être ou ne pas être; » « De deux choses contradictoires, l'une doit être vraie, l'autre fausse. »

Cette loi repose sur la distinction des propositions en propositions totales ou universelles, et propositions partielles ou particulières : « tous les hommes » et « quelques hommes ». Lorsqu'une proposition universelle s'oppose à une proposition particulière, l'opposition n'est pas radicale, la contradiction est incomplète.

La contradiction complète existe entre des propositions comme celle-ci : « Tous les hommes sont mortels; » — « aucun homme n'est mortel. » La contradiction partielle et incomplète entre des propositions comme celles-ci : « Tous les hommes sont mortels, » — « quelques hommes ne sont pas mortels, » ou encore : « Aucun homme n'est mortel, » — « quelques hommes sont mortels. » Dans ce dernier cas, il n'y a pas de milieu : si l'une des deux propositions n'est pas vraie, si par exemple il n'est pas vrai que tous les hommes sont mortels, alors il doit être vrai que quelques hommes ne sont pas mortels : l'alternative ne comprend pas une troisième hypothèse. Au contraire, dans le cas d'une contradiction radicale : « Tous les diamants sont précieux, » — « aucun diamant n'est précieux, » la vérité se trouve peut-être dans un compromis : à savoir que quelques diamants sont précieux, que quelques autres ne le sont pas. C'est ainsi que la loi de l'exclusion du milieu se relie non à une contradiction absolue, mais à une opposition partielle ou incomplète. Aristote l'a énoncée comme se rattachant à la classification des propositions au point de vue de leur quantité. En résumé, ce serait trop l'honorer et lui accorder une importance exagérée, qu'en faire une loi primitive de la pensée.

Le principe de la consistance, que ces lois de la pensée n'expriment qu'incomplétement, peut être considéré comme le fondement de tout ce qu'on appelle en logique « inférence immédiate » (par opposition à l'inférence médiate du syllogisme). C'est ce qu'on nomme encore : « inférences ainsi improprement appelées, » — « propositions équivalentes. » Quelle que soit la dénomination qu'on adopte, cette opération sera détaillée tout au long dans la suite de cet ouvrage : la théorie de la conversion des propositions sera une des parties essentielles de cette exposition.

PREMIERS PRINCIPES DE LA DÉDUCTION.

23. **La déduction consiste dans l'application d'une proposition générale à un cas particulier que cette proposition comprend.**

Voici un exemple de déduction : « L'arsenic est un poison ; or la substance que j'ai entre les mains est de l'arsenic, donc cette substance est un poison. » Il y a ici quelque chose de plus qu'une vérité analytique, identique, qu'une tautologie. L'identité, l'équivalence existerait entre deux propositions comme celles-ci : « Tout arsenic est du poison : donc quelque arsenic est du poison. » Mais, dans le cas présent, notre pensée fait un pas de plus : nous avons besoin d'une seconde assertion, indépendante de la première, à savoir : « *Cette substance* est de l'arsenic, » avant de conclure « *Cette substance* est du poison. » Ici nous ne nous contentons pas de tirer une affirmation nouvelle d'une affirmation antérieure par un simple changement de mots : c'est de deux affirmations préalables que nous faisons sortir une conclusion, et ces deux affirmations doivent être liées l'une à l'autre par des relations déterminées, pour que la conclusion soit légitime.

Cette opération s'appelle une *inférence médiate*. Il y a en effet un anneau intermédiaire, un terme moyen entre la première affirmation et la conclusion. Nous ne pouvons, par une simple analyse et par les lois de l'identité seule, transformer cette affirmation, « l'arsenic est du poison, » en cette autre affirmation : « la substance que contient cette bouteille est du poison ; » ni convertir l'une dans l'autre ces deux phrases : « toute matière est indestructible ; » — « l'éther est indestructible. » Dans les deux cas il faut un intermédiaire. Les conclusions seraient illégitimes, si nous n'avions pas préalablement établi que la substance contenue dans la bouteille est de l'arsenic, et que l'éther est une substance matérielle.

24. L'axiome, ou le premier principe, qui sert de fondement à la déduction, a été exprimé de différentes manières : on peut réduire à deux ces formes diverses.

1° Tout ce qui est vrai d'une classe entière d'objets est vrai de tout objet appartenant à cette classe.

2° Des choses qui coexistent avec la même chose coexistent entre elles.

Il y a des expressions ou des formules corrélatives pour les raisonnements négatifs.

Sous sa première forme le principe s'adapte exactement à l'exposition du syllogisme. Il nous présente le type du raisonnement déductif, qui consiste à poser un principe général, dont la portée embrasse un cas ou des cas particuliers.

La seconde forme du principe équivaut à la première. Mais elle a l'avantage de mettre en évidence le caractère *médiat* de l'inférence déductive, et de faire ressortir en quoi elle diffère de l'inférence immédiate ou des propositions identiques que fonde la loi de la consistance. Deux objets, qui par eux-mêmes ne semblent pas coexister, coexistent avec un troisième objet : on en conclut qu'ils coexistent entre eux. Ce cas ne saurait rentrer dans la loi d'identité. Quelle que soit sa forme, le principe de la déduction est sans doute admis aussitôt qu'il est compris : mais seulement parce que l'expérience individuelle en garantit la vérité.

Les formes correspondantes, appropriées au raisonnement négatif, peuvent être exprimées ainsi :

1° Tout ce qui est nié d'une classe entière d'objets est nié de tout objet qui appartient à cette classe.

2° Si un objet coexiste avec un second objet, avec lequel ne coexiste pas un troisième objet, le premier objet ne coexiste pas avec le troisième.

25. Les axiomes de la déduction supposent l'uniformité de la nature.

Cette vérité est évidente, si les axiomes dérivent de l'expérience. Nous avons observé, dans un grand nombre de cas, que les objets qui coexistent avec un troisième objet coexistent entre eux ; mais nous n'avons pas constaté cette coexistence dans tous les cas possibles : nous n'avons observé ni ce qui existait avant nous, ni ce qui existe en dehors de notre sphère, ni enfin ce qui existera dans l'avenir. Cependant, d'après les cas observés, nous n'hésitons pas à généraliser le principe et à l'étendre à tous les cas non observés. Nous présumons donc que la « nature est uniforme », que les événements d'aujourd'hui seront les événements de demain, les circonstances restant les mêmes.

La vérité serait évidente encore dans le cas où nous affirmerions que les axiomes sont des intuitions, et ne dérivent pas de l'expérience. L'intuition des axiomes supposerait encore l'uniformité de la nature. Il est impossible que notre conception, que notre pensée intuitive soit vraie, si la nature n'est pas uniforme. Ainsi, quelle que soit la théorie sur l'origine des axiomes logiques (et mathématiques), il faut admettre qu'ils supposent dans tous les cas une vérité plus profonde, plus compréhensive : à savoir que la nature est uniforme. Les axiomes logiques ne sont donc pas, malgré les apparences, des premiers principes : ce sont des principes secondaires, dérivés ; ils se rattachent à une tige qui porte d'autres branches qu'eux. S'ils sont vrais, plus vrai encore est le principe fondamental d'où ils dérivent. C'est ce principe dont il faut d'abord établir la vérité, dans l'intérêt des principes subordonnés qui en sont les conséquences.

PREMIER PRINCIPE DE L'INDUCTION.

26. Lorsque nous inférons d'un fait connu un fait inconnu, nous faisons une inférence *réelle* qui exige des garanties.

La seule garantie de cette inférence est l'uniformité de la nature.

Si nous jetons un morceau de bois dans le feu, le bois se consume ; nous en inférons que tout autre morceau de bois sera consumé de la même manière. C'est précisément accorder que ce qui est arrivé une fois arrivera toujours, dans les mêmes circonstances ; en d'autres termes, c'est croire à l'uniformité de la nature.

Les uniformités partielles des phénomènes de la nature se distribuent en deux catégories : les uniformités de coexistence, et les uniformités de succession. Voici un exemple d'uniformité de coexistence : « La matière est inerte et pesante ; » il y a en effet dans cette affirmation deux qualités distinctes associées l'une à l'autre : d'une part l'inertie, de l'autre la pesanteur ; et ces deux qualités sont unies dans toute l'étendue de la nature et dans toute la durée du temps.

Ce qui garantit la vérité d'une uniformité générale de coexistence, c'est l'observation spéciale de chaque uniformité distincte. Il ne suffit pas d'avoir observé dans un petit nombre de cas la liaison de deux phénomènes, pour conclure qu'ils sont toujours liés l'un à l'autre ; il faut constater cette association en différents endroits, dans des circonstances, à des époques différentes. Si, après une investigation suffisante, nous n'avons rencontré aucun exemple contradictoire, nous affirmons à bon droit que la liaison des deux qualités est une loi générale de la nature.

27. Dans les uniformités de succession on a découvert une *loi* générale qui abrége sur ce point le travail et les recherches. On l'a appelée la loi de causalité ou du rapport de la cause à l'effet. Nous la formulerons ainsi :

« Tout événement est uniformément précédé d'un autre événement », — ou bien « A tout événement correspond un antécédent ; l'antécédent donné, l'événement a lieu. »

Dire : « Tout effet doit avoir une cause, » c'est supposer

ce qui est en question ; car le mot cause implique un effet et *vice versâ*. Pour donner à la loi de causalité une expression correcte, il faut dire : « A tout événement correspond un événement antérieur, auquel il est lié de telle façon que si l'un arrive, l'autre arrive ; si l'un manque, l'autre manque. » L'antécédent n'est d'ailleurs pas toujours un fait unique : il peut être un ensemble de circonstances, comme dans le cas de la santé : effet complexe qui dépend d'un grand nombre de conditions.

Puisqu'il y a des effets qui dérivent d'un grand nombre de causes, il ne faut pas négliger cette circonstance importante dans l'application du principe de l'uniformité. Ainsi la mort peut résulter soit de la faim, soit d'un coup violent, soit d'un poison. Il est donc exact de dire qu'étant donnée dans des proportions suffisantes l'une ou l'autre de ces conditions, la mort se produira. Mais le fait de la mort ne prouve pas nécessairement que la victime ait eu faim ; il ne prouve qu'une chose, c'est que l'une ou l'autre des circonstances qui déterminent la mort s'est produite. Dans les recherches inductives, il est donc nécessaire de déterminer *toutes* les causes qui peuvent produire un effet.

De la loi de causalité sortent des conséquences comme celles-ci : « Si la cause disparaît, l'effet disparaît aussi. » « *Cessante causa, cessat et effectus.* — « Si la cause reparaît, l'effet reparaît aussi. » — « Tout objet qui ne peut être éloigné sans que l'effet ne cesse, doit être considéré comme la cause, ou comme une partie de la cause. » — « Tout objet qui peut disparaître, sans que l'effet cesse, n'est pas la cause de cet effet. » — « La cause et l'effet varient proportionnellement l'un à l'autre. »

Ces maximes, qui ne sont que des aspects variés de la loi de causalité, servent à éliminer ou à établir le rapport de cause à effet entre les phénomènes de la nature.

28. La loi de causalité universelle nous apparaît comme plus importante encore, comme plus féconde en conséquences, lorsqu'on la présente, sous une autre forme, comme la loi de la persistance, de la conservation, de la corrélation ou de l'équivalence de la force.

Cette loi est une généralisation de la science moderne.

Galilée et Newton passent avec raison pour avoir établi la loi de la persistance ou de la conservation de la force *mécanique*, c'est-à-dire de la force appliquée aux masses matérielles. Si une bille en frappe une autre et la met en mouvement, la force transmise à la seconde bille est exactement la force que la première a perdue.

Lavoisier a établi la persistance du poids dans la matière, en montrant que pas un atome de matière ne pouvait être détruit ni créé. Dans la combustion ou dans l'évaporation, les molécules changent seulement de place; elles ne perdent point leurs propriétés essentielles d'inertie et de pesanteur.

De notre temps, on est arrivé à se convaincre que d'*autres* forces, et non pas seulement la force mécanique, à savoir la chaleur, la force chimique, l'électricité, la force nerveuse, sont elles aussi soumises à la loi de la persistance quantitative; elles ne peuvent ni être créées, ni être détruites. Seulement elles se convertissent réciproquement l'une dans l'autre, dans des conditions définies. La chaleur peut donner naissance au mouvement; la force chimique peut développer de la chaleur; l'électricité peut être convertie en chaleur ou en mouvement. Dans ces transformations, rien ne se perd, et rien ne se crée; lorsque la chaleur devient dans une machine à vapeur un principe de mouvement, elle disparaît, elle s'anéantit comme chaleur. Lorsque la force motrice semble détruite, lorsque par exemple un boulet de canon vient s'abattre contre une masse impénétrable de pierres, la force de projection du boulet se transforme tout entière en chaleur; à l'endroit où le choc a eu lieu, le boulet et la pierre s'élèvent à un degré de chaleur exactement proportionné à la force motrice qui a été détruite.

Cette grande loi de la persistance quantitative de la force, ou du mouvement, occupe une place éminente dans la logique inductive. Elle embrasse et domine toutes les sciences naturelles, chacune de ces sciences n'étant qu'un développement partiel de cette loi universelle.

III. Nature et classification de nos connaissances.

29. La connaissance se compose d'affirmations relatives à l'ordre du monde. Ces affirmations sont les objets de la croyance, dont le critérium suprême est l'action.

Deux fois deux font quatre ; le soleil se lève et se couche ; les corps livrés à eux-mêmes tombent ; la chaleur fait bouillir l'eau ; les animaux se nourrissent d'air et d'aliments ; l'harmonie est agréable à l'esprit, — voilà des affirmations ou des connaissances, relatives à l'univers. Nous croyons à ces affirmations, et nous témoignons notre croyance en agissant conformément à elles. Lorsque nous voulons faire bouillir de l'eau, nous la soumettons à l'action de la chaleur : ce qui est bien la manifestation de notre croyance.

30. Ce qu'il faut d'abord exiger de la connaissance, c'est qu'elle soit *vraie*.

Une affirmation est vraie, lorsque, après expérience, on constate qu'elle correspond aux faits. Telle est la preuve directe de la vérité de l'affirmation. On pourrait établir indirectement la vérité de l'affirmation, en la comparant à une autre. Lorsqu'il y a contradiction, l'affirmation est fausse.

31. La connaissance est tantôt particulière, tantôt générale.

Des affirmations qui ne concernent qu'une chose individuelle, comme : « Cette maison est solide, » « César était brave, » « Ce malade ne guérira pas, » sont des affirmations particulières, elles ne portent que sur un seul objet.

Des affirmations qui embrassent toute une classe, toute une espèce d'êtres, comme : « Une construction est solide, lorsque la ligne du centre de gravité passe par les fondements de l'édifice. » — « Tous les grands généraux sont braves. » — « L'engourdissement des pieds est un signe de mort prochaine, » sont des affirmations générales ; elles s'étendent et s'appliquent à des cas innombrables.

32. Grâce au retour fréquent des mêmes phénomènes et des mêmes opérations, nous pouvons atteindre à un grand nombre de connaissances générales.

Si chaque objet individuel était unique dans la nature et ne ressemblait à aucun autre, il y aurait autant de lois que d'individus. Si, au lieu de cette substance commune, l'eau, qui remplit toutes les mers, toutes les rivières, toutes les fontaines, il y avait mille substances différentes, il nous faudrait accroître en proportion le nombre de nos affirmations. Si, au lieu des trente-six corps simples jusqu'à présent connus, notre globe était composé de six mille éléments, il y aurait un accroissement considérable dans la masse de nos connaissances. Si, au lieu de trente-six nous n'en connaissions que six, nous serions en état de réduire toutes nos connaissances physiques à un nombre d'affirmations relativement très-petit.

33. Il est avantageux de porter la connaissance au plus haut degré possible de *généralité*.

La raison en est claire. Une affirmation générale n'est pas autre chose qu'un grand nombre d'affirmations particulières réunies en une seule. Elle constitue par conséquent une économie considérable pour l'esprit humain. Une loi générale nous place sur une hauteur d'où nous dominons les choses, et d'où, en un seul regard, nous embrassons une multitude de faits. La loi de la pesanteur, la loi de la persistance de la force, la loi des proportions définies en chimie, la loi de la relativité dans l'esprit, — comprennent chacune des milliers d'affirmations particulières.

34. La connaissance sous sa forme parfaite constitue la science.

Les caractères de la science sont les suivants :

I. Elle emploie des procédés spéciaux pour s'assurer de la *vérité* de la connaissance.

L'homme ignorant est exposé à affirmer sans prendre soin de vérifier ses affirmations. Au contraire, l'homme de science, non-seulement met à profit les procédés vulgaires de découverte, mais emploie un système spécial d'instruments, un ensemble de moyens pour vérifier ses connaissances. Ce système de règles et de procédés est jusqu'à un certain point commun à toutes les sciences ; jusqu'à un certain point aussi, propre et spécial à chaque science particulière. Les procédés communs à toutes les sciences sont étudiés dans la logique.

35. II. La connaissance scientifique doit être aussi *générale* que possible.

Sans doute la science ne repousse pas les faits particuliers, pourvu qu'ils soient vrais ; au contraire, elle recueille le plus de faits possible. Mais, considérant la vaste portée et l'importance extrême des faits généralisés, la science pousse la généralisation jusqu'aux plus extrêmes limites. Un petit nombre de faits isolés, dont on a soigneusement établi la vérité, peuvent avoir de la valeur en eux-mêmes, mais ils ne sauraient constituer une science.

36. III. Chaque science particulière étudie une *partie distincte* du monde ; elle groupe, elle assemble les faits et les lois générales qui sont de même espèce.

L'étude du monde nous convainc que les phénomènes sont de différentes natures, et qu'ils doivent être étudiés par des procédés différents. Par exemple, les forces qui produisent les mouvements des corps célestes ne peuvent être confondus avec la combustion, le magnétisme, les forces animales ou végétales. Les fonctions de l'esprit ne ressemblent à rien. Par suite, les affirmations, les vérités relatives à l'ordre du monde se divisent en plusieurs catégories ; et il y a une convenance évidente à observer cette division, à classer les faits de même nature dans des catégories spéciales. Associer dans une même étude les faits relatifs aux planètes et les faits relatifs à l'esprit humain, ce serait à coup sûr embarrasser et embrouiller l'intelligence.

37. IV. Toute science doit soumettre les matières qu'elle comprend à un certain *ordre*, à un certain arrangement, afin d'assurer le mieux possible la découverte, la vérification et la communication de la vérité.

Il ne suffit pas de réunir tous les faits et toutes les généralités qui se rapportent à une même catégorie de phénomènes : il faut encore présenter ces matières dans un ordre convenable.

Cet ordre varie avec chaque science. Néanmoins il y a quelques points, essentiels et communs à toutes les sciences, sur lesquels il faut arrêter notre attention.

1° Il faut s'élever du plus facile au plus difficile. Si un fait, si une vérité générale, suppose et implique d'autres faits, d'autres principes, c'est par eux qu'il faut commencer.

2° Avant de prouver une proposition, il faut avoir acquis tout ce qui est nécessaire à cette preuve. Dans les sciences de démonstration, dont toutes les parties sont liées, en géométrie par exemple, chaque affirmation dépend d'une affirmation antérieure : la succession des idées est alors méthodique et systématique.

3° Il faut établir le sens des mots avant d'en faire usage. Il est naturel de commencer par la définition des termes essentiels de la science.

38. La classification des sciences est une conséquence des vues que nous venons d'exposer. Cette classification dérive, en premier lieu, de la division en catégories des phénomènes de la nature, et en second lieu de la dépendance mutuelle de ces catégories, de l'ordre de simplicité relative qu'on peut leur attribuer.

Si chaque partie de la nature était entièrement séparée et distincte de toutes les autres, il n'y aurait pas lieu d'établir entre les sciences un ordre de progression et de développement. Mais les puissances diverses de la nature, pesanteur, chaleur, forces animales, esprit, etc., se mêlent et se confondent à un haut degré dans leurs opérations. De plus, tous les phénomènes, quels qu'ils soient, sont soumis aux lois de la quantité. Ces lois peuvent être étudiées à part, en dehors de toutes les catégories spéciales d'objets, et l'étude de ces lois est comme une préparation nécessaire à l'étude de toutes les parties de la nature. Ce n'est pas d'ailleurs de cette façon-là seulement qu'une science particulière prépare les voies à une autre. Il y a par conséquent un ordre de dépendance qui unit les sciences, et qui détermine jusqu'à un certain point le développement successif des études scientifiques. C'est d'après cet ordre que les sciences devront tour à tour passer dans les mains des savants.

39. *Les sciences sont ou abstraites ou concrètes.*

Les mathématiques, qui traitent de la *quantité,* de la quantité en général, abstraction faite de toute quantité particulière, telle que la longueur, le poids, la chaleur, etc., prennent le nom de sciences abstraites. Sauf une seule exception, les mathématiques sont les plus abstraites de toutes les sciences ; les propriétés qu'elles étudient sont les plus générales de toutes les propriétés. Les discussions qu'elles engagent sur certains objets sont aussi indépendantes que possible des autres qualités qui dans la réalité s'unissent à ces objets.

D'un autre côté, la zoologie, qui a pour but de décrire et de classer une catégorie considérable d'êtres réels et concrets, à savoir le règne animal tout entier, est une science concrète.

La seule science, qui au point de vue de l'abstraction rivalise avec les mathématiques, est précisément la logique. Les premiers principes de la logique, tels qu'ils ont été exposés ci-dessus, loi de consistance, loi de déduction, loi d'uniformité, dominent toutes les sciences particulières.

Ils sont plus généraux, plus compréhensifs que les lois de la quantité elle-même.

Immédiatement après la quantité, la qualité la plus générale des êtres est le *mouvement*. Tous les corps peuvent être mis en mouvement, et il faut distinguer ici le mouvement en masse (mouvement mécanique), et le mouvement dans les molécules (mouvement moléculaire). Les corps sont soumis à l'un ou à l'autre, ou à tous les deux à la fois. Il est évident que les lois du mouvement peuvent être déterminées, abstraction faite de tout objet particulier. Il y a par suite une science abstraite du mouvement, que l'on peut appeler mécanique abstraite, théorique, rationnelle. L'expression la plus usitée aujourd'hui est celle de « cinématique ». Lorsque, au contraire, on applique les lois du mouvement à des corps réels et particuliers, comme les solides, les liquides ou les gaz, on rentre dans le domaine de la mécanique concrète et de ses différentes formes, qui ont des noms appropriés à leur objet.

Il faut remarquer que ce qui est *abstrait* est en même temps *simple*; le concret est généralement *complexe*. En général, ce qui est vrai dans le domaine abstrait doit être vrai aussi dans la réalité concrète, car l'abstrait n'est qu'un mot employé pour désigner les rapports des choses concrètes. Une loi, vraie au point de vue abstrait, serait contradictoire, si elle ne pouvait être appliquée aux choses concrètes. Mais, dans la réalité concrète, il peut y avoir des forces opposantes qui neutralisent la loi abstraite. Il peut y avoir par suite quelque différence entre les effets d'un pouvoir qui agirait *seul*, et les effets de ce même pouvoir agissant en *concurrence* avec d'autres forces. La loi abstraite du mouvement, à savoir la tendance des corps à persévérer dans le même état, n'est pas réalisée dans les choses concrètes, en raison du frottement ou des obstacles qui s'opposent au mouvement : la tendance à persévérer dans le mouvement est contre-balancée par d'autres influences, et il est possible de calculer le résultat complexe de cette composition de forces. L'intérêt personnel agissant seul doit avoir certaines conséquences; mais, s'il se mêle à d'autres motifs d'action, ce n'est plus à lui qu'il faut attribuer l'effet complexe qui se produit.

A vrai dire, les sciences abstraites doivent toujours précéder les sciences concrètes correspondantes.

40. Pour le moment il suffira de classer les sciences ainsi qu'il suit : I. Logique. — II. Mathématiques. — III. Physique mécanique, ou simplement Mécanique. — IV. Physique moléculaire. — V. Chimie. — VI. Biologie. — VII. Psychologie. Chacune de ces sciences comprend une classe distincte de phénomènes. A elles toutes, elles embrassent tous les phénomènes connus. L'ordre dans lequel elles sont énumérées est un ordre de progression des plus simples aux plus composées, des plus indépendantes aux plus dépendantes. C'est l'ordre dans lequel elles doivent être étudiées, et suivant lequel elles sont appelées à se développer.

I. — La Logique embrasse, comme nous l'avons vu, les principes les plus fondamentaux et les plus universels : consistance, déduction, uniformité. La logique ne suppose aucun principe supérieur aux siens, et c'est précisément sur les principes de la logique que reposent toutes les autres sciences. Il n'y a pas de science qui n'use et ne profite des données de la logique, qu'elle en ait conscience ou non.

II. — Les Mathématiques sont la science abstraite de la quantité : elles déterminent les lois de la quantité dans quelque objet que ce soit.

III. — La Mécanique, ou physique mécanique, ou philosophie mécanique, est la science du mouvement par rapport aux corps pris dans leur masse : la science de la force qui détermine le mouvement des corps. Il y a d'abord une mécanique abstraite ou théorique (cinématique), qui comprend les lois de l'équilibre, les lois du mouvement, applicables à toute masse de matière, abstraction faite de toute nature spéciale d'objets. Les applications concrètes de ces lois embrassent l'astronomie, ou étude des mouvements célestes, puis l'étude de la chute des corps sur la terre, la statique, l'hydrostatique, la dynamique, l'hydrodynamique, l'acoustique.

IV. — La Physique moléculaire se rapporte aux mouvements moléculaires, aux différents arrangements des corps. Elle comprend la cohésion et l'adhésion moléculaires, considérées comme les principes de combinaison des solides, des liquides et des gaz, la chaleur, la lumière, l'électricité.

V. — La Chimie continue l'œuvre de la physique moléculaire. Elle se rapporte plus spécialement aux combinaisons ou décompositions, appelées chimiques, et qui ont pour caractère d'être suivies de changements considérables dans les qualités des corps.

La partie de la science, qu'on a longtemps appelée la philosophie naturelle, comprend à la fois la physique mécanique et la physique moléculaire; mais elle laisse la chimie en dehors de son domaine. Une classification pour le moins aussi juste serait celle qui considérerait la chimie comme faisant partie de la physique moléculaire, avec laquelle elle semble se confondre par une transition presque insensible. En fait, l'action chimique est inséparablement liée à la chaleur et à l'électricité, bien que ces sujets puissent être, dans l'exposition scientifique, détachés de la chimie.

La physique moléculaire et la physique mécanique, prises ensemble, épuisent dans tous ses aspects essentiels l'étude de la grande loi de la persistance, de la conservation ou de la corrélation de la force.

VI. — La Biologie nous introduit dans un domaine entièrement nouveau : les phénomènes de la vie ou des êtres vivants, phénomènes qui impliquent une structure organisée, unie à un pouvoir permanent de développement et de reproduction. Cette science est subordonnée aux précédentes, en tant que les corps vivants sont soumis à toutes les lois de la physique mécanique ou moléculaire, avant de l'être aux lois spécifiques et particulières qui caractérisent la vie.

La biologie se divise en deux parties. Il y a la biologie des végétaux, et celle des animaux; la première qui étudie à fond la structure, la classification, la description des plantes ; la seconde qui en fait autant pour les animaux. La botanique, la zoologie, l'anatomie et la physiologie de l'homme sont les divisions *concrètes* de la biologie. Remarquons d'ailleurs qu'une science biologique abstraite est à peine possible. Les lois de la vie ne peuvent être déterminées d'une façon générale et uniforme pour les végétaux et les animaux. L'effort le plus grand que l'on puisse faire pour se rapprocher d'une distinction entre la biologie abstraite et la biologie concrète, consisterait à distinguer d'une part la physiologie des animaux et des plantes, et d'autre part la description et la classification détaillée des plantes et des animaux.

VII. — La Psychologie, ou science de l'esprit, constitue une province tout à fait spéciale de l'étude des phénomènes naturels. Si elle se place au dernier rang dans l'ordre de développement des sciences, cela tient à deux circonstances. D'abord l'esprit humain est un sujet d'étude très-compliqué, et dont la difficulté est encore aggravée par l'influence d'un grand nombre de préjugés et de tendances vicieuses. Par conséquent, avant d'aborder la psychologie, le savant doit s'être préalablement astreint à une rigoureuse discipline scientifique, telle que la lui inculqueront les sciences précédemment énumérées.

En second lieu, quoique l'esprit, c'est-à-dire la conscience subjective, soit un objet tout à fait unique en son genre, il n'en est pas moins vrai que cet esprit est constamment uni à un organisme corporel. Il faut donc connaître cet organisme, qui ne se sépare point de l'esprit, et cet organisme est précisément étudié dans la dernière partie de la biologie, je veux dire la physiologie de l'homme.

Les sept catégories de sciences que nous venons d'indiquer contiennent les lois de tous les phénomènes connus, phénomènes de la matière ou de l'esprit. Elles présentent d'ailleurs ces lois dans l'ordre le plus convenable pour les étudier et les comprendre facilement. Il ne saurait y avoir de phénomène étrange et tout à fait nouveau pour un homme qui serait versé à fond dans ces différentes sciences.

A vrai dire on pourrait simplifier encore cette classification et ramener toutes les lois des phénomènes à quatre chefs : la mécanique moléculaire ou physique, la mécanique proprement dite, la biologie, la psychologie. La logique et les mathématiques sont seulement des instruments qui nous aident à mieux comprendre la nature des choses réelles.

Auguste Comte avait détaché l'astronomie de la science générale à laquelle on la rapporte usuellement, pour en faire une des catégories essentielles de la science humaine. La raison qu'il en donnait, c'est que l'astronomie a affaire avec ce grand fait de la gravitation, fait spécifique et distinct, qui ne ressemble à aucun autre, et que l'on peut étudier à part, en s'aidant uniquement de la mécanique rationnelle et des mathématiques. Quoiqu'il soit permis de croire que l'on a tort de donner ainsi à l'astronomie un rang proéminent dans la classification des sciences, il faut reconnaître que l'argument de Comte met en lumière un fait considérable et certain. La gravitation est une force particulière, distincte de toutes les autres ; elle agit dans les corps célestes sans se mêler à d'autres forces, et par suite elle donne à l'astronomie un caractère remarquable de simplicité.

41. Les sciences concrètes, en se subdivisant, donnent lieu à des sciences secondaires, — comme la météorologie, la minéralogie, la géologie, la géographie. Mais aucune de ces sciences n'aborde des sujets qui ne soient déjà compris d'une façon générale dans les sciences fondamentales.

Dans chacune de ces subdivisions de la science on a mis à part un certain groupe de phénomènes *localement* associés, pour en faire l'objet d'une étude spéciale. La *météorologie*, par exemple, traite de l'atmosphère, dont les phénomènes sont gouvernés par les lois de la physique mécanique ou moléculaire. On peut en dire autant de la *minéralogie*. Il n'y a pas en effet d'agent naturel concourant à la formation des minéraux, en dehors de ceux qui sont décrits dans les sciences fondamentales. Le but spécial de la minéralogie est de présenter un système de description et de classification des minéraux, assez complet pour qu'on puisse facilement les reconnaître.

La *géologie* implique la biologie ainsi que la physique ; son domaine spécial est la croûte terrestre, dans les limites où elle est accessible à l'observation. La *géographie* est la science de la surface terrestre; elle est, comme les deux sciences précédentes, une science descriptive, mais elle ne renferme aucune nouvelle loi de phénomènes.

Parmi les sciences concrètes qui se rapportent spécialement à l'esprit humain, nous pouvons compter la science *sociale*, la politique ou la sociologie, qui a pour but d'appliquer les lois de l'esprit aux êtres humains réunis en société.

Un autre exemple à citer est la philologie, la science du langage universel; elle comprend la classification des langues anciennes et des langues modernes.

42. Nous n'avons pas encore achevé l'énumération des branches de la connaissance, appelées sciences. Il reste à parler des sciences dites *pratiques*.

Le but final de la connaissance est la pratique, c'est-à-dire les règles de la conduite. Il y a dans la pratique différentes catégories, qui correspondent aux divers besoins des êtres humains. Chaque catégorie repose sur un ensemble de connaissances plus ou moins approfondies.

La pratique est ce qu'on appelle aussi l'art.

Suivant le caractère des connaissances qui servent de fondements à la pratique, l'art est empirique ou scientifique. L'art empirique provient uniquement des connaissances acquises dans l'exercice de l'art lui-même. Les arts étaient tous empiriques avant l'origine de la science, comme par exemple l'agriculture, la navigation, la métallurgie. Il y a, même aujourd'hui, des arts qui sont restés empiriques, comme par exemple la médecine.

Les arts deviennent scientifiques lorsque la science exerce sur eux son influence. La navigation en est un exemple remarquable, puisqu'elle a pour auxiliaires les mathématiques, la mécanique, l'astronomie, l'optique et la météorologie. L'art de construire, l'artillerie, la fabrication des machines, la teinturerie, et en général les différentes formes de l'industrie sont des arts fondés sur la science, et qui par suite méritent d'être appelés des arts scientifiques ou des sciences pratiques. Un autre groupe, relatif à l'esprit, comprend l'éthique, la logique (sous sa forme pratique), l'esthétique, la rhétorique, la grammaire, l'éducation, la politique, la jurisprudence, le droit, l'économie politique.

Plusieurs des sujets d'études que nous venons d'indiquer en dernier lieu peuvent être considérés, tantôt comme des sciences concrètes théoriques, tantôt comme des sciences pratiques. Cela dépend de ce que ces sciences sont construites tantôt d'après un type, tantôt d'après un autre. Ainsi la politique peut être conçue comme un corps méthodique de théories systématiquement déduites de quelques données ou vérités premières. Elle ressemble alors à la mécanique, à la chimie, à la psychologie. D'un autre côté, elle peut être construite dans un esprit pratique avec l'intention d'agir directement sur les affaires publiques. Dans ce cas, elle prend la forme d'une série de maximes ou de préceptes relatifs à l'art de gouverner, maximes qui peuvent être plus ou moins fondées sur des théories scientifiques et des vérités générales. Des remarques analogues s'appliquent à l'économie politique, à la jurisprudence, à l'éthique.

43. Dans toute science pratique, les connaissances sont choisies et ordonnées uniquement en vue du but qu'il faut atteindre. La définition de la science pratique n'est autre que la détermination de son but.

Il y a une grande différence, pour le choix des matières, entre une science théorique (abstraite ou concrète), et une science pratique. Dans la première, les connaissances exposées se rattachent exclusivement à une catégorie de phénomènes naturels : le mouvement, l'esprit, la vie, etc. Dans la seconde, les connaissances sont empruntées à une ou plusieurs sciences théoriques, et développées dans l'ordre qui convient au but, à la fin qu'il s'agit d'atteindre. Dans une science théorique nous trouvons sous la forme la plus succincte et la plus intelligible l'ensemble complet des connaissances qu'on a acquises sur une classe d'objets de même espèce ; ces connaissances pourront dans la suite être appliquées à un grand nombre d'arts, mais pour le moment elles ne s'appliquent spécialement à aucun. Dans une science pratique, au contraire, les connaissances sont mises au service de la fin qu'on poursuit.

Dans beaucoup de logiques écrites selon l'esprit d'Aristote, on insiste pour montrer que la définition d'une science pratique n'est pas autre chose que la détermination de son but. Ainsi, dans l'éthique, nous avons d'abord à fixer le τέλος, le but de l'éthique ; c'est sur cette question que portent, en pareille matière, les principales divergences des opinions. La logique, considérée comme une science théorique, est définie par la catégorie d'objets qu'elle étudie ; considérée comme un art (empirique ou scientifique), elle doit être définie par son but. (Voir Appendice A, et Logique inductive, livre III).

IV. Des diverses formes données à la définition de la logique.

44. I. La logique a été définie : 1° l'art du raisonnement ; II° l'art et la science du raisonnement.

La première définition est celle d'Aldrich ; la seconde est un amendement proposé par Whately. Elles reconnaissent l'une et l'autre le caractère pratique de la logique. La seconde indique qu'en logique l'art est fondé, non sur un empirisme vulgaire, mais sur la science. En d'autres termes, la logique est une science pratique.

45. II. Le terme *raisonnement* est insuffisant pour définir la logique : 1° parce qu'il peut être interprété de plus d'une manière ; 2° parce qu'il est trop étroit, trop restreint pour exprimer entièrement le but avoué de la logique.

Le mot raisonnement peut être pris dans deux acceptions : ou bien il ne représente que la déduction, ou bien il signifie toute inférence, la déduction et aussi l'induction. Dans le sens le plus restreint du mot raisonnement, la logique serait limitée au raisonnement déductif ou au syllogisme ; dans le sens le plus large, la logique comprendrait aussi l'induction. Le sens le plus étroit est celui qu'ont adopté le plus grand nombre des logiciens ; mais il n'en est peut-être pas un qui soit resté fidèle à cette définition. Sous un titre ou sous un autre, tantôt sous le nom de logique appliquée, tantôt sous le propre titre d'induction, les matières relatives à l'induction ont été introduites dans les logiques déductives de Whately, d'Hamilton, de Thomson et de quelques autres encore.

De plus, pris dans son acception même la plus large, le mot raisonnement est encore trop restreint pour le vaste objet de la logique. Nous trouvons en effet traitées dans tous les livres de logique des questions que ne comporte pas le mot raisonnement : par exemple, la classification, la définition, la division, opérations qui doivent toutes être assujetties à des règles, puisqu'elles peuvent être bien ou mal faites. En effet, nous appliquons l'épithète de *logique* à une définition aussi bien qu'à un argument.

16. III. — Une autre définition de la logique la représente comme la science des lois de la pensée.

Cette définition remédie à ce qu'il y avait de trop étroit dans la définition précédente, vu la nature du mot raisonnement. Le mot pensée est assez large, en effet, pour embrasser toutes les opérations contenues dans la logique ; mais malheureusement il fait plus encore : il désigne toutes les facultés intellectuelles, puisqu'il a la même extension que le mot intelligence lui-même. Ainsi la mémoire et l'imagination sont des parties de la pensée. Par suite, ce mot de pensée a besoin d'être limité dans sa signification, et d'être appliqué seulement à la pensée discursive ou réfléchie, la seule qui entre en exercice dans les opérations logiques et dans la recherche de la vérité. Ces opérations logiques peuvent être ramenées à deux : l'abstraction et le raisonnement. Le pouvoir intellectuel appelé abstraction est précisément celui auquel se rattachent les parties du domaine de la logique, que le raisonnement, même dans son sens le plus large, ne saurait exprimer.

Même avec ces limitations nécessaires, l'appellation : « Lois de la pensée », est exposée à d'autres objections. D'abord cette expression, dans son interprétation la plus naturelle, vise la *psychologie* plutôt que la logique. Les lois de la pensée semblent désigner plutôt les lois de l'origine et de la succession de nos pensées, telles que les expose la science de l'esprit, en d'autres termes, les lois de l'association des idées.

On ne peut remédier à ces difficultés qu'en interprétant arbitrairement l'expression : les lois de la pensée. D'après certains logiciens, le mot *formel* suffirait à déterminer l'expression, mais cette correction ne supprime pas la difficulté. Reste à savoir si les lois de la pensée signifient la pensée telle qu'elle est, ou la pensée telle qu'elle doit être. Si c'est la pensée telle qu'elle est, on a l'objet propre de la psychologie ; si c'est la pensée telle qu'elle doit être, il faut qu'il y ait quelque principe qui nous permette de contrôler, de réprimer les tendances spontanées de l'esprit : principe qui est dans le cas un élément de très-grande importance, et qu'il faut par conséquent mettre en relief dans la définition de la logique.

Il serait difficile qu'une explication, quelle qu'elle fût, parvînt à faire une bonne définition avec une phrase aussi ambiguë, aussi incertaine, que l'expression : « les lois de la pensée ». Même quand on l'a déterminée par les restrictions nécessaires, il semble possible de trouver une autre expression plus propre à indiquer ce qu'on veut dire. Si le sens de l'expression est « la pensée telle qu'elle doit être », — la pensée droite et réglée, — il faut fixer un critérium, qui ne peut être qu'un critérium du vrai et du faux. Le but de la pensée, ainsi que le remarque Hamilton, est la vérité.

47. IV. — La logique a été encore définie (logique de Port-Royal) : la science des opérations de l'esprit dans la recherche de la vérité.

Cette définition implique trois choses : 1° la logique fait partie de la pratique scientifiquement conduite : elle est une science pratique ; 2° toute science pratique, tout art scientifique ou non doit avoir un but : le but de la logique est la découverte de la vérité ; 3° en troisième lieu, les moyens employés pour assurer cette découverte consistent à analyser les opérations de l'esprit.

Les deux premiers points ne sauraient guère être contestés. Sans doute la logique présente certains aspects théoriques ; mais son but essentiel est toujours pratique. Si les recherches logiques n'avaient pas été nécessaires pour la découverte de la vérité, on n'aurait jamais songé à les instituer.

Le troisième point : que les moyens employés par la logique consistent à examiner les opérations intellectuelles, soulève quelque critique. Cet examen peut être un des procédés logiques, mais il n'est pas le seul.

48. La définition précédente est modifiée par une distinction importante. Il y a deux espèces de vérités : celles qui sont connues immédiatement, par une intuition directe, celles qui ne peuvent être connues que par l'intervention de quelques vérités intermédiaires.

Cette distinction est fondamentale. Les faits attestés par une conscience immédiate, comme « j'ai faim, j'entends un son, j'éprouve du plaisir, je parle », ne peuvent pas être soumis à des lois, à des règles. Ils sont pour ainsi dire définitifs et complets par eux-mêmes. Nous ne pouvons nous soustraire à ces intuitions ; nous ne pouvons ni en diminuer ni en augmenter l'évidence par des procédés et des méthodes logiques. Ces connaissances sont comme les données fondamentales de la conscience individuelle.

Une autre classe de connaissances, de beaucoup la plus nombreuse, comprend toutes celles que nous acquérons, non par une intuition directe, par une conscience immédiate, mais par l'intervention de certaines vérités qui elles-mêmes sont connues immédiatement. Le soleil se lève, voilà une vérité médiate ou indirecte ; ce qui est immédiat, c'est la sensation de la lumière, et de ce fait immédiat nous inférons cet autre fait : le soleil est au-dessus de l'horizon. Je sens le froid, est une connaissance immédiate. L'affirmation qu'une autre personne éprouve la même sensation de froid, est une inférence médiate ; dans ce cas, les faits immédiatement connus sont certaines sensations de la vue ou de l'ouïe, avec lesquelles je sais par expérience que la sensation du froid est liée. Les sentiments et les pensées des autres êtres ne nous sont jamais connus que de cette façon indirecte.

Toute chose qui s'accomplit en notre absence ne peut être connue, si toutefois nous la connaissons, que médiatement. Notre connaissance intuitive est limitée au temps présent, et par suite la connaissance du passé et de l'avenir est nécessairement médiate.

Maintenant ajoutons que toute connaissance médiate est à proprement parler une inférence. Lorsqu'une chose est connue, non par elle-même, mais au moyen d'une autre chose qui se rapporte à elle, la connaissance est médiate ou inférée, et le fait immédiatement connu est la preuve du fait inféré. Le fait que la température est au-dessous de 32° Fahrenheit, peut être inféré de la perception qui nous montre que la neige tombe. La neige est ici l'intermédiaire sur lequel s'appuie l'inférence, la preuve de cette vérité que l'air est froid. La fonte de la neige serait au contraire la preuve que la température redevient plus chaude.

De telles inférences supposent un lien, un enchaînement entre les phénomènes différents. Si A est la preuve de B, A et B doivent être connus comme des faits qui sont unis l'un à l'autre dans la nature. Maintenant, pour nous assurer de l'existence de ces rapports, de ces liaisons, certaines opérations sont nécessaires : ce sont l'observation, l'induction, la déduction. En accomplissant ces opérations, nous sommes exposés à certaines erreurs : pour échapper à ces erreurs nous devons prendre des précautions; ces précautions sont précisément les règles de la logique.

Pour ce qui concerne les vérités immédiates, ces précautions et ces règles ne sont pas nécessaires. Sous ce rapport la confusion principale que nous sommes exposés à commettre (confusion qui est fréquemment une source d'erreurs) consiste à prendre une vérité inférée pour une vérité immédiate. Nous sommes disposés à croire que nous avons immédiatement conscience de vérités qui cependant ne peuvent être qu'inférées. L'exemple le plus frappant de cette tendance est notre disposition à penser que par la vue nous percevons la distance ; tandis qu'en fait (conformément à l'opinion de Berkeley et de la majorité des savants), nous ne connaissons la distance que par inférence. Notre conscience immédiate ne porte que sur la couleur, sur la tension et les mouvements des muscles de l'œil, qui sont les signes de la distance, mais non sur la distance elle-même.

Ainsi, s'il y a des connaissances que tout le monde considère comme des objets d'intuition, de conscience immédiate, comme nos sensations, nos émotions primitives ; s'il y a d'autre part des connaissances que tout le monde considère aussi comme des objets d'inférence, ou d'évidence médiate, comme les sentiments de nos semblables, les faits historiques, les généralisations de la science ; — il faut reconnaître qu'il y a aussi, entre ces deux catégories bien tranchées de connaissances, un terrain intermédiaire et mitoyen, où l'inférence se mêle et se confond avec l'intuition ; et où se rencontrent des connaissances qui aux yeux de certains hommes passent pour des inférences, tandis que pour d'autres elles sont de véritables intuitions. C'est ce qui arrive pour quelques-unes de nos connaissances les plus importantes et les plus discutées.

L'existence de la divinité est considérée par quelques philosophes comme une vérité d'intuition, c'est-à-dire comme une révélation immédiate de la conscience, comme une vérité *à priori*; par d'autres, comme une inférence tirée de l'ordre de l'univers, c'est-à-dire comme un jugement *à posteriori*; et d'un autre côté cette vérité est considérée le plus communément comme étant à la fois l'un et l'autre, un jugement d'inférence, en même temps qu'une intuition immédiate. De même notre connaissance du monde matériel est présentée par Reid et Hamilton comme une intuition; tandis que d'autres philosophes nient qu'elle soit intuitive dans le sens qu'on entend. En fait, ces questions controversées, touchant l'origine de nos connaissances, s'agitent toutes sur ce terrain confus où se rencontrent et se mêlent l'intuition et l'inférence.

49. La logique n'a affaire qu'aux seules vérités d'inférence; sa définition (selon l'amendement de Mill) doit être exprimée ainsi : La logique est la science des opérations de l'esprit qui concernent l'estimation de la preuve.

La détermination du critérium de l'évidence est incontestablement la grande affaire de la logique. Son rôle est d'exposer les preuves du vrai et du faux, afin d'arriver à l'établissement de la vérité.

Si les logiciens doivent suggérer des méthodes relatives à la découverte, des procédés destinés à atteindre des conceptions qui seront ensuite vérifiées par les règles de la logique, c'est une question pendante. M. Mill ne l'a pas expressément résolue dans la définition qu'il donne de la logique, mais dans le titre de son ouvrage il associe ces deux expressions : « les principes de l'évidence, et les méthodes de l'investigation scientifique. »

50. Dans le présent ouvrage la logique est considérée : 1° Comme une science abstraite et théorique; 2° Comme la science pratique de la preuve ou de l'évidence; 3° Comme un système de méthodes auxiliaires propres à seconder la recherche de la vérité.

1° La logique, comme nous l'avons vu, expose les lois fondamentales de toute affirmation; de ces lois elle tire des inférences, qu'elle exprime dans des formules appropriées.

A ce point de vue, elle est le pendant des mathématiques ; car elle est, comme elles, une science théorique, bien que fort inférieure aux mathématiques pour l'étendue et la variété de ses développements et de ses applications.

L'exposition du syllogisme peut être considérée comme une théorie géométrique, car les différentes formes du syllogisme sont systématiquement déduites des lois primitives, des axiomes de la déduction. De même, de la loi inductive de causalité on déduit des inférences qui peuvent être mises sous forme de règles inductives.

En considérant la logique sous cet aspect théorique, les anciens logiciens distinguaient la *logica docens,* la logique qui enseigne, la logique sous sa forme spéculative, de la *logica utens,* la logique pratique, qui dirige l'esprit. Dans ces derniers temps, de Morgan et Boole sont les hommes qui ont le mieux mis en lumière le développement théorique de la logique, et qui, par suite, ont fait le mieux ressortir le parallélisme de la logique et des mathématiques, les deux sciences abstraites par excellence.

2° La logique est la science pratique de la preuve et de l'évidence. Les conclusions de la logique théorique ont de l'importance, parce qu'elles apprennent à distinguer la vérité de l'erreur, l'évidence complète de l'évidence insuffisante (la certitude, de la probabilité). C'est là le caractère utile de la théorie du syllogisme, de l'inférence inductive, de la définition, et ainsi de suite. Les développements considérables que de Morgan et Boole ont donnés à la logique théorique, s'étendent sans doute bien au-delà des applications connues de la logique dans l'état actuel de la science humaine. Mais on peut espérer que ces formules savamment élaborées de la logique théorique pourront, un jour ou l'autre, servir à des usages réels, non moins que les sections coniques, qui sont restées deux mille ans sans application.

Dans le présent ouvrage, les lois de l'évidence sont étudiées dans leur plus grande extension possible, puisque l'évidence y est considérée au double point de vue de la déduction et de l'induction. Il y a à cela plusieurs raisons. — L'induction est à proprement parler le fondement de toutes nos connaissances ; les erreurs sont très-fréquentes dans les opérations inductives, et ces erreurs peuvent être soumises à des règles, à des corrections, aussi bien que les erreurs de déduction. L'utilité de la logique réduite strictement à la déduction est relativement médiocre, et cela est si vrai que les écrivains qui ont composé des traités de logique déductive se sont rarement bornés eux-mêmes à cette unique étude. (Pour une explication plus ample des opinions diverses qui ont été exprimées sur la définition de la logique, voir l'Appendice B.)

3° Enfin la logique est un système de méthodes, de règles. On peut donner légitimement un exposé de tous les procédés connus qui assistent l'intelligence, soit dans la découverte, soit dans la démonstration de la vérité, pourvu toutefois que ces procédés soient généraux, applicables comme tels à toute science ; pourvu qu'on ne les mêle pas à des particularités techniques propres à chaque science.

La logique, au point de vue de la méthode, sert à différents usages. Par exemple, c'est à elle, comme dit Hamilton, « de rendre explicite dans l'exposition verbale ce qui « est implicitement enveloppé dans la pensée. » Dans la plupart des raisonnements, il y a de fréquentes omissions, des ellipses, et, dans certains cas difficiles ou obscurs, il est nécessaire de réparer ces omissions.

Une seconde fonction de la logique est de disposer une argumentation ou une chaîne de raisonnements, de la façon qui convient le mieux pour montrer à l'esprit que cette argumentation est concluante ou non. C'est là un des grands usages du syllogisme. Mais le syllogisme n'a pas seul ce mérite. Les règles de l'induction donnent, elles aussi, un exposé précis et complet de tous les moyens qu'on peut employer pour prouver inductivement la vérité d'un fait, de sorte qu'en ramenant chaque preuve particulière à la catégorie générale dont elle fait partie, nous pouvons mieux nous assurer de la valeur de cette preuve. Enfin ces mêmes règles nous apprennent à quel genre spécial de preuves nous devons recourir dans un cas donné.

En troisième lieu, remarquons qu'il y a certaines manières de présenter les faits déjà connus et les prémisses d'une question, qui suggèrent à l'esprit les conclusions contenues dans ces données, et le conduisent à une exposition explicite de ce qui n'était qu'implicite et latent. C'est là un moyen précieux d'arriver à la découverte de la vérité.

Les lois de l'association des idées peuvent être appelées à aider les recherches déductives ou inductives. Le grand but d'une science déductive est de tirer d'un certain nombre de données (principes ou faits) la plus grande quantité possible de vérités, et les forces intellectuelles sont considérablement aidées dans un pareil travail par l'adoption de certaines formes méthodiques.

Dans une note finale de l'appendice, nous résumerons tous les usages de la méthode logique considérée comme art de la découverte.

Les divisions de la logique.

51. Dans la découverte et dans la vérification de la connaissance, il y a quatre opérations essentielles, l'une relative aux faits, les quatre autres à la généralisation des faits. Ce sont: I. *L'Observation*, qui comprend l'expérimentation. — II. *La Définition*, ou l'abstraction. — III. *L'Induction*. — IV. *La Déduction*.

L'OBSERVATION.

52. Si l'on peut déterminer des règles d'observation, communes à toutes les sciences, et applicables à tous les sujets, l'observation doit être considérée comme une partie de la logique inductive.

Pour nous assurer des faits, qui sont les matériaux de toute doctrine scientifique, nous devons recourir à l'observation et à l'expérience. S'il s'agit du monde extérieur, l'observation suppose l'exercice des sens ; s'il s'agit de l'esprit, du sujet pensant, l'observation suppose la conscience.

De tous les procédés essentiels de la logique, l'observation est celui qui est généralement le moins étudié. Si l'observation était entièrement, comme elle l'est en partie, une pure intuition, c'est-à-dire une connaissance immédiate, elle devrait être absolument exclue de la logique. Mais, en réalité, elle est autre chose qu'une pure intuition.

Lorsque nous parlons d'un fait, d'une observation, il est rare que nous parlions d'une impression absolument simple, d'un fait de conscience unique. Nous considérons par exemple comme un fait cette coïncidence que la crue des eaux à Leith suit la crue des eaux à Londres, après un intervalle de temps déterminé. Mais il s'en faut qu'il n'y ait dans ce cas qu'une seule impression de nos sens. Nous avons affaire au contraire à une généralisation assez étendue, fondée sur la comparaison d'un grand nombre d'observations distinctes. Cette généralisation ne peut être considérée comme un fait que par rapport à des généralités plus hautes : les lois de la succession des marées à la surface de la terre. Il est évident qu'une opération inductive est nécessaire pour établir une semblable affirmation, et que nous devons exiger ici toutes les garanties requises pour s'assurer de l'exactitude des preuves inductives. De même le fait que les poules de basse-cour se reproduisent par leurs œufs, est une généralité inductive ; des observations innombrables ont contribué à l'établir. Sans doute il y a des généralités plus étendues encore dont elle n'est qu'un élément particulier ; mais la différence n'est pourtant qu'une différence de degré, entre une généralisation moindre et une généralisation plus grande.

Nous arrivons à des observations qui sont en réalité des faits individuels. Tels sont les événements historiques. La prise de Jérusalem est certainement un fait particulier. De même, les détails d'une observation scientifique sont aussi des faits particuliers de sensation et d'attention. Ces faits ne sont pas néanmoins des intuitions ; lorsque, par exemple, nous disons observer que l'aiguille aimantée se dirige vers le nord, nous confondons avec l'impression qui se produit sur nos sens un grand nombre d'inférences empruntées à nos connaissances antérieures. C'est grâce à ces connaissances antérieures que nous savons que nous observons une aiguille, et qu'elle se dirige vers le nord. Ainsi la plus simple observation est un mélange d'intuitions et d'inférences, et l'habitude que nous avons de joindre ces deux opérations est une cause d'erreurs dans nos observations.

Dans toute observation matérielle les sens entrent en exercice. Le soin que l'on met à observer n'est pas autre chose que le soin qu'on met à exercer ses sens. La délicatesse de l'observation sensible est en partie naturelle, en partie le résultat de l'exercice des sens sur des objets spéciaux. L'observateur astronome s'exerce dans les observatoires; le physicien et le chimiste dans les laboratoires; l'anatomiste dans la chambre de dissection; le naturaliste dans la campagne ou dans les musées; l'étudiant en médecine dans les hôpitaux.

Outre l'apprentissage des sens, un bon observateur doit s'habituer à éviter le mélange abusif de l'induction avec l'observation pure et simple. Il faut ainsi qu'il s'astreigne à certaines règles artificielles, à certaines précautions, qui lui permettront d'atteindre à un plus haut degré d'exactitude. Telles sont les règles relatives à la répétition, à la comparaison des observations, à l'emploi du calcul, à l'élimination des causes d'inexactitude que peuvent renfermer les instruments; il faut y joindre des formules mathématiques de probabilité, qui contribuent encore plus à la certitude des faits observés. Remarquons cependant que les règles de l'observation varient avec les différents sujets que l'on observe.

Il y a pour chaque science un ensemble de règles qui déterminent ce qu'il s'agit d'observer, et qui nous apprennent à choisir dans un ensemble de choses le point capital. Les faits historiques sont innombrables comme les grains de sable du rivage de la mer. Le politique et l'historien savent quels sont ceux sur lesquels doit porter leur attention, et qui doivent être mis à part comme des faits politiques, comme les données de la science politique. Les expressions qu'on emploie pour désigner les qualités qui conviennent à l'observateur politique sont les suivantes : « Une connaissance appropriée, un jugement sagace, un discernement profond, un esprit analytique. » Aucun art, aucune règle ne sauraient produire ces qualités intellectuelles.

On peut citer de nombreux exemples des erreurs que des esprits peu exercés commettent dans leurs observations. Le meilleur apprentissage, même pour l'observation en général, est encore l'habitude prise d'observer une catégorie spéciale d'objets. Toute personne instruite doit connaître, dans sa manipulation pratique, une science d'observation ou d'expérience, comme l'histoire naturelle, la physique, la chimie, ou la physiologie.

Certains logiciens, qui se refusent à admettre l'induction dans la sphère de la logique, se sont fondés sur ce que les règles de l'induction devaient être déterminées d'une façon spéciale pour chaque science. C'est la remarque que nous avons faite pour l'observation. Mais, selon nous, les deux cas ne se ressemblent pas. Les méthodes d'induction ne diffèrent pas d'une science à une autre comme diffèrent les méthodes d'observation. L'induction en astronomie est la même qu'en chimie, en physiologie, en psychologie. Les distinctions qu'il importe de faire dans la façon de poser le problème inductif ne correspondent pas à des distinctions dans les sciences. Il peut y avoir une logique commune pour l'induction, quoiqu'il n'y en ait pas pour l'observation.

LA DÉFINITION.

53. La définition est un procédé de généralisation, limité à une seule propriété, ou à un groupe de propriétés considéré comme une unité.

La définition est le premier et le plus simple des procédés généralisateurs. Lorsqu'un certain nombre d'objets particuliers sont comparés et assimilés au point de vue d'une qualité commune, comme la forme circulaire, la blancheur, la pesanteur, le résultat de cette comparaison est une notion, dont le sens est exprimé par la définition. La notion peut être complexe, elle peut exprimer un grand nombre de qualités communes, par exemple la notion de la vie ; mais si ces qualités sont considérées comme groupées, comme unies, on les regarde encore comme constituant une notion unique.

L'opération généralisatrice qui aboutit à la notion se présente sous différents aspects successifs : la classification, l'abstraction, l'emploi des mots généraux, la *définition*. Nous prenons ce dernier mot comme le symbole de la série tout entière.

C'est dans cette opération que nous apparaît dans toute sa pureté et sa simplicité le procédé généralisateur. Dans les opérations dont nous parlerons tout à l'heure (inductive et déductive), la généralisation se produit encore, mais elle concourt alors avec d'autres opérations.

Dans la suite de cet ouvrage, nous ferons de fréquentes allusions à l'opération appelée « analyse », et comme ce procédé s'allie essentiellement à la généralisation des idées, nous devons en donner tout de suite un bref aperçu.

L'analyse est le résultat et le complément de l'abstraction. La séparation qu'indique le mot analyse peut être faite de deux façons. En premier lieu, l'analyse peut séparer les éléments d'une substance concrète : comme par exemple dans l'analyse de l'eau, qui sépare les substances salines et les immondices que renferme l'eau. Cette analyse est souvent une opération très-délicate, qui exige des connaissances profondes et une manipulation habile. En tout cas, il y a là une séparation réelle d'éléments : les éléments sont effectivement désunis et présentés à part.

Une seconde forme d'analyse est celle qui dérive de l'abstraction. Cette analyse est purement mentale ; les éléments ne peuvent être présentés à part. Lorsque par abstraction nous pensons aux propriétés distinctes de la matière, comme la pesanteur, l'état liquide, la transparence, le pouvoir réfringent ou dissolvant, nous divisons, nous analysons sans doute le corps qu'on appelle l'eau, mais nous ne faisons cette division que dans notre esprit, et ces propriétés, conçues séparément, ne sauraient subsister en réalité seules et indépendantes l'une de l'autre. L'eau peut être rangée dans différentes classes d'êtres : chaque classification met en relief un de ses attributs. L'eau concrète est donc un ensemble, un agrégat de propriétés ou de pouvoirs ; lorsque ces pouvoirs sont conçus séparément, l'objet concret est analysé d'une façon abstraite par une division mentale et non par une division réelle.

L'analyse dérive donc de la généralisation ; elle n'est qu'une phase, un aspect de la généralisation. Tout acte de classification ou de généralisation tend à produire des abstractions, des analyses de ce genre. Si nous classons un schelling parmi les corps ronds, parmi les corps blancs, parmi les corps d'un certain diamètre, parmi les objets d'argent, enfin parmi les monnaies, nous analysons un schelling comme un tout concret ; nous distinguons ses diverses qualités abstraites, la rondeur, la blancheur, la grandeur, la matière, la valeur monétaire.

Lorsqu'il s'agit d'éliminer les causes ou les pouvoirs producteurs, ce qui est une partie du problème inductif, il est essentiel de commencer par une analyse préparatoire, pour isoler dans l'esprit les divers antécédents qui peuvent être invoqués. Lorsqu'une eau impure semble avoir été une cause de mort, on analyse d'abord cette eau ; et, tant qu'on n'a pas séparé les différentes substances qui entrent dans sa composition, il est impossible de rechercher quel est l'élément particulier qui peut être la cause du mal. Dans ce cas nous faisons une analyse concrète. D'un autre côté, si nous cherchons pourquoi l'eau éteint la chaux vive, nous devons d'abord analyser mentalement les propriétés essentielles de l'eau : distinguer ses propriétés dissolvantes de ses affinités chimiques, et ensuite procéder à l'examen de cette question : quelle est celle de ces deux propriétés qui éteint la chaux ?

L'INDUCTION.

54. L'induction est une généralisation qui porte sur des *propriétés reconnues liées l'une à l'autre*, d'après des observations particulières.

Dans l'induction nous avons toujours affaire à une proposition, c'est-à-dire à un rapport, à une liaison de *deux* faits, de deux propriétés. La proposition s'oppose à la notion ; celle-ci ne représente qu'une seule propriété. « Le fer peut acquérir la vertu magnétique » est une proposition qui associe deux idées : le fer, et la vertu magnétique. Chacune de ces notions prise à part peut bien être l'objet d'une définition, mais non d'une induction.

L'induction et la définition se ressemblent en ce que l'une et l'autre généralisent. Mais l'induction ne généralise que des propositions. Un fait particulier peut donner lieu à une proposition, mais non à une proposition inductive. « Cet anneau est un morceau de fer, » voilà un fait particulier, qui ne saurait être une induction.

Les recherches scientifiques ont en grande partie pour but d'arriver à des généralisations inductives. La notion générale n'a de valeur que parce qu'elle peut entrer comme élément dans les propositions inductives.

LA DÉDUCTION.

55. La déduction est l'application de l'induction à des cas nouveaux.

Lorsqu'une proposition générale a été établie, il reste à l'appliquer à des cas nouveaux. Au moyen de l'induction, nous avons acquis cette connaissance que « le fer est une substance magnétique » ; nous pouvons faire usage de cette proposition, en l'appliquant, lorsque les circonstances le permettent, à des spécimens particuliers de fer. C'est ainsi que les masses de fer que contient la terre rentrent dans la proposition générale ci-dessus exprimée, et cette proposition indique par suite la cause ou tout au moins une des causes du magnétisme terrestre.

C'est l'opération déductive qu'on a exprimée dans les différentes formes du syllogisme.

Puisque l'observation ne fait pas partie du domaine de la logique, la logique ne comprend que ces trois sujets d'étude : la définition, l'induction, la déduction.

Il n'y a pas d'inconvénient absolu à suivre, dans l'exposition, l'ordre qui consiste à commencer par la définition et à terminer par la déduction. Probablement, si la logique était étudiée aujourd'hui pour la première fois, ou si cette science avait suivi la tendance socratique, on regarderait cet ordre comme le plus naturel. Mais le progrès des études logiques a fait adopter l'ordre suivant : déduction, induction, définition. Bien qu'Aristote ait étudié les différentes parties de la logique, il a cependant appuyé surtout sur le syllogisme, et ceux qui l'ont suivi ont étudié la déduction, à l'exclusion complète de l'induction et de la définition (considérées comme une opération généralisatrice). Et lorsqu'ils se sont décidés à introduire de nouveau dans la logique ces parties omises, ils ont été naturellement conduits à les placer après, non avant, le syllogisme.

Une autre raison pour suivre cet ordre en sens inverse, c'est le caractère plus élémentaire de l'opération déductive. On peut en effet expliquer cette forme de raisonnement sans faire allusion aux méthodes inductives de généralisation.

Quel que soit l'ordre adopté, une partie préliminaire de la logique doit être consacrée à l'étude des éléments de la connaissance, à savoir les notions et les propositions. Il faut donner une exposition complète des formes diverses que revêtent ces éléments de la connaissance dans les différents domaines de la science.

LIVRE PREMIER

DES MOTS, DES IDÉES, ET DES PROPOSITIONS

LIVRE PREMIER

DES MOTS, DES IDÉES, ET DES PROPOSITIONS

CHAPITRE PREMIER

DES MOTS.

1. Nous pouvons connaître les objets sans recourir au langage ; mais toutes les vérités considérées dans la logique sont des vérités exprimées par des mots.

Les connaissances qui guident les animaux inférieurs à l'homme sont évidemment indépendantes du langage. Les animaux saisissent par les sens les objets qui les environnent, et ce sont des images sensibles qui leur présentent le souvenir de ces objets. Le buisson qui donne un abri, l'herbe qui sert de pâture, les animaux dont il fait sa proie, tous ces objets, l'animal ne les connaît et ne les recherche que sous l'influence des impressions sensibles.

Les hommes, eux aussi, connaissent de la même façon un grand nombre d'objets qui font partie de l'ordre de la nature, sans avoir recours au langage. L'enfant possède déjà tout un trésor de connaissances sensibles, avant de comprendre ou d'employer sa langue maternelle. L'habileté de l'ouvrier dépend en grande partie des associations naturelles qu'il établit entre les apparences sensibles de l'objet qu'il façonne, et les mouvements qu'il doit accomplir lui-même: ainsi le polisseur de pierre n'a qu'à regarder la surface qu'il polit pour savoir quel est le coup qu'il doit frapper.

Même dans les professions où l'esprit joue un plus grand rôle, par exemple dans la médecine, l'art consommé suppose et exige un grand nombre de connaissances sensibles, indépendantes du langage. Le médecin apprend dans les livres tout ce qui peut être exprimé par des mots: mais il y a des nuances délicates de diagnostic, que le langage est impuissant à rendre, et que recueille, en dehors de toute expression verbale, le sens de la vue, celui de l'ouïe, ou celui du toucher.

De telles connaissances, qui peuvent suffire à un individu, ne pourraient être communiquées à d'autres personnes qu'avec difficulté et dans des proportions très-limitées. Une impression sensible, à proprement parler, ne peut être directement transmise. Un individu, qui n'aurait que des impressions sensibles, sans mots pour les exprimer, ne pourrait être que très-indirectement utile à ses semblables: en les plaçant à portée des objets qu'ils ont besoin de connaître. Un homme âgé peut en une fois et par une seule expérience transmettre à l'enfant la connaissance de la nourriture, de la boisson, de l'abri. De même un médecin peut montrer du doigt à son élève les cas qu'il a sous les yeux. Quant à nos *mouvements*, c'est-à-dire, à nos actions extérieures, l'instinct d'imitation, si puissant chez les hommes, et qui se développe aussi jusqu'à un certain point chez les animaux, suffit à les communiquer.

Mais de telles communications sont nécessairement difficiles: elles ne peuvent avoir lieu que d'homme à homme. Elles sont perdues si cette transmission immédiate n'a pas lieu. L'habileté acquise dans certaines professions manuelles ne peut être conservée que grâce à une succession d'ouvriers vivants qui se transmettent directement leurs secrets.

C'est surtout quand il s'agit de transmettre nos découvertes sur la ressemblance, sur les rapports des choses, que se montre l'impuissance d'une transmission directe de nos connaissances. Si par exemple nous voulons, sans recourir à des mots, apprendre à un autre homme le rapport que nous avons constaté entre un grand nombre d'objets, épars dans le monde, et qui tous produisent de la chaleur, nous serons obligés d'appeler successivement son attention sur chacun de ces objets, afin qu'il puisse, par une comparaison réelle, en saisir lui-même la ressemblance. Combien est plus commode le mécanisme qui met à notre disposition des mots comme — le *soleil*, le *feu*, les *animaux*, et qui, unissant ensuite chacun de ces mots avec le terme commun de *chaleur*, permet de faire en une fois connaître notre pensée !

Tel est le premier fait qui prouve l'importance des mots au point de vue des connaissances générales. Une connaissance générale n'est pas autre chose que le rapport constaté entre les objets. Or, il est évident que le moyen le plus aisé et le plus expéditif de transmettre de telles observations consiste à les désigner par des termes communs. Le mot « arbre » désigne des traits de ressemblance saisis dans un nombre considérable d'objets. L'emploi de ce mot, qui se rapporte à tant d'individus distincts, fait connaître les ressemblances, les rapports, ce que les platoniciens appelaient : l'unité dans la pluralité.

Les opérations du raisonnement consistent souvent à associer un certain nombre de ces généralités. Ainsi une simple multiplication — comme 8 fois 9 font 72 — renferme les généralités suivantes — 8, 9, la multiplication, l'égalité, 7, 10, l'addition, 2. Or, si la simple comparaison des choses individuelles peut suffire à produire séparément chacune de ces idées générales, sans recourir aux mots et aux signes, l'association commune de tous ces éléments, dans l'opération de la multiplication, dépasserait la puissance de l'intelligence la plus vive. Les sens à eux seuls peuvent nous montrer que deux rangées de trois objets, réunies en une seule, font une rangée de six objets; mais nous ne pourrons jamais découvrir d'un seul regard que 7 et 8 font 15.

Lorsque les vérités sont exprimées par des mots, elles peuvent donc être, non-seulement communiquées et discutées, mais aussi associées dans des propositions complexes, qui constituent une source inépuisable de vérités dérivées. C'est seulement quand elle revêt la forme du langage que la connaissance peut être assujettie aux méthodes et aux règles de la logique.

2. Toute connaissance exprimée par des mots, toute vérité affirmative ou négative, revêt la forme qu'on appelle en grammaire, une *phrase*; en logique, une *proposition*.

Une proposition mentionne deux choses, et par suite elle se compose pour le moins de deux mots.

Nous ne pouvons par le moyen des mots communiquer aux autres la plus petite portion de notre connaissance, sans énoncer ce qu'on appelle, en grammaire, une phrase (*sentence*), en logique, une proposition. La phrase se compose d'un nom et d'un verbe. La proposition est formée d'un *sujet* et d'un *attribut* ou *prédicat*. Le sujet est la chose dont on parle; le prédicat, la chose rapportée au sujet. Les mots isolés, comme « Jean », « le soleil », « le vent », « la maison », ne peuvent pas à eux seuls nous donner des connaissances : ils ne constituent ni des phrases en grammaire, ni des propositions en logique. Ils ont besoin d'être combinés avec d'autres mots, comme « Jean arrive », « le soleil brille », « le vent souffle », « la maison regarde la mer », pour devenir des sources d'informations, c'est-à-dire des propositions ou des phrases. Ces propositions contiennent pour le moins deux mots, la plupart en contiennent davantage. Dans chacune de ces expressions nous pouvons par analyse déterminer deux parties: 1° quelque chose dont on parle, le *sujet*; — Jean, le soleil, le vent, la maison; 2° quelque chose qui est attribué au sujet: « il vient », « il brille », « il souffle », « elle regarde la mer ».

Remarquons de plus que deux mots, que plusieurs mots, prononcés l'un après l'autre, ne suffisent pas pour former une proposition, une phrase — c'est-à-dire quelque chose qui est déclaré vrai ou faux, et que notre croyance doit accepter ou repousser. « Jean, arbre », « soleil, lune, lumière », « vent, terreur, tempête », « maison, homme, rue », ne constituent pas des phrases ou des affirmations. Il y a quelque chose de plus dans l'expression grammaticale de toute proposition réellement instructive. « L'or jaune », voilà deux mots, qui sous cette forme ne nous apprennent rien, mais qui deviennent expressifs, qui prennent un sens, par l'addition du mot: « est ». — « L'or est jaune ». C'est ce mot « est » qui unit les deux autres mots de façon à en faire une phrase : grammaticalement parlant, c'est ce que nous appelons le verbe; au point de vue logique il constitue la « copule » de la proposition.

Au point de vue grammatical, la phrase ne se divise qu'en deux parties — le sujet et le prédicat. Le sujet « l'or », le prédicat, « est jaune ». Au point de vue logique, le prédicat grammatical est subdivisé en deux autres parties : l'attribut du prédicat, à savoir « jaune », et le mot qui sert de trait d'union, de copule « est ». C'est l'attribut « jaune » qui constitue le prédicat logique. Ainsi une proposition, en logique, comprend le sujet (l'or), le prédicat (jaune), et la copule (est).

Dans les propositions qui se réduisent à deux mots, la copule est contenue dans le verbe : « Jean parle ». Il n'y a là en apparence qu'un nom et un verbe; mais le verbe, en vertu de sa nature même, renferme l'affirmation. Deux noms comme « Jean avocat », un nom et un adjectif comme « or pesant », ne constituent aucune connaisssance, si on n'y ajoute un troisième mot qui puisse servir de copule; mais nous avons un certain nombre de propositions où un nom, et un verbe (en un seul mot), suffisent pour donner lieu à une affirmation complète; comme « l'enfant marche », « le pain nourrit », « Sirius brille (1) ».

---

(1) L'auteur dit seulement « un certain nombre de propositions » par suite des habitudes particulières de la langue anglaise où le verbe substantif est plus fréquemment employé qu'en français.

Dans des propositions de cette espèce, ce sont nos connaissances grammaticales qui nous apprennent à distinguer le sujet du prédicat : c'est le nom qui est le sujet, c'est le verbe qui est le prédicat grammatical, et qui, au point de vue logique, contient à la fois le prédicat et la copule affirmative. Il en est de même dans des propositions analogues pour la forme à celle-ci : « L'or est pesant. » Ici encore nous sommes guidés par la grammaire. Nous savons qu'un adjectif, comme « pesant », n'est jamais le sujet, et qu'il doit être par conséquent le prédicat. Quant au nom, il peut servir ou bien de sujet, ou bien de prédicat logique. Ainsi : « l'or est un métal », « César est empereur », voilà des propositions formées de deux noms, l'un qui est sujet, l'autre qui est attribut. Dans la langue anglaise, c'est le plus souvent la place occupée par ces noms qui en détermine la nature : c'est le sujet qui est énoncé le premier. Si pour produire un effet de rhétorique l'ordre est interverti, nous jugerons de la valeur des mots, non plus d'après leur place, mais d'après le sens général de la phrase.

Une remarque sur laquelle on ne saurait trop tôt fixer l'attention, c'est que le prédicat en général *a un sens plus large* que le sujet : il s'applique à beaucoup d'autres choses que celle dont on est en train de parler. « L'or est pesant », sans doute, mais il n'est pas la seule chose pesante. « Le bois n'est pas bon à manger » : voilà une affirmation qui nous laisse entièrement libres de croire qu'il y a beaucoup d'autres choses que le bois qui ne sont pas bonnes à manger. Par conséquent, le sujet et le prédicat, dans une proposition n'ont pas *nécessairement* « la même extension » ; en fait, ils ont rarement la même extension.

3. **Diverses raisons nous déterminent à commencer la logique par l'étude des mots.**

1° On sait maintenant qu'une proposition, c'est-à-dire l'élément fondamental de toute logique, la forme logique de toute connaissance, est composée de mots. Par conséquent il est impossible de déterminer les caractères des propositions si l'on n'a pas préalablement étudié les mots qui les forment.

2° De l'emploi des mots dérivent un grand nombre d'erreurs : les mots, pour ainsi dire, tendent des piéges à la pensée. Or une des fonctions les plus importantes de la logique est de nous mettre en garde contre ces erreurs.

3° L'étude des langues parlées par les hommes est le moyen le plus aisé de se rendre compte des choses qui existent. Une langue complétement développée exprime toutes les choses que les hommes connaissent. Que ces choses soient ou ne soient pas toutes celles que renferme l'univers, peu importe : elles sont du moins toutes celles qui ont été mises en lumière par les observations accumulées des générations humaines depuis un grand nombre de siècles. Or on sait combien il est utile, quand on veut exposer un système complet de logique, — c'est-à-dire un code des règles de la preuve et de la méthode dans toutes les branches de la connaissance, — de réduire et de ramener à des classes distinctes l'ensemble des choses qui existent. L'étude de la langue des peuples les plus éclairés et les plus civilisés, ou la comparaison des langues de différents peuples, est le secours le plus précieux que l'on puisse appeler à son aide dans un pareil travail.

Dans le langage d'un peuple civilisé, nous trouvons des mots pour les corps célestes, leurs révolutions et leurs changements ; des mots pour les grands objets de la terre, — la mer, les montagnes, les rivières, etc.; des mots pour les substances matérielles, — l'eau, la pierre, le fer, l'or, le bois, l'ivoire ; des mots pour les pouvoirs et les forces naturelles, — le vent, la pesanteur, la chaleur ; des mots pour les corps vivants, — les plantes et les animaux ; des mots pour les organes et les fonctions du corps humain ; des mots pour les fonctions mentales, — le plaisir, la peine, la volonté, la pensée ; des mots pour les phénomènes sociaux, — la royauté, la loi, la punition, la propriété, le crime ; des mots pour les nombreuses professions de l'espèce humaine, — l'agriculture, le commerce, et ainsi de suite. Or ces mots sont comme les clefs des différentes catégories d'objets qu'ils représentent. D'un autre côté nous avons des mots, des formes de langage, pour indiquer les ressemblances qui existent entre les choses, — des mots génériques ou communs, comme étoile, solide, chaleur, pouvoir, plaisir, — mots qui indiquent que ces faits naturels se représentent souvent à nous. Enfin nous avons des expressions verbales complexes, — comme *faculté maîtresse, de haut en bas :* termes qui nous apprennent qu'il y a dans le monde des choses unies par des rapports réciproques.

4. Le mot doit être défini d'abord « le signe attaché à un objet afin qu'on puisse parler de cet objet ».

Lorsqu'on donne un nom aux objets, le but que l'on poursuit d'abord est de rendre possible la communication de la pensée et la conversation. Une fois inventés, les mots jouent subsidiairement un autre rôle : ils assistent le penseur solitaire, en lui permettant de se rappeler, de préciser, de disposer ses pensées.

M. Mill a remarqué, pour rectifier les vues inexactes de Locke et de quelques autres philosophes, que les mots sont les noms des choses, et non de nos idées des choses. Le mot « soleil » désigne l'objet ainsi nommé, et non pas seulement l'idée, la notion que nous en avons. Supposer que les mots sont les noms des idées seules, est une forme d'idéalisme ; c'est confondre l'objet et le sujet. La chose elle-même (si elle est objective) est déterminée par nos sensations, par ce que nous appelons notre expérience de la réalité ; l'idée est au contraire purement subjective : elle est à rigoureusement parler un élément intellectuel.

5. Considérés au point de vue de la logique, les mots doivent être classés selon la *généralité* et selon la *relativité*, par correspondance avec les deux principes de la connaissance : l'*accord* et la *différence*.

Les mots peuvent être diversement classés. Au point de vue *philologique*, ils appartiennent à différentes langues :

l'anglais, le français, l'hébreu. La *rhétorique* les distingue en mots simples et en mots figurés ; le genre des mots figurés contient des espèces variées : — l'hyperbole, l'ironie, etc. Ces figures sont contraires à la logique, puisqu'elles consistent à s'écarter de la vérité, pour émouvoir les sentiments.

Il y a aussi une distinction *grammaticale* des mots, c'est-à-dire des parties du discours : distinction qui peut passer en grande partie pour une distinction logique. Ainsi le nom peut toujours être le sujet de la proposition : il en est souvent l'attribut. L'adjectif a deux fonctions logiques, — il peut être, et il est fréquemment un prédicat ; en second lieu, il est le caractère *spécifique* attribué au genre qu'exprime le nom : *l'homme* (nom), *genus* ; *l'homme sage* (adjectif), *species*. Le verbe a pour rôle logique d'être le signe de l'affirmation ou de la prédication. Il ne peut y avoir de proposition sans verbe : « le feu *brûle*, le miel *est* doux. » Les autres parties du discours n'ont pas de fonction logique (1).

Des mots considérés par rapport à la généralité.

6. Lorsqu'on classe les mots par rapport à la GÉNÉRALITÉ (ou à la ressemblance), la distinction fondamentale est celle des mots *singuliers*, et des mots *généraux* (2).

L'opération généralisatrice fondée sur la ressemblance des objets est une opération éminemment scientifique ou logique. Qu'il s'agisse soit d'une *notion* générale (par

(1) Affirmation contestable, si l'on songe au rôle de la préposition et de la conjonction, qui unissent soit les idées, soit les phrases elles-mêmes.

(2) Quand il s'agit des fondements de la connaissance, il semble qu'il faille d'abord s'occuper de la différence ou relativité. Nous commençons par distinguer ; c'est par une opération ultérieure que nous saisissons des rapports entre les objets distincts. D'après cela, la classification des mots fondée sur la relativité devrait précéder la classification fondée sur la généralité. En réalité ce-

exemple les liquides), soit d'une *proposition* générale (les liquides tendent à prendre le même niveau), les mots employés sont toujours des mots généraux. De plus les individus qu'il faut identifier ou comparer à des choses générales doivent avoir leurs noms en tant qu'individus, — le Rhin, la mer Caspienne.

<blockquote>7. Un mot singulier ou individuel est un mot qui n'est applicable qu'à une chose. Un mot général s'applique à un certain nombre de choses, en raison de leurs ressemblances, de leurs points communs.</blockquote>

Xerxès, Bucéphale, Sirius, Ténériffe, les Alpes, l'Angleterre, Rome, Notre-Dame, voilà des exemples de noms individuels ; ils ne désignent chacun qu'un objet.

Homme, cheval, étoile, montagne, royaume, cité, édifice, pierre précieuse, voilà des mots généraux : chacun d'eux s'applique à un nombre indéfini de choses, qui ont entre elles une certaine ressemblance ou des traits communs.

Les mots individuels peuvent affecter différentes formes. D'abord, comme dans les exemples précédents, on trouve des signes uniques, des marques aussi réduites que possible et spéciales à l'individu. « Xerxès, Sirius », voilà des mots qui n'ont pas d'autre rôle que celui qui pourrait être rempli par toute autre expression spéciale appliquée à ces objets. Cette forme la plus générale du nom propre se modifie dans des locutions, composées de plusieurs mots, qui représen-

---

pendant nous ne pouvons traiter de l'une ou de l'autre sans qu'elles soient toutes deux impliquées dans notre exposition : la notion complexe et relative du clair obscur ne peut être saisie par nous, qu'à la condition de la prendre pour une généralité, fondée sur le retour fréquent de la transition du jour à la nuit : nous ne pouvons revenir, pour notre notion typique du phénomène, à la première expérience que nous avons faite ; il faut, pour qu'elle se produise, que nous ayons pu identifier plusieurs expériences conformes. Il n'y a donc pas, par conséquent, d'inconvénient particulier à commencer par la généralité : on ne peut concevoir ni un individu, ni une généralité, sans avoir préalablement éprouvé des impressions de différence ou de relativité. Quel que soit, des deux phénomènes de généralité et de relativité, celui que l'on considère, l'autre est tacitement supposé.

tent aussi des personnes, hommes ou femmes, par exemple : « John Davidson Ross ; Marie-Anne-Louise Brown ; David Smith, rue Georges, à York. Ici plusieurs mots sont nécessaires, parce que John, Marie, Brown, etc., sont des mots employés pour un grand nombre d'individus, et ne sont point par conséquent des signes distinctifs. Des noms de ce genre nous donnent sur les personnes nommées la plus petite somme possible d'informations. Ces noms ne nous disent pas même si les objets qu'ils désignent sont des hommes ; car les chevaux, les chiens, les vaisseaux, etc., sont souvent désignés par des mots de cette espèce.

Voici une autre forme encore de noms propres : « Le pape régnant. » « L'ambassadeur à Berlin de Sa Majesté Britannique. » « L'inventeur de la poudre à canon. » « Le grand-prêtre de Baal. » « Le plus jeune des enfants. » « La voûte du ciel. » — Ces locutions ne désignent que des individus, mais elles supposent des généralisations antérieures, combinées de façon à ne plus avoir qu'une signification individuelle. Elles ont une valeur expressive, bien que prises dans un sens individuel, et cette valeur expressive dérive des généralités sur lesquelles elles reposent.

Des noms collectifs, comme nation, armée, multitude, assemblée, univers, sont en même temps des noms individuels ; ils représentent une collection d'êtres réunis en un seul, l'unité dans la pluralité. Mais comme il y a plusieurs nations, plusieurs armées, plusieurs assemblées, ces noms sont aussi des noms généraux. Comme il n'y a au contraire qu'un seul univers, ce terme collectif est toujours individuel.

Les mots qui désignent les substances matérielles, la terre, la pierre, le sel, le mercure, l'eau, le feu, sont aussi des mots individuels. Car chacun d'eux dénote la collection entière de chaque espèce de matière. Si l'espace et le temps n'étaient pas des abstractions, ils rentreraient dans cette catégorie.

8. Les mots *généraux* sont appelés mots *connotatifs*. Ils dénotent les objets, mais ils *connotent* ou expriment les attributs, les points communs, les rapports de ces objets.

Considéré comme un simple signe, le mot n'a pas d'autre pouvoir que de désigner, d'indiquer l'objet. « Sirius » nous suggère l'idée de l'étoile de ce nom.

Le mot « Londres » n'a pas d'autre effet que de nous faire penser à la ville ainsi nommée. Mais le mot général qui est le résultat de l'assimilation de plusieurs objets, s'il dénote encore les individus, a pour caractère principal de *connoter* ou de comprendre certains rapports qui existent entre eux, d'exprimer, en d'autres termes, leur attribut commun.

Le mot « étoile » dénote telle ou telle étoile dans le firmement, et connote la ressemblance qui existe entre toutes les étoiles.

Le mot « capitale » dénote Londres, Berlin, Paris, mais il déclare en même temps que ces trois villes se ressemblent par leur caractère de capitale. La ressemblance, voilà l'attribut commun des choses, et la *connotation*, l'attribut commun de tous les mots généraux.

Tous les mots qui désignent des classes, des espèces, étant des mots généraux, sont aussi par suite des mots connotatifs : — l'homme, l'animal, la plante, l'arbre, la montagne, la mer, le royaume, le gouvernement, le cercle, la fabrique, la vertu.

Outre les noms généraux, les adjectifs doivent aussi être considérés comme connotatifs : — par exemple, blanc, carré, sage, vertueux. Ce sont là des mots obtenus par généralisation. On les attribue à un grand nombre d'objets qui se ressemblent par certains côtés : chacun d'eux dénote des objets particuliers (avec l'addition d'un nom), mais ils connotent aussi la ressemblance des objets. Ce sont des mots expressifs, et non pas de simples signes sans compréhension.

Les adjectifs résultent de la généralisation, non moins

que les noms communs. La même idée générale est souvent exprimée à la fois par un nom et par un adjectif : le cercle, et circulaire ou rond, — la couleur, et coloré ; la pesanteur, et pesant.

C'est la nature des choses qui limite seule l'usage d'employer à la fois un adjectif et un nom pour exprimer la même idée générale. Le rôle de l'adjectif est proprement de réduire l'extension, d'accroître la signification expressive du nom. « *Les hommes sages* » sont moins nombreux que les « *hommes* », mais ils possèdent plus d'attributs. Maintenant, pour qu'à un nom puisse convenir et s'adapter la signification totale d'un adjectif, cette signification doit être limitée : elle doit contenir un seul attribut, ou tout au plus un petit nombre d'attributs. « Les hommes » peuvent recevoir les qualifications exprimées par les mots « sage, vieux, vertueux, grand ». Mais si nous voulions former un adjectif tiré de la classe générale des chevaux, nous ne trouverions pas dans la nature d'objets, auxquels pût convenir, outre leurs qualités naturelles, l'ensemble des qualités du cheval. Lorsque des adjectifs sont formés avec les noms de ces classes qu'on appelle les espèces naturelles, ils ne peuvent être employés que dans un sens particulier et spécial. « Félin » ne peut s'appliquer qu'à quelque caractère de la race féline ; « humain » ne peut désigner que quelque attribut particulier de l'homme.

Un nom général est quelquefois employé comme le nom d'une classe ; l'*homme* comme le nom de la classe des hommes. Mais le mot classe a deux sens ; il désigne tantôt la classe définie, tantôt la classe indéfinie. Dans un sens défini une classe est l'énumération complète de tous les individus réels qu'elle comprend : les pairs du royaume, les mers du globe, les planètes connues. Les individus de ces classes ont des rapports, des caractères communs, et, de plus, ils sont tous connus et énumérés. La question de savoir si un certain objet appartient à cette classe peut être résolue de deux façons : d'abord, si l'objet possède les caractères communs de la classe ; en second lieu, s'il se trouve compris dans l'énumération. Le moyen le plus expéditif pour s'assurer qu'une personne est un pair du royaume, c'est de chercher son nom dans la Liste officielle de la pairie. Cette recherche nous dispense de la méthode plus longue qui consisterait à juger d'après les caractères communs à toute la classe.

Dans son sens indéfini, la classe ne comprend pas l'énumération des objets qu'elle renferme; — par exemple, les étoiles, les planètes, les hommes, les poëtes, les sages. Ces classes renferment des individus connus, et un plus grand nombre encore d'individus inconnus. Il n'y a pas ici de liste complète où l'on puisse tout de suite vérifier si l'individu appartient à la classe. Le seul critérium consiste à constater la ressemblance, la présence de l'attribut commun. La question de savoir si un astre nouvellement découvert est une étoile ou une planète ne peut être décidée que par la détermination de ses caractères. Si c'est un astre immobile, nous le classerons parmi les étoiles; s'il accomplit une révolution circulaire autour d'une étoile, nous le classerons parmi les planètes.

Dans ce dernier sens de la classe, le nom général et le nom de la classe sont identiques. Le nom de la classe dénote un nombre indéfini d'individus, et connote leurs rapports ou leurs ressemblances. Le mot général a exactement le même caractère. L'expression « les hommes sages » est à la fois un nom de classe et un nom général. Mais lorsque le nom de la classe est pris dans sa première acception, lorsqu'il désigne une liste complète et exactement déterminée d'individus, il n'est pas le même que le nom général; ici en effet, il faut un témoignage additionnel pour établir quels sont les individus qui appartiennent à la classe. « Thalès est un des sept sages, » voilà un exemple d'une classe définie. « Socrate est sage, » au contraire, présente le mot sage comme le signe d'une classe indéterminée par le nombre, et qui n'est connue que par le nom général.

9. L'opposition indiquée par le mot *dénoter* et le mot *connoter* répond à la distinction que Hamilton établit entre la quantité ou *extension* et la qualité ou *compréhension*.

La dénotation d'un mot général (c'est-à-dire, les individus qu'il comprend), c'est ce que Hamilton appelle l'*extension* ou l'étendue. La dénotation ou l'extension du mot *homme*, c'est l'ensemble de tous les êtres humains. La connotation ou compréhension, ce sont les attributs communs, les rapports qui constituent les caractères, ou la définition des hommes, — à savoir la vie, les organes anatomiques, les facultés morales, etc.

Ces deux qualités, — dénotation ou extension, connotation ou compréhension, — sont opposées l'une à l'autre; l'une est d'autant plus grande que l'autre est plus petite. Le mot animal a une dénotation ou extension plus grande que le mot homme; puisqu'il s'étend non-seulement à tous les hommes, mais encore à toutes les espèces des animaux. Il a en même temps une connotation, une compréhension moindre; car il ne connote que les ressemblances communes à tous les animaux, qui sont évidemment moins nombreuses que les ressemblances communes à tous les hommes; à savoir la vie animale en général, abstraction faite de tout organisme spécial. D'un autre côté, ces mots « les hommes sages » dénotent moins, ont moins d'extension que le terme « hommes », puisqu'ils ne s'appliquent qu'à une élite de l'humanité. Mais en revanche ils connotent plus, ils ont plus de compréhension, puisqu'à la connotation du mot homme ils ajoutent les attributs connotés par le mot sage.

M. de Morgan a insisté longuement, et avec une grande variété d'expressions, sur la distinction de la compréhension et de l'extension, qu'il appelle aussi la largeur et la profondeur, à l'exemple d'Hamilton.

Il remarque que les termes ou les mots sont pris dans quatre acceptions différentes. Dans les deux premiers sens les termes sont *objectifs*, ils se rapportent à des objets *extérieurs*. En premier lieu, les termes expriment un individu existant par lui-même, en dehors de toute relation, de toute connexion avec un autre individu ; ainsi Jean, l'homme. En second lieu, les termes désignent une *qualité particulière*, qui est contenue, impliquée, dans un objet particulier, par exemple, le mot « humain », le mot « animal », appliqué à l'homme. L'auteur observe que les syllogismes se rapportent ordinairement à ces termes qu'il appelle des « termes de première intention » ou *arithmétiques*. La forme usuelle d'une proposition est de déclarer que certains objets sont distincts de certains autres objets, ou doivent être confondus avec eux ; ou bien d'affirmer que quelque qualité convient ou ne convient pas à ces objets, — comme par exemple les hommes sont des êtres vivants, — les rois sont des hommes.

Dans leurs deux autres acceptions les termes sont appelés *subjectifs* par M. de Morgan. Dans le premier cas, le terme représente une classe, une collection d'individus, désignés d'après une qualité qui leur est commune à tous : c'est ce que Mill appelle mots généraux connotatifs. Dans le second cas, le terme représente la qualité, l'attribut d'une classe d'objets ; en d'autres termes, c'est un nom abstrait, désignant une qualité en dehors du sujet. Bref, les mots dans leur forme subjective nous donnent une connaissance explicite de la généralité ou de la généralisation, tantôt sous une forme concrète, tantôt d'une façon abstraite.

Remarquons que cette distinction entre le sens subjectif et le sens objectif des mots n'exprime pas une différence importante. A moins qu'on ne les réduise à la seule classe des noms propres, les noms objectifs ont tous quelque généralité, et cette généralité est précisément ce qu'indiquent les termes subjectifs de classe ou d'attribut ; quoique ceux-ci peut-être l'expriment avec plus de netteté. Prenons les quatre exemples cités par l'auteur : homme, humain, genre humain, humanité, les deux premiers objectifs, les deux derniers subjectifs. Il est évident que la différence entre l'homme et le genre humain est insaisissable, et l'humanité n'est pas autre chose que le substantif abstrait de l'adjectif humain.

La véritable différence est celle qui existe entre les noms des classes et les noms des attributs de la classe.

M. de Morgan emploie comme synonymes, pour les mots extension et compréhension, les termes « étendue et intensité » (*extent and intent*), et aussi « but et force » (*scope and force*). Il appelle ensuite l'attention sur une distinction importante, relative aux diverses façons dont on peut combiner les termes d'extension et les termes de compréhension. Quand on combine des termes d'extension, par exemple, l'homme et la brute, — on obtient pour ainsi dire une somme arithmétique, un total d'individus, que M. de Morgan appelle un *agrégat*. Lorsqu'au contraire on combine deux termes qui expriment des attributs, comme, par exemple, *sage* et *poli*, on n'a plus de total arithmétique, ni d'agrégat. On a une liaison commune de plusieurs attributs dans un même sujet; on a ce qu'il appelle un *composé*. Il remarque encore qu'il n'y a pas en anglais ni en français d'expression juste pour représenter les parties distinctes d'un composé entendu dans ce dernier sens. Le mot « partie » se rapporte en effet à l'extension. Les mots « parties constitutives ou éléments » se rapprochent de l'idée sans l'atteindre complètement.

Boole, dans son système, exprime l'*agrégat* par le signe de l'addition, homme + brute, $x + y$, et le *composé* par le signe de la multiplication sage × poli, $x\,y$; et il développe son système en se conformant toujours à ces conventions.

10. Le résultat final de la généralisation est le mot *abstrait*. C'est une forme de langage elliptique, très-utile, mais dont on a aussi beaucoup abusé.

Des mots comme mouvement, pesanteur, rondeur, largeur, sagesse, harmonie, douceur, rudesse, polarité, prudence, justice, beauté, — sont appelés abstraits, parce qu'ils représentent des qualités ou des attributs, sans les rattacher aux sujets qui possèdent ces qualités. Ils paraissent séparer complétement les rapports des objets d'avec les objets eux-mêmes; opération impossible en fait, impossible aussi en idée, mais que l'on suppose possible par une sorte de fiction. Ils donnent le sens exprimé par la connotation des noms de classes qui leur correspondent, — les objets qui se meuvent, les corps pesants, les cercles, les sages, etc.; mais ils ont perdu tout caractère de dénotation.

Les mots abstraits, quoiqu'ils soient employés dans toutes les langues, ne sont pas absolument indispensables pour la conversation, ni même à la vérité pour la science. Le sens qu'ils expriment peut en effet être indiqué, quoique moins brièvement, par les noms génériques qui leur correspondent. Le mot « mouvement » ne désigne pas autre chose que les mots « les choses qui se meuvent ». Son résultat le plus net est de limiter la pensée à un seul caractère, commun à toutes les choses dont il s'agit : à savoir le mouvement. C'est comme si l'on disait : « les choses qui se meuvent en tant qu'elles se meuvent ». On ne considère que cette seule circonstance qui leur est commune à toutes, en laissant de côté toutes les circonstances qui caractérisent en particulier chaque mobile. De même « justice » exprime la même chose que « actions justes » : car les seuls faits qui correspondent à ce terme sont ceux que l'on comprend dans la classe des actions justes. Il n'y a pas dans l'univers une chose qui soit la justice en soi, et nous n'avons pas la prétention de parler d'une justice absolument abstraite et distincte des actions justes. Que signifie donc le mot justice ? Il représente sans doute les actions justes, mais en insistant, d'une façon spéciale, sur un certain rapport de toutes ces actions; afin de ne représenter les actions justes qu'en tant qu'elles sont justes, ou en d'autres termes afin de les considérer exclusivement au point de vue de la justice. La proposition: « La justice commande le respect, » est la même que cette autre : « Les personnes justes sont respectées. » Mais le mot abstrait indique ici, avec plus de force que toute autre expression, ce fait que l'effet produit, à savoir le respect, a pour cause unique le rapport qui existe entre toutes les personnes justes. « La beauté procure du plaisir » équivaut à cette proposition : « Les choses belles (en tant que belles) sont des choses agréables (en tant qu'agréables). » Il n'y a pas de beauté en soi procurant un plaisir en soi. Admettre une pareille hypothèse, ce serait retomber dans la vieille erreur du réalisme, erreur qui a bien de la peine à disparaître. « L'esprit est le principe du mouvement, » ne veut pas dire autre chose que ceci : « Les êtres qui possèdent l'esprit (en tant qu'ils le possèdent), sont les causes des choses qui se meuvent (en tant qu'elles se meuvent). » L'esprit est inséparable de certains êtres réels qu'on appelle des personnes, et qui sont doués de facultés mentales ; et « le mouvement » n'est qu'un mot abréviatif destiné à remplacer « les choses qui se meuvent ».

Les termes abstraits sont de puissants moyens d'abréviation ; et c'est pour cette raison qu'ils ont été introduits en aussi grand nombre dans le langage ordinaire. Les circonlocutions auxquelles on est obligé de recourir pour les éviter suffisent à prouver leur utilité sous ce rapport.

L'abus des mots abstraits se manifeste dans la tendance presque invincible qui nous porte à imaginer derrière ces mots l'existence réelle d'entités abstraites. L'emploi des mots : temps, espace, esprit, nous détermine à supposer qu'il y a dans la nature quelque chose qu'on appelle le *temps*, en dehors des choses qui durent; quelque chose qu'on appelle l'*espace*, en dehors des choses étendues et qui se meuvent; enfin, quelque chose qu'on appelle l'esprit, en dehors des êtres qui manifestent les facultés mentales.

Un exercice logique important, destiné à découvrir les erreurs qu'entretient l'usage des mots abstraits, consiste à convertir les propositions présentées sous forme abstraite en propositions équivalentes composées de noms généraux qui ne soient pas abstraits (1).

---

(1) « Si les élèves de philosophie voulaient toujours, ou du moins quand la
« chose en vaut la peine, adopter la règle de convertir les propositions abs-
« traites en propositions concrètes, ils trouveraient dans cette pratique un

Par opposition avec les mots abstraits, tous les mots généraux ou génériques seront appelés *concrets :* ils expriment les rapports des choses entre elles, non pas comme des caractères qui, par une abstraction impossible, seraient indépendants des choses, mais tels qu'ils existent, c'est-à-dire unis aux choses. Tous les noms de genre, comme homme, arbre, étoile, et tous les adjectifs, comme brave, grand, brillant, sont, par suite, des noms concrets. Tout nom connotatif est donc un nom concret.

Nous ne devons pas confondre, comme on le fait quelquefois, le mot général et le mot abstrait. Le mot général s'oppose au mot individuel ou particulier, le mot abstrait s'oppose au mot concret, qu'il soit ou particulier ou général. Le nom abstrait : « blancheur » s'oppose sous ce rapport au nom général : « les choses blanches » et, par suite, à tous les objets particuliers qui sont blancs.

Le mot abstrait ne peut posséder la double fonction du mot général, qui à la fois dénote des objets et connote leur ressemblance. On peut dire, avec M. Mill, du mot abstrait, qu'il dénote la ressemblance, les rapports, et qu'il connote « zéro ». Mais il n'y a aucun profit pour la logique à employer de pareils subterfuges. Le mot abstrait est le dernier terme de la généralisation ; c'est lui qui fait à la fois la facilité et le péril de cette opération.

C'est une conséquence de la généralisation qu'il doit y avoir des mots pour les plus infimes comme pour les plus hautes généralités ; comme Anglais, Européen, homme, animal, être organisé, cercle, courbe, figure géométrique, corps étendu. Ces généralisations successives jouent un grand rôle dans la science ; elles nous mènent à un grand nombre d'expressions techniques qui doivent être examinées en logique ; mais cet examen trouvera plus convenablement sa place dans le chapitre suivant sur la notion ou le concept.

« moyen excellent de se rendre compte des obscurités et des perplexités de la
« métaphysique. Ils verraient alors clairement le vrai caractère de cette mul-
« titude immense de *riens* qui passe pour être de la philosophie. » Bailey :
Lettres sur l'Esprit, II, p. 159.

11. La seconde catégorie des mots, considérés au point de vue logique, embrasse les mots qui se rattachent à la RELATIVITÉ.

Il est impossible que la relativité essentielle de toute connaissance, de toute pensée, de toute conscience, ne se traduise pas dans le langage. Puisque tous les objets que nous pouvons connaître ne sont saisis que comme des états passagers qui succèdent à d'autres états contraires, toute expérience doit, pour ainsi dire, avoir deux côtés ; et il faut, de deux choses l'une, ou bien que chaque mot ait un double sens, ou bien que pour chaque pensée il y ait deux mots. Nous ne pouvons, par exemple, concevoir la lumière qu'en l'opposant à l'obscurité ; nous sentons par une impression distincte que nous passons de la lumière à l'obscurité, et de l'obscurité à la lumière. Le mot lumière n'a pas de sens, si on ne l'oppose pas au mot obscurité. Nous distinguons par la conscience deux changements contraires, celui qui nous fait passer de la lumière à l'obscurité, et *vice versâ*; cette distinction est la seule différence de sens qui existe entre les deux mots : la lumière, ou le fait de sortir des ténèbres, les ténèbres, ou le fait de sortir de la lumière. Cette relativité se retrouve partout et devrait donner lieu pour toutes choses à l'emploi de deux mots. Les langues humaines devraient être composées, non pas de mots individuels, mais pour ainsi dire de couples de mots. En fait, nous trouvons dans les langues un grand nombre de ces couples ; mais il s'en faut que cet usage soit universel. Par exemple, nous trouvons des mots opposés comme chaud et froid, mouvement et repos, en haut et en bas, léger et pesant, pénible et doux, épais et mince, riche et pauvre, vie et mort, parent et enfant, maître et sujet, etc. Il nous paraît nécessaire de rechercher dans quelles proportions se développe ce système de mots opposés, et, s'il n'est point universel, de nous demander pourquoi.

12. La grande distinction fondée sur la relativité est exprimée par des mots POSITIFS et des mots NÉGATIFS.

Il n'y a pas de désignation tout à fait convenable pour

exprimer le principe de relativité universelle. L'opposition marquée par les mots positifs et négatifs est encore la meilleure ; mais le terme « négatif » tend un peu trop à indiquer un défaut, l'absence d'une qualité, sans indiquer la présence d'une qualité contraire. Or la négative d'une qualité réelle est aussi réelle que cette qualité elle-même. Nord et Sud ont autant de titres l'un que l'autre à être considérés comme des choses réelles. Le chaud et le froid, le passage de l'un à l'autre, sont au même titre des expériences réelles et actuelles.

Les mots « relatif et corrélatif » sont aussi trop limités pour convenir ici. Ils n'expriment que des relations complexes, comme celles du père et de l'enfant, de l'écolier et du maître, du moteur et du mouvement.

De tous ces mots, les meilleurs, ceux qui s'adaptent le mieux à l'universalité de la relation des choses entre elles, sont encore les premiers. Nous adopterons donc les expressions *positif* et *négatif*, en rappelant que le mot « négatif » a toujours le sens d'une existence réelle, non moins que le mot positif. Ainsi expliqués, ces mots peuvent embrasser dans toute son étendue l'universelle relativité. Quant aux mots relatif et corrélatif, nous les emploierons pour exprimer certaines relations spéciales qui dérivent des dispositions compliquées des choses de ce monde.

M. Mill exprime ainsi qu'il suit la nature des mots positifs et négatifs : « A tout mot concret positif peut corres« pondre un mot négatif. Après avoir donné un nom à une « chose, nous pouvons en former un second qui serait le « nom de toutes les choses, hormis celle-là. Ces noms né« gatifs sont employés toutes les fois qu'on doit parler « collectivement de toutes les choses autres qu'une cer« taine chose déterminée. Aussi *non blanc* dénote toutes « les choses, excepté les choses blanches, et connote l'attri« but qui consiste à ne pas être blanc... »

« Des noms qui sont positifs dans la forme sont souvent « négatifs en réalité, et de même d'autres mots sont posi« tifs, quoique négatifs dans la forme. Le mot *incommodité*,

« par exemple, n'exprime pas seulement l'absence de com-
« modité ; il exprime un attribut positif, celui d'être une
« cause de peine ou d'ennui. De même le mot *désagréable*,
« malgré sa forme négative (*unpleasant*), ne connote pas
« seulement le défaut d'agrément, mais un degré un peu
« moindre de ce que signifie le mot *pénible*, qui est essen-
« tiellement positif. *Oisif* est au contraire un mot qui,
« quoique positif dans la forme, ne représente que ce qu'on
« exprimerait par ces mots *ne faisant rien*, ou encore *non
« disposé à travailler*. De même *sobre* équivaut à *non
« ivrogne*. »

Aussi parle M. Mill. M. de Morgan présente cette distinction comme une forme particulière de la relativité universelle : « Prenons, dit-il, une couple de mots contraires,
« comme homme et non-homme. Il est clair qu'à eux deux
« ces mots représentent tout ce que l'on peut imaginer,
« tout ce qui peut exister dans l'univers. Mais les mots
« contraires du langage ordinaire embrassent en général,
« non l'univers tout entier, mais seulement quelque idée
« générale. Ainsi parmi les hommes, « Anglais et étranger »
« sont des contraires ; tout homme doit être l'un ou l'au-
« tre ; il ne saurait être les deux. Non Anglais et étranger
« sont des mots identiques, et il en est de même de non
« étranger et d'Anglais. On en peut dire autant des mots
« nombre entier, et fraction » dans l'espèce des nombres,
« des mots « pair, et homme du peuple », parmi les sujets
« du royaume, des mots « mâle et femelle » parmi les ani-
« maux, et ainsi de suite. Pour rendre compte de ce fait,
« nous dirons que l'idée entière examinée est un tout, un
« *universel* (nous entendons seulement par là l'ensemble
« dont nous considérons les parties) ; et les mots qui, sans
« avoir rien de commun, embrassent à eux deux toute
« l'idée examinée s'appelleront contraires, par rapport à ce
« tout. Aussi le tout étant le genre humain, « Anglais et
« étranger » sont les contraires ; comme aussi « soldat et
« civil, mâle et femelle, etc. ; » le tout étant le genre ani-
« mal, les contraires seront « l'homme et la brute, etc. »

M. de Morgan nous fournit ici l'élément indispensable pour une définition exacte des mots positifs et négatifs. Il n'est pas tout à fait correct de dire que « *non blanc* » représente tous les objets de la nature qui n'ont pas la couleur blanche ; on vise dans ce cas une généralité moins vaste, la généralité de la couleur, et le sens de « non blanc » est seulement noir, rouge, vert, jaune, bleu, etc. Quelquefois même il s'agit d'une généralité encore moins grande, la généralité des couleurs blanche, noire, et des variétés du gris, les couleurs du prisme étant exclues ; dans ce cas « non blanc » signifie seulement noir et gris.

Lorsqu'un terme est ambigu, une façon de le rendre précis est de citer le terme contraire. Le terme *civil* a plusieurs sens ; il s'oppose à naturel, à militaire, à ecclésiastique, à incivil ou discourtois, et ainsi de suite. On arrive au même résultat en déterminant quelle est la généralité la plus haute présente à l'esprit de l'orateur. Si la généralité est la division des pouvoirs de l'État, « *civil* » doit être entendu comme le contraire de militaire et d'ecclésiastique ; si c'est la condition des hommes dans leurs rapports réciproques, « *civil* » représente les hommes organisés en société ; si c'est enfin les manières ou la tenue, *civil* doit être entendu comme synonyme de poli.

Ainsi de ces trois choses, l'idée générale ou le genre, le terme positif, le terme négatif, — nous ne pouvons connaître l'une sans connaître les deux autres. Si l'une est ambiguë, cette ambiguïté disparaîtra par le soin qu'on prendra d'en mentionner une seconde ; il importe peu que la seconde soit le terme contraire, ou le genre lui-même. Dans le langage ordinaire nous déterminerons le plus souvent l'idée générale d'après le sujet du discours. Si l'on est en train de discuter les origines de la société humaine, il est facile de voir que les mots « civil et naturel » sont employés pour diviser l'idée générale de la condition humaine au point de vue de la société. Si nous ne connaissons pas le sujet du discours, nous serons instruits nettement du sens du mot, dès qu'il arrivera à l'orateur de prononcer le mot contraire, si par exemple, après avoir dit « civil », on ajoute « non grossier ».

13. Lorsqu'une idée générale ne contient que deux membres, l'un est le contraire de l'autre. C'est la forme la plus marquée de la contrariété.

Chaud et froid, lumière et ténèbres, haut et bas, droit et courbe, bien et mal, plaisir et peine, vertu et vice, santé et maladie, homme et brute, voilà des contraires absolus ; la négation d'un terme est l'affirmation de l'autre ; l'affirmation de l'un, la négation de l'autre.

14. Lorsqu'une idée générale, un genre élevé, contient plusieurs membres, la contrariété, quoique tout aussi réelle, n'a plus la même précision.

« Rouge », dans le genre couleur, ne s'oppose pas à une seule couleur ; il est en opposition avec une pluralité de couleurs. Si nous divisons les couleurs d'après le spectre de Newton, « non rouge » équivaut à six couleurs. Dans une énumération complète des diverses nuances de la couleur, non rouge équivaudrait à un grand nombre de nuances particulières. La contrariété dans ce cas est donc pour ainsi dire diffuse et indécise. « Il n'est pas Anglais, » voilà une affirmation qui nous plonge en quelque sorte dans un océan de possibilités, parce qu'elle nous laisse libre de choisir parmi les habitants de tous les pays.

15. Le langage possède diverses manières d'exprimer l'opposition ou la négation.

1° Dans quelques cas saillants, des noms séparés sont employés pour désigner les contraires : comme dans les exemples déjà cités. Il y a dans la langue anglaise environ quelques centaines de couples de noms contraires : jeune, vieux ; sage, fou ; brave, couard ; ascension, descente ; bien, mal ; doux, amer ; santé, maladie ; raboteux, lisse.

2° Il y a certaines méthodes générales pour exprimer la négation. La principale consiste dans l'emploi du préfixe *non* : *non* froid, *non* électrique, *non* moi.

On emploie aussi les préfixes in, a : anormal, inconnu, incompréhensible (1).

Le but qu'on se propose est encore atteint par des circonlocutions, comme « tout excepté » et « tout ce qui reste, une fois ceci ou cela ôté ». Ces dernières expressions rendent d'une manière exacte l'opposition et la négation, quand elle est dissimulée par une pluralité de contraires ; on choisit un genre, on met à part la donnée positive, et tout ce qui reste constitue la négative ou le contraire. « Tous les corps simples, excepté les métaux, » désignent tous les « non métaux » dans le genre des corps simples. Toutes les parties du discours, excepté le nom, est la manière la plus complète d'exprimer « non substantif. »

16. La négative d'une propriété réelle ou d'un objet est réelle elle aussi.

Puisque la négative n'est pas autre chose que ce qui reste d'un genre où sont compris plusieurs objets quand on en a distrait un, il est évident que la négative n'est pas moins positive et réelle que ce qu'on appelle le positif. En fait, il faut que le négatif et le positif puissent toujours être intervertis. Le positif est *en haut*, le négatif est *en bas ;* mais on peut considérer *en bas* comme positif, et *en haut* comme négatif.

Il y a des cas où l'un des deux contraires semble seul être positif, grâce à une propriété spéciale : par exemple, quand nous disons « abondance » ou « présence », par opposition à « défaut » ou « absence ». Richesse, pauvreté ; dette, créance ; plus, moins ; force, faiblesse ; plein, vide ; vie, mort ; science, ignorance ; fécond, stérile ; quelque chose, rien : sont des exemples analogues. Il semble que ces mots nous donnent d'un côté une conception vraiment positive, de l'autre une conception absolument négative. L'interversion de ces termes paraîtrait une violence impossible et contraire à la nature. Néanmoins, dans tous ces cas, la négative est elle-même un phénomène réel et déterminé ;

(1) Et en anglais le suffixe : *less*.

elle constitue une expérience spéciale du genre humain, quoique le plus souvent une expérience moins agréable. La situation du débiteur est un état réel, avec des traits caractéristiques. Il y a une idée générale : la situation pécuniaire des hommes ; nous détachons de cette idée les cas particuliers de ceux « qui n'ont pas de dettes », qui sont « solvables », et nous trouvons comme reste le cas de celui « qui est endetté ». Ces deux situations s'opposent l'une à l'autre : nous pouvons indifféremment appeler l'une ou l'autre positive ou négative. S'il y a quelque difficulté à transposer ces épithètes aux deux termes contraires, cela provient de l'imperfection, de l'impropriété déjà signalée de ces termes, comme expression de l'universelle relativité. On les emploie fréquemment dans des associations plus spéciales et plus limitées, de sorte que le mot positif paraît s'appliquer plus exactement aux états tels que l'abondance, la santé, la créance, la force, le plaisir, le bien ; le mot négatif, au contraire, paraît tout à fait impropre pour exprimer ces états.

Les généralités les plus hautes de toutes doivent contenir au moins deux choses, qui s'expliquent mutuellement et qui sont également réelles. Cette remarque est importante, parce que l'on se trompe souvent, en employant encore les formes du langage, alors qu'il n'y a plus de réalité opposée et correspondante. Ainsi, matière, esprit, ou plus correctement étendu et inétendu, objet, sujet, représente une couple de réalités qui s'expliquent l'une l'autre. Nier la matière, l'étendue, le monde objectif, c'est affirmer l'esprit, le monde subjectif. Jusqu'ici nous sommes dans le monde de l'expérience réelle et actuelle. Il y a pour nous une transition familière entre certains états de conscience que nous appelons matière, et certains autres états que nous appelons esprit ; nous les connaissons les uns et les autres par leur mutuel contraste ; notre connaissance ne peut s'élever plus haut. Cependant le langage peut aller plus loin. Nous pouvons résumer sous forme verbale ces deux faits : l'esprit et la matière, le sujet et l'objet ; nous pouvons recourir à un seul et même terme qui sera l'équivalent de ce total ; ce terme pourra être l'univers, l'existence, l'absolu ; mais cette démarche nouvelle du langage ne fait pas avancer d'un pas notre connaissance. Il n'y a rien qui s'oppose à ce que nous appelons l'univers, l'existence, l'absolu ; rien n'est affirmé, lorsque l'on nie ces entités supposées. Nous pouvons concevoir la matière grâce à son contraire : l'esprit ; mais nous ne saurions trouver à l'existence un opposé réel.

Accordons pour un moment qu'il y ait une chose comme la non-existence, ce qui donnerait une réalité à l'existence, qu'est-ce qui nous empêcherait de résumer de nouveau ces deux choses en une seule, de donner un nom au total et d'insister sur la réalité de cette nouvelle entité, en raison de la réalité qui lui correspondrait, et ainsi de suite indéfiniment ? Nous devons nécessairement nous arrêter quelque part, et cette limite se trouve dans l'opposition la plus élevée où la généralisation puisse nous porter. En cela nous nous conformons à la relativité essentielle, à la dualité de toute connaissance. Une unité absolue n'est pas une connaissance, c'est un mot qui ne signifie rien.

17. En dehors de la relativité universelle, il y a un grand nombre de relations spéciales, qui sont impliquées dans les opérations de la nature et dans les relations des êtres vivants. De ces relations dérivent un grand nombre de **termes relatifs.**

Dans la transmission du mouvement, il y a une chose qui meut et une chose qui est mue, quelque chose qui pousse et quelque chose qui est poussé. L'attraction et la répulsion exigent deux choses : l'objet qui attire, l'objet qui est attiré. La chaleur et la lumière émanent de certains corps et agissent sur d'autres corps. L'acide s'oppose à l'alcali ou à la base : l'un et l'autre à un sel neutre.

La génération implique des parents et des petits. Mâle est le corrélatif de femelle. Le mot mâle n'a pas de sens par lui-même ; c'est par un seul acte indivisible de notre intelligence que nous comprenons ces mots « mâle et femelle ». Le fait qu'ils expriment est un fait complexe : deux éléments y sont impliqués ; l'un ne peut être séparé de l'autre.

Serrure et clef, sont des termes corrélatifs de la même espèce. Nous ne pouvons comprendre ou saisir le sens du mot clef sans penser à la serrure, ni le sens du mot serrure sens penser à la clef.

L'organisation complexe de la société humaine comprend différents états où deux parties s'impliquent mutuellement. Tels sont les rapports du souverain au sujet, du maître au domestique, du débiteur au créancier, de l'accusateur à l'accusé, du vendeur à l'acheteur, du professeur à l'écolier, du médecin au malade, de l'orthodoxe au dissident. Ce sont là des cas non pas de relativité universelle, mais de relativité spéciale, qui méritent d'être considérés en dehors des relations plus fondamentales que suppose toute connaissance.

Tous les verbes actifs sont corrélatifs par suite de leur essence même. Tout agent suppose une chose sur laquelle il agit : il n'existerait pas, s'il n'agissait pas. Un conquérant qui n'aurait rien conquis serait une pure absurdité.

On dit généralement, par rapport au grand problème de la perception du monde matériel, que la connaissance suppose un esprit qui connaît et un objet qui est connu, ce que l'on considère comme une preuve de la distinction de l'esprit et de la matière. En réalité, cependant, cela prouve seulement que dans l'action de la connaissance comme dans toute autre action, il y a la participation de deux choses. Si ces choses existent ou non comme des entités séparées et distinctes, c'est là une question toute différente.

18. Le sens de tous les objets de notre connaissance se précise et grandit à proportion qu'augmente le nombre des contraires ou des négations.

« L'or », dans le genre des corps simples, signifie l'exclusion de tous les soixante-deux autres corps simples. Si dix éléments de plus étaient découverts, il y aurait par suite dix oppositions, dix contraires de plus. « Santé », pour un paysan, représente l'absence d'un certain nombre de maladies vulgaires : le catarrhe, le rhumatisme, la dyspepsie, la rougeole, etc.; pour un garçon d'hôpital, il a un sens bien plus étendu; pour un professeur de médecine, il signifie l'exclusion de plus de mille maladies.

On ne saurait en aucun cas se soustraire au principe de la relativité universelle. On ne peut parler d'une chose, si elle est intelligible, sans faire entrer dans la notion de cette chose une ou plusieurs autres choses également intelligibles. Dira-t-on, par exemple, qu'une « chaise » est un fait absolu sans relation, qui n'implique aucun opposé, aucun contraire, aucun fait corrélatif? Il n'en est rien. La chaise est l'opposé du « vide », de la situation physique et morale d'une personne qui souffre de l'absence de la chaise. Ce mot peut d'ailleurs, selon les circonstances, avoir un sens plus large et s'opposer à plus de choses, par exemple à une « table », à un « lit », à un « marchepied ». Enfin il peut avoir des contraires encore plus nombreux; il peut, par rapport au genre « siége », s'opposer à un « sofa », à une « ottomane », à un « banc », à un « escabeau », etc. Le sens complet de ce mot reviendra donc à cette phrase : « Je ne demande pas un escabeau, un sofa, etc., mais une chaise. »

CHAPITRE II

DES CLASSES, DES NOTIONS OU DES CONCEPTS.

1. Ces expressions représentent des généralisations qui s'appliquent à des propriétés *simples*, ou à des groupes de propriétés regardées comme liées, comme formant une unité.

Elles s'opposent à ce qu'on appelle les propositions, c'est-à-dire à des généralisations qui portent sur des couples d'objets, en affirmant (ou en niant) leur coexistence.

Nous pouvons identifier ou généraliser certains objets d'après un seul point de ressemblance, par exemple : « rond, chaleur, polarité ». Au point de vue concret, ces généralités s'appellent des classes : « les objets ronds, les objets chauds, les objets polarisés ». Lorsque le point de ressemblance est considéré d'une façon abstraite, « la rondeur, la chaleur, la polarité », l'abstraction prend le nom de notion générale, de concept général, ou simplement de notion et de concept ; ces deux mots paraissent s'adapter plus convenablement à une qualité généralisée qu'à l'idée d'un seul objet concret. L'expression « une idée abstraite » est un équivalent pour désigner les qualités communes d'une classe.

Il est impossible de confondre les classes, les notions, qui n'expriment qu'un seul point de ressemblance, avec les propositions qui doivent embrasser au moins *deux* choses. Mais il y a un grand nombre de classes, de notions générales, qui expriment plus d'un trait commun de ressemblance, par exemple les métaux qui se ressemblent tous sur quatre ou cinq points. La classe « homme » possède encore un bien plus grand nombre de rapports communs. Dans ce cas, la distinction entre la classe ou notion générale, et la proposition, semble s'effacer. La différence ne porte plus alors sur le nombre des propriétés communes, mais sur la façon dont on exprime leur union. Dans la notion, la liaison des propriétés en un seul groupe est un fait acquis, définitif ; leur union ne fait plus question. Dans la proposition, au contraire, cette liaison est considérée comme douteuse, et le doute est écarté par une assurance positive, donnée sous forme d'affirmation distincte, et fondée, s'il est nécessaire, sur des preuves.

Voici des exemples de propositions généralisées qui enveloppent deux notions liées entre elles par une affirmation. « La chaleur peut être convertie en force mécanique. » « Les métaux sont les bases des sels. » Dans chacune de ces propositions il y a deux notions distinctes : la notion de la « chaleur », et la notion de « la conversion en force mécanique », la notion des « métaux », et la notion des « bases des sels ». Mais ce n'est pas l'existence des deux notions qui épuise la force de la proposition. Outre les deux notions, la proposition contient l'affirmation que ces deux notions sont ou bien unies ou bien désunies. On suppose que l'auditeur ne sait pas ou doute si les notions « métal et base des sels » doivent coexister ; et la proposition en question supprime ce doute, autant qu'une affirmation le peut faire.

Il est évident que ce sont les propositions affirmatives ou conjonctives seules que l'on pourrait confondre avec les notions qui expriment des propriétés doubles. Les propositions négatives, en effet, prononcent la désunion ou la liaison des choses.

Les classes, les notions, les concepts, ont naturellement trouvé leur expression dans les mots, et, pour parler plus exactement, dans les mots généraux.

2. Un grand nombre de notions sont fondées sur un point unique de ressemblance; en d'autres termes, elles ne possèdent qu'un seul attribut, par exemple, blanc, long, dur, étendu, polaire, chaud, plaisir, nombre.

Blanc étant une impression simple, indivisible, les objets qui s'accordent sur ce point, et seulement sur ce point, constituent une classe fondée sur un seul rapport; cette classe n'a qu'un seul attribut. Les notions analogues sont nombreuses. La transparence, la douceur, l'élasticité, la longueur, la forme carrée, la fragilité, la chaleur, les liquides, les corps simples, les justes, les puissants; toutes ces notions reposent sur un trait unique de ressemblance; ce sont des généralités qui ne comprennent qu'une qualité; elles sont toujours considérées comme des effets simples (1).

3. Il y a des notions fondées sur des rapports qui, sans être nombreux, sont plus d'un.

Dans un bon nombre d'idées générales on trouve deux points communs. Une maison est : 1° une œuvre d'art, 2° construite pour donner asile à des êtres vivants ou aux objets qui leur appartiennent. Une ville est : 1° un assemblage de constructions habitées, 2° sous un gouvernement commun. Un aimant est un corps : 1° qui attire le fer, et 2° qui est polarisé.

Comme exemple d'idée générale à trois propriétés, nous citerons l'esprit qui contient trois fonctions distinctes : la

---

(1) La simplicité, dans quelques-unes de ces notions, est relative à l'usage qui consiste à définir *per genus et differentiam*. Aussi « rond » est une figure plane, avec un caractère spécifique donné dans la définition du cercle. L'introduction des attributs génériques d'une figure plane (extension et figure) associés à la différence spécifique donnerait lieu à une idée complexe ou multiple, la rondeur, le cercle. « Plaisir » est du genre « sentiment »; et a pour différence spécifique une qualité simple; l'association du genre et de la différence donnerait lieu à deux qualités. « Étendu » est absolument simple; parce que c'est le genre le plus élevé, au moins pour le monde extérieur. Cette explication est importante pour la théorie complète de la définition; pour le moment, nous considérons comme simples toutes ces notions où la différence spécifique, qui habituellement est donnée pour définition, est simple. Dans un grand nombre de notions, cette différence spécifique est complexe.

sensibilité, la volonté, l'intelligence. L'affinité chimique a aussi une triple définition : proportions définies, changement de propriétés, production de chaleur.

La définition longtemps admise de l'inflammation énumérait quatre propriétés : la chaleur, la rougeur, l'enflure, la douleur.

1. Certaines idées générales reposent sur un grand nombre de traits communs. On les appelle espèces naturelles, *infimæ species*, espèces inférieures.

Les corps simples de la chimie : oxygène, soufre, silicium, sodium, or, étain, etc., ont chacun une série de propriétés distinctives. Le nombre de ces propriétés actuellement connues est considérable, et il peut y en avoir un grand nombre d'inconnues. Il y a de dix à vingt propriétés caractéristiques indiquées dans la définition de l'oxygène ; et à peu près autant dans la définition de l'or ou du fer.

De même dans le règne végétal, nous trouvons des idées générales fondées sur un grand nombre de propriétés communes. Les classes appelées « espèces », dans le sens particulier qu'on donne à ce mot en histoire naturelle, ont un grand nombre de caractères ; beaucoup de particularités communes pour la forme, pour le mode de croissance et de développement, pour les produits chimiques, etc. Une description complète du chêne de Bretagne s'élèverait au moins à vingt ou trente caractères.

Dans le règne animal se rencontre à un plus haut degré encore la liaison de plusieurs traits communs à la même classe. Les qualités communes aux éléphants sont très-nombreuses ; une énumération complète de toutes les particularités physiques ou morales de cette espèce exigerait peut-être de soixante à cent articles distincts. Les qualités communes à tous les hommes sont encore plus nombreuses.

C'est dans ces trois grands règnes : minéral, végétal et animal, que se montrent les exemples les plus frappants de la liaison d'un grand nombre de qualités. Les phénomènes les plus compliqués connus en dehors de ces espèces naturelles ne dépassent pas un nombre relativement petit de caractères. Ainsi la mort, même la plus compliquée dans ses causes, ne peut pas être caractérisée par beaucoup plus de cinq ou six particularités distinctives.

5. Les notions ou les classes sont plus ou moins générales: de là dérive un système gradué de classification, avec une nomenclature qui exprime la relation de chaque classe avec les classes supérieures et les classes inférieures. Ce système de classification s'applique aussi aux abstractions qui correspondent aux classes.
Le mot *genre* et le mot *espèce* expriment chacun un degré de cette classification.

La classe « homme » a un certain degré de généralité : elle a l'extension de la race humaine ; elle connote ou exprime les rapports de tous les êtres humains, les qualités nécessaires pour être admis dans ce groupe. La classe « animal » est encore plus vaste : elle renferme, outre les hommes, un grand nombre d'autres êtres, tous ceux que d'un seul mot on appelle les brutes. La classe la plus générale est appelée « genre », par rapport à la plus limitée, qui est appelée « espèce ». Mais il y a des classes plus générales encore que la classe des animaux, par exemple la classe des « êtres organisés », qui comprend à la fois les animaux et les plantes. Si l'on donne à cette classe plus générale le nom de genre, les animaux et les plantes peuvent alors être considérés comme des espèces. Et de même il y aura encore un genre plus élevé, celui des corps matériels, qui comprendra comme espèces distinctes : d'une part, les corps organisés ; de l'autre, les substances inorganiques.

La justice est comprise dans une classe plus générale, la vertu ; la vertu, dans une classe plus générale encore, les actions humaines. La raison est une espèce parmi les facultés intellectuelles, qui constituent un genre, et ce genre lui-même est une espèce par rapport aux facultés mentales, qui constituent un genre plus élevé.

Le cercle est une espèce dans le genre des lignes courbes

Bain. Logique.

La géométrie est une espèce dans le genre des sciences mathématiques ; les mathématiques, une espèce dans le genre plus élevé encore des sciences.

Si nous n'avions pas d'autres termes à notre disposition pour la classification graduée des groupes d'objets que les deux mots genre et espèce, qui nous viennent de la philosophie grecque, nous ne pourrions que les échanger sans cesse l'un contre l'autre du haut en bas de l'échelle ; ces mots ne signifieraient pas autre chose que le rapport de généralité des deux classes mentionnées, le genre étant toujours plus général que l'espèce. Mais dans l'histoire naturelle, où il y a une longue série de gradations successives, on a imaginé de même une longue série de termes qui correspondent à tous les échelons, et chacun d'eux est employé uniformément pour un degré distinct. « Genre et espèce » sont eux-mêmes attribués à une place fixe qu'ils conservent toujours. L'homme, le cheval, le chien, le chat, sont des espèces et ne peuvent être autre chose : les classes qui les comprennent sont des genres et ne sauraient recevoir d'autre désignation.

Dans la botanique, par exemple, il y a quatre divisions principales et fixées une fois pour toutes : — ce sont les CLASSES, les FAMILLES ou ORDRES NATURELS, les GENRES et enfin les ESPÈCES. Les *dicotylédons* constituent une classe ; les *renonculacées*, une famille ; l'*anémone* est un genre ; l'*anémone nemorosa* est une espèce. Dans certains cas particuliers, on introduit des sous-divisions, des degrés intermédiaires entre ces quatre divisions principales. Les classes sont divisées en sous-classes ; les ordres naturels sont divisés et subdivisés en *sous-ordres, tribus, sous-tribus, divisions, subdivisions ;* les genres en *sous-genres, sections* et *sous-sections ;* les espèces elles-mêmes peuvent avoir au-dessous d'elles les *variétés*. La détermination complète de ces subdivisions produit un total de *quarante* degrés.

Dans la zoologie, les premières divisions ou *sous-règnes, vertébrés, mollusques,* etc., sont subdivisées en CLASSES (les mammifères), SOUS-CLASSES (les monadelphes), ORDRES (les primates), SOUS-ORDRES (les singes), GENRES, ESPÈCES (le chimpanzé).

En dehors de l'histoire naturelle et d'une ou deux autres sciences de classification exacte, comme la médecine, les mots de genre et d'espèce conservent leur caractère mobile. « Crime » sera un genre par rapport aux espèces particulières de crimes : la trahison, le meurtre, la calomnie, le vol, le parjure, etc. « Droit » est un genre par rapport aux différentes espèces de droits : il est lui-même une espèce par rapport à un genre plus élevé, « les choses que l'on réclame ». (V. G.-C. Lewis, *Explication des termes politiques*, p. 7.)

6. D'après le principe de la relativité, chaque classe a sa classe ou ses classes corrélatives; chaque notion a sa notion corrélative, notion non moins réelle qu'elle l'est elle-même.

Nous n'avons que peu de mots à ajouter sur ce sujet. La loi de relativité, si elle est vraie, doit l'être sans exception et sans réserve. Nous ne pouvons former une classe sans diviser la totalité des choses en deux moitiés, une moitié comprise sous la classe, une moitié qui reste en dehors. Lorsque, par exemple, nous mentionnons la classe des figures circulaires dans le genre des figures planes, notre distinction suppose l'existence de certaines autres figures triangulaires, ovales, en spirale, etc., qui constituent les groupes corrélatifs. La classe des vertus suppose une autre classe, suivant le genre que l'on considère; s'il s'agit du genre des actions appréciées conformément à leur moralité, c'est-à-dire à l'idée du bien et du mal, la négative ou la classe corrélative sera le vice. Parle-t-on des plantes, la classe exclue ou niée sera la classe des animaux ou celle des corps matériels en général. La classe des saveurs amères correspondra à la classe des saveurs douces ou astringentes, s'il est question des sensations du goût; s'il est question des sensations en général, la classe des saveurs amères aura pour corrélatif l'ensemble des autres sensations du goût et des sensations de tous les autres sens.

De la même façon, chaque idée abstraite doit avoir une idée corrélative, qui en est la contre-partie, et qui doit être une réalité, si la première idée est réelle. La longueur (dans le genre de la dimension) s'oppose à la largeur et à l'épaisseur. La justice, si elle est une notion réelle, s'oppose à une réalité correspondante, l'injustice. L'affinité s'oppose ou bien à l'indifférence, ou bien à la répulsion, ou bien à l'une ou à l'autre. Si le mot force a un sens distinct, elle doit avoir un corrélatif réel dont le sens changera selon qu'aura changé le premier terme lui-même. Ainsi la force peut être conçue comme opposée à l'inaction, au repos, ou bien comme opposée à la matière.

Des notions qui se présentent sous forme de propositions.

7. Dans beaucoup de cas, les propositions semblent nous fournir des connaissances réelles, mais en réalité elles ne le font pas : parce qu'elles ont pour caractère non de lier en une seule affirmation deux choses distinctes, mais seulement d'indiquer, de désigner une classe, une notion, un concept. Cette confusion est la source de beaucoup d'erreurs.

Dans la proposition : « Un triangle est une figure à trois côtés, » nous avons la forme extérieure, mais non la réalité d'un prédicat. Dans la proposition : « La pyramide est la forme de construction la plus solide, » il y a à la fois l'apparence et la réalité d'un prédicat. Dans le premier cas, nous ne lions par l'affirmation qu'un nom et une chose ; nous donnons une instruction verbale, nous déterminons le sens d'un mot. Dans le second cas, nous lions deux choses distinctes ; nous déterminons un fait particulier de l'ordre de la nature, à savoir que partout où nous trouvons un édifice en forme de pyramide, nous avons devant nous une construction de la plus grande solidité.

Le premier exemple donné : « Un triangle est une figure à trois côtés, » peut être pris comme type d'une grande quantité d'affirmations apparentes; on les appelle propositions verbales, définitions, et aussi jugements analytiques ou explicatifs. Ainsi « la justice consiste à rendre à chacun ce qui lui est dû » est une proposition verbale, une définition, un jugement analytique ; elle nous apprend que, lorsque nous sommes en présence du fait social qui consiste à rendre à chacun ce qui lui est dû, le seul mot à employer pour désigner ce fait est le mot « justice » ; et réciproquement, lorsque le mot « justice » est prononcé, le fait désigné par ce mot peut être exprimé autrement par l'expression développée : « donner à tous ce qui leur est dû ». D'un côté, les propositions verbales nous apprennent quel nom il faut appliquer à une chose donnée ; d'autre part, elles nous enseignent le sens d'un mot donné.

Par opposition à ces propositions formelles et verbales, la proposition véritable est une proposition réelle, une affirmation (ou une négation) de rapport, un jugement synthétique ou ampliatif ; enfin une déclaration touchant l'ordre de la nature.

Dans les propositions verbales qui affirment l'accord d'un nom avec une notion simple et réduite à un seul trait de ressemblance, il est rare que l'on commette des erreurs. C'est dans les questions subtiles et compliquées que les propositions verbales donnent lieu à des confusions : par exemple, dans les allégations de Butler sur la conscience et le droit. C'est dans les sujets que nous ignorons qu'il nous arrive de nous tromper en prenant pour la liaison de deux choses ou de deux faits ce qui n'était que la simple exposition du sens d'un mot. Une telle ignorance ne ressort pas de la juridiction de la logique, qui doit seulement nous recommander d'être défiants à l'égard du caractère ambigu et décevant de la proposition verbale.

« Homère a écrit l'Iliade » est une proposition purement verbale, car nous ne savons d'Homère qu'une chose, c'est qu'il est l'auteur de l'Iliade. Nous n'avons aucun sens à attacher au sujet de la proposition, « Homère », si ce n'est précisément le prédicat « écrivit l'Iliade ». L'affirmation revient donc ici à dire que l'auteur de l'Iliade s'appelait Homère.

« L'instinct est une science innée », voilà encore une proposition verbale. Si elle nous apprend quelque chose de plus que le simple mot instinct, c'est qu'elle substitue à une notion confuse et vague une détermination précise de la nature de l'instinct. Toute définition de mot a le même caractère : elle précise le sens ; elle peut par conséquent faire quelque chose de plus que donner une leçon de langage. Tel est le résultat de l'importante fonction remplie par les mots généraux, qui assimilent et unissent des éléments épars.

Si avec Darwin et Spencer on dit : L'instinct est une expérience antérieure transmise par l'hérédité, on énonce une proposition réelle, car le prédicat est ici un fait entièrement nouveau, qui n'était en aucune façon contenu dans l'idée du sujet.

« La conscience exerce une autorité souveraine sur les actions des hommes, » voilà encore une proposition verbale. Lorsque nous recherchons le sens, la connotation ou la définition de la conscience, nous trouvons que l'autorité est le fait essentiel qui la caractérise ; supprimez cette autorité, et la conscience n'existe plus. Mais il peut y avoir un grand nombre d'affirmations *réelles* au sujet de la conscience. Nous pouvons déclarer qu'elle est une faculté simple de l'esprit, une faculté complexe ou dérivée, le représentant de la divinité dans l'esprit humain. Nous pouvons dire qu'elle existe chez tous les hommes, ou, au contraire, qu'elle fait défaut chez quelques-uns ; qu'elle manque à tous les animaux ; qu'elle est le fondement de la société humaine ; qu'elle constitue la plus haute dignité de l'homme.

« La matière est inerte, » voilà une proposition verbale ; on ne fait dans cette phrase que répéter la qualité essentielle de tout corps matériel. Des propositions réelles relatives à la matière seraient les suivantes : « La matière est ou n'est pas éternelle ; elle est indestructible ; elle n'est jamais en repos ; elle est de différentes espèces ; elle gravite; elle manifeste soit des affinités, soit des répulsions. »

« La justice est honorable, » « la vertu est aimable, » sont des propositions réelles, si l'on suppose que des sentiments d'approbation ne sont pas nécessairement compris dans les idées que nous nous formons de ces qualités.

« Les sensations indifférentes n'appellent jamais l'attention par elles-mêmes », voilà une proposition verbale. Le prédicat « ne pas appeler l'attention » a le même sens que le sujet « sensations indifférentes ». Être indifférent, ne pas exciter notre attention, ce sont des notions que sépare à peine une nuance de sens. Il peut arriver cependant que l'emploi du prédicat puisse aider une personne peu instruite à comprendre mieux et dans toute sa force la signification du sujet.

« La souveraineté est l'autorité d'un homme ou de plusieurs hommes sur les autres, » voilà encore une proposition qui n'est que la définition du mot souveraineté ; elle est par conséquent une proposition verbale. Toutes les hypothèses invoquées pour expliquer l'origine réelle ou la légitimité du pouvoir souverain seront, au contraire, des propositions réelles.

8. **Lorsqu'une notion a *plusieurs* attributs communs, l'expression de cette notion peut avoir l'apparence d'un prédicat réel, bien que le prédicat soit purement verbal.**

« Une maison est faite pour servir d'habitation » n'est pas une proposition réelle. « Habitation » constitue en effet un des éléments, sinon tous les éléments du mot maison. Quiconque sait ce qu'est une maison, connaît aussi le fait exprimé dans la proposition énoncée ci-dessus.

« L'esprit est intelligent » est encore une proposition verbale ; le prédicat répète seulement ce qui était déjà compris dans l'idée du sujet. La connotation, ou signification du mot esprit, embrasse l'intelligence, en même temps que deux autres fonctions, la volonté et la sensibilité. Cette autre proposition, « l'esprit est uni à un organisme matériel, » est une affirmation réelle, le prédicat ne faisant pas partie du sens du sujet. L'union du corps et de l'esprit ne saurait être comprise dans l'analyse du mot « esprit ». Aristote, il est vrai, faisait entrer dans la signification du mot âme, ψυχή, l'organisation corporelle ; pour ce philosophe, par conséquent, « l'âme est unie à un corps, » constituait une proposition verbale ou analytique.

« Le feu brûle » n'est pas une proposition réelle ; on ne fait en effet dans cette phrase que répéter, ou analyser le principal attribut du sujet. Notre première notion du feu, et la plus essentielle, est la même que celle qu'exprime l'action de brûler.

9. Dans les espèces naturelles, le prédicat verbal a plus de ressemblance encore, que dans le cas précédent, avec le prédicat réel.

Les espèces naturelles se distinguent en ce qu'elles contiennent non un, deux, trois ou quatre traits de ressemblance, mais un grand nombre, un nombre indéfini, et même inépuisable, de qualités communes, trente, soixante, cent quelquefois. L'oxygène a un grand nombre de qualités ; l'ensemble de ces qualités est à proprement parler la signification du mot. L'oxygène est un gaz, il a un poids atomique donné, il se combine avec l'hydrogène, etc.; toutes ces propositions sont rigoureusement des propositions verbales et analytiques. Sont-elles donc pour cela inutiles et insignifiantes ? Certainement non, mais elles peuvent par leur forme nous égarer quelquefois, en se donnant pour des propositions réelles.

La forme technique et correcte de ces propositions serait celle-ci : il existe dans la nature un agrégat de qualités qui sont : la matière, la transparence, l'état gazeux, un poids spécifique et un pouvoir de combinaison déterminés, et ainsi de suite; à cet agrégat de propriétés on a appliqué le mot d'oxygène. Lorsque l'auditeur a été mis au courant de ces diverses qualités, les propositions comme « l'oxygène est un gaz, » « l'oxygène est un agent de combinaison puissant, » « l'oxygène, etc. », ne sont plus que des propositions verbales, identiques ou tautologiques ; les prédicats sont superflus, puisqu'ils sont suggérés à l'esprit en même temps que le nom est prononcé.

Il y a cependant des cas, où des propositions analogues ne sont ni identiques ni tautologiques, où elles sont réelles, les prédicats ajoutant quelque chose au sujet tel qu'il est saisi par l'auditeur.

1° Une personne peut être imparfaitement instruite des propriétés d'une classe complexe, quoiqu'elle en sache assez pour la reconnaître. Le vulgaire sait que l'éléphant est un animal énorme, couvert d'une peau épaisse, armé d'une trompe et de défenses en ivoire. Pour des personnes qui possèdent ces connaissances, l'affirmation d'une de ces qualités n'est qu'une proposition verbale ou identique, puisqu'elle se réduit à répéter un des faits qui entrent dans la signification du mot.

Mais un éléphant a en outre un grand nombre de propriétés distinctives ; par suite l'indication de l'une d'entre elles serait une proposition réelle. Toute détermination ajoutée à ce qui est déjà impliqué dans le mot constituera une affirmation synthétique.

Cependant cette détermination nouvelle, une fois communiquée, comprise et gravée dans la mémoire, cessera elle-même d'être un prédicat réel ; elle deviendra, à partir de ce moment, une proposition verbale ou analytique, puisqu'elle ne fera que répéter ce que le nom suggère ou connote de lui-même pour toute personne dont les connaissances ont été agrandies dans ce sens.

Toutes les propriétés nouvellement découvertes sont des prédicats réels, lorsque pour la première fois elles se présentent à nous ; mais, dès qu'elles ont été introduites dans la science, elles deviennent verbales. Lorsque Faraday découvrit que l'oxygène est magnétique, la publication de cette découverte fut une proposition réelle concernant l'oxygène. Mais, une fois admise par les savants, cette vérité devint une proposition verbale, tout comme l'exposition des autres qualités de l'oxygène.

2° On peut avoir besoin d'une *opération inductive* pour garantir le fait que les propriétés d'une classe complexe ou d'une notion sont réellement unies. Ainsi l'esprit est défini par ces trois faits : la sensibilité, la volonté, la pensée ; mais cette définition suppose une induction antérieure, destinée à établir que ces trois propriétés se rencontrent toujours ensemble, — que partout où il y a sensibilité, il y a aussi volonté, et que partout où il y a volonté, il y a aussi pensée. Affirmer que la sensibilité, la volonté et l'intelligence sont associées, c'est énoncer une proposition réelle. La définition de l'esprit suppose tacitement que cette association a été constatée ; par suite, l'esprit sent, l'esprit veut, l'esprit pense, sont autant de propositions verbales. Cependant, puisqu'elles impliquent, lorsqu'elles sont prises ensemble, que les trois facultés distinctes sont unies dans la nature, elles peuvent être considérées comme contenant un prédicat réel.

De la même façon, des affirmations comme les suivantes : « L'affinité chimique est soumise à des proportions définies ; elle produit la chaleur, elle est suivie d'un changement de propriétés, » constituent une série de propositions verbales ou analytiques. Il y a cependant au fond un prédicat réel ; à savoir « que l'union dans des proportions définies de deux corps est accompagnée d'une production de chaleur et d'un changement de propriétés ». Les mots « affinité chimique » expriment ces trois faits ; et lorsqu'on les prend pour le sujet d'une phrase avec l'un de ces trois faits pour prédicat, l'affirmation est purement analytique ou verbale : le sujet signifie déjà ce que la proposition affirme.

Les exemples que nous venons de citer diffèrent essentiellement de ces agrégats qu'on appelle les espèces naturelles, minéraux, végétaux ou animaux. Nous en donnerons les raisons plus tard.

3° La proposition verbale peut être utilement employée

comme un *memento*, soit qu'on veuille exposer un fait connu, soit qu'on veuille le prendre comme principe afin de lui rattacher une conséquence. Ainsi nous dirons que l'oxygène est l'élément de la combustion, avec la seule intention de présenter à l'esprit ou d'indiquer cette propriété spéciale, pour qu'on en puisse tirer quelque inférence. C'est comme si nous disions : — « Puisque parmi les différents pouvoirs et les différentes propriétés, dont l'ensemble s'appelle l'oxygène, s'en trouve une qui est le principe de la combustion, par conséquent, etc. »

10. La proposition verbale est en grande partie identique avec la définition, qui affecte la même forme ; mais elle est au fond la même chose que la classe, la notion ou le concept.

Pour définir, nous employons la forme de la proposition : « un carré est une figure rectiligne de quatre côtés, dont les côtés sont égaux, et dont les angles sont des angles droits ; » « une société est une agglomération d'hommes soumis à un même gouvernement. » La liaison indiquée par ces affirmations existe non pas entre deux choses, mais seulement entre un nom et une chose ; de telle sorte que toutes les définitions sont des propositions verbales, et toutes les propositions verbales qui se rapportent à des mots généraux remplissent le rôle de définitions. Les exemples de propositions verbales déjà donnés peuvent servir d'exemples de définitions totales ou partielles. « L'oxygène est un gaz, » voilà une définition partielle de l'oxygène.

11. La définition est la somme de toutes les qualités que connote le nom. Elle épuise la signification du nom.

La définition de la richesse est l'indication de tout ce qui est contenu dans le sens de ce mot. La définition de l'esprit énumère toutes les qualités requises pour constituer ce que nous appelons l'esprit.

12. Lorsqu'un objet a des qualités nombreuses, comme dans le cas des espèces naturelles, certains procédés peuvent être employés pour arriver à une définition, qui nous dispense d'une énumération complète.

1° Au lieu d'énumérer toutes les propriétés essentielles à l'espèce, nous pouvons ne mentionner que celles qui suffisent pour distinguer cette espèce de toute autre. Ainsi l'or peut être défini un métal jaune, dont le poids spécifique est 19, 34 ; parce qu'il n'y a pas d'autre substance qui possède la même combinaison de qualités. Le mercure est un métal liquide à la température ordinaire. L'éléphant peut être défini par sa trompe seule : caractère qui suffit pour empêcher qu'on le confonde avec aucun autre animal. L'homme peut être défini par le nombre de ses muscles, la structure de ses mains, l'organisation de ses facultés mentales, caractères qui sont tous propres à l'humanité.

Les définitions de ce genre servent à reconnaître, à distinguer. Le poids et la couleur associés suffisent pour découvrir une pièce de monnaie fausse. Dans la chimie, deux ou trois propriétés suffisent de même pour établir l'identité d'une substance quelconque. Il y a des maladies connues par un symptôme unique ; le dépôt de l'urate de sodium ne se produit que dans la goutte.

Si de telles définitions sont suffisantes, c'est qu'il n'y a pas d'autres substances qui possèdent les mêmes caractères. De nouvelles découvertes pourraient tout changer. Ainsi la couleur du platine et son poids spécifique considérable ont cessé d'être des caractères suffisants pour le définir depuis le jour où des métaux analogues, l'osmium et l'iridium, ont été découverts. S'il y avait des quadrupèdes doués des mêmes facultés mentales que l'homme, ces facultés ne suffiraient plus pour établir l'identité d'un être humain.

2° Les définitions incomplètes que nous venons de citer contiennent les caractères essentiels des objets définis : elles expriment les qualités qui passent pour être inhérentes à ces objets. Mais, à côté des caractères essentiels, il y a d'autres qualités qui peuvent encore servir à reconnaître les objets : ce sont les *accidents*. Ainsi c'est une qualité accidentelle du diamant d'être la substance la plus précieuse de toute la nature. C'est un accident chez l'homme d'être le roi des animaux ; les qualités essentielles de l'humanité resteraient les mêmes, à supposer qu'une créature supérieure apparût sur la terre. Mais, tant que ces accidents restent des signes caractéristiques, ils peuvent être employés pour la définition d'un objet, puisqu'ils suffisent à empêcher qu'on le confonde avec aucun autre objet connu.

Si nous ne connaissons un objet que par ses *accidents distinctifs*, les autres propriétés de cet objet donnent lieu, quand on les exprime, à des propositions réelles. Cependant, à mesure que nous faisons connaissance avec ces qualités additionnelles, nous devons les considérer comme des éléments de la connotation du nom. Lorsque nous avons appris que le diamant, que nous savions déjà être transparent, brillant, dur, précieux, est combustible et composé de carbone, nous devons placer ces nouvelles qualités au même rang que les premières ; à partir de ce moment, elles sont comprises pour nous dans la connotation du mot.

Les cinq prédicaments.

13. Les cinq prédicaments se rattachent à la distinction des propositions verbales et réelles. Ce sont : le genre (γένος), l'espèce (εἶδος), la différence (διαφορά), le propre (ἴδιον), l'accident ou le concomitant (συμβεβηκός).

Les trois derniers, DIFFÉRENCE, PROPRE, ACCIDENT, sont seuls, à proprement parler, des prédicats, tels qu'il faut les entendre pour la distinction que nous venons d'indiquer. Les deux premiers, le *genre* et l'*espèce*, ne sont pas des prédicats, dans le sens des trois autres.

Le genre, l'espèce, la différence, sont corrélatifs et mutuellement impliqués l'un dans l'autre. Nous avons déjà donné le sens du genre et de l'espèce : reste à indiquer le sens de la différence. La différence exprime *les caractères que possède chaque espèce, en dehors des caractères du genre.* Si nous admettons que le loup est du genre *canis*, les caractères qui appartiennent au loup, outre les caractères du genre, sont ce qu'on appelle la différence, *differentia*, la différence spécifique. En résumé, le surplus de la connotation de l'espèce, comparée à celle du genre, constitue la différence.

La science étant un genre, et la chimie une espèce, la *différence* de la chimie est ce qui la distingue de toutes les autres sciences, ce qui lui est particulier et propre, en dehors des caractères généraux de la science.

Étant donnés deux de ces trois faits, genre, espèce, différence, nous inférons facilement le troisième. Avec le genre et l'espèce nous pouvons trouver la différence : nous n'avons qu'à retrancher les attributs essentiels du genre des attributs essentiels de l'espèce. Étant données l'espèce et la différence, nous trouverons le genre en retranchant la différence des attributs de l'espèce. Enfin, étant donnés le genre et la différence, nous aurons l'espèce en ajoutant la différence aux caractères du genre. Les beaux-arts étant un genre et la peinture une espèce, la différence est l'emploi de la couleur.

14. Une forme brève et cependant complète de la définition consiste à déterminer à la fois quelque genre plus élevé qui comprenne l'objet à définir, et la différence spécifique. Dans le langage ordinaire, la définition prend souvent cette forme, qui a été regardée à tort par les logiciens comme la seule forme et la forme régulière de la définition.

La physiologie peut être définie la *science* (genus) *qui traite des corps vivants ou organisés* (différence) La poésie est un *art* (genus) *qui a pour instrument le langage* (différence).

Le discours ordinaire s'adressant à des personnes qui sont déjà instruites en partie, il suffit d'habitude de définir les objets de cette manière. La personne qui demande une définition de la physiologie a déjà l'idée générique de la science. Sinon, la définition ne vaut rien ; car, dans ce cas, la science aurait elle-même besoin d'être définie par rapport à un genre plus élevé, « la connaissance », et ainsi de suite.

15. Tous les attributs du genre, et les attributs additionnels de l'espèce (c'est-à-dire la différence) sont considérés comme les attributs *essentiels*. Ils sont tous compris dans le sens ou dans la connotation du mot. Par suite l'affirmation de ces qualités donne lieu à des prédicats verbaux ou *essentiels*.

Les caractères génériques du chien et les caractères spécifiques du loup sont les caractères que connotent les mots de chien et de loup. Parler autrement, ce serait faire une contradiction dans les termes. Mais l'importance de cette remarque ne peut être comprise entièrement que lorsqu'on a étudié les deux autres prédicaments : le propre et l'accident.

16. Le *propre* est un prédicat réel. Il désigne un attribut qui dérive, qui est déduit, ou enfin qui dépend d'un caractère essentiel.

Le sens, la connotation, l'essence ou la définition d'un triangle, est une figure plane et rectiligne de trois côtés. De cette définition dérivent par déduction géométrique un grand nombre de propositions relatives au triangle; par exemple : « Deux côtés quelconques d'un triangle sont plus grands que le troisième côté ; » — « les trois angles d'un triangle sont égaux à deux droits. » Ces propositions se rapportent au prédicat appelé propre ou *proprium*. Elles déterminent des caractères qui ne sont pas essentiels, quoiqu'ils dérivent de caractères essentiels. Elles nous offrent le type d'un grand nombre de propositions réelles, les propositions qu'on obtient par une inférence mathématique.

« L'oxygène favorise la combustion, » voilà un prédicat non essentiel de l'oxygène : c'est un *proprium*. Il peut être clairement déduit de la qualité plus générale que possède l'oxygène de se combiner facilement avec les corps ; il dérive plus immédiatement encore de ce fait que l'oxygène se combine avec le carbone.

Du poids spécifique d'un grand nombre de substances (propriété essentielle), nous pouvons déduire beaucoup de *propria*. En comparant, au point de vue du poids spécifique, le mercure avec le platine et l'or, nous inférons que le platine et l'or s'enfonceront dans le mercure ; une comparaison semblable nous montrera que le fer, l'étain, le cuivre, l'argent, etc., flotteront sur la même substance. Ce sont là des propositions déduites, non des propositions essentielles ; c'est ce qu'on appelle des *propria*, non plus des qualités génériques, spécifiques, ni des différences.

« Les fluides exercent dans tous les sens la même pression, » voilà encore un *proprium* qui dérive de la définition des fluides.

Nous voyons, par conséquent, que pour maintenir la distinction des qualités essentielles et des qualités propres, il est nécessaire que les caractères essentiels d'un objet soient des caractères ultimes, indépendants et non réductibles à d'autres caractères. S'il est prouvé qu'une qualité dérive d'une autre qualité, elle n'est pas un caractère essentiel, un élément de définition : elle est une inférence ou un *proprium*. La distinction s'efface lorsque nous confondons indistinctement les caractères ultimes et les caractères dérivés ; et cela arrive souvent soit dans les sciences elles-mêmes, soit dans les discours ordinaires. L'énumération des attributs de l'oxygène, de l'or, de l'homme, devrait être seulement l'énumération des attributs irréductibles des fonctions ultimes de chacun de ces êtres.

La proposition : « L'homme est raisonnable, » constitue un *proprium*. L'analyse ultime de la nature humaine, à laquelle appartient « la raison », montre que la raison est non pas une opération fondamentale, mais une opération qui dérive des fondements de l'intelligence ; par suite, la raison ne doit pas être donnée comme une partie de la définition scientifique de l'homme.

On peut en dire autant de cette phrase : « L'homme marche debout, » inférence facile à déduire de sa structure anatomique. De même : « L'homme est un animal qui fait la cuisine, » sera une application de ce fait plus général : l'homme est un animal qui emploie des ustensiles ; et ce fait lui-même dérive de cet autre fait que l'homme est doué à la fois d'intelligence et d'un pouvoir musculaire.

La proposition : « L'homme est mortel, » est citée par M. Mill comme un exemple d'affirmation réelle, non verbale. S'il en est ainsi, elle constitue un *proprium*. Pour résoudre cette question, nous devons considérer la façon dont on établit les caractères particuliers des êtres organisés par rapport à leur développement, leur croissance et leur déclin. Si le cycle de l'existence, représenté par ces mots, est reconnu comme un attribut ultime et irréductible des êtres vivants, la mortalité devra être considérée comme faisant partie de leur essence, de l'essence des hommes aussi bien que des animaux et des plantes. Par suite, en affirmant cet attribut, on fera une proposition verbale ou essentielle.

17. L'ACCIDENT ou CONCOMITANT, comme prédicat, exprime quelque chose qui n'appartient pas à l'essence ou à la connotation du sujet, et qu'on ne peut pas non plus déduire de l'idée du sujet. « L'or est le plus précieux des métaux ; » — « l'or est employé comme monnaie, » voilà des propositions dont le prédicat peut être considéré comme un accident ou un concomitant.

C'est avec les prédicats de ce genre que se forme surtout la proposition réelle, par opposition à la proposition verbale, essentielle, identique (la proposition analytique de Kant). On a alors la proposition synthétique de Kant, proposition où le prédicat est une addition positive au sujet, n'étant en aucune façon ni directement ni indirectement contenu dans le sujet.

Ces affirmations, qui portent sur la concomitance, sont extrêmement abondantes dans la pratique de chaque jour. Nous rencontrons sans cesse autour de nous des choses qui s'accompagnent, bien qu'elles ne soient en rien impliquées l'une dans l'autre. Toutes les affirmations relatives aux corps et qui portent sur leur situation locale, sur leurs proportions, sur leurs usages, sont des affirmations de concomitance ; nous ne pouvons songer à enfermer ces prédicats dans la définition ou dans l'essence des corps. L'essence de l'or, c'est, par exemple, de ne pas être corrosible (à moins pourtant qu'on ne puisse établir que c'est là une qualité dérivée, un *proprium*) ; mais il n'entre pas dans son essence d'être employé pour la monnaie, pour tel ou tel ornement, encore moins d'être exploité dans les mines de la Californie ou de l'Australie. Il ne peut être question de comprendre ces qualités dans la définition de l'or. Le poids spécifique, au contraire, est une qualité essentielle (au moins d'après les apparences), et à coup sûr la situation de l'or dans les couches les plus vieilles et les plus profondes est une conséquence de la pesanteur ; par suite, elle est un *proprium* de l'or.

L'action des facultés donne lieu à des propositions nombreuses de concomitance. Socrate s'assied, se promène, cause, voilà des prédicats réels. De même tous les changements, toutes les habitudes, toutes les positions diverses des êtres, produisent des propositions réelles : — il est en bonne santé ; la montagne est couverte de neige ; la moisson est mûre.

Dans les propositions les plus élevées de la science, comme nous le verrons plus tard, il n'y a qu'un petit nombre de propositions de concomitance.

18. Il faut distinguer les accidents *séparables* et les accidents *inséparables*. Les accidents inséparables ne diffèrent guère des qualités essentielles.

Le concomitant séparable est ce que nous entendons communément par accident, comme par exemple : « L'or se trouve en Californie. » Nous voyons clairement que ce fait dépend de phénomènes géologiques qui concernent d'autres matières que l'or ; phénomènes qui auraient pu être tout autres sans que l'or subît aucune altération dans ses qualités essentielles. Que des oies étaient soigneusement entretenues dans le Capitole à Rome, c'est là un accident, un concomitant tout à fait distinct de l'idée des oies.

L'exemple classique de cette distinction, dans les vieilles logiques, était l'opposition de ces deux phrases : « Virgile réside à Rome, » accident séparable: « Virgile est né à Mantoue, » accident inséparable : distinction qui est suffisamment fondée, mais qui pratiquement n'a aucune utilité.

Le concomitant inséparable, c'est par exemple la couleur des animaux dont la couleur n'a jamais varié, comme la blancheur des cygnes et la couleur noire des corbeaux. Si nous demandions pourquoi un attribut qui accompagne toujours l'espèce, et qui n'est pas considéré comme un *proprium,* n'est pas introduit dans l'essence, l'on nous répondrait vraisemblablement que la couleur des animaux est une qualité variable, instable ; elle change souvent lorsque toutes les autres qualités semblent rester les mêmes ; par suite, on la laisse ordinairement de côté lorsqu'il s'agit de déterminer les caractères de l'espèce. Les exemples cités justifient cette habitude. Ni la couleur blanche des cygnes, ni la couleur noire des corbeaux, n'est universelle dans ces espèces.

Ces remarques sur les cinq prédicats contribuent à mettre plus nettement en relief la distinction des propositions verbales et des propositions réelles.

CHAPITRE III

DES PROPOSITIONS.

1. La proposition a déjà été considérée comme composée d'un sujet, d'un prédicat, d'une copule.

Aussi bien que les mots et les notions, les propositions peuvent être classées : 1° d'après leur *généralité* ; 2° d'après leur *relativité*.

Il faut maintenant entrer dans un examen complet des propositions *réelles*, celles qui contiennent, au fond aussi bien que dans la forme, un prédicat réel.

Il est important de considérer les propositions de la même façon que nous avons considéré les mots et les notions : par rapport aux deux attributs fondamentaux de toute connaissance — l'agrément et la différence, ou en d'autres termes la généralité et la relativité.

1. Les propositions, comme les notions qui les composent, se rattachent à différents degrés de *généralité*. « *Le Saint-Laurent* tombe dans le Niagara. » — « *Toute eau* tend à descendre. » — « *Tous les corps terrestres* gravitent vers le centre de la terre. » — « *Les corps du système solaire* gravitent les uns vers les autres. » — « *Toute matière* gravite. » — Voilà une série de propositions de plus en plus générales : chacune d'elles embrasse une sphère plus large que la proposition précédente, et par la dernière nous atteignons la sphère la plus large de toutes. « On doit apprendre *à ne pas s'enrhumer, — à prendre soin de sa santé, — à être prudent, — à être vertueux :* » voilà quatre propositions qui contiennent comme une progression dans la généralité.

Il est évident que la généralité de la proposition dépend de la généralité du concept ou de la notion. Toute proposition qui concerne la terre est enveloppée dans les propositions qui concernent les planètes : toute proposition relative aux planètes est elle-même comprise dans celles qui concernent les corps célestes. Plus il y a de généralité dans le concept qui constitue le sujet de la proposition, plus la proposition elle-même est générale. Par exemple : « Les hommes, — les animaux, — les êtres organisés, — sont condamnés à mourir. »

La loi qui établit un rapport inverse entre l'extension et la compréhension, entre la dénotation et la connotation, s'applique aux propositions non moins qu'aux concepts. Les propositions les plus générales sont celles qui ont le prédicat le plus limité : de même l'extension diminue à mesure que le prédicat s'accroît. Nous disons par exemple : « *Toute matière* est indestructible, » mais lorsque à la qualité *indestructible* nous ajoutons cette autre propriété — « invariable dans son état (liquide, solide, ou gazeux), » nous limitons la portée ou l'extension du sujet à un petit nombre de corps, qui sont jusqu'ici les *gaz qu'on ne peut condenser*, et le *carbone* (1).

---

(1) « Pour limiter à un cas donné des maximes générales, il faut *ajouter* les circonstances propres à ce cas, et considérer le résultat qu'on obtient en combinant ces particularités avec les maximes. Un théorème général est fondé sur un nombre limité de données hypothétiques; plus le nombre en est limité, plus le théorème est abstrait. L'intensité ou la compréhension du théorème varie en sens inverse de son extension. Ajoutons qu'une proposition théorique, lorsqu'on la transforme en règle pratique, peut être considérée comme se rapportant à un nombre indéfini de circonstances concomitantes, qui doivent modifier son action. Si par conséquent nous ajoutons à cette proposition un nombre défini de circonstances, nous excluons toute incertitude quant aux combinaisons possibles, et nous accomplissons en fait, sous forme pratique, une certaine *abscissio infiniti*. Nous substituons à un ensemble idéal et indéfini un tout réel et déterminé. L'addition d'un nombre limité de termes a le même effet que l'exclusion d'un nombre illimité.

« Aussi supposons que le théorème examiné soit relatif à l'action des punitions légales En elles-mêmes les punitions légales semblent devoir produire l'absten-

II. Les propositions sont soumises à la loi de la relativité, en ce sens qu'à toute proposition correspond une proposition corrélative, à toute affirmation une négation. « L'Europe est située au nord de l'Équateur. » « L'Europe n'est pas située au sud de l'Équateur. » — « L'amitié est un plaisir. » « L'amitié n'est ni une peine, ni une chose qui nous laisse indifférent. »

Ici encore la proposition se conforme dans sa nature à la nature de la notion. A toute notion intelligible s'oppose, on le sait, une autre notion intelligible, — quelque chose qui reste lorsque la notion a été distraite de tout : le nord s'oppose au sud (le tout étant « le nord et le sud ») : le plaisir s'oppose à deux choses : 1° la peine ; 2° l'indifférence (le tout étant « les sentiments »).

Après avoir indiqué ces distinctions fondamentales, qui s'appliquent également aux propositions et aux notions, nous allons considérer maintenant les diverses classes de propositions réelles qui peuvent jouer quelque rôle en logique. La première distinction doit être faite d'après la *forme extérieure* et d'après la *signification* ou le sens des propositions.

---

tion du crime ; mais ces punitions légales sont assistées dans leur action par une foule de circonstances. L'influence de ces punitions peut être diminuée soit par une police maladroite et inactive, soit par une administration lente ou vénale de la justice, soit par les difficultés que présente la découverte du crime, la mauvaise volonté des témoins, soit enfin par le fanatisme qui inspire aux coupables le mépris de la souffrance. D'autres circonstances encore peuvent affaiblir la force, l'autorité exemplaire des châtiments. Tout ce qu'on peut dire du théorème en question, tant qu'il reste à l'état d'abstraction, c'est qu'il désigne une tendance générale, qui peut être combattue ou modifiée par un nombre illimité d'influences contraires. Si maintenant un cas particulier nous est présenté, nous pouvons constater laquelle de ces circonstances y est réalisée. Sans nous occuper de celles qui ne s'y montrent pas, nous prenons note de celles qui peuvent être discernées, et nous formons alors un problème pratique défini, par exemple : « Jusqu'à quel point agira la menace d'un châtiment légal, combinée avec la mauvaise volonté des témoins, et la vénalité des juges ; » ou bien : « Quelle sera l'influence d'un code pénal, combiné avec l'espoir de l'impunité, ou avec ce mépris de la peine qui est propre à certains caractères. » (G. C. Lewis.)

Le mot « jugement » est employé dans la plupart des traités de logique pour exprimer la proposition. La proposition, dit-on, c'est le jugement exprimé par des mots ; le jugement, ajoute-t-on, c'est l'opération mentale par laquelle nous déclarons que deux choses se conviennent ou ne se conviennent pas. Lorsque nous affirmons qu'une montagne est haute de quatre mille pieds, nous prononçons la convenance ou l'accord de la hauteur de la montagne avec la mesure de distance qu'expriment quatre mille pieds : et par suite notre affirmation implique que cette hauteur ne s'accorde pas avec un nombre plus grand ou plus petit.

Nous remarquerons sur cet emploi du mot jugement, comme synonyme de proposition, qu'aux yeux d'Aristote il a une signification réelle. Aristote tient compte de l'élément subjectif que contient l'affirmation, à savoir l'intervention de l'esprit de celui qui prononce le jugement. Lorsque je dis « la terre est ronde », la signification complète de ces paroles, c'est qu'il en est ainsi conformément à ma croyance, à ma conviction, ou enfin à mon jugement : je pense que la terre est ronde. Je parle seulement pour moi. Je ne puis m'ingérer dans la croyance des autres hommes, à moins qu'ils ne me la fassent connaître ; et si la proposition n'était pas conforme à ma propre conscience, elle n'aurait absolument aucun sens.

Mais au point de vue pratique, le jugement, cet indispensable corrélatif de la proposition, peut être passé sous silence. Comme il est toujours la condition sous-entendue de la proposition, il est inutile de le mentionner. Dans beaucoup d'autres cas nous négligeons de mentionner les conditions nécessaires des choses, par exemple la pesanteur. Nous ne dirons pas qu'un certain poids maintiendra le mouvement d'une horloge, en ajoutant *pourvu que la pesanteur continue à agir ;* nous considérons cette condition comme accordée, sans qu'il soit nécessaire de la spécifier. Il y a quelques occasions seulement où il est nécessaire de mettre en relief l'intervention du sujet dans l'affirmation ; c'est par exemple lorsque les métaphysiciens déclarent qu'il peut y avoir des vérités objectives en dehors de tout sujet; et aussi lorsqu'on cherche à imposer par force certaines opinions comme absolues et infaillibles.

Sauf ces quelques cas, le mot jugement n'est pas le meilleur pour exprimer la formation des propositions. Le rôle d'un juge peut exiger que le juge établisse certaines propositions ; mais il consiste plus ordinairement à déterminer l'accord et le désaccord d'une proposition avec un cas donné, comme, par exemple, quand il s'agit d'interpréter une loi. Les facultés nécessaires pour former des propositions sont beaucoup plus étendues que ne l'indique le mot jugement; les opérations de l'observation, de la classification, de l'induction et de la déduction, sont nécessaires pour donner aux sens et aux facultés intellectuelles leur plus complet développement.

Il est incorrect de définir la proposition, comme le fait Hamilton, et de dire qu'elle consiste à prononcer la conformité de deux notions, à les considérer comme une seule unité. Tout ce qu'une proposition peut faire, c'est de lier ensemble deux faits, comme « *les fluides* » et « *le niveau* » ; mais ce n'est pas de deux faits n'en faire qu'un, ni faire rentrer l'un dans l'autre.

Forme extérieure des propositions.

2. Les propositions sont *totales* ou *partielles*, distinction qu'on exprime par le mot *quantité*.

Universel et *particulier* sont les mots les plus employés, quoiqu'ils ne soient pas les meilleurs, pour représenter cette distinction.

Lorsque le prédicat est vrai du sujet, dans toute l'étendue du sujet, et dans tous les cas possibles, on dit que la proposition est *totale ou universelle* en quantité : « Toutes les planètes sont rondes. » — « Toutes les vertus sont utiles. » — « Tout charbon est le produit d'anciens végétaux. »

Lorsque le prédicat n'est vrai du sujet que dans une partie de son extension, ou dans un nombre indéterminé de cas, il est *partiel* ou *particulier* au point de vue de la quantité : — « *Quelques* planètes sont plus larges que la terre. » — « Quelques vertus sont difficiles à accomplir. » — « Certaines qualités de charbon servent à fabriquer le gaz d'éclairage. » — « Quelques hommes sont sages. » — « Certains métaux sont incorrosibles. » — « Certains cristaux sont transparents. » — « Certaines maladies sont incurables. »

Les expressions que l'on emploie habituellement pour désigner la quantité universelle ou totale sont les mots : « Tout » et « chacun ». — « Toutes les terres sont des oxydes métalliques. » — « Chaque homme est obligé de faire son devoir. » Il n'y a entre ces deux mots qu'une distinction de rhétorique ; au point de vue logique, ils ont la même valeur. Le mot « tout » est quelquefois ambigu ; il peut être employé dans un sens composé aussi bien que dans un sens divisé. « Tous les Anglais » peut signifier la nation tout entière dans ses pouvoirs collectifs, et non pas « chaque Anglais ».

Quelquefois on exprime l'universalité sous des formes moins explicites : — « Les terres sont des oxydes. » — « Les coupables doivent être punis. » — « L'homme est faible. » — « Le plaisir séduit. » — « L'alcool est un stimulant. » Toutes ces propositions sont prises universellement, bien qu'elles n'aient ni la précision ni la force des autres formes.

Le terme de la quantité partielle ou particulière est le mot *quelque* ; il représente un nombre indéterminé, un ou plusieurs, et peut-être tous. Il est simplement la négation d'aucun, et ne détermine pas le nombre. Le sens logique du mot « quelques-uns » est exactement rendu par l'expression « quelques-uns *au moins* ». Dans le langage usuel le mot « quelques-uns » n'a pas tout à fait la même valeur : « Quelques hommes sont sages. » — « Quelques fièvres guérissent. » Ces phrases doivent être entendues comme impliquant qu'il y a des hommes qui ne sont pas sages, et qu'il y a des fiévreux qui ne guérissent pas. Lorsque nous affirmons une qualité d'un sujet qui nous est connu, nous nous rendons généralement compte que, dans certains cas, le sujet ne possède pas cette qualité qu'il possède dans d'autres cas ; le mot « quelques-uns » traduit, non pas notre ignorance des autres cas, mais plutôt notre connaissance que ces cas manquent de cette qualité. Le sens est complétement exprimé par les mots « quelques-uns au plus », c'est-à-dire un nombre peu considérable ou limité, par comparaison avec la totalité. Le sens logique du mot « quelques-uns » correspond à la première expérience, à la première rencontre que nous faisons d'une nouvelle classe de choses. Ainsi un voyageur qui débarque sur une côte nouvellement découverte et qui y trouve un petit nombre d'indigènes pourra dire, s'il ignore le caractère des autres habitants: « Quelques indigènes ont les cheveux plats. » Il ne parlera ainsi que de ceux qu'il a vus, et rien que de ceux-là.

Dans le langage ordinaire, le mot « quelques-uns » est rarement pris dans son sens logique. L'expression y est assez fréquemment employée, mais en l'employant nous entendons qu'il y a pour le moment une limitation précise du sujet. L'importance logique du mot se révèle dans la conversion des propositions, par rapport au syllogisme. Comme dans toute proposition affirmative le prédicat est pris dans un sens plus large que le sujet, puisqu'il comprend d'abord le sujet et quelque autre chose encore, nous ne pouvons jamais transposer les termes (dans une conversion de proposition) sans ajouter une qualification : « Tous les hommes sont mortels, » par exemple, donnera, après conversion, cette autre proposition : « Quelques êtres mortels sont les hommes. »

Dans « le petit terme » du syllogisme, le mot « quelques-uns » peut être remplacé par les mots, *un*, *dix*, *un petit nombre*, *plusieurs*, etc. : si le même terme est employé dans la conclusion, le syllogisme est correct. Mais dans les cas réellement importants, quand il s'agit de la conversion d'une proposition affirmative universelle, nous sommes réduits aux mots « quelques-uns » ou « une partie » (1).

Un autre terme pour désigner la quantité moindre que la totalité, est le mot « la plupart ». M. de Morgan l'a introduit dans la théorie du syllogisme. « La plupart des gaz ont une odeur. » — « La plupart des nerfs cérébraux sortent de la moelle allongée. » — « La plupart des plantes sont hermaphrodites. »

Certaines formes de propositions sont indéfinies en quantité ; l'expression ne permet pas de décider si elles sont universelles ou particulières. En fait, ces propositions sont *ambiguës*. Nous en trouvons des exemples nombreux, lorsque les noms de certaines matières servent de sujets, tantôt à des propositions universelles, tantôt à des propositions particulières. « Les aliments sont composés chimiquement d'oxygène, de carbone, etc.; » c'est là une proposition universelle, car il s'agit de tous les aliments, de toute espèce d'aliment. « Les aliments sont nécessaires pour soutenir l'existence humaine, » est une proposition particulière ; car il ne s'agit ici que de certains aliments, et non pas nécessairement de tous. « Le métal est nécessaire pour donner de la solidité, » ne s'entend pas de tous les métaux collectivement.

Les mots « *distribution* » et « *distribué* » sont des termes techniques qui servent à désigner la quantité universelle. Avec les expressions universelles : « tous », « chaque », ou les mots équivalents, on dit que le sujet ou le prédicat « est

---

(1) La raison qui nous fait dire que les mots universel et particulier ne conviennent pas pour représenter les deux formes de la quantité des propositions, c'est que ces mots désignent aussi le contraste inductif d'un principe général et des propositions particulières ou individuelles auxquelles nous appliquons ce principe. La distinction du général et de l'individuel appartient à la substance même, et non à la forme, des propositions : elle est leur caractère *inductif*, et non leur aspect déductif ou formel.

M. de Morgan (*Syllabus*, p. 60) propose les deux mots « plein » et « vague », comme synonymes aux mots critiqués de « universel et particulier ». « Tous les hommes », c'est l'extension pleine : « quelques hommes », c'est l'extension vague.

distribué » ; au contraire, on dit d'une forme particulière comme « quelques-uns » qu'elle n'est pas « distribuée ».

3. Les propositions sont ou affirmatives ou négatives, distinction qui se rapporte à la *qualité*.

Une proposition affirme ou nie un prédicat d'un sujet : « Le vin est bon. » — « Le vin n'est pas bon. » Deux propriétés coexistent ou ne coexistent pas. Il est tout aussi important d'apprendre qu'elles ne coexistent pas que de savoir qu'elles coexistent. « La lune est levée. » — « La lune n'est pas levée », sont des propositions qui ont la même valeur comme connaissances ; nous sommes guidés dans nos actions par l'une comme par l'autre. Il est coupable, il n'est pas coupable, sont des assertions différentes, mais fondamentales l'une et l'autre ; de chacune sortent des conséquences particulières.

Les propositions affirmatives et négatives ne sont pas seulement différentes, elles sont *contraires* ; elles s'opposent l'une à l'autre, de sorte qu'en interprétant cette opposition, nous pouvons déterminer toutes les conséquences de l'une d'après les conséquences de l'autre. L'affirmation et la négation, formées l'une et l'autre du même sujet et du même prédicat, sont tellement impliquées l'une dans l'autre que nous ne pouvons connaître le sens de l'affirmation sans connaître aussi le sens de la négation. Un seul effort d'intelligence suffit à nous faire comprendre l'une et l'autre. Si nous savons que cette affirmation : « L'accusé est coupable, » a pour conséquence une amende de cinq livres, nous comprenons nécessairement que la négative : « L'accusé n'est pas coupable, » entraîne l'exemption de l'amende. Ceci n'est qu'une conséquence de la loi de relativité, d'après laquelle la connaissance des contraires est une seule et même connaissance (1).

(1) Quelques logiciens ont proposé de faire disparaître la distinction entre l'affirmation et la négation, en transportant le signe de la négation de la copule au prédicat : A est non-B ; la pauvreté est non agréable, ou désagréable.

QUALITÉ DES PROPOSITIONS.

Ainsi les propositions ne sont pas seulement universelles ou partielles, elles sont encore affirmatives ou négatives. Et, en vertu de la loi de relativité, une forme négative correspond à chaque forme affirmative ; si l'une est comprise, l'autre l'est aussi.

Le caractère négatif des propositions est compliqué par la quantité des propositions opposées. Le cas le plus simple est celui où une proposition universelle s'oppose à une autre proposition universelle : « Tous les diamants sont précieux, » « aucun diamant n'est précieux ; » ou encore lorsque le sujet est un individu déterminé, par exemple : « Francis était (ou n'était pas) l'auteur de *Junius.* » Lorsqu'une proposition particulière s'oppose ou bien à une proposition universelle, ou bien à une autre proposition particulière, il se produit alors des formes distinctes de négation ou de contrariété, formes que nous déterminerons.

1. Les signes négatifs *non, ne pas,* et les préfixes ou suffixes qui équivalent à ces mots, sont les formes explicites de la négation. Mais il y a d'autres formes d'un caractère moins expressif.

Pour exprimer la négative d'une proposition particulière et définie, comme : « Jean est ici, » « le jour est beau, » nous ajoutons le mot *ne pas* au prédicat : « Jean *n'*est *pas* ici. » Pour les propositions universelles ce procédé est insuffisant. « Toutes les planètes sont rondes, » voilà une proposition qui n'est point niée par la phrase : « Toutes les planètes ne sont pas rondes. » Le sens de cette expression serait que quelques planètes peuvent être et sont probablement rondes, mais qu'on fait une réserve pour les autres. Nous obtiendrons, au contraire, une négation radicale, la négation complète de la proposition affirmative univer-

Il y a là seulement l'apparence d'une proposition affirmative. Tout effort pour rendre les propositions affirmatives dans tous les cas est un effort illusoire. L'affirmation et la négation appartiennent à la nature des choses ; et la distinction de ces deux états, au lieu d'être cachée et déguisée afin d'arriver à une imaginaire unité, doit au contraire être mise en relief autant que le comportent les formes du langage.

selle, en plaçant au début de la phrase l'adjectif négatif *aucun*, et en l'appliquant au sujet : « Aucune planète n'est ronde. » Une autre forme, usitée surtout pour exprimer la négation avec l'emphase de la rhétorique, consiste à dire par exemple : « Pas un tambour ne battait, pas une note funèbre n'était entendue. »

Le préfixe *in* est employé de la même façon. « Toutes les actions sont justes ou injustes ; prudentes ou imprudentes (1). »

La négation peut encore être exprimée par des phrases comme : « loin de », « le contraire de », « l'absence de », « le manque, le défaut de », etc. Certains mots, comme *à peine, presque, par,* ont une valeur positive ou négative, selon le sens général et la construction de la phrase. « Peu, » affirme un petit nombre, et nie tout le reste : quelquefois c'est une forme polie pour exprimer une négation complète. Dans certains cas le sens de ce mot est positif, la pensée portant surtout sur le petit nombre des choses dont on parle ; dans d'autres cas le mot est surtout négatif. « Peu de gens verront ce jour. »

5. Les propositions sont tantôt SIMPLES, tantôt COMPLEXES : distinction qui n'appartient qu'en partie à la logique.

Dans une proposition simple, il n'y a qu'un sujet et qu'un prédicat : « Le soleil est levé. » — « La justice est excellente. » — « La Grande-Bretagne a de nombreuses colonies. » Dans une proposition complexe il y a plus d'un prédicat, ou plus d'un sujet, ou les deux à la fois. « L'Angleterre, la France et la Russie sont des puissances maritimes. » — « L'Angleterre a soutenu beaucoup de guerres, et elle a acquis de nombreuses possessions à l'étranger. » Dans le premier exemple, trois propositions sont combinées avec un prédicat commun, et, s'il fallait les analyser au point de vue logique, elles devraient être exposées séparément. « La Grande-Bretagne

(1) En anglais on emploie aussi le préfixe *un* : *unjust, unwise*; et le suffixe *less* : *waterless, treeless.*

est une puissance maritime, etc. » Dans le second exemple, deux propositions sont affirmées, et une troisième est implicitement indiquée, quoiqu'il n'y ait qu'un seul sujet, l'Angleterre. On y affirme : 1° que l'Angleterre a souvent soutenu des guerres ; 2° que l'Angleterre a conquis beaucoup de pays à l'étranger, et le rapprochement de ces deux propositions laisse entendre cette circonstance additionnelle que le second fait a été la conséquence du premier. Comme dans l'exemple précédent, ces affirmations devront être séparées et rétablies dans leur forme simple, toutes les fois qu'il s'agira de déterminer leur vérité ou leur fausseté, ou de faire ressortir leur évidence.

L'ensemble des propositions de cette espèce peut recevoir le nom de propositions composées ou complexes.

6. Les propositions complexes qui se rapportent plus spécialement à la logique sont les propositions *conditionnelles*, ou les propositions *disjonctives*. Dans ces deux cas les propositions distinctes sont unies pour aboutir à un même sens.

La proposition conditionnelle est extrêmement commune : elle consiste à établir une vérité subordonnée à une condition. « Si l'ignorance donne le bonheur, c'est une folie d'être sage. » — « Si tout le monde parle à la fois, la discussion ne peut être pratique. » — « Si la pluie n'arrive pas, le blé manquera. »

On rend compte de cette forme logique en disant encore qu'une des deux propositions est la conséquence de l'autre ; ou bien qu'on affirme la connexion, la liaison de deux faits dont l'un est la conséquence de l'autre ; ou enfin que partout où l'un des faits existe l'autre existe aussi, ces faits étant exprimés par des propositions. Ainsi « la conséquence du bonheur des ignorants, c'est que la sagesse est une folie ». — « La conséquence du désordre d'une discussion où tout le monde parle, c'est que la discussion n'est pas sérieuse. » — « La conséquence du défaut de pluie, c'est le manque de blé. » Dans tous ces exemples, on suppose que, si l'antécédent est réalisé, le conséquent l'est aussi.

Les propositions *disjonctives* expriment une alternative : « Jean est dans la maison ou dans l'office. » — « Le granit est ou bien un dépôt sédimentaire, ou le résultat d'une action ignée. » — « Être ou ne pas être, voilà la question. »

Les propositions de ce genre peuvent être considérées comme associant des conditions telles que, si l'une est réalisée, l'autre ne l'est pas : « Si Jean n'est pas dans la maison, il est dans l'office, et s'il n'est pas dans l'office, il est dans la maison. »

Chacune de ces classes de propositions sert de fondement à une catégorie spéciale de transformations logiques, qui constitue une variété supposée du raisonnement syllogistique. Le mot *hypothétique* exprime à la fois les formes conditionnelles et disjonctives, et le mot *catégorique* représente toutes les autres propositions.

7. En combinant l'une avec l'autre la différence des propositions au point de vue de la *quantité* et leur différence au point de vue de la *qualité*, on obtient quatre classes de propositions.

1° Les propositions universelles affirmatives A.
2°   id.   particulières affirmatives I.
3°   id.   universelles négatives E.
4°   id.   particulières négatives O.

Ces quatre espèces de propositions sont représentées par les symboles A, I, E, O. Les deux premières formes dérivent leurs symboles des voyelles contenues dans le mot *AffIrmer*. La troisième et la quatrième les tirent des voyelles du mot *nEgO*.

A : — Tous les hommes sont faillibles : tout X est Y.
I : — Quelques hommes sont sages : quelque X est Y.
E : — Aucun homme n'est Dieu : aucun X n'est Y.
O : — Quelques hommes ne sont pas sages : quelque X n'est pas Y.

THÉORIE DE HAMILTON SUR LA QUANTITÉ DU PRÉDICAT.

8. Les quatre formes indiquées sont les formes vulgairement admises dans le syllogisme, formes qui suffisent pour l'usage ordinaire. Remarquons cependant que dans ces propositions la quantité dont on tient compte est seulement la quantité du *sujet*; rien n'est explicitement dit de la quantité du *prédicat*. Pour suppléer à cette omission, Hamilton a indiqué quatre formes additionnelles.

Ainsi, prenons pour exemple : tout X est Y; tous les hommes sont faillibles. Y peut être pris en deux sens : désigner tout Y ou seulement quelque Y ; tous les êtres faillibles, ou seulement quelques êtres faillibles. — Il y a par suite deux formes possibles :

1° Tous les Xs sont quelques-uns (une partie) des Ys : tous les hommes sont quelques-uns (une partie) des êtres faillibles. C'est là le sens présumé de la forme ordinaire, où la quantité du prédicat n'est pas déterminée. Comme rien n'indique que les Xs sont tous les Ys, — que les hommes sont les seuls êtres faillibles qui existent, — nous devons supposer qu'il y a, en dehors des hommes, d'autres Ys, d'autres êtres faillibles, et par conséquent supposer qu'on accorde seulement que les hommes font partie des êtres faillibles, qu'il y ait oui ou non d'autres êtres faillibles. Ordinairement nous n'avons pas à nous préoccuper d'une recherche plus complète ; il nous suffit de savoir, dans une circonstance particulière, qu'un homme, qu'un certain nombre d'hommes, sont faillibles, ou, pour prendre un autre exemple, qu'une substance est vénéneuse, sans nous embarrasser de chercher, pour le moment, si d'autres substances que celle que nous avons dans la main ont la même propriété. Ceci est une recherche distincte, indépendante de notre affirmation présente, recherche qui peut être utile dans certains cas, mais qui ne l'est pas dans tous, ni même dans la majorité des cas. Il est important pour nous de savoir que « les vins sont des stimulants » : qu'il y ait ou non d'autres stimulants. C'est une découverte tout à fait distincte, et qui peut avoir son utilité spéciale, d'apprendre qu'il y a d'autres stimulants que les vins. La forme commune s'applique au premier cas ; la forme à quantité *déterminée* (*quantified*), — tous les vins sont quelques-uns des excitants, il y a d'autres excitants que les vins, — s'applique et convient au second cas.

Dans le sens strict du mot *quelques* (quelques-uns au moins, et peut-être tous), la forme déterminée, tout X est quelque Y, est la même que la forme non déterminée, tout X est Y. Il y a seulement cette différence que, dans la forme déterminée, l'attention est appelée sur cette circonstance qu'il y a peut-être plus de Y*s* qu'il n'y a de X*s*, tandis que, dans la forme ordinaire, la question n'est pas soulevée, ni même suggérée, quant aux Y*s* qui peuvent exister en dehors des X*s*. Si le mot quelques-uns est pris dans son sens usuel « quelques-uns au plus », la détermination particulière que ce mot ajoute à l'attribut ne représente plus le sens de la forme non déterminée.

Nous verrons, dans l'exposé que nous donnerons ci-après de la logique de Boole, que cet écrivain considère comme une nécessité d'exprimer par un symbole que le prédicat d'une proposition affirmative est pris seulement dans un sens limité, que son extension est partielle.

2° Lorsque le prédicat est pris universellement, la forme A devient « tout X est tout Y », il n'y a pas d'Y*s* excepté les X*s*. Mais ce n'est pas une forme usuelle. Dans le plus grand nombre des propositions affirmatives le prédicat a plus d'extension que le sujet ; il comprend le sujet et en même temps d'autres êtres : « la monnaie du pays est en métal ; » il y a beaucoup d'autres objets que la monnaie qui sont en métal. « Les étoiles sont des corps célestes ; » ici encore l'attribut n'appartient pas exclusivement au sujet.

Pour donner des exemples de ce genre de propositions, il faut citer des définitions, comme celle-ci : « Le sel commun est du chlorure de sodium, » ce qui signifie qu'il n'y a pas d'autre chlorure de sodium que le sel commun. Mais ces termes sont coextensifs, uniquement parce qu'ils sont synonymes ; ce sont deux noms différents pour exprimer une seule et même chose. Les propositions qui définissent doivent avoir des attributs et des sujets d'une égale extension.

Si nous cherchons des exemples dans les propositions réelles, nous pourrons citer celui-ci : « Tous les triangles équilatéraux sont des triangles équiangles. » De tels exemples sont rares, même en géométrie, où les propositions affirment des *propria*, et non pas des qualités concomitantes.

Il n'y a qu'un très-petit nombre de cas où des propriétés uniques donnent lieu à des propositions dont le sujet ait la même extension que le prédicat. « Le mercure est un métal liquide » doit être entendu en ce sens qu'il n'y a pas d'autre métal liquide que le mercure. Dans de semblables exemples, il est utile de noter que le sujet et le prédicat ont une extension égale ; en disant par exemple, le mercure est le *seul* métal liquide : il n'y a pas de métal liquide à la température ordinaire, si ce n'est le mercure. Comme ici le prédicat a un caractère exceptionnel, il est nécessaire d'en avertir le lecteur. C'est un exemple analogue que cite Hamilton : « Les êtres raisonnables sont des êtres qui rient, » car cela veut dire qu'il n'y a que les êtres raisonnables qui soient capables de rire.

Dans les propositions les plus générales où l'on associe des qualités distinctes, qui s'accompagnent constamment, il est tout à fait rare de trouver une proposition où le sujet et le prédicat aient une extension égale. Pour le moment, nous n'en connaissons qu'un seul exemple bien caractérisé : « Tout corps gravite ; » ce qui veut dire que la propriété essentielle de la matière, — l'inertie, — est toujours liée à l'attraction ou à la gravitation. Ces deux attributs sont distincts, mais coextensifs ; il n'y a pas d'autres choses qui gravitent que les corps ; il n'y a pas d'objet qui, dépourvu d'inertie, possède cependant la pesanteur. Cependant on pourrait remarquer que, s'il est facile de concevoir l'inertie sans la pesanteur, il est au contraire difficile d'imaginer la pesanteur sans l'inertie.

La polarisation et la réfraction double sont aussi des propriétés coextensives.

M. de Morgan, comme nous le verrons tout à l'heure, donne à cette forme le nom de *proposition complexe*, parce qu'elle équivaut à deux propositions : Tout X est Y, *et* tout Y est X.

M. Mill adresse en substance les mêmes critiques à la théorie d'Hamilton. Tout ce qui peut être prouvé de cette proposition : « Tout A est B, » peut être prouvé, selon les anciennes formes, de l'un de ses éléments ou de tous les deux : « Tous les A*s* sont des B*s* ; et tous les B*s* sont des A*s*. » Tout ce qui peut être prouvé de cette proposition : « Quelque et seulement quelque A est quelque B, (ou tous les B*s*), » peut être prouvé, selon les anciennes formes, des éléments de cette proposition : Quelques A*s* sont des B*s*, quelques A*s* ne sont pas des B*s*, et (dans le cas mentionné en dernier lieu), tous les B*s* sont des A*s* (Mill, *Hamilton*, ch. XXII). Dire « toute philosophie est toute poésie », c'est affirmer ces deux propositions : « La poésie est la philosophie, et la philosophie est la poésie. »

L'affirmative particulière I se présente sous deux formes, lorsque la quantité du prédicat est déterminée : Quelque X est quelque Y (la forme usuelle) ; quelques X*s* sont *tous* les Y*s*. Quelques planètes sont quelques corps célestes ; quelques mortels sont *tous* les hommes. La seconde forme est celle que Hamilton ajoute aux anciennes. La meilleure raison à donner pour la justifier, c'est qu'avec la forme commune, le caractère du prédicat disparaît dans une proposition affirmative universelle convertie ; ainsi : Tous les X sont des Y, ou Tous les hommes sont mortels, devient, après conversion : quelques mortels sont les hommes ; ce qui veut dire : *quelques* X*s*, quelques hommes, tandis que nous avons ici le droit de dire : *tous* les X*s*, tous les hommes.

Ces deux formes affirmatives additionnelles ont été acceptées par quelques logiciens, par Thomson, dans ses *Lois de la pensée*, et par Spalding ; elles ont été prises comme le principe d'un nouveau développement du syllogisme. L'affirmation universelle — Tout X est tout Y — est représentée par U (Thomson), ou par A^2 (Spalding). L'affirmation particulière avec un prédicat universel par Y (Thomson), ou par I^2 (Spalding).

Les additions proposées par Hamilton aux formes négatives n'ont été acceptées jusqu'à présent par aucun autre logicien. Dans la forme E, aucun X n'est Y, « aucun mortel n'est Dieu », le sujet et le prédicat sont l'un et l'autre universels. Il y a ici une négation, une exclusion totale et réciproque. Aucun individu de la classe des hommes ne peut être confondu avec aucun individu de la classe des dieux. La coïncidence d'un homme avec un dieu est niée *seriatim*. Le prédicat est pris universellement. Nous pourrions cependant établir une forme où le prédicat serait particulier : Aucun X n'est quelque Y. « Aucun homme n'est certaine classe d'animaux. » Il y a des classes d'animaux dont l'homme ne peut aucunement faire partie. Si ces classes d'animaux peuvent être spécifiquement définies, si elles représentent les quadrupèdes, les poissons, etc., la proposition revient à la forme usuelle; car alors l'attribut est encore pris universellement, puisqu'il désigne toute une classe.

Dans la négative particulière O, « quelque X n'est pas Y », le sujet est particulier, et le prédicat universel. Quelques X*s* ne se trouvent pas parmi les Y*s* : « quelques hommes ne sont pas Européens : » « quelques corps célestes ne brillent pas d'une lumière qui leur soit propre. »

Cependant une quantité particulière peut être, dans cette forme, attribuée au prédicat, par exemple : quelque X n'est pas quelque Y; quelques X*s* ne se rencontrent pas parmi quelques Y*s*. Quelques hommes ne se confondent pas avec quelques-uns des mammifères. Si l'expression « quelques mammifères » peut être déterminée spécifiquement et équivaut à « quadrupèdes carnivores » ou « quadrupèdes à peau épaisse », nous retrouvons la vieille forme en O, où le prédicat est universel. En réponse à l'objection que l'on a adressée à la nouvelle forme négative, à savoir qu'elle n'est jamais pratiquement réalisée, Hamilton soutient que c'est la forme par laquelle exclusivement nous *déclarons qu'un ensemble, qu'un tout* quelconque est divisible. Ainsi, en divisant le genre « soldat », nous dirons en nous-mêmes : « Quelque soldat n'est pas quelque soldat; car quelque soldat est fantassin; quelque soldat est cavalier, etc.; mais quelque infanterie n'est pas quelque cavalerie. »

ÉNUMÉRATION DES PROPOSITIONS D'APRÈS DE MORGAN.

9. Pour épuiser l'énumération de tous les modes possibles de prédication, il est nécessaire de faire rigoureusement connaître la nature des *contraires*.

Conformément aux vues très-exactes que M. de Morgan a présentées sur la contrariété, la négative est ce qui reste, une fois qu'on a enlevé la partie positive d'un tout : la négative de X est U — X; on peut la symboliser par une marque distincte, x; par conséquent, X et x seront les deux contraires dans un tout donné : *non-X* est x, et *non-x* est X, car, « quelques Xs ne sont pas Ys » peut être remplacé par quelques Xs sont ys, et ainsi de suite.

Nous avons maintenant, au lieu des deux termes X et Y, les quatre termes X, Y, x, y. Par suite, au lieu d'une seule couple X, Y, pouvant prendre les quatre formes de prédication A, E, I, O, nous avons quatre couples distinctes : X, Y; X, y; x, Y; et x, y. Chacune d'elles peut se présenter sous la forme A, sous la forme E, I ou O. Conséquemment, il y a seize arrangements possibles. Après examen cependant, huit de ces combinaisons apparaissent comme n'étant que la répétition des huit autres.

Nous pouvons exposer l'opération ainsi qu'il suit : Prenons d'abord A, ou l'affirmation universelle, et les quatre couples seront :

1° Tout X est Y (forme ordinaire).
2° Tout X est y (non Y).
3° Tout x (non X) est Y.
4° Tout x (non X) est y (non Y).

La seconde forme : Tout X est y (non Y), est la même que E dans le vieux système : Aucun X n'est Y.

La troisième : Tout x (non X) est Y, est la même que aucun non X n'est non Y; rien n'est à la fois non X et non Y; toute chose est ou bien X ou bien Y. Aucun non-esprit n'est non-matière; toute chose est ou bien esprit ou bien matière. C'est là une forme nouvelle. Elle signifie que toute chose est dans X ou dans Y (ou dans les deux à la fois).

La quatrième : Tout x (non X) est y (non Y), (tous les non-mortels sont non-hommes), est la même chose que, Tout Y est X, une forme qui n'a de nouveau que la transposition des symboles.

Prenons maintenant les quatre couples qui correspondent à l'affirmation particulière I :

> Quelque X est Y.
> Quelque X est y (non Y).
> Quelque x (non X) est Y.
> Quelque x (non X) est y (non Y).

La première est la forme ordinaire; la seconde, la négative particulière. La troisième : Quelque non X est Y, peut être transformée en : « Quelques Ys sont non Xs, » ou bien : «Tous les Xs sont non Quelques Ys; » dans ces termes, elle est reçue parmi les formes additionnelles. La dernière : « Quelque non X est non Y, » « Quelques choses sont ni Xs, ni Ys, » tous les contraires de X sont les contraires de Y. L'infanterie n'est ni artillerie ni cavalerie : la négative de X (cavalerie) est la négative de Y (artillerie), c'est-à-dire, l'infanterie.

La même méthode, appliquée aux négatives universelles et particulières, complète l'exposition, et nous donne une nouvelle forme, déjà notée :

> Quelque Y est non X.

laquelle, comme la forme — Tout Y est X — est simplement due à la transposition des lettres de O. L'auteur a des raisons particulières pour comprendre ces deux variétés parmi les formes des propositions.

Ainsi, en outre des vieilles formes fondamentales A, I, E, O, nous aurons quatre autres formes :

1° Chaque Y est X.

2° Quelque Y est non X.

Ces deux formes ne sont que A et O, avec les termes transposés.

3° Toute chose est ou bien X ou bien Y.

4° Quelques choses ne sont ni X ni Y.

Ces deux dernières formes sont une couple contraire de propositions *disjonctives*, qui doivent être ajoutées aux quatre formes régulières dont le caractère commun est d'être catégoriques.

L'auteur examine ensuite la compatibilité ou l'incompatibilité de ces formes variées. Il y a trois alternatives : 1° Les propositions distinctes peuvent être telles qu'il soit *impossible qu'elles coexistent*. 2° Elles peuvent être telles qu'il *soit nécessaire qu'elles coexistent*. 3° Elles peuvent exister ou bien l'une avec l'autre ou bien l'une sans l'autre, dans un état de *concomitance indifférente*. Il est évident, par exemple, par rapport aux vieilles formes, que A ne peut coexister avec E ou avec O; si tout X est Y, il ne peut être vrai, soit que aucun X n'est Y, soit que quelque X est non Y. D'un autre côté, si A existe, I doit exister, et de même pour E et O, la proposition particulière étant enfermée dans la proposition universelle. Enfin les propositions particulières I et O peuvent coexister ou non. Quelques hommes sont sages; quelques hommes ne sont pas sages : voilà deux propositions qui sont entre elles dans un état de concomitance indifférente.

Après cela l'auteur arrive à définir ce qu'il appelle une *proposition complexe* : « une proposition qui comprend en elle-même l'affirmation ou la négation de toutes les huit propositions simples. » Ainsi supposons que X et Y soient tels qu'aucune des quatre universelles ne soit vraie; alors les quatre particulières sont vraies. C'est là un des deux cas, appelé une proposition particulière complexe. L'autre cas, c'est lorsqu'une des quatre universelles est vraie; alors cinq autres propositions sont établies, soit par affirmation, soit par négation; et il y a deux concomitants qui sont des contradictions, de sorte qu'un seul d'entre eux est vrai. A ce cas général se rattachent six formes différentes, qui ont chacune leur intérêt spécial.

Prenons A (la vieille forme), tout X est Y, comme vrai. Alors E et O sont niés, et I est compris dans A. Des quatre formes nouvelles, le concomitant neutre est tout Y est X : cette proposition peut coexister avec A; et prises ensemble elles donnent la proposition complexe — Tout X est Y, et tout Y est X; en d'autres termes X et Y coexistent et sont identiques. Or, c'est la proposition affirmative universelle d'Hamilton, avec un prédicat dont la quantité est universelle : tous les Xs sont tous les Ys. De telle sorte que, d'après de Morgan, cette forme n'a pas droit à être comptée parmi les propositions simples ou fondamentales; elle est une proposition complexe ou composée, qui dérive des formes simples, par les procédés indiqués. Il appuie cette théorie sur cet argument que la proposition en question n'admet pas une simple négation, comme le fait toute proposition fondamentale; elle est contredite, soit par : quelques Xs sont non Ys, soit par : quelques Ys sont non Xs; c'est-à-dire, par l'expression disjonctive : ou bien quelques Xs sont non Ys, ou quelques Ys sont non X; et il n'est pas nécessaire de déterminer laquelle de ces deux propositions doit être mise en avant, de telle sorte que la contradiction est ambiguë et incertaine.

OPPOSITION DES PROPOSITIONS.

10. La négation dans son sens absolu se manifeste dans l'opposition d'une affirmative universelle à une négative universelle : A opposé à E, comme : « tous les hommes sont sages, aucun homme n'est sage. » C'est ce qu'on appelle, en logique, l'opposition des CONTRAIRES.

La contradiction, dans ce sens, est l'opposition d'une universelle négative à une universelle affirmative, ou d'une universelle affirmative à une universelle négative. Tout X est Y; aucun X n'est Y. « Tout l'équipage du bateau a péri. » « Tout l'équipage du bateau a survécu. » Au point de vue de l'extension, c'est la négation la plus large, la plus profonde, qui puisse être proposée. La quantité de connaissance requise pour une telle négation est à son maximum. Ce n'est que rarement qu'on peut à une proposition universelle substituer la proposition universelle contraire. Nous pouvons douter de la vérité de cette proposition : « Toutes les étoiles scintillent, » mais nous ne pouvons donner à notre négation la forme d'une négation universelle : « Aucune étoile ne scintille. » Il est rare qu'une personne instruite, en avançant une proposition universelle, se trompe au point que la vérité se trouve dans la proposition universelle contraire.

Il y a une contradiction absolue apparente dans les opinions relatives à l'immortalité de l'âme. Les chrétiens disent : « Les âmes des hommes sont immortelles. » Les bouddhistes et d'autres disent : « Aucune âme humaine n'est immortelle. » Dans les sujets les plus simples, l'opposition totale est assez fréquente. On peut affirmer que « tous les électeurs sont achetés » ; et l'on peut nier aussi « qu'aucun électeur soit acheté ». Ici la négation est aussi forte qu'elle peut l'être.

Dans une opposition semblable, il faut remarquer que les deux contraires ne peuvent être vrais, mais que les deux peuvent être faux. « Tous les hommes sont sages ; » — « Aucun homme n'est sage : » voilà des propositions qui ne peuvent être vraies à la fois ; le sens de l'une est de déclarer que l'autre est fausse ; entre les deux il y a une contradiction dans les termes. Cependant il est possible que ni l'une ni l'autre ne soient vraies ; que toutes les *deux* soient *fausses*. La vérité peut se trouver dans une proposition intermédiaire, placée à égale distance ; à savoir que quelques hommes sont sages, quelques hommes ne le sont pas. Ainsi la contrariété absolue laisse la place à une affirmation intermédiaire.

On remarquera de plus par rapport à la contrariété que les propositions contraires diffèrent seulement au point de vue de la *qualité* : l'une affirme, l'autre nie, mais elles sont toutes deux de même quantité, c'est-à-dire universelles.

11. La négation peut consister dans l'opposition d'une universelle affirmative à une particulière négative, A à O, ou d'une universelle négative à une particulière affirmative, E à I. C'est ce qu'on appelle l'opposition des CONTRADICTOIRES.

Au lieu de « Tous les hommes sont sages; » « Aucun homme n'est sage, » nous pouvons avoir la couple opposée : « Tous les hommes sont sages. » « Quelques hommes ne sont pas sages » (A, et O). De même : « Aucun électeur n'est acheté » (E). « Quelques électeurs sont achetés (I). » Telle est la proposition *contradictoire*.

Dans cette opposition comme dans celle des contraires, il est impossible que les propositions soient vraies à la fois, mais *elles ne peuvent être toutes deux fausses;* si l'une est fausse, l'autre doit être vraie; si l'une est vraie, l'autre doit être fausse. Il n'y a pas ici, comme pour les contraires, de proposition intermédiaire possible. Ou bien « Tous les hommes sont sages; » ou bien « Quelques hommes ne sont pas sages. » Ou bien « Aucun électeur n'est acheté, » ou bien « Quelques électeurs sont achetés. » Les deux propositions sont telles que nous devons nécessairement choisir l'une ou l'autre. C'est à cette espèce d'opposition que se rapporte le principe signalé pour la première fois par Aristote, et qui a toujours été regardé depuis comme une loi fondamentale de la pensée, la loi de l'*exclusion de milieu*.

Il faut remarquer de plus que, dans les propositions contradictoires, il y a différence, non pas seulement dans la *qualité*, mais aussi dans la *quantité* : l'une est affirmative, l'autre négative; l'une est universelle, l'autre est particulière. Cette circonstance, au lieu d'augmenter, diminue l'opposition. Le changement de la quantité universelle en quantité particulière affaiblit l'opposition dans la qualité.

L'emploi du mot négatif le plus énergique, *contradiction*, pour désigner cette forme un peu affaiblie d'opposition, exige quelques explications. Dans le discours ordinaire la personne qui à une affirmation comme celle-ci : « Tous les électeurs sont achetés, » pourrait répondre par cette négation absolue : « Aucun électeur n'est acheté, » passerait pour avoir contredit l'affirmation de la façon la plus radicale. La déclaration : « Quelques électeurs n'ont pas été achetés, » passerait pour une simple contradiction; mais la proposition : « Aucun électeur n'est acheté, » serait une contradictoire au suprême degré. Le mot de « contraire » serait considéré comme trop faible pour une négation universelle.

Il est évident que la *contradictoire* logique, comme nous l'avons définie, exprime une négation moindre que la *contraire* logique : elle nie si peu, qu'elle exclut la possibilité d'une négation moindre; elle est le *minimum* de la négation. Tandis que celui qui affirme se risque à accepter l'affirmative universelle : « Tous les hommes sont sages, » celui qui nie avec timidité et réserve se contente d'indiquer une *exception* à la règle générale; il ne dira pas : « Aucun homme n'est sage, » ce qui serait dans le langage ordinaire la contradiction absolue; il dira simplement que *quelques* hommes *ne* sont *pas* sages ; *il nie si peu qu'il ne laisse pas la possibilité de nier* moins. Il choisit si timidement, si humblement, son terrain, qu'il *exclut* tout autre contradicteur plus timide et plus humble encore. Le mot « quelques» qu'il emploie indique simplement qu'il veut faire une exception, quelque petite qu'elle soit. *Quelque* peut signifier seulement *un ;* ce qui serait encore un milieu exclu. Pour qui la négation de cette vérité universelle : « Tous les hommes sont sages, » peut-elle signifier moins que ceci : *Un* homme n'est pas sage?

Voici comment peut être expliqué l'emploi du terme le plus énergique pour l'opposition la plus faible. Aristote, en divisant les propositions selon la quantité, — universelle ou particulière, — insiste beaucoup sur les difficultés qu'il y a à établir, et la facilité qu'il y a à renverser, une proposition universelle, affirmative ou négative. La tâche de celui qui affirme est laborieuse : il doit s'être assuré de *chaque* cas particulier; la tâche de celui qui nie est plus simple : il lui suffit de trouver *un* fait contradictoire. S'il était nécessaire pour combattre une affirmation universelle d'établir une négation universelle, la réfutation d'une généralisation incorrecte serait souvent une difficulté insurmontable. Mais cela n'est pas nécessaire. Un simple fait contraire suffit. Un trou au fond d'une barque la submergera aussi sûrement que si l'on avait brisé la barque tout entière, planche par planche. C'est ce caractère *d'être suffisante pour la réfutation* qui fait l'importance de la proposition contradictoire limitée. Il est beaucoup plus facile de l'établir que d'arriver à une négation universelle ; et cependant l'effet est le même. Elle a le mérite, si précieux, d'arriver à un grand résultat par les moyens les plus simples.

Il y a des cas où la proposition contraire et la proposition contradictoire sont la même chose. Par exemple, quand la proposition est singulière ou individuelle : « Jean est ici. » « Jean n'est pas ici. » — « Le monde a été créé un certain jour. » « Le monde est éternel. » Il n'y a pas de milieu, dans ce cas, bien que l'opposition soit complète.

Un autre cas se présente, lorsqu'une loi générale dépend, dans sa vérité ou dans sa fausseté, d'un seul événement, comme il arrive dans les lois de causalité. Un seul fait bien observé (d'après ce qu'on appelle la méthode de différence) suffit à prouver un rapport de cause à effet. Si l'on découvre un métal nouveau et qu'on opère une seule fois sa fusion à 1110° Fahrenheit, on peut affirmer d'une façon générale qu'à la même température la fusion du métal se produira toujours. Ici la *contrariété* et la *contradiction* sont la même chose. Le métal se fond ou ne se fond pas à la température indiquée. L'uniformité de la nature défend toute supposition intermédiaire, comme par exemple que certaines portions du métal entrent en fusion à cette température et les autres non (1).

(1) Ces remarques servent à expliquer l'usage que fait Hamilton de l'exclusion du milieu, pour résoudre certaines questions comme la divisibilité infinie de la matière, le libre arbitre, l'éternité du monde. « La matière est divisible, » « la matière n'est pas divisible, » voilà des exemples de contraires, non de contradictoires ; il peut y avoir une proposition intermédiaire : « certaines matières

Un autre mérite logique de la forme contradictoire est la substitution, pour la négation d'une proposition universelle, de l'affirmation équivalente et correspondante. Lorsqu'on nie A, on affirme O par cela même. S'il n'est pas vrai que « tous les hommes soient sages », il doit être vrai que « quelques hommes ne sont pas sages ».

La proposition contraire et la proposition contradictoire sont les seules formes importantes de l'opposition. Il est d'usage d'y ajouter une autre variété, l'opposition d'une affirmative particulière et d'une particulière négative : — I et O, Quelques hommes sont sages, Quelques hommes ne sont pas sages. Cette opposition est si imparfaite qu'il n'y a pas à vrai dire de contrariété entre les deux formes. Elles sont compatibles, elles sont souvent vraies à la fois. Tout ce qu'on peut dire d'elles, c'est *qu'elles ne peuvent être fausses l'une et l'autre*. S'il est faux que quelques hommes sont sages, il ne peut être faux que quelques hommes ne sont pas sages. Mais comme l'un des deux prédicats peut se rapporter à un groupe d'hommes, et l'autre prédicat à un autre groupe, il n'y a pas de contrariété réelle ; souvent les deux propositions prises ensemble expriment exactement la vérité.

Le nom de *sous-contraires* a été donné à ces propositions. Selon Hamilton, elles doivent être indiquées, uniquement pour compléter la figure logique appelée le carré de l'opposition.

Pour l'explication de cette figure, il faut encore remarquer que la relation (on ne peut plus l'appeler opposition dans le sens rigoureux de ce mot) entre la proposition uni-

---

sont divisibles, » de sorte que les deux contraires seraient également faux. Mais il faut entendre que pour Hamilton la matière est ou bien un sujet *singulier*, ou bien une chose *homogène*, au point que tout ce qui est vrai d'une portion de la matière est vrai de toutes les autres portions, et que par suite l'opposition indiquée ci-dessus rentre dans l'opposition des contradictoires, qui, comme on sait, est soumise à la loi de l'exclusion du milieu. Par suite Hamilton soutient que de ces deux propositions opposées, la matière est divisible ; la matière est indivisible ; — la volonté est libre, la volonté n'est pas libre ; l'une doit être vraie et l'autre fausse.

verselle et la proposition particulière A et I, E et O, est appelée *subalterne*, ce qui indique une relation de subordination.

CARRÉ DE L'OPPOSITION.

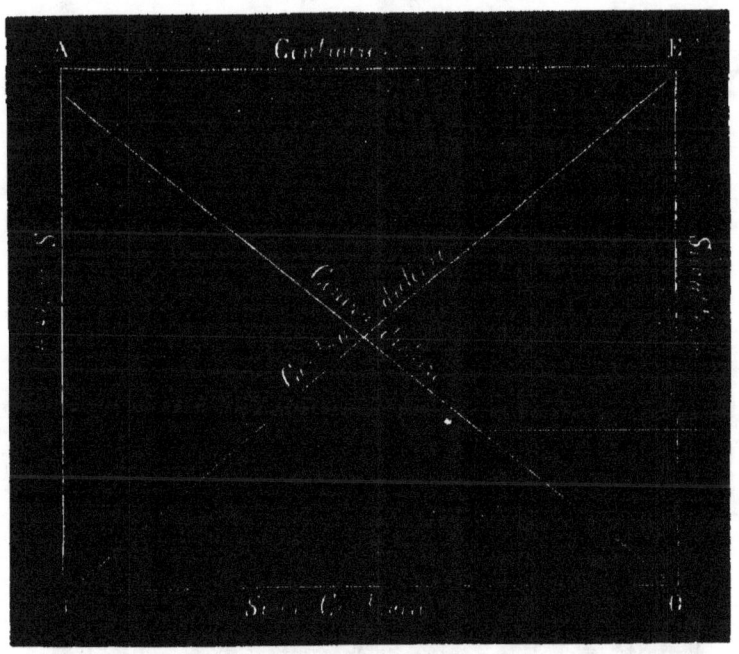

M. de Morgan a apporté quelques modifications à cette figure. Considérant les mots contraire et contradictoire comme identiques dans leur sens, il supprime le mot contradictoire, et applique le mot contraire à ce qu'on appelait autrefois contradictoire, c'est-à-dire aux oppositions diagonales A-O, E-I. Quant à l'opposition des universelles A-E, il propose l'expression de *sous-contraire*; et enfin pour l'opposition des particulières I-O, il emploie le mot de *super-contraire*.

Si l'on voulait introduire quelque innovation de ce genre, fondée sur l'identité des contraires et des contradictoires dans le langage ordinaire, il vaudrait peut-être mieux renverser les expressions adoptées par M. de Morgan. L'opposition des universelles A et E est une contrariété complète; l'opposition de l'universelle à la particulière de qualité opposée n'est qu'une contrariété *partielle* ou subalterne. Elle mérite donc le nom de sous-contraire, A-O, E-I. L'opposition des particulières I et O n'a pas besoin, à ce qu'il semble, de mot qui l'exprime. Si cependant on en choisissait un, c'est le mot de *super-contraire* qu'il conviendrait de prendre.

Le carré supposé serait donc celui-ci :

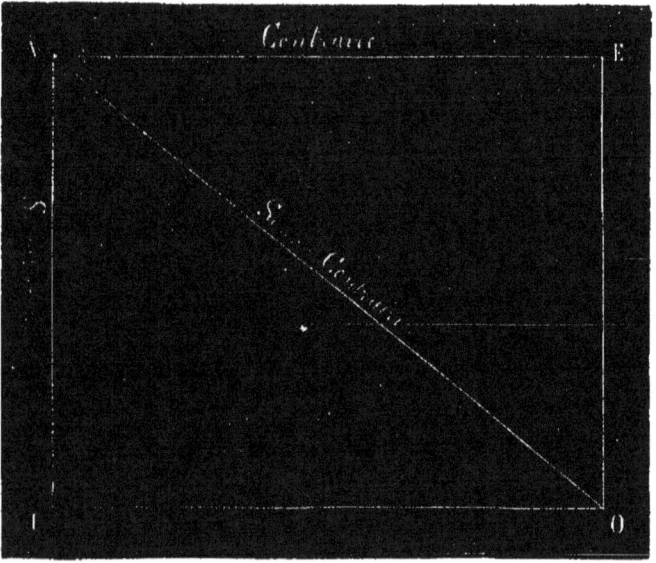

Cette forme est la conséquence des vues déjà exposées sur la négation imparfaite des propositions contradictoires. Elle est ainsi en conformité avec le système de la figure (qui est empruntée au parallélogramme des forces), conformité apparente fondée sur une convenance plus profonde. Ainsi A, E, étant un côté du carré, et la ligne des subalternes A, I, étant le côté adjacent, la composition des deux côtés, dans les diagonales A-O ou E-I, supporte les *contraires subalternes* ou *sous-contraires*. Il n'y a pas là seulement une coïncidence de langage : c'est l'expression de ce fait que la contrariété subalterne ou subordonnée est une forme partielle, subordonnée, de la contrariété ; une proposition universelle s'oppose non à une universelle, mais à une particulière, donnant une contrariété diagonale ou oblique, au lieu d'une contrariété complète ou entière.

Voici encore une forme différente de celles qui ont été exposées. Aristote emploie la diagonale pour l'opposition complète des deux universelles A et E. Les contradictoires ou sous-contraires A-O, E-I, sont les côtés (entre la droite et la gauche). Il n'y a pas d'opposition indiquée entre A et I, entre E et O; et la seconde diagonale est laissée en blanc, I et O n'étant pas à proprement parler des contraires. Ce carré a le mérite de représenter par la plus longue ligne l'opposition la plus complète ; cette ligne est celle qui partage la figure : c'est de cette disposition que dérive l'expression de propositions *diamétralement* opposées pour désigner l'opposition des universelles.

CARRÉ D'ARISTOTE.

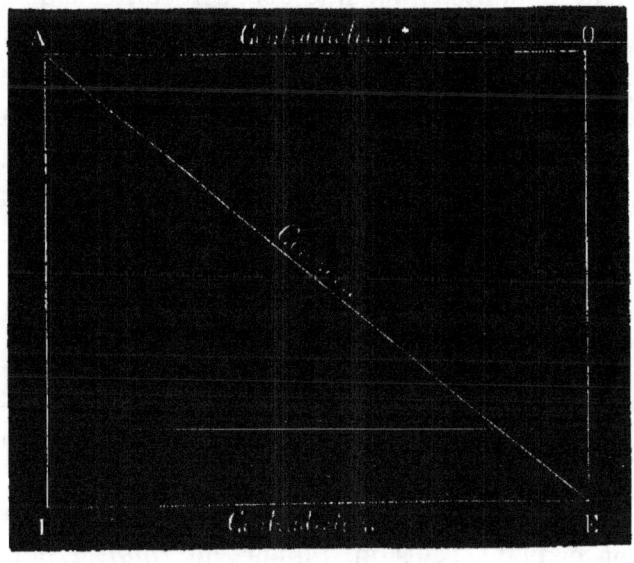

PROPOSITIONS MODALES.

12. Comme, dans le langage ordinaire, les propositions se présentent souvent sous une forme qualifiée ou modifiée, Aristote a établi une catégorie spéciale pour cette espèce de propositions, en les désignant sous le nom de propositions *modales*; les propositions qui ne sont pas qualifiées rentrent dans la forme appelée *pure*.

Si nous disons en géométrie que la conclusion dérive

nécessairement des prémisses, l'affirmation sera appelée *modale* : elle expose une vérité, mais, en même temps, elle la qualifie comme une vérité nécessaire. Le contraire de la nécessité est la *contingence;* ce caractère donne lieu aussi à des propositions modales. Les vérités de la physique sont considérées comme contingentes et non pas comme nécessaires ; les faits de cet ordre, en effet, auraient pu être disposés autrement. Ainsi, tout en affirmant que l'oxygène se combine avec l'hydrogène, nous devons ajouter que c'est là une vérité contingente. D'autres formes génériques de la modalité seront le possible et l'impossible, caractères qui peuvent aussi qualifier les propositions. Aristote réduit ces quatre formes à deux : le *nécessaire* et le *contingent*. On a supposé aussi qu'il avait compté le *vrai* et le *faux* parmi les formes de la modalité. Bien que cela soit contesté quelquefois, il ne semble pas y avoir de raison pour ne pas admettre ces deux autres formes. De même il faut admettre la *probabilité* et l'*improbabilité*. Les logiciens, depuis Aristote, ont généralisé les formes de la modalité, en les appliquant à des adjectifs ou à des adverbes, comme : « L'homme *blanc* court; » — « il court *vite*. » D'autre part, la qualification du *temps* est un fait important qui entre dans plusieurs propositions : « Il pleuvait *hier*, il *continue* de pleuvoir. »

Il est évident qu'on rencontre souvent de semblables propositions. Mais Hamilton et les plus sévères des logiciens formels les ont exclues de la logique. Il est certain qu'elles n'appartiennent pas au domaine étroit de la logique syllogistique et formelle. Elles ont rapport au *fond* et non à la forme des propositions. Néanmoins elles doivent être comprises dans la logique plus compréhensive que nous esquissons ici, et nous pouvons facilement leur assigner leur place dans ce système. Les propositions dites *nécessaires* affirment d'abord une vérité, et nous apprennent ensuite que cette vérité appartient à la catégorie des vérités nécessaires. Les mêmes remarques s'appliquent aux propositions contingentes, possibles ou impossibles. Elles rentrent dans la catégorie de l'évidence déductive, non formelle, mais matérielle. Quant à la *probabilité*, comme proposition modale, il faut en référer à la partie de la théorie inductive qui traite de l'évidence probable.

Les propositions qualifiées par le temps présent, passé ou futur, ou par quelque temps du verbe en dehors du présent considéré comme le temps universel, peuvent être considérées comme des propositions composées. Elles affirment d'abord un fait, et ensuite le temps où le fait se produit. Un autre système, proposé par M. Mill, consiste à associer le temps avec la copule (1).

Du sens ou de la signification des propositions.

13. Pour exposer les divisions de la logique inductive, il est nécessaire de classer les propositions d'après leur sens ou leur signification.

Bien que les sens particuliers des propositions soient aussi variés que les connaissances humaines, il y a certains sens généraux qui déterminent des distinctions dans la méthode logique.

14. A cette question : Quelle est au fond ou en *substance* (par opposition avec la forme) le sens d'une proposition? Hobbes répondait que, dans une proposition, le *prédicat est un autre nom pour l'objet dont le sujet est déjà le nom*.

Ainsi « Aristide est juste » est une proposition vraie, si « juste » est le nom d'Aristide. « Les hommes sont dieux » est une proposition fausse, parce que Dieu n'est pas un nom pour les hommes.

L'opinion de Hobbes est la vérité, mais non toute la vérité. La théorie est exacte, mais incomplète ; sa portée est limitée, et elle n'atteint pas le sens véritable du prédicat.

---

(1) Dans l'appendice (*Explication des termes, Modalité*), on donnera la théorie ordinaire de l'opposition des propositions, appliquée aux choses nécessaires, impossibles et contingentes. On a séparé ces éclaircissements du corps de l'ouvrage, parce qu'ils le compliqueraient sans profit.

Hobbes n'a pas saisi la signification réelle que comporte la *connotation des noms des classes*. Lorsque nous disons : « Aristide est juste, » une question préliminaire s'élève, comment le nom de juste a-t-il pu être appliqué à Aristide ? Lorsque ce nom a été pour la première fois employé, on ne connaissait pas Aristide. On savait seulement qu'un certain nombre de personnes s'étaient accordées dans leur vie, et qu'à cet accord on avait donné le nom de « justice ». Quiconque, dans la suite des temps, pratique le même genre de vie, mérite le même nom. Par conséquent, la proposition « Aristide est juste » veut dire qu'Aristide *ressemble* à un certain nombre de personnes qui ont vécu avant lui ; il leur ressemble en un point par lequel elles se ressemblent l'une à l'autre, et qui leur a mérité le nom de « justes ». La proposition en question est donc en un sens une affirmation de *ressemblance* ; mais c'est là le caractère commun à toute proposition qui affirme la participation aux mêmes attributs. Un trait plus caractéristique, c'est que la proposition affirme une *coexistence :* la coexistence d'Aristide et de la qualité appelée « la justice ». Deux choses sont mentionnées dans la proposition, et elles sont liées l'une à l'autre par une affirmation qui déclare qu'elles coexistent dans le même sujet. Nous saurons, après avoir examiné d'autres cas, si l'exemple choisi peut ou non être pris comme type.

15. D'après une seconde théorie, qui a le même défaut que la précédente, la proposition consiste à *faire rentrer une chose quelconque dans une classe*, — c'est-à-dire à comprendre un individu dans une classe, ou une classe dans une autre.

Lorsque nous disons : « Les planètes sont des corps ronds, » le sens, d'après cette théorie, serait que la classe des planètes rentre dans la classe des corps ronds. « Neptune est une planète, » Neptune fait partie de l'ensemble des corps appelés « planètes ». Ou négativement : « Les hommes ne sont pas des dieux, » les hommes ne font pas partie de la classe des dieux. Cette théorie est inexacte.

Elle confond la connotation d'un mot avec sa dénotation ; elle prend la classe *attribut*, qui est élastique et indéfinie dans son extension, pour une classe définie, qui serait une collection déterminée d'individus. Un mot général a autant d'extension que les choses qui possèdent l'attribut qu'il exprime ; bien qu'un certain nombre d'individus déjà connus fassent partie d'un groupe, d'une classe, que désigne ce mot général, la classe doit toujours rester ouverte à de nouveaux individus. Voici un nom général « la mer », qui est aussi un nom de classe. Les mers particulières du globe sont énumérées par les géographes, mais cette énumération n'est pas définitive ni exclusive. Nous ne pourrions refuser le nom de mer à une mer nouvellement découverte, sous ce prétexte qu'elle ne figurerait pas dans l'ancienne liste. Si cette mer nouvelle possède les caractères voulus, nous n'hésiterons pas à l'inscrire désormais à côté des autres mers. Du reste, il n'y a pas, pour la plupart des mots généraux, des listes dressées, des registres d'individus. Nous n'avons pas de liste qui énumère toutes les choses rondes, toutes les étoiles, toutes les baleines, tous les hommes. Nous avons seulement des rapports, des ressemblances qui donnent à chaque mot un sens et une connotation. Quand une chose est conforme au sens du mot, on lui applique le mot, et l'on a par suite des propositions qui affirment avec vérité qu'une chose est ronde, qu'elle est une étoile, et ainsi de suite.

En formant l'idée d'une classe, nous ne pouvons, comme en formant une société, enrôler, enregistrer un nombre défini d'individus, et ensuite juger les prétentions de tel ou tel par une confrontation avec la liste dressée. Nous ne pouvons que désigner un attribut ou des attributs, et déterminer l'individu par la présence de cet attribut ou de ces attributs.

16. Il y a deux méthodes pour déterminer les classes les plus générales des prédicats. L'une consiste à faire un examen détaillé des propositions réelles. L'autre à s'en rapporter à la classification des choses qui peuvent être nommées. Les deux méthodes se complètent l'une l'autre.

Par l'examen détaillé des propositions, nous trouverons tout de suite un grand nombre de propositions qui appartiennent à la classe déjà déterminée, et où l'on affirme la coexistence : la coexistence de deux choses, de deux faits, de deux propriétés. L'homme est mortel, — coexistence de l'humanité et de la mort. Le baromètre baisse, c'est signe de pluie, — coexistence de deux faits : la pluie, le baromètre qui baisse.

Passons maintenant de la coexistence à la qualité qui lui fait contraste : la succession, et demandons-nous s'il y a des propositions qui affirment la succession de deux ou plusieurs choses. Nous trouverons beaucoup de propositions de cette espèce : « Le vent soulève la mer; » « Le soleil est la cause de la végétation; » « César renversa la république romaine, » voilà des propositions de succession. A parler généralement, partout où il y a production, causalité, changement, il doit y avoir succession : un certain état de choses est suivi d'un autre état de choses. Dans le rapport de cause à effet, auquel se rattache une si large portion des recherches humaines, il y a toujours succession ; ce qu'on appelle cause est suivi de ce qu'on appelle effet.

Nous avons vu de plus que les propositions impliquent l'affirmation de la ressemblance ou de la différence. Ce contraste est un fait universel, inséparable de tout prédicat; le fondement de la connaissance se trouve, on le sait, dans la ressemblance ou la différence. Mais il y a certains cas où le caractère spécial d'une proposition consiste dans la ressemblance ou la différence, comme dans les propositions numériques. Deux fois deux font quatre, voilà une affirmation d'égalité; pour établir la vérité de cette proposition, il faut une méthode qui prouve l'égalité ou l'inégalité. Cette proposition ne saurait être rattachée à la coexistence ou à la succession ; elle se rapporte au contraire, avec une parfaite convenance, aux propositions qui expriment l'accord ou la différence dans la quantité.

17. Un regard jeté sur la classification des choses qui peuvent être nommées prouve combien est grande la portée de ces trois affirmations : coexistence, succession, égalité ou inégalité.

Parmi les choses qui peuvent être nommées, nous trouvons (voir l'*Appendice C*) les attributs spéciaux à l'objet, les attributs spéciaux au sujet, les attributs communs à l'objet et au sujet. Les attributs communs sont la quantité, la coexistence, la succession. Nous pouvons donc, sur l'autorité de cette énumération, indiquer comme formes universelles de prédicats les attributs de l'objet et du sujet, dont on déclare qu'ils s'accordent ou non en *quantité*, en *coexistence*, en *succession*.

18. I. — Les propositions de QUANTITÉ comprennent l'ensemble des sciences mathématiques, et toutes les applications numériques des autres sciences. Le prédicat est alors l'*égalité* ou l'*inégalité*.

Ainsi, en arithmétique, l'addition et la soustraction, la table de multiplication, la règle de trois, — qui sont les opérations fondamentales de cette science, — sont des affirmations qui établissent l'accord ou le désaccord en fait de quantité.

Trois et quatre font sept ; cinq de neuf reste quatre ; six fois huit font quarante-huit ; ce que deux est à dix, six l'est à trente, voilà des affirmations d'égalité, ou de convenance en quantité numérique.

Les propositions de géométrie peuvent toutes être résolues de la même façon. L'angle compris dans un quart de cercle est égal à un angle droit. Le volume d'une sphère est égal aux deux tiers du cylindre circonscrit. Deux côtés d'un triangle pris ensemble sont plus grands que le troisième côté (inégalité).

Dans l'algèbre, nous n'avons qu'à rappeler en passant la méthode si importante qui opère par *équations*.

Dans tous les arts, dans toutes les manifestations de la vie, l'occasion se présente souvent de mesurer la quantité, c'est-à-dire d'affirmer l'égalité ou l'inégalité, le plus ou le moins. Même lorsque la quantité ne se prête pas à une appréciation numérique, comme quand il s'agit des nuances diverses du sentiment et du caractère humain, nous pouvons encore comparer la quantité ; nous dirons, par exemple, qu'un homme est plus énergique, plus clairvoyant qu'un autre.

19. Le trait caractéristique des sciences de la quantité, c'est d'être purement déductives. Elles ont sans doute, comme les autres sciences, des fondements inductifs, mais c'est par des opérations purement déductives qu'elles accomplissent la plus grande partie de leur tâche.

Cette remarque détermine la méthode et le caractère logiques des mathématiques. Tout ce qui rentre dans ces sciences appartient à la branche de la logique appelée DÉDUCTION.

20. II. — Les propositions de COEXISTENCE sont de deux espèces. Dans le premier cas, il s'agit de la situation ; elles peuvent alors être considérées comme des propositions de *contiguïté dans l'espace*. Elles se rapportent exclusivement à l'objet ou au monde extérieur.

L'objet, ou le monde extérieur, est une vaste multitude de choses, répandues dans l'espace, et auxquelles on attribue une situation, une relation mutuelle par rapport à l'étendue. Ainsi les étoiles sont placées sur la voûte céleste à des distances déterminées. La géographie est une série de propositions de coexistence dans l'espace : un océan, une chaîne de montagnes, un fleuve, sont des objets dont la géographie détermine, par rapport aux autres objets, la situation locale. On leur applique les propositions de grandeur qui sont le plus complétement mathématiques ou quantitatives.

Quelques propositions de coexistence dans l'espace n'affirment pas autre chose que le rapport du contenant et du contenu ; elles déclarent qu'un objet est ou n'est pas dans un autre : Jean est dans la chambre ; la constellation d'Orion est dans l'hémisphère boréal ; Sainte-Hélène est dans l'Atlantique ; le British Muséum contient le vase de Portland. Ces propositions pourraient être appelées les plus vagues et les plus indéterminées des propositions de quantité. Le degré de précision, dans ce cas, dépend de la grandeur relative du contenant et du contenu. Un objet, dont on affirme qu'il est dans une maison, est mieux défini qu'un objet contenu dans une villa, et moins bien qu'un objet contenu dans une boîte.

On établit d'une autre façon la contiguïté dans l'espace en affirmant la proximité. Une chose qui est en dehors d'une autre, mais en contact avec elle, a une situation déterminée qu'on exprime par des mots comme « près de », « à côté de », « au-dessus de », « au-dessous de ». S'il y a un intervalle, on a recours à une mesure de distance.

Les propositions de contiguïté les plus précises sont celles qui établissent la situation mutuelle par l'indication numérique de la distance ou de l'étendue. Tout fait de contiguïté pourrait être réduit à cette forme, si nous avions les connaissances suffisantes, et si cette détermination nous semblait désirable et nécessaire. Ainsi la situation réciproque des étoiles dans la sphère des cieux est établie dans les termes d'une mesure angulaire ; la situation sur la terre est déterminée exactement par la longitude et la latitude, et aussi, s'il est nécessaire, par des distances linéaires. La détermination et l'expression de cette relation peut donc être rapportée à l'arithmétique et à la géométrie. L'indication précise de la situation relative est l'objet propre de la géométrie analytique.

La description de tous les objets du monde extérieur qui comprennent des parties, et qui ont une situation définie, exige des propositions de contiguïté conformes à l'une ou à l'autre des méthodes précédentes. Citons en ce genre les édifices, les machines, les plantes, les animaux, les agrégats, et les collections d'objets.

21. La seconde forme de la coexistence est l'*inhérence dans un même* sujet.

Il s'agit ici d'une variété distincte des propositions de coexistence. Au lieu d'une certaine situation locale, avec des intervalles qui peuvent être appréciés numériquement, nous avons la coexistence de deux ou plusieurs attributs placés en un même lieu. Une masse d'or contient dans chacun de ses atomes les attributs qui caractérisent ce métal, le poids, la couleur, le lustre, la dureté, etc. Un animal, outre qu'il est composé d'organes qui occupent chacun une place distincte, a des fonctions, des attributs qui coexistent dans chacun de ces organes et que manifeste chaque molécule de sa substance. Chaque corpuscule sanguin a un grand nombre de propriétés qui en sont inséparables.

L'esprit, qui ne peut donner lieu à des propositions de contiguïté, possède des facultés qui lui sont inhérentes. Nous affirmons que dans l'esprit coexistent le sentiment, la volonté, la pensée, et nous considérons ces facultés non pas comme localement séparées, mais comme unies dans leurs manifestations. Chaque sentiment agréable a son influence sur la volonté, et laisse une impression dans la mémoire ; tous les attributs moraux s'unissent dans l'unité de l'esprit.

Une grande partie des connaissances scientifiques se rangent dans cette catégorie de propositions. Les propriétés des minéraux, des plantes, de l'organisme physique et moral des animaux, sont exprimées dans des affirmations de coexistence de ce genre. La recherche de ces coexistences spéciales ou générales est une branche des méthodes scientifiques ou de la logique ; elle se rattache à l'induction, quoiqu'elle ne constitue pas la partie la plus considérable du domaine inductif.

22. III. — A la SUCCESSION comme à la coexistence se rapportent deux espèces de propositions. A la première espèce appartiennent les propositions qui déterminent la *contiguïté dans le temps*.

Cette première catégorie correspond aux propositions de

contiguïté dans l'espace. Beaucoup d'affirmations se bornent à indiquer l'ordre de succession des événements, sans déterminer de relations plus étroites. Le monde étant gouverné par la loi du changement, il y a entre les phénomènes un ordre de succession que l'on peut exposer comme dans un récit. L'hiver précède le printemps, qui précède l'été. La jeunesse succède à l'enfance. Les traités de 1815 suivirent Waterloo.

La relation des événements peut être déterminée par leur succession immédiate. D'abord la semence, ensuite l'épi, enfin la graine. Henri VIII succéda à Henri VII, et précéda Édouard VI. Un ordre de succession étant donné, la situation occupée dans cette série est déterminée par les événements contigus, ou par un nombre, comme par exemple quand on dit le sixième Comte.

Ici, comme pour la contiguïté dans l'espace, la méthode précise consiste dans l'emploi des nombres. Le cours du temps ayant été divisé en années, mois, jours, heures, etc., la situation de chaque événement est fixée par les nombres et les fractions de nombres. Ceci n'est encore qu'une pure application de l'arithmétique. Dans les questions compliquées de l'astronomie, l'élément du temps peut exiger des formules algébriques d'une grande difficulté. Il n'y a pas cependant de recherche scientifique distincte et nouvelle impliquée dans les propositions de pure succession, quelque soin que l'on mette à les rechercher et à les enregistrer.

23. La seconde forme de la succession est celle que l'on désigne sous le nom de *rapport de cause à effet*. C'est à ce rapport que se rattache la plus grande partie des recherches inductives.

La cause et l'effet se présentent sous l'apparence de la succession, mais ce rapport comprend quelque chose de plus que les simples successions. Il suppose l'existence d'un lien, d'un *nexus*, d'une énergie, d'un pouvoir déterminé, en vertu duquel un phénomène donne naissance à un autre. Voici des exemples de propositions de causalité :

l'explosion de la poudre à canon projette la balle ; la combustion du charbon transforme l'eau en vapeur ; la lumière est un agent de décomposition ; le chagrin affaiblit la santé ; une bonne récolte fait descendre le prix du blé ; Démosthène excitait les Athéniens contre Philippe.

La logique inductive s'occupe, en premier lieu, des propositions relatives aux attributs inhérents dans un même sujet ; en second lieu, des propositions de causalité. Bien que les principes des sciences de la quantité soient eux aussi inductifs, ces inductions sont si simples et si bornées, qu'on peut se contenter, pour les connaître, de l'exposé qu'en donne la logique déductive.

La théorie qui précède est une modification apportée à la théorie de M. Mill sur les propositions, ramenées à leurs catégories fondamentales, en vue de trouver les divisions de la logique.

M. Mill énumère cinq prédicats ultimes, cinq classes de prédicats : l'*existence*, la *coexistence* (comprenant la contiguïté dans l'espace), la *succession*, la *causalité*, la *ressemblance*.

En dehors de l'existence, ce sont en substance les catégories de propositions que nous avons nous-même adoptées. La COEXISTENCE, telle que l'entend M. Mill, comprend la contiguïté dans l'espace et aussi les propriétés des espèces naturelles (livre III, chap. xxii), qui sont présentées comme des attributs inhérents dans le même sujet. Par SUCCESSION, M. Mill entend les successions les moins étroites, celles que nous rattachons à la contiguïté dans le temps. La succession de cause et d'effet est donnée comme un prédicat distinct, la CAUSALITÉ. A la RESSEMBLANCE M. Mill rattache les propositions qui expriment l'identité, identité constatée dans la classification ; mais la ressemblance existe partout où il y a une proposition générale et ne saurait constituer une division scientifique des propositions. M. Mill indique cependant en terminant les propositions de quantité ou mathématiques comme formant la catégorie spéciale des propositions de ressemblance.

Quant au prédicat de l'EXISTENCE, nous devons remarquer qu'aucune science, aucune partie de la méthode logique n'en dérive spécialement. En réalité, toutes les propositions de ce genre sont plus ou moins abrégées ou elliptiques ; lorsqu'elles sont complétement exprimées, elles rentrent dans la coexistence ou la succession. Lorsque nous disons qu'il *existe* une conspiration pour un but spécial, nous voulons dire qu'il y a en ce moment une société d'hommes qui se sont réunis pour atteindre un but; ce qui revient à une affirmation complexe, réductible à une proposition de coexistence et à une proposition de succession (causalité). L'assertion que le dronte ou *dodo* n'existe pas, signifie que cet animal, autrefois connu dans certains pays, a disparu, que sa race s'est éteinte, que son existence n'est plus liée à tel ou tel pays; toutes choses qui pourraient être dites sans employer le verbe exister. C'est une question débattue de savoir si « l'éther existe »; mais une forme plus correcte de cette question serait celle-ci : « La chaleur et la lumière se propagent-elles dans un milieu éthéré, répandu à travers l'espace? » ce qui serait une proposition de causalité. La question de l'existence de la divinité ne doit pas être discutée sous la forme pure de l'existence. Elle revient à se demander s'il y a une première cause de l'univers, et si cette cause se manifeste sans cesse par des actes providentiels.

Diverses formes de propositions équivalentes. — Inférence immédiate ou apparente.

24. Une grande importance est attachée aux formes équivalentes employées pour exprimer le même fait, la même proposition. L'opération par laquelle on transforme une expression dans une autre est si utile au raisonnement qu'on l'a quelquefois appelée « inférence ».

Voici l'énumération des formes équivalentes :
I. Propositions universelles et particulières.
II. Degrés dans la connotation.

III. Obversion.
IV. Conversion.
V. Inférence hypothétique.
VI. Propositions synonymes.

Chacune de ces formes équivalentes, depuis la première jusqu'à la cinquième, obéit à un plan défini, susceptible de règles précises. Ce sont là les formes logiques à proprement parler. La sixième — les expressions synonymes — est indéterminée ; on ne peut la réduire à des règles, mais elle mérite cependant d'être comptée après les autres.

On verra, par l'exposition de ces différentes formes, que dans aucun cas il n'y a, à proprement parler, d'inférence, c'est-à-dire de transition d'un fait à un autre ; il y a simplement transition d'une expression à une autre. De là les désignations « d'inférence *immédiate* » et « d'inférence *apparente* » employées pour distinguer ces opérations verbales des inférences médiates et réelles.

PROPOSITIONS UNIVERSELLES ET PARTICULIÈRES.
DEGRÉS DANS LA DÉNOTATION.

25. Une proposition universelle étant la même chose que les propositions particulières qui la composent, on ne fait pas en réalité une inférence, on fait une tautologie, en disant : Tout A est B, par conséquent quelque *A* est *B* : tous les hommes souffrent, donc quelques hommes souffrent.

Une proposition universelle est la somme équivalente de plusieurs propositions particulières ; elle n'a point de sens au-delà ou en dehors de l'ensemble de ces propositions particulières. Par suite, lorsque nous établissons un cas particulier, nous ne faisons que résoudre une proposition universelle en ses éléments ; nous prenons ces éléments à part, tels qu'ils étaient avant que la proposition universelle fût formée. « Toutes les maisons de la rue sont nouvellement bâties, » c'est simplement le total ou l'abrégé de l'énumération des propositions particulières ; le n° 1 est neuf, le n° 2 est neuf, etc. Dire que toutes les maisons sont neuves, et que par conséquent le n° 6 est neuf, ce n'est pas faire un progrès dans la connaissance, c'est simplement passer de la proposition générale à une des propositions particulières qui la composent. La loi de la consistance veut que quiconque affirme universellement un fait reste fidèle à cette affirmation dans chaque cas particulier. Un marchand annonce la vente d'un certain nombre d'articles à un schelling chacun : l'acheteur, le prenant au mot, choisit un article, et paye un schelling.

DEGRÉS DANS LA CONNOTATION.

26. Par rapport à la connotation ou à la compréhension d'un mot, il n'y a pas inférence à affirmer le moins après avoir affirmé le plus.

Lorsque nous disons « Jean est un homme », nous affirmons qu'il possède chacune des propriétés connotées par le mot « homme ». Il n'y a pas, par conséquent, d'affirmation nouvelle, il y a simplement une explication détaillée de ce que comprenait en abrégé le mot « homme », à affirmer que Jean est un être vivant, un animal, un composé d'esprit et de corps. Quiconque n'est pas prêt à admettre ces affirmations n'admettrait pas que Jean soit un homme.

En affirmant que les quadrupèdes ont un esprit, nous affirmons en même temps qu'ils ont de la sensibilité, de la volonté, de l'intelligence ; ce ne sera donc pas faire une inférence réelle qu'ajouter : « Les quadrupèdes sentent, les quadrupèdes veulent. »

Lorsque nous affirmons qu'une substance est de l'arsenic, nous lui attribuons toutes les propriétés connues de l'arsenic. Ce sera donc une forme équivalente ou identique que cette proposition : « La substance en question est un poison. »

Nous avons déjà rencontré ces affirmations détaillées des propriétés des choses sous la forme des propositions verbales, essentielles, identiques.

Nous sommes libres de joindre ou de disjoindre les attributs d'un objet, sans faire d'inférence réelle. Nous pouvons dire ou bien « Socrate était sage, vertueux, un martyr », ou bien « Socrate était sage », « Socrate était vertueux », « Socrate était un martyr ». Donnez une proposition complexe, nous pouvons la réduire à ses éléments, donnez un certain nombre de propositions élémentaires, nous pouvons les associer de façon à n'en former qu'une. L'opération est ici plutôt grammaticale que logique.

« Socrate était vertueux. » « Il y avait en Grèce un homme vertueux. » Voilà une forme purement équivalente. Si nous examinons la connotation du mot « Socrate », nous trouvons, entre autres choses, qu'il signifie « un homme », « un seul homme ». Par suite dire que « un homme était vertueux », ce n'est pas exprimer une vérité nouvelle ; c'est seulement répéter une partie de la vérité primitive. Ainsi, après avoir dit : « Socrate était vertueux, » et « Socrate était pauvre », on ne fait pas la moindre inférence en disant : « Un homme était vertueux et pauvre, » ou bien : « Un homme pauvre était vertueux. » Cet exemple a quelque importance dans la théorie du syllogisme.

Sous cette appellation : — Inférence immédiate par *l'addition de déterminatifs*, Thomson expose le cas suivant (dans ses *Lois de la pensée*) : « Un nègre est le semblable de l'homme : par conséquent un nègre qui souffre est notre semblable souffrant. » Ceci paraît évident ; mais il y a néanmoins quelque différence entre ce cas et les cas précédents. Ce cas ressemble à l'inférence mathématique : $A = B$; par conséquent $A + C = B + C$; ce qui n'est pas un jugement immédiat, mais une inférence déductive de l'axiome : les sommes de quantités égales sont égales.

Même en appliquant à ce cas l'axiome de l'addition des sommes égales, nous ne devons l'admettre qu'avec précaution, et en tenant compte de la nature des objets. « La beauté est un plaisir ; la beauté excessive est par conséquent un plaisir excessif. » Il y a quelque imprudence dans cette inférence : la qualification *excessive* n'agit pas tout à fait également sur les deux sujets.

OBVERSION.

27. En affirmant une chose, nous devons être prêts à nier la chose contraire : « la route est plate, » « elle n'est pas en pente, » ces propositions n'expriment pas deux faits, mais le même fait sous deux aspects différents. Cette forme est ce qu'on appelle l'*obversion*.

D'après le principe de la relativité, toute proposition a deux caractères, deux aspects. Il y a toujours quelque chose à nier, quand il y a quelque chose à affirmer. Quiconque est sage n'est pas fou. Nous devons accepter les deux propositions ou les repousser l'une et l'autre. De l'une à l'autre il n'y a pas de progrès, d'addition dans la connaissance. Nous ne faisons qu'une chose, compléter l'expression de notre pensée, qui, en général, est elliptique et incomplète, en raison de l'omission du fait corrélatif. « La direction de cet aimant n'est pas le nord, par conséquent elle est le sud. » Il n'y a pas là d'inférence ; car il est nécessaire que la direction soit le sud, si elle n'est pas le nord. « J'aime une route en pente, parce que je n'aime pas une route plate : » c'est une raison d'enfant, ou pas de raison du tout ; puisque c'est le même fait sous une autre forme.

A chacune des quatre formes de proposition A, I, E, O correspond une forme d'obversion.

Ainsi pour A :
Tout X est Y : tout homme est mortel. Nous devons d'abord opérer l'*obversion* du prédicat :
Tout X est non Y : tout homme est immortel.
Et ensuite *placer le signe de la négation* en tête de la proposition.
Aucun X est non Y : aucun homme n'est immortel.
De même : « Toute matière inerte est pesante : » « Aucune matière inerte n'échappe à la loi de la pesanteur. » « Tout or est précieux : » « Aucun or n'est sans prix. » « Toute vertu est profitable : » « Aucune vertu n'est inutile. » « La liberté du commerce favorise la paix : » « La liberté du commerce éloigne la guerre. » « Toute connaissance est utile : » « Aucune connaissance n'est inutile. »

Pour la forme I :

Quelque X est Y ; quelques hommes sont sages. Il faut *opérer l'obversion du prédicat, et le faire précéder du signe de la négation.*

Quelque X n'est pas non Y ; quelques hommes ne sont pas fous.

Quelques pierres sont précieuses (non-sages) : « quelques pierres ne sont pas sans valeur (non-précieuses). » « Quelques vertus sont pénibles ; » « quelques vertus ne sont pas faciles (non-pénibles). »

De même pour la forme E :

Aucun X n'est Y; aucun homme n'est Dieu. L'*obversion* consiste à dire :

Tout X est non Y ; tous les hommes sont non-Dieux. « Aucun corbeau n'est blanc ; » « Tous les corbeaux ont une autre couleur que le blanc, » ou bien, dans le cas où l'idée générale à laquelle appartient le prédicat « blanc » est non pas la couleur, mais le noir et le blanc : « tous les corbeaux sont noirs. »

La règle est ici le contraire de la règle pour A. Il faut *opérer l'obversion du prédicat, et écarter le signe* de la négation.

Enfin pour O :

Quelque X n'est pas Y ; quelques hommes ne sont pas sages. Quelque X est non Y ; quelques hommes sont (non-sages) fous. Quelques passagers n'ont pas été sauvés ; quelques passagers ont été perdus (non-sauvés).

La règle consiste encore à *opérer l'obversion du prédicat,* et à supprimer *le signe de la négation ;* ce qui est changer la qualité de la proposition.

L'affirmation universelle dont le prédicat possède la *quantité universelle :* — Tout X est tout Y ; toutes les choses inertes sont toutes les choses qui gravitent ; — subira une *obversion* semblable à l'*obversion* de la proposition A.

Aucun X n'est non Y ; aucune chose inerte ne se trouve parmi les choses qui ne gravitent pas.

Tous les triangles équilatéraux sont tous les triangles équiangles : aucun triangle équilatéral ne se trouve parmi les triangles à angles inégaux. Tous les corps à double réfraction sont tous les corps qui polarisent la lumière ; aucun corps à double réfraction ne se trouve parmi les corps qui ne polarisent pas la lumière.

L'affirmation particulière avec un prédicat universel, Y, subit une *obversion* semblable à celle de I. Quelque X est tout Y ; quelques mortels sont tous les hommes. Quelque X n'est pas non Y ; quelque X ne se trouve pas parmi les objets qui ne sont pas des hommes. Il y a une classe ou un groupe de mortels que vous ne découvrirez point parmi les brutes (idée générale des animaux), parmi les plantes (idée générale des corps organisés).

OBVERSION MATÉRIELLE.

28. Il y a des inférences par *obversion* qui ne peuvent être justifiées que par l'examen de l'objet sur lequel porte la proposition.

De la proposition : « La chaleur est agréable, » nous pouvons tirer, par une *obversion* formelle, cette affirmation : « La chaleur n'est ni désagréable ni indifférente. » Mais nous ne pouvons affirmer, sans un examen de l'objet de la proposition, que « le froid est désagréable ».

Il y a une forme d'inférence, comprise par quelques logiciens parmi les inférences immédiates, grâce à laquelle nous pouvons dire : « L'absence de la chaleur est l'absence d'une chose agréable. » Ceci accordé, nous sommes encore loin de l'affirmation : « Le froid est désagréable. » Pour arriver jusque-là, il faudrait pouvoir dire encore : « L'ab-
« sence de la chaleur est la même chose que le froid, et
« l'absence de ce qui est agréable équivaut à quelque chose
« de désagréable. » Mais nous ne sommes pas en droit de le dire, à moins que nous n'examinions les faits eux-mêmes. Or l'examen des faits nous apprend que l'absence de la chaleur peut ne pas être la même chose que le froid, et

que l'absence de ce qui est agréable n'est pas la même chose que ce qui est désagréable : dans les deux cas, un état intermédiaire et indifférent est possible. Mais la même expérience nous apprend que, lorsque nous passons tout d'un coup d'un état où nous éprouvions une chaleur agréable à un autre état où nous rencontrons le froid, cette transition brusque est désagréable. Partout où une cause quelconque nous procure du plaisir, la suppression soudaine de cette cause devient une source positive de peine. Sur la foi de cette induction, nous pouvons opérer l'*obversion matérielle* d'un grand nombre de propositions qui concernent le plaisir et la peine, le bien et le mal. Si la vue du bonheur nous est agréable, nous pouvons conclure, non par une obversion formelle, mais par une inférence matérielle ou réelle, que la vue du malheur nous est désagréable. L'inférence est une conséquence des lois de notre sensibilité. Si le spectacle du bonheur d'autrui nous donne un plaisir réel, la suppression soudaine de ce spectacle nous cause une émotion pénible. Bien plus, un être organisé de façon à se réjouir du bonheur d'autrui est pour cette raison même organisé de façon à s'affliger du malheur des autres. C'est ainsi que nous ne pouvons prendre plaisir à des faits contraires, comme la louange et le blâme. Nous ne pouvons devenir indifférents à l'un sans devenir indifférents à l'autre.

De cette proposition : « La guerre engendre des maux, » il est impossible de tirer, par une simple *obversion* formelle, cette affirmation : « La paix produit des biens. » Comme dans l'exemple précédent, nous devrons considérer que « la cessation de la guerre entraîne la cessation du mal », et qu'elle est par conséquent un bien, conformément aux lois de la sensibilité, qui veulent que la suspension d'un mal soit un plaisir.

C'est une inférence vraie, mais non une simple équivalence, que cette affirmation : si un ministre honnête inspire confiance au public, un ministre déloyal, au contraire, inspire de la défiance. S'il est vrai que la confiance publique soit due à l'honnêteté du ministre, la substitution de la déloyauté à l'honnêteté doit produire le contraire de la confiance.

On fait souvent cette remarque que les gouvernements ont une grande puissance pour le mal et une très-petite pour le bien. A considérer rigoureusement cette proposition, elle n'est qu'une contradiction. Celui qui est capable de faire un grand mal a aussi le pouvoir de s'abstenir de ce mal, et de produire la différence qui existe entre la condition supportable dont nous jouissons aujourd'hui et une condition de misère tout à fait intolérable. Néanmoins la remarque est vraie en ce sens que l'intervention du gouvernement, agissant pour le mal, peut produire plus de mal que la même intervention, agissant pour le bien, ne peut produire de bien.

« Le froid tue les animaux » n'entraîne pas nécessairement cette affirmation que la chaleur conserve leur vie. Par une inférence matérielle tirée de la loi de causalité, nous sommes autorisés à dire : la chaleur remplace le froid qui tue, et par suite contribue à la vie des animaux dans une certaine mesure. Il n'y a pas là d'équivalence formelle : il y a une certitude fondée sur la causalité.

« La force comprime les corps » n'implique pas que « la suppression de la force amènera l'expansion des corps ». Nous pouvons dire seulement que « l'absence de la force laisse les corps dans un état où ils ne sont pas comprimés ». Ceci est encore une inférence matérielle fondée sur la causalité.

Si « l'instruction est bonne », nous devons accorder le contraire, à savoir que « l'ignorance est mauvaise »; mais ce n'est pas non plus une équivalence formelle. Tout le bien que l'instruction peut produire disparaît quand l'instruction disparaît.

Aristote dit : « L'homme bienfaisant aime celui à qui il fait du bien. » On peut à cette proposition opposer cette affirmation familière : « Nous haïssons ceux à qui nous avons fait du mal. » En vertu des lois de notre sensibilité, les deux faits s'impliquent l'un l'autre, bien qu'il y ait des réserves à faire que nous n'apprenons que par une induction fondée sur l'expérience.

DE LA CONVERSION.

29. La doctrine logique de la CONVERSION des propositions est un cas d'équivalence. Dans la conversion, le sujet et le prédicat changent de place.

La proposition X est Y, convertie, devient Y est X; X n'est pas Y, Y n'est pas X. — Les hommes sont mortels. — Les mortels sont des hommes.

La conversion simple du sujet et du prédicat ne donne pas toujours une forme équivalente : « Tous les hommes sont mortels » n'est pas la même chose que : « Tous les mortels sont hommes. » Cela dérive de cette circonstance — que l'expérience seule nous apprend et que le simple examen des formes ne nous révélerait pas — qu'il y a d'autres mortels que les hommes. Dans les propositions semblables, par conséquent, outre l'interversion des termes, il faut une qualification.

1° Dans les formes E et I, l'interversion des termes n'a pas besoin de qualification. Par suite, elle est appelée *conversion simple*. « Aucun X n'est Y » peut devenir : « Aucun Y n'est X, » sans qu'il y ait la moindre altération de sens. Si aucun homme n'est Dieu, aucun dieu n'est homme. La proposition affirme une exclusion, une incompatibilité mutuelle, et nous sommes libres de signifier cette exclusion sous une forme ou sous une autre. X exclut Y, et Y également exclut X. Aucun corbeau n'est rouge; aucun objet rouge n'est un corbeau. Aucune combinaison chimique ne se réalise dans des proportions flottantes; aucune combinaison à proportions flottantes n'est chimique.

Pour I : Quelque X est Y, quelques minéraux sont des cristaux, nous pouvons, par une simple interversion des termes, dire : Quelque Y est X, quelques cristaux sont des minéraux. Quelque eau est pure, quelque matière pure est de l'eau. Cette conversion simple est possible partout où deux idées se recouvrent l'une l'autre partiellement. Cette coïncidence partielle peut être exprimée des deux côtés sans modification dans le sens (1).

2° Dans la conversion de A, l'affirmative universelle : Tout X est Y, tout feu donne de la chaleur, nous avons à qualifier ou à limiter le sujet. « *Quelque* Y est X, *quelques* sources de chaleur sont du feu.* » Il peut y avoir d'autres Y*s* en dehors des X*s*, d'autres sources de chaleur en dehors du feu, de telle sorte que nous devons laisser la possibilité ouverte pour ainsi dire, ce qui n'arriverait pas dans la simple conversion (Tout Y est X, toutes les sources de chaleur sont du feu). A cette conversion qui qualifie, les logiciens appliquent le terme de *limitation* et de conversion *par accident*. L'expression grecque originale d'Aristote était plus nette et plus exacte : κατὰ μέρος, disait-il, conversion partitive.

Un des mérites du système de Hamilton sur la quantification, c'est qu'il s'astreint d'avance à l'obligation de qualifier le nouveau sujet. La proposition, sous sa première forme, étant exprimée ainsi qu'il suit : Tout X est quelque Y, ou tout X est tout Y, selon les cas, la conversion donnera : Quelque Y est tout X, ou tout Y est tout X. « Tous les hommes sont quelques êtres frêles, quelques êtres frêles sont des hommes. »

La source de beaucoup la plus féconde des sophismes purement syllogistiques est la tendance de l'esprit à convertir les affirmatives universelles sans limitation. La forme ordinaire du langage, Tout X est Y, à moins que nous ne nous tenions particulièrement sur nos gardes, se prête à l'interprétation que X et Y sont coextensifs; en d'autres termes, nous sommes disposés à croire possible et juste la

---

(1) Dans une simple conversion de cette nature, « quelque » a une valeur différente dans les deux propositions, à moins que le sujet et le prédicat ne soient coextensifs. Ainsi dans cette phrase : « Quelques hommes ont les cheveux noirs, » « quelques êtres à cheveux noirs sont des hommes ; » « quelques hommes », par comparaison avec tous les hommes, est une portion plus considérable que « quelques êtres à cheveux noirs » parmi tous les êtres à cheveux noirs.

conversion simple : Tout Y est X. Les erreurs du syllogisme, qui seront plus tard spécifiées sous des noms divers, dérivent le plus souvent de cette inexactitude dans la conversion. Lorsqu'on dit : « Tous les esprits puissants ont de larges cerveaux, » l'auditeur passe facilement à la proposition convertie : « Tous les larges cerveaux indiquent de puissants esprits. » Cette erreur de conversion est des plus fréquentes ; il y a donc un grand intérêt à appliquer les formes logiques pour se mettre en garde contre elle. La meilleure manière d'y remédier sera de multiplier les exemples pour montrer que, dans les propositions affirmatives universelles, le sujet et le prédicat ont rarement la même extension, et que, dans le cas où ils l'auraient, il est utile de le faire comprendre par quelque forme de langage.

Un petit nombre d'exemples viendront ici à leur place : « Tous ceux qui font le mal craignent le mal, » il ne faudrait pas en conclure que tous ceux qui craignent le mal font aussi le mal. Il y a beaucoup de motifs de craindre le mal, outre celui qui consiste à avoir fait le mal soi-même.

« Tous les protestants pratiquent la règle de l'examen individuel ; » beaucoup d'autres personnes pratiquent la même règle, de sorte que nous ne pouvons pas dire que quiconque exerce le libre examen est un protestant.

« Toutes les choses belles sont agréables, » les choses belles, néanmoins, n'épuisent pas la classe entière de ce qui est agréable : il y a plus de choses agréables qu'il n'y a de choses belles.

« Toutes les vertus conduisent au bonheur, » il ne s'ensuit pas que toute action qui contribue au bonheur des hommes soit une action vertueuse. Le bonheur de l'humanité a une signification beaucoup plus large que la vertu.

« Tous les plaisirs de l'imagination, » dit Addison, « sortent de ce qui est grand, au-dessus du commun, et beau. » Il veut dire que les sources de ces plaisirs se trouvent parmi les choses qui sont grandes, qui sont au-dessus du commun, qui sont belles. Mais la catégorie des choses grandes, ou des choses au-dessus du commun, contient beaucoup d'objets outre ceux qui procurent les plaisirs de l'imagination. S'il n'en est pas de même pour les objets beaux, c'est parce que beauté et plaisir de l'imagination sont presque synonymes.

Lorsque Sir G. C. Lewis remarque que l'évidence historique réclame le témoignage des contemporains, il ne veut pas dire que ce témoignage suffise de lui-même pour établir la certitude historique. C'est là une condition, mais il y a d'autres conditions en dehors de celle-là (1).

3° Dans la conversion de O, la négative particulière (quelque X n'est pas Y, quelques hommes ne sont pas Anglais), une opération complexe est nécessaire. La conversion simple : Quelque Y n'est pas X, Quelques Anglais ne sont pas des hommes, ne peut s'appliquer ici. Il y a deux opérations successives à réaliser, d'abord l'*obversion* et, en second lieu, la conversion simple.

Ainsi par obversion :

Quelque X est non Y (quelque chose qui n'est pas Y).
Quelques hommes sont non Anglais (hors de la classe des Anglais).

Ces formes réalisées par obversion sont des affirmatives particulières, et par conséquent elles se convertissent simplement.

Quelque non Y (quelque chose qui n'est pas Y) est X.
Quelques êtres qui sont non Anglais sont des hommes.

« Quelques hommes ne sont pas sages, » par obversion on a :

Quelques hommes sont non sages (fous).

---

(1) L'affirmative universelle, lorsqu'elle se présente sous forme de connotation ou de compréhension, — la propriété A est accompagnée de la propriété B, — les attributs de l'homme sont accompagnés des attributs de mortel, est la forme qui suggère le moins la conversion par limitation. Nous sommes encore plus disposés que dans le cas où la proposition est donnée sous forme d'extension à convertir simplement : « L'attribut mortel est accompagné des attributs des hommes. » Par suite la proposition par extension est seule utile à la théorie du syllogisme, à condition qu'il soit entendu cependant que l'extension est déterminée par la connotation.

Puis par simple conversion :

>Quelques fous sont des hommes.

Les noms donnés à cette opération compliquée sont : la conversion par *négation*, ou *contraposition*. On pourrait aussi l'appeler *conversion obvertie*.

Enfin une opération semblable peut être pratiquée sur A, l'universelle affirmative, de façon à produire une forme négative équivalente avec les termes transposés. La réduction de la forme syllogistique appelée *baroko* exige cette opération.

Ainsi :

>Tout X est Y,

donne par obversion :

>Aucun X n'est non Y.

Et par simple conversion (de E) :

>Aucun non Y n'est X.

Ou bien :

>Tous les hommes sont mortels,
>Aucun homme n'est immortel.
>Aucun immortel n'est homme.

De la même façon : « Toutes les personnes honnêtes sont heureuses, » donne par conversion : « Aucune personne malheureuse n'est honnête. »

INFÉRENCE HYPOTHÉTIQUE.

30. Les propositions hypothétiques sont de deux espèces, les conditionnelles et les disjonctives. Elles ont été prises comme le fondement d'une forme distincte de syllogisme appelée hypothétique.

« Si l'éducation des enfants est négligée, ils grandiront dans l'ignorance. » Voilà une proposition qui peut être posée pour la majeure d'un syllogisme ; et en y ajoutant cette mineure « or certains enfants ont été négligés », nous sommes

autorisés à conclure : « ils grandiront dans l'ignorance. »
C'est ce qu'on a appelé un syllogisme hypothétique (conditionnel). Par une proposition disjonctive (A est ou bien B ou bien C), associée à une proposition qui affirme un des termes de l'alternative (A n'est pas B) nous inférons l'autre terme de l'alternative (A est C) ; ce qui sera un syllogisme disjonctif.

Dans ses leçons sur la logique, Sir W. Hamilton, suivant l'usage ordinaire, traite du raisonnement hypothétique après le syllogisme ; mais, dans des notes publiées après sa mort, il préfère le considérer comme un cas d'inférence immédiate. M. Mansel, lui aussi, établit que le raisonnement hypothétique, en tant qu'il est purement logique, est aussi purement catégorique. Les différences saillantes entre le syllogisme et le raisonnement hypothétique sont : 1° l'absence d'un terme moyen : dans le syllogisme hypothétique tous les termes sont introduits dans la majeure ; 2° la mineure et la conclusion peuvent changer de place, et chacune d'elles est simplement un des deux membres de phrase qui constituent la majeure ; 3° la majeure hypothétique se compose de deux propositions, la majeure catégorique de deux termes.

La forme conditionnelle s'applique d'abord au rapport de cause à effet. Si la cause est présente, l'effet l'est aussi ; et si l'effet est absent, la cause est absente. Mais la même forme vaut encore lorsqu'une chose est le signe d'une autre, ou est constamment associée avec une autre.

Boole et de Morgan pensent que l'inférence hypothétique ne diffère pas de l'inférence immédiate. Boole observe dans ses « *Lois de la pensée* » (p. 244), que le syllogisme hypothétique n'est pas un syllogisme, parce qu'il ne contient que deux termes. De Morgan dit : « La loi de la pensée
« qui associe l'hypothèse avec une conséquence nécessaire
« est de telle nature qu'elle peut prétendre prendre rang
« avant le syllogisme, plutôt que le contraire. » (*Syllabus*, p. 66.)

31. Dans les propositions conditionnelles : — Si A est B, C est D, l'équivalent sera : — Si on admet que A est B, il en résulte que C est D.

Il n'y a pas d'inférence dans ce cas. Si nous acceptons que A est B, nous acceptons que C est D ; il n'y a là qu'une autre expression pour le même fait. « Si le temps continue à être beau, nous irons à la campagne, » peut être transformé en cette autre expression équivalente : « Le temps continue à être beau, et par suite nous irons à la campagne. » Une personne, qui affirme l'un, ne peut pas, en affirmant l'autre, proclamer un nouveau fait ; c'est le même fait qu'elle répète. Aucune idée nouvelle ne figure dans la seconde. Il n'y a là qu'un cas de consistance. Lorsqu'un acheteur offre au vendeur un certain prix pour un article, et que le vendeur dit : « Voici l'article, » l'acheteur est simplement d'accord avec lui-même en soldant le prix. Or c'est précisément ce qui se passe dans une inférence conditionnelle.

Une seconde forme d'inférence conditionnelle, c'est que la négation du conséquent est la négation de l'antécédent. C n'est pas D ; donc A n'est pas B. « Si le temps est beau, nous irons à la campagne, » « nous n'allons pas à la campagne ; donc le temps n'est pas beau. » Il n'y a là encore qu'une pure équivalence formelle. Elle est impliquée dans ce qui a été précédemment établi. Elle ne constitue pas un fait nouveau, elle est le même fait, sous la forme contraire. X est suivi par Y, implique deux propositions. X est arrivé, donc Y s'est produit : ou bien Y n'est pas arrivé, donc X ne s'est pas produit. Telle est l'expression double de la proposition conditionnelle.

Il est admis, comme un élément de la théorie des propositions conditionnelles, que le fait d'accorder un conséquent ne prouve pas l'antécédent. L'assertion C est D, ne prouve pas que A est B. « Si elle a subi la contagion, la personne mourra. » La mort de la personne ne prouve pas qu'elle a subi la contagion, parce qu'il y a diverses causes de mort, outre celle qui a été mentionnée. Cette règle, cette mesure de prudence est fondée sur notre expérience, qui nous informe que dans la nature se rencontre souvent une pluralité de causes. Le cas est parallèle à celui qui consiste à convertir une affirmative universelle, en se rappelant que dans de telles affirmations le prédicat n'est pas nécessairement coextensif avec le sujet, mais qu'il est fréquemment plus large que lui.

Si la condition donnée était la seule condition du conséquent, l'affirmation du conséquent serait aussi l'affirmation de l'antécédent. « Si une quantité de force est dépensée, une quantité équivalente de force est développée. » Voilà un cas où est exprimée la seule condition indispensable de l'effet (une force équivalente engendrée). Dans toutes les circonstances possibles la production de la force suppose une dépense de force antérieure, par suite l'affirmation du conséquent (la génération de la force) est l'affirmation de l'antécédent (la dépense de la force). Mais de telles conditions étant l'exception, non la règle, les logiciens n'autorisent pas l'affirmation de l'antécédent fondée sur l'affirmation du conséquent.

Pour les mêmes raisons il est interdit de nier le conséquent, par cela seul que l'antécédent est nié : A n'est pas B, par suite C n'est pas D ; l'homme n'a pas subi la contagion, et par conséquent il ne mourra pas.

La forme ordinaire de la proposition conditionnelle, c'est lorsque ses deux membres sont affirmatifs. Mais l'un des deux membres ou même tous les deux peuvent être négatifs. Il y a donc quatre formes :

1° Si A est B, C est D.

3° Si A n'est pas B, C est D. « Si la rébellion n'est pas étouffée, le roi sera exécuté. » Il est également juste de dire que si la rébellion réussit, le roi sera exécuté, ou bien que si le roi n'est pas exécuté, la rébellion aura été étouffée. « Si le secours n'est pas promptement envoyé, la cité se rendra ; » si la cité ne se rend pas, c'est que le secours a été envoyé.

3° Si A est B, C n'est pas D. « Si la volonté de Henri VIII était valide, Jacques Ier n'avait pas de titre légal au trône d'Angleterre. Si Jacques Iᵉʳ avait un titre légal, alors la volonté de Henri n'était pas valide. » « Si le port est gelé, les bateaux ne pourront y pénétrer ; si les bateaux ont pénétré dans le port, le port n'est pas gelé. » De même : « Il ne peut être méchant celui dont la vie s'écoule dans le bien ; s'il est méchant, c'est que sa vie ne s'écoule pas dans le bien. »

4° Si A n'est pas B, C n'est pas D. S'il n'y a pas de Dieu, il n'y a pas de vie future. S'il y a une vie future, il y a un Dieu. Point d'évêques, point de roi ; s'il y a un roi, il y a des évêques.

Ces formes sont réglées par les mêmes lois de transposition. Le principal intérêt de la forme 2° et de la forme 3° consiste en ceci que lorsque ces deux formes s'appliquent à deux propositions, l'union des deux équivaut, comme nous allons le voir, à une proposition disjonctive.

32. *La proposition disjonctive* peut se présenter sous les formes suivantes :

I. A est ou bien B ou C.
II. Ou B ou C existe.
III. Ou bien A est B, ou C est D.

« C'est un fou ou bien un farceur. » Cela veut dire : « S'il n'est pas fou, c'est un farceur, et si c'est un farceur, ce n'est pas un fou. » En d'autres termes : « N'étant pas un fou, c'est un farceur. » « N'étant pas un farceur, c'est un fou. » Ce sont là des formes équivalentes, et le raisonnement supposé consiste simplement à choisir un des termes de l'alternative, suivant les cas. La donnée étant : « Il n'est pas fou, » nous choisissons l'autre partie de l'alternative : « C'est un farceur » et *vice versâ*.

Ceci correspond à une division logique. « Les sentiments sont ou bien des plaisirs, ou bien des peines, ou bien des états neutres. » Les propositions équivalentes seraient celles-ci : « Un sentiment n'est pas un plaisir, c'est une peine ou un état indifférent ; un sentiment n'est pas une peine, c'est alors un plaisir ou un état indifférent ; un sentiment n'est pas un état indifférent, il est un plaisir ou une peine, et ainsi de suite. » Il n'y a pas dans ces changements d'inférence réelle. Il n'y a que les équivalents rigoureux de la division disjonctive originelle.

Comparée avec les propositions conditionnelles, cette forme présente un degré plus élevé de complexité par rapport à la dépendance. La forme conditionnelle exprime une dépendance simple ; la présence de l'antécédent implique la présence du conséquent, et l'absence du conséquent implique l'absence de l'antécédent. La proposition disjonctive indique une dépendance double et réciproque ; la présence de l'un ou de l'autre des faits implique l'absence de l'autre, l'absence de l'un ou de l'autre implique la présence de l'autre. C'est là le cas ordinaire. Mais la forme disjonctive pourrait être employée encore lorsque la présence de l'un ou de l'autre implique la présence de l'autre, et l'absence de l'un ou de l'autre l'absence de l'autre. Ainsi « tout objet de la nature ou bien est inerte ou bien n'a pas de poids. » De là dérivent les propositions suivantes :

1° Il est inerte, et par conséquent il n'est pas possible qu'il n'ait pas de poids, — il a du poids.

2° Il n'est pas inerte, et par suite il n'a pas de poids.

3° Il n'a pas de poids, et par suite il n'est pas inerte.

4° Il n'est pas possible qu'il n'ait pas de poids, c'est-à-dire il a du poids, et par suite il est inerte.

Grâce à la double négation, cette forme est embarrassée, mais elle représente un degré intermédiaire entre les propositions conditionnelles et les propositions disjonctives ordinaires.

« Vous devez payer une amende ou aller en prison. » Cette proposition implique quatre faits :

1° Si vous payez l'amende, vous n'irez pas en prison.

2° Si vous ne payez pas l'amende, vous irez en prison.

3° Si vous allez en prison, vous ne payerez pas l'amende.

4° Si vous n'allez pas en prison, vous payerez l'amende.

Une disjonction n'est pas complète à moins qu'elle ne donne lieu ainsi à quatre propositions vraies, et le seul moyen de s'assurer de sa validité est d'analyser ces quatre formes :

Ainsi :

« Ou bien le témoin s'est parjuré, ou le prisonnier est coupable. »

1° Si le témoin s'est parjuré, le prisonnier n'est pas coupable.

2° Si le témoin ne s'est pas parjuré, le prisonnier est coupable.

3° Si le prisonnier est coupable, le témoin ne s'est pas parjuré.

4° Si le prisonnier n'est pas coupable, le témoin s'est parjuré.

Les propositions 2° et 4° sont correctes, mais 1° et 3° ne sauraient être maintenues. Ceci révèle une certaine faiblesse dans la forme donnée à la proposition disjonctive. Exprimez-la ainsi : « Si le témoin dit la vérité, le prisonnier est coupable, » et alors la proposition sera tout à fait correcte ; elle ne l'est pas dans l'autre forme, car le témoin peut s'être parjuré, et le prisonnier être coupable tout de même, et le prisonnier peut être coupable sans que le témoin ait dit la vérité.

« La punition a pour but ou bien de réprimer le crime ou de réformer les criminels. »

« Si la punition réprime le crime, elle ne réforme pas les criminels. » Nous voyons ici que les deux attributs peuvent coexister.

« Depuis un grand nombre d'années, ce pays a été gouverné soit par les whigs, soit par les tories. » Cette affirmation laisse la porte ouverte à une troisième hypothèse : un gouvernement de coalition.

« Il ne peut pas ou il ne veut pas faire cela » laisse le droit d'admettre une troisième supposition : c'est qu'il ne veut ni ne peut le faire.

« La substance que ce corps tient en dissolution est de la chaux ou de la magnésie » est un exemple excellent emprunté à la chimie, et peut être mis sous les quatre formes suivantes :

1° Si la réaction de la chaux se produit, la magnésie n'est pas présente.

2° Si la réaction de la chaux ne se produit pas, la magnésie est présente.

3° Si la réaction de la magnésie se produit, la chaux est absente.

4° Si la réaction de la magnésie ne se produit pas, la chaux est présente.

Un chimiste ne saurait se satisfaire sans avoir mis à l'épreuve deux de ces formes, une forme positive et une forme négative.

33. **Le dilemme combine une proposition conditionnelle et une proposition disjonctive.**

Si l'*antécédent* d'une proposition conditionnelle est présenté sous forme disjonctive, on a ce que Whately appelle un simple dilemme de construction.

Si ou bien A ou bien B existe, C existe.
Or, ou bien A ou bien B existe.
Donc C existe.

S'il y a des animaux ou des plantes, il doit y avoir des germes préexistants.
Or il y a des plantes ou des animaux.
Donc il y a des germes préexistants.

Si le conséquent est une proposition disjonctive, on a une forme plus usuelle :

Si A existe, ou bien B ou bien C existe.

Si le baromètre descend, il doit y avoir pluie ou vent.
Diverses suppositions peuvent être faites, qui découvrent toutes les alternatives possibles. Ainsi :

A existe ; alors B ou C existe.
C n'existe pas ; alors si A existe, B existe.
C existe ; alors si A existe, B n'existe pas.
B existe ; alors si A existe, C n'existe pas.

B n'existe pas ; alors si A existe, C existe.

B n'existe pas, et C n'existe pas; alors A n'existe pas (1).

Cette dernière forme est celle du vrai dilemme, le dilemme *de destruction*. Les formes précédentes sont également valides et peuvent êtres appliquées à l'occasion. Par exemple :

Si l'orbite d'une comète diminue, c'est que la comète traverse un milieu résistant, ou que la loi de la pesanteur est partiellement suspendue;

Mais la seconde alternative est inadmissible;

Par conséquent, si l'orbite d'une comète diminue, c'est qu'il y a un milieu résistant.

La conclusion est une simple proposition conditionnelle, dans laquelle on écarte une des deux hypothèses.

Voici des exemples de dilemme ordinaire :

« Si l'éducation classique vaut ce qu'elle coûte, elle doit, ou bien être organisée de façon à développer les facultés mentales, ou bien procurer une science extrêmement importante ; mais ni l'une ni l'autre de ces hypothèses ne peut être maintenue, et par conséquent l'éducation classique ne vaut pas ce qu'elle coûte. »

Quelquefois l'antécédent est présenté plus avantageusement sous forme de question :

« Comment savons-nous que nos croyances intuitives, relatives au monde, sont invariablement vraies? Cela doit être ou bien par une expérience qui constate l'accord de la pensée et de l'objet, ou bien par une croyance intuitive.

---

(1) Une autre forme de dilemme simple est la suivante : si B existe, A existe ; et si C existe, A existe. Or, ou bien B ou bien C existe. Par conséquent A existe. Voici un exemple emprunté à Macaulay. La prédestination rend les hommes immoraux ; car si un homme est un favori de la grâce, ses efforts sont inutiles; s'il est au contraire prédestiné au mal, ses efforts sont impuissants.

Or, d'après la prédestination, l'homme est destiné au bien ou au mal; ses efforts sont donc inutiles dans l'une ou l'autre hypothèse.

Mais celui qui regarde ses efforts comme inutiles est immoral ; donc la prédestination rend les hommes immoraux.

« Or l'expérience ne peut garantir cet accord que dans la limite de nos perceptions, et, d'un autre côté, il serait encore moins rigoureux de prendre une croyance intuitive comme garantie de toutes les autres. Ainsi nous ne pouvons savoir si nos croyances intuitives sont solides. »

Le dilemme, quoiqu'il soit à l'occasion une forme utile, est plus souvent un piége. La question est de savoir si la disjonction est vraie ; par suite dans tout dilemme on rejette toujours plusieurs cas possibles. Nous commençons par dire, si A existe, B ou C ou D ou E existe. Nous rejetons l'une après l'autre chacune de ces suppositions, jusqu'à ce qu'il n'en reste que deux, et si ces deux dernières suppositions sont rejetées elles aussi, l'antécédent est nié. Le cas où l'on est dupe d'une erreur, c'est lorsque le logicien se fie à la loi de l'exclusion du milieu, comme à une garantie de disjonction. Si A existe, A est ou B ou non B. Nous pouvons sans difficulté affirmer que A est non B, mais comment nous assurer que A n'est pas non B, c'est-à-dire qu'il n'est ni B, ni aucune autre chose que B ? Il est certain que si nous sommes en état d'affirmer que A n'est pas autre chose que B, nous n'avons pas besoin d'un dilemme ni du terme B pour prouver que A n'existe pas. Comme exemple de fausse disjonction, nous pouvons prendre le vieux sophisme du mouvement.

« Si un corps se meut, il doit être ou bien dans le lieu où il est, ou dans le lieu où il n'est pas ;

« Mais un corps ne peut se mouvoir dans le lieu où il est, ni dans le lieu où il n'est pas. Donc un corps ne se meut pas. »

La disjonction, pour se conformer à la loi de l'exclusion du milieu, doit être présentée sous cette forme :

Le corps doit se mouvoir dans le lieu où il est, ou il doit *ne pas* se mouvoir dans la place où il est. Nous admettons alors qu'un corps ne se meut pas *dans* la place où il est, et la possibilité du mouvement subsiste encore.

« Si les livres de la bibliothèque d'Alexandrie sont d'accord avec les doctrines du Coran, on n'a pas besoin d'eux ;

s'ils sont en désacord, ils devaient être détruits. » Ce n'est pas une disjonction complète, car les livres d'Alexandrie pouvaient traiter d'autre chose que de la religion ; mais l'assertion implique ce principe qu'il n'y a pas de connaissance désirable en dehors des connaissances religieuses.

« Un disciple de Berkeley est réduit, en fait, à ce dilemme : s'il connaît ce qu'on appelle le monde extérieur, ce ne peut être que parce qu'il le perçoit comme extérieur, et cela contredit sa théorie. Si, d'un autre côté, il ne sait pas ce que c'est que le monde extérieur, il ne peut employer le mot *extérieur* en lui donnant un sens ; il ne saurait même avoir l'idée de l'employer. » Ce raisonnement implique que le sens de l'expression « monde extérieur » n'est pas en discussion, et que tout le monde l'entend de la même façon : tandis qu'il n'est en réalité qu'une expression abrégée pour désigner les faits considérés sous un certain aspect. Berkeley pourrait répondre que le débat porte précisément sur le sens des mots « monde extérieur ».

PROPOSITIONS SYNONYMES.

34. Dans toute langue, il y a des expressions diverses pour désigner la même chose ; et il y a quelquefois avantage à passer de l'une à l'autre. Nous appellerons ces expressions diverses des propositions synonymes.

Comme il y a dans certains cas plusieurs mots pour le même objet, pour le même fait, nous les trouvons employés souvent l'un pour l'autre. Le trait caratéristique de la matière est exprimé par les mots de résistance, de force, de pesanteur, d'inertie, qui signifient tous la même chose, mais la même chose sous différents aspects.

« Les hommes sont mortels. » « Tous les hommes mourront. » « Nous sommes destinés à la mort. » « La mort est la loi de notre espèce. » — Voilà des expressions tout à fait synonymes, qui n'ajoutent rien au fait exprimé, mais qui peuvent le mettre plus ou moins en relief.

« Ceci fait pencher cela, donc ceci est plus lourd que cela, » ne constitue pas une inférence réelle ; les deux expressions représentent une même opération. Il n'y a pas d'autre critérium pour apprécier la pesanteur relative de deux choses que de les peser. « Ce bloc de marbre est plus large que celui-ci ; par conséquent il est plus pesant : » Ici il y a une inférence réelle. Le premier terme est donné comme le signe d'une supériorité qui existe par rapport à une autre qualité, la pesanteur.

« Ce qui a été sera. » « L'avenir ressemble au passé. » « La nature est uniforme. » « Les lois de l'univers sont permanentes. » Voilà une série d'expressions synonymes pour le même fait fondamental. On ne saurait invoquer l'une d'entre elles comme la preuve des autres. La variété des formes indiquées peut seulement aider à faire comprendre la grande vérité qu'elles représentent. Une de ces formes peut suggérer une catégorie d'exemples, une autre suggérera d'autres exemples. La diversité des formes de langage est souvent d'un grand secours pour l'intelligence. Elle est cependant une source de dangers. L'écueil du langage, c'est que l'esprit tend à croire que des choses différentes correspondent à chaque expression différente. Par suite, c'est un sophisme assez commun, et un artifice de rhétorique, de donner un fait comme étant sa propre raison à lui-même : on se contente comme preuve d'un simple changement dans l'expression.

Il est souvent difficile de trouver une expression qui suffise à elle seule pour représenter les notions et les vérités d'une grande généralité. La grande loi de la conservation de la force a besoin, pour être comprise, du secours de quelques autres termes : la persistance, la transformation, l'équivalence, la corrélation. Les principes de cette partie transcendentale de l'algèbre, qu'on appelle le calcul différentiel, ont été considérés à différents points de vue, exprimés par divers noms : les limites, les raisons premières et ultimes, les quantités, les fluxions, les coefficients différentiels.

Les éléments intellectuels appelés *intuitions* par les philosophes de l'école de l'*à priori* sont présentés quelquefois sous la forme de notions, quelquefois sous la forme de propositions : la chose est la même dans les deux cas. Nous pouvons dire ou bien que la cause est une *notion innée*, ou bien que la proposition « tout effet a une cause » est une *proposition* innée, un principe, un jugement.

Les définitions du dictionnaire consistent à donner des expressions tautologiques, ce qui prouve que les synonymes abondent dans la langue. S'il n'y avait qu'un seul mot pour chaque chose, un dictionnaire anglais ou français, conçu d'après le plan ordinaire, ne pourrait exister.

Exercices sur les propositions et sur les notions.

Nous donnons ici des exemples de propositions, qui peuvent servir d'exercices, exemples disposés d'après la classification des propositions et des formes équivalentes. Comme toute proposition réelle contient deux notions, et comme les propositions verbales renferment au moins une notion, les exemples pourront servir en même temps d'exercices sur les notions.

Par rapport à la classe ou à la notion, dans son opposition avec la proposition réelle, les points qui doivent être éclaircis sont relativement peu nombreux. Un objet particulier ou individuel peut être présenté comme faisant contraste avec les classes ou les généralités : Homère avec les poëtes, le Rhin avec les fleuves, la Grande-Bretagne avec les États. Parmi les choses généralisées nous avons les classes (concrètes), et les attributs (abstraits). On peut donner des exemples pour faire comprendre les divers *degrés* de généralité, exercice très-profitable. Après cela il ne reste plus qu'à mettre en lumière la relativité, et à déterminer la classe ou la notion corrélative, dans un tout donné.

La notion condense souvent dans un seul mot ce qui, pour être exprimé tout au long, exigerait une ou plusieurs propositions. La réfraction, l'électricité, la cristallisation, l'affinité chimique, sont des mots qui expriment des faits complexes, faits qui exigeraient plusieurs propositions et qui ne pourraient être expliqués sans ces propositions. Le mot de réfraction est l'expression abrégée de la loi d'après laquelle la lumière s'infléchit lorsqu'elle passe d'un milieu transparent dans un autre ; son expression complète est la loi elle-même exposée comme une proposition réelle.

D'après leurs divers aspects, présentés dans le chapitre précédent, les propositions peuvent être considérées :

I. Comme *individuelles* ou *générales*, comme exprimant divers degrés de généralité : à ce caractère se rattache la loi qui veut que la connotation ou la compréhension diminue, quand la généralité ou l'extension augmente.

Le principe de la relativité appliqué aux propositions se manifeste dans diverses catégories : la négation, l'opposition, et l'obversion.

II. Comme possédant la *quantité* et *la qualité* : caractères qui se lient à l'emploi du syllogisme.

III. Comme *complexes*, par contraste avec les propositions *simples* : l'exemple logique le plus important de la complexité se trouve dans les propositions *hypothétiques* (conditionnelles et disjonctives).

IV. Comme *opposées*, dans les formes variées qu'on appelle *contraires*, *contradictoires*, etc.

V. Comme affirmant *l'égalité*, *la coexistence* ou *la succession* : les deux dernières formes comprenant l'espèce particulière de proposition, où les attributs sont *co-inhérents*, et les propositions de causation.

Ici peuvent être placées les sciences particulières auxquelles appartiennent ces propositions ; — comme les mathématiques, la chimie, la psychologie, etc. Car, bien que les propositions de quantité ne constituent qu'une science, les mathématiques, les propositions, qui se rattachent aux deux catégories de la causalité et de l'inhérence dans un même sujet, se distribuent dans un grand nombre de sciences.

VI. Comme ayant un grand nombre de *formes équivalentes*, à savoir les propositions générales et particulières, les propositions d'une connotation plus ou moins grande, les propositions *obverties* et *converties*, les équivalents hypothétiques, les expressions synonymes.

VII. Toutes les classes précédentes supposent des prédicats réels. Il est cependant important de saisir toutes les occasions qui se présentent d'opposer les propositions *réelles* avec les propositions *verbales*. Un intérêt plus grand encore s'attache à la différence qui existe entre un *proprium* ou un *concomitant* pris pour prédicat.

Beaucoup de propositions qui se présentent dans le discours ordinaire ne sont pas certaines, elles ne sont que *probables*; l'affirmation ne peut être maintenue que dans un grand nombre de cas, non pas dans tous. Par exemple : « Les personnes tempérantes vivent longtemps. » La question de la probabilité se rattache à la logique inductive et n'a pas été signalée dans la classification qui précède. La distinction entre la probabilité et la certitude est si facilement comprise et en même temps si importante qu'il est bon de la rappeler toutes les fois qu'on en trouve l'occasion.

Pour le moment, nous n'avons considéré dans les propositions que ce qu'elles prétendent affirmer, sans nous inquiéter encore si leurs affirmations sont vraies ou fausses. La preuve ou l'évidence de ces affirmations appartient à d'autres chapitres, à la déduction ou à l'induction.

Dans les exemples qui suivent et qui sont exposés sans ordre, on a employé différentes formes parce qu'elles s'adaptaient mieux que d'autres aux différentes classes des propositions. Dans la plupart de ces exemples, on a cherché à transformer les expressions du langage ordinaire d'une façon plus appropriée aux formes logiques.

— « L'honnêteté est la meilleure des politiques. » C'est une proposition d'une certaine généralité : une proposition qui aurait pour sujet la vertu serait plus générale ; une proposition qui aurait pour sujet l'exactitude à payer des dettes serait, au contraire, moins générale, mais elle aurait un prédicat plus compréhensif.

Par rapport à la quantité et à la qualité (dans la forme) c'est une proposition universelle, affirmative, qui peut être exprimée ainsi : « Toutes les actions honnêtes sont plus politiques que les actions qui ne le sont pas. »

Nous lisons dans les œuvres d'Otway la pensée que voici, et qui est le contraire de la précédente. « L'honnêteté est un système de conduite détestable et qui nous laisse mourir de faim. » La contradictoire serait : « Quelques actions honnêtes ne sont pas de bonne politique. »

Au point de vue du sens, cette proposition se rapporte à la causalité. « Les actions honnêtes produisent pour celui qui les accomplit des résultats heureux. » Comme il s'agit de l'esprit, la proposition appartient à la science de la psychologie.

On pourrait donner des formes équivalentes. — « Quelques actions honnêtes sont politiques. » Obversion (formelle) : « L'honnêteté n'est pas une mauvaise politique. » Obversion (matérielle) : « Aucun homme honnête n'est un homme malheureux. » Conversion : « Quelques actions de bonne politique sont des actions honnêtes. »

La proposition n'est pas verbale, elle est réelle ; la bonne politique n'est en aucune façon la définition de l'honnêteté. Il y a là un *proprium*, une proposition dérivée, et non un fait ultime. La proposition peut être déduite des caractères et de l'action de l'honnêteté, en tenant compte des lois générales de la cause et de l'effet dans l'esprit humain.

Enfin, c'est une proposition qui n'est pas certaine, mais qui est probable. Elle est vraie, non pas universellement, mais dans la majorité des cas.

— « Tous les alcalis, toutes les terres alcalines sont des oxydes métalliques. » C'est une affirmation complexe, formée de deux affirmations qui peuvent être distinguées et présentées séparément. Pour la forme et pour le sens, elles sont si intimement unies qu'il n'y a pas d'inconvénient à les associer, à les confondre.

Quant à la forme extérieure, elles sont l'une et l'autre des affirmatives universelles.

Pour le sens, elles rentrent dans la catégorie de l'inhérence dans un même sujet, et appartiennent à la chimie.

Elles sont, à les analyser strictement, des propositions verbales : le prédicat, oxydes métalliques, est donné comme un caractère essentiel des alcalis et des terres alcalines. Cependant, à l'origine, la composition ou la dérivation de ces substances ne faisait point partie de la connotation de ces mots ; le caractère essentiel de ces corps était leur relation avec les acides, avec les sels neutres. Plus tard la découverte de Davy fut un fait additionnel, et constitua, par suite, un prédicat réel. Ainsi donc, en tant que les termes suggèrent seulement à l'esprit le sens primitif d'un alcali, la proposition est réelle, non verbale ou essentielle.

— « Les poissons respirent par des branchies. » Le sujet équivaut à « tous les poissons ». Ceci est une affirmation verbale, une proposition essentielle sur les espèces naturelles. Le sujet « poisson » connote tous les attributs essentiels des poissons, parmi lesquels se trouve précisément le prédicat « respiration par les branchies ». Comme cet organisme n'appartient qu'aux poissons, le sujet et le prédicat ont la même extension. C'est une proposition de biologie ou de zoologie.

— « Un moyen de maintenir la santé est l'exercice. » C'est une inversion pour ces autres phrases : « L'exercice aide ou soutient la santé. » « Toutes les personnes qui font de l'exercice pratiquent un des moyens requis pour assurer leur santé. » C'est une proposition de causalité, une vérité biologique, une affirmation réelle.

— « La douleur est la conséquence de la sensibilité. » Sous forme concrète, nous aurons : « Tous les êtres sensibles sont des êtres sujets à la douleur ; tous les êtres sensibles sont, dans certaines circonstances, des êtres qui souffrent. » C'est une proposition verbale ou analytique, puisque la définition de la sensibilité est précisément : la faculté d'éprouver du plaisir ou de la peine, ou de se trouver dans un état neutre, indifférent. Cet exemple peut être donné pour expliquer la distinction d'Aristote entre l'acte et la puissance.

— « Tout ce qui est est bien. » La proposition est si générale qu'elle dépasse même les deux *summa genera*, l'objet et le sujet. L'existence est un prédicat fictif, et, dans toute proposition intelligible, le mot existence signifie plus qu'il ne paraît signifier. La proposition en question doit être interprétée ainsi : « Tout ce qui se passe dans le monde est bien. » Au point de vue du sens, c'est une proposition de causalité. La forme obvertie serait : « Rien de ce qui est n'est mal. » — « Il n'y a pas de mal. »

— « Le beau et l'utile coïncident en partie, » forme synonyme de cette proposition : « Les choses belles sont quelquefois utiles, et *vice versâ*. »

— « La punition du péché est la mort, » ou la mort est la punition du péché. Cette proposition affirme une coexistence universelle entre la mort et le péché ; tous les êtres qui meurent sont tous les êtres qui ont péché. Une autre interprétation serait : « Le péché d'Adam a été la cause de la mort. »

— « La confiance excessive peut s'allier à une grande faiblesse. » — « Les personnes qui ont une grande confiance en elles-mêmes peuvent être des personnes faibles. » C'est la contradictoire de cette affirmation : « Toutes les personnes pleines de confiance sont fortes. »

De même : « Un homme orgueilleux n'est pas nécessairement un méchant. » — « L'homme est le seul animal qui associe la vie sociale et la vie solitaire. » C'est une forme qui équivaut à ces propositions où le prédicat est déterminé dans sa quantité d'une façon universelle.

— Prendre la 47e et la 48e proposition d'Euclide (Ier livre), et montrer leur rapport avec la théorie de la quantité universelle du prédicat.

— « L'adverbe qualifie le verbe. » — « L'adverbe doit être placé près des mots qu'il qualifie. » En quoi ces propositions diffèrent-elles logiquement ?

— « Plus la nouveauté est grande, plus grand est le plaisir, » proposition qui exprime un *proprium*, et qui peut être inférée de l'affirmation : « La nouveauté est une source de plaisir. » Dans les propositions de causalité, nous avons le droit d'inférer la proportionnalité de la cause et de l'effet.

— « La symétrie est la loi générale de la création, » forme bien alambiquée pour le sens qu'elle exprime. La symétrie est un mot qui représente toute une proposition, et les expressions sonores « la loi générale de la création » signifient simplement que le fait est fréquent ou ordinaire. « Beaucoup de choses dans la nature sont construites sur un plan symétrique. »

L'angle compris dans un demi-cercle est un angle droit.
La neige est froide.
Le diamant est extrêmement brillant.
L'extrême chaleur détruit la vie.
Le mouvement suit la direction où il trouve la plus faible résistance.
Il est plus facile de dégager la vérité de l'erreur que d'une opinion confuse.
Le pouvoir corrompt l'esprit.
Le temps guérit les douleurs.
L'habitude émousse la sensibilité.
Les vices privés sont des profits pour l'État.
La tyrannie est un pouvoir irresponsable.
La bienveillance est le principe de la vertu.
Les lois internationales n'ont pas de statuts écrits.
La conception est impliquée dans tout acte de perception.
Tout ce qui reluit n'est pas or.
L'éloignement donne du charme aux paysages.
La consomption est dans ce pays une maladie mortelle.
Il est difficile de reposer une tête couronnée.
N'être pas riche n'est pas toujours un mal.
Les causes qui produisent la vigueur physique ne garantissent pas sa durée.
Pas de nouvelles, bonnes nouvelles.
Il n'est point fou.
Tous les conseils ne sont pas bons.
Les hommes, quelque haut placés qu'ils soient, ne sont pas à l'abri des regards de l'envie.

Les meilleurs orateurs ne sont pas toujours des hommes d'État.

Il y a des études très-vantées et peu utiles.

Il est rare que la vertu soit pure de tout vice.

— Les deux exemples suivants sont extraits de Platon :

« Tous les hommes qui ont la goutte, la fièvre ou l'ophthalmie sont malades; mais tous les hommes malades n'ont pas la goutte, la fièvre, l'ophthalmie. De même tous les charpentiers, tous les cordonniers, tous les sculpteurs sont des artisans, mais tous les artisans ne sont pas des charpentiers, des cordonniers ou des sculpteurs. De la même façon encore, tous les fous sont insensés, mais tous les insensés ne sont pas fous. »

« Tout homme qui est un bon rhapsode est-il un bon général ? Sans aucun doute. Est-ce que tout bon général sera de même un bon rhapsode ? Non, je ne le crois pas. »

— Si l'on fait passer de la vapeur d'eau sur du fer chauffé au rouge, l'hydrogène se dégagera.

Si la vertu est la science, on peut enseigner la vertu.

S'il est impossible que l'âme périsse, il est impossible qu'elle naisse.

La matière est ou liquide, ou solide, ou gazeuse.

M. de Morgan suppose un orateur qui a l'intention de dire : « *Tous* les Anglais aiment la liberté, » et qui déclame en ces termes : « Donnez-moi un groupe d'Anglais, et je dirai hardiment qu'ils élèveront tous leurs voix d'un commun accord en faveur de la liberté, ou qu'il y a des étrangers parmi eux. » Ceci peut être regardé comme une forme équivalente, sans inférence syllogistique.

Cromwell, à son lit de mort, demanda, dit-on, à un prêtre, qui était auprès de lui, s'il était possible de perdre la grâce. Le prêtre répondit que c'était impossible. « Alors, » dit Cromwell, « je suis sauvé, car j'ai été une fois en état de grâce. »

Aucune forme de gouvernement n'est aussi admirable qu'une monarchie constitutionnelle limitée, car ce gouvernement est supérieur, sans aucun doute, à toute autre forme de gouvernement.

L'honnêteté mérite une récompense. Un nègre est notre semblable. Un nègre honnête est un de nos semblables qui mérite une récompense.

Tout homme est un animal. La tête d'un homme est la tête d'un animal. (De Morgan.)

Dans le livre IV (*Logique des sciences*), aussi bien que dans le reste de l'ouvrage, nous rencontrerons un grand nombre d'exemples qui pourront servir, s'il est nécessaire, d'exercices additionnels.

LIVRE II

DE LA DÉDUCTION

LIVRE II

DE LA DÉDUCTION

CHAPITRE PREMIER

LE SYLLOGISME.

1. Le syllogisme est la forme, l'expression complète d'une inférence déductive, c'est-à-dire, d'une inférence qui va du général au particulier.

Lorsque le raisonnement consiste à invoquer, comme preuve d'une proposition affirmative (ou négative), une affirmation plus générale, il est possible de l'exprimer sous une forme spéciale, qui permet quelquefois d'en apprécier plus facilement la solidité. Le caractère de cette forme d'exposition consiste essentiellement en ce que tous les éléments du raisonnement y sont explicitement énoncés. Si, par exemple, on affirme que les mathématiques sont utiles comme gymnastique intellectuelle, et si l'on en donne pour preuve que toutes les sciences exactes sont utiles en ce sens, le raisonnement, qui est dans ce cas déductif et non inductif, suppose deux assertions : — 1° « Toutes les sciences exactes sont utiles comme discipline intellectuelle; » 2° « Les mathématiques sont des sciences exactes. » Ces deux propositions sont l'une et l'autre nécessaires pour aboutir à la conclusion : « Les mathématiques sont une excellente discipline intellectuelle. » La première proposition est le principe général ; la seconde est une proposition intermédiaire, qui sert à appliquer le principe général au cas dont il s'agit. Il arrive très-souvent qu'une des deux propositions est sous-entendue. Si l'on dit, par exemple : « Cet homme est un menteur; on ne peut donc pas ajouter foi à sa parole, » il y a ellipse du principe général : « On ne doit pas ajouter foi à la parole des menteurs. » Dans cette autre forme, « vous ne devez pas croire à la parole des menteurs, donc n'ayez pas confiance à cet homme, » c'est la proposition intermédiaire qui a été omise : « Cet homme est un menteur. »

Un raisonnement déductif, formellement et complétement exprimé, constitue un syllogisme.

La disposition suivante :

1° Tous les hommes sont faillibles,
2° Jean est un homme,
3° Jean est faillible,

nous présente un raisonnement déductif régulier sous sa forme complète ou syllogistique. Les deux premières propositions concourent à établir la troisième; on les appelle les *prémisses* du raisonnement ou du syllogisme; la troisième est la vérité à prouver : on l'appelle la *conclusion*.

Nous verrons dans la suite, en étudiant les modifications apportées à la forme régulière du syllogisme, que l'ordre des propositions peut être renversé; la proposition intermédiaire ou applicative devient la première, et la proposition fondamentale est placée au second rang. Mais, quelle que soit la forme du syllogisme, il y a un élément qui ne peut jamais être absent : c'est la proposition générale. Cette condition est indispensable : si l'une des prémisses au moins n'est pas plus générale que la conclusion, l'argument n'est pas déductif.

2. Un syllogisme contient trois et seulement trois termes : le sujet et le prédicat de la conclusion, et un autre terme qui se trouve dans les deux prémisses : le sujet de la conclusion est le *petit terme*, le prédicat de la conclusion est le *grand terme*, enfin le terme que contiennent les deux prémisses est le *moyen terme*.

Par termes on entend les notions distinctes qui constituent les sujets et les prédicats des propositions. Toute proposition associe ou accouple deux termes. La proposition « X est Y » contient les deux termes X et Y unis par une affirmation. « Les hommes ne sont pas Dieux, » voilà un autre exemple, où nous trouvons les deux termes « hommes » et « Dieux » niés l'un de l'autre.

Dans l'analyse des termes du syllogisme, nous considérons d'abord la vérité à prouver, c'est-à-dire, la conclusion. *Le sujet* de la conclusion est le petit terme, le *prédicat* de la conclusion est le grand terme. La justesse de ces dénominations dérive de ce fait, déjà constaté, que, dans la plupart des propositions, le prédicat s'applique non-seulement au sujet, mais à d'autres sujets encore. Ainsi « les rois sont faillibles ; » mais bien d'autres êtres sont faillibles comme les rois : par conséquent les « rois » ne forment qu'un groupe plus petit au milieu d'un groupe plus considérable : « les êtres faillibles ». « Les rois » sont donc, au point de vue de l'extension, un *terme plus petit*, « les êtres faillibles » un *terme plus grand* (1).

Le *moyen terme* doit être cherché non dans la conclusion, mais dans les prémisses, c'est-à-dire dans les propositions qui servent à faire la preuve, et il doit se trouver dans l'une et dans l'autre. Ainsi dans le syllogisme :

> Les *hommes* sont faillibles,
> Les rois sont des *hommes*,
> Les rois sont faillibles,

(1) Hamilton critique ces expressions qu'il trouve erronées et inexactes, parce qu'elles ne s'appliquent pas aux termes au point de vue de la compréhension. Il y a sans doute plus d'hommes que de rois, et par suite les dénominations classiques s'appliquent exactement aux termes au point de vue de l'extension ; mais, dit Hamilton, le terme « rois » connote un plus grand nombre d'attributs que le terme « hommes », et par conséquent les mots « *grand* » et « *petit* » ne s'expliquent plus dans le sens de la compréhension. Pour répondre à cette objection, nous dirons que les mots, *grand* et *petit* termes, sont très-exactement appliqués dans le sens de l'extension, qu'on ne les emploie que dans ce sens, qu'on ne pourrait en faire usage dans les deux sens à moins de jeter de la confusion dans le discours, et qu'Hamilton n'a donné aucune bonne raison pour changer l'usage ordinaire.

le terme que ne contient pas la conclusion et que contiennent les deux prémisses est le terme « *hommes* », qui est sujet dans la première, et attribut dans la seconde. On l'appelle terme *moyen*, parce qu'il est le moyen, l'instrument qu'on emploie pour unir dans la conclusion le grand terme et le petit terme, qui sont séparés dans les prémisses. D'un autre côté, si l'on considère l'extension ou la dénotation, le moyen terme est intermédiaire entre le grand et le petit terme. — Ainsi le petit terme « les rois » a une extension moindre que le terme « hommes », car il y a plus d'hommes que de rois. Mais le terme « hommes », à son tour, a une extension moindre que le grand terme « les êtres faillibles », puisque, outre les hommes, il y a un grand nombre d'êtres faillibles. Ainsi le terme « les hommes » a plus d'extension que le petit terme « les rois », et il a moins d'extension que le grand terme « les êtres faillibles »; il est donc proprement un terme moyen ou intermédiaire. La gradation peut être représentée ainsi :

Les êtres faillibles............ *grand terme.*
Les hommes.................. *moyen terme.*
Les rois...................... *petit terme.*

Quoique le syllogisme contienne trois propositions, formées chacune de deux termes (ce qui fait six termes en tout), il n'y a en réalité que trois termes, chaque terme étant répété deux fois. L'exemple cité nous montre :

Le *moyen terme* dans les *deux* prémisses;
Le *petit terme* dans la conclusion et dans une prémisse;
Le *grand terme* dans la conclusion et dans l'autre prémisse.

3. Le syllogisme contient trois et seulement trois propositions, à savoir, les deux prémisses et la conclusion. La prémisse qui contient le grand terme et le moyen terme s'appelle la *majeure*, la prémisse qui contient le petit terme et le moyen terme s'appelle la *mineure*.

Dans l'exemple précédent, la première prémisse renferme le grand terme « les êtres faillibles », associé au moyen terme « les hommes » : — « Les hommes sont faillibles; »

elle est donc la majeure. La seconde prémisse contient le moyen terme : « les hommes » et le petit terme : « les rois » : « les rois sont des hommes ; » elle est donc la mineure.

Il a paru utile de représenter les formes du syllogisme par des lettres ou symboles : par exemple, en admettant que X est le petit terme, Y le moyen, Z le grand, on a :

>   Tout Y est Z.
>   Tout X est Y.
>   Tout X est Z.

Voilà une forme syllogistique affirmative, c'est-à-dire que la proposition universelle, représentée par la première prémisse, est affirmative ; la conclusion, elle aussi, est affirmative. Un exemple de forme syllogistique négative serait le suivant :

>   Aucun Y n'est Z.
>   Tout X est Y.
>   Aucun X n'est Z ;

ou bien, en adoptant les symboles d'Hamilton, plus expressifs encore :

S (*sujet* de la conclusion, c'est-à-dire *petit terme*).
M (*moyen terme*).
P (*prédicat* de la conclusion, c'est-à-dire *grand terme*).

>   Tout M est P.   Aucun M n'est P.
>   Tout S est M.   Tout S   est M.
>   Tout S est P.   Aucun S n'est P.

4. Les syllogismes ou les formes syllogistiques se divisent en figures, selon la place qu'occupe le moyen terme. Il y a en tout quatre figures.

La première figure est celle à laquelle appartiennent les exemples déjà cités. Dans cette figure, le moyen terme est *sujet* de la majeure et *prédicat* de la mineure.

>   Y est Z.   M est P.   M —
>   X est Y.   S est M.   — M.
>   X est Z.   S est P.

L'idée qu'implique ici le mot *figure* est analogue à celle qu'expriment les figures de rhétorique, qui sont des modifications apportées aux formes ordinaires du langage, en vue d'un effet à produire. Pour être tout à fait fidèle aux lois de l'analogie, il eût fallu, comme le remarque Hamilton, distinguer d'abord une forme régulière et typique ; on aurait alors très-justement appelé figures les formes qui se seraient éloignées de ce type primitif. C'est ce type qu'on a désigné à tort sous la dénomination de première figure. Dans cette première figure, la majeure est la proposition universelle, indispensable à toute déduction ; la mineure ou seconde prémisse est une proposition affirmative, quelle que soit d'ailleurs sa quantité. Quant à la disposition des deux prémisses, le principe universel est placé le premier, parce qu'il est le fondement, le point de départ de la déduction ; le rôle de la mineure est, au contraire, d'appliquer le principe à tel ou tel cas particulier. « Tous les voleurs méritent une punition, » voilà une proposition fondamentale, une règle, qui peut être appliquée à un cas particulier ; il faut pour cela une autre affirmation qui fasse rentrer ce cas particulier dans la règle générale, en disant : « Un tel est un voleur. » C'est là le rôle de la mineure.

Dans la seconde figure, c'est-à-dire dans la première modification apportée au syllogisme régulier, le moyen terme est prédicat dans les deux prémisses :

$$Z \text{ est } Y \quad P \text{ est } M. \quad - M.$$
$$X \text{ est } Y \quad S \text{ est } M. \quad - M.$$

Il y a ici une inversion manifeste de la forme normale du syllogisme. Dans la majeure, Z est Y, P est M, c'est le plus grand terme qui est le sujet ; le moyen terme est devenu l'attribut de la proposition. Si la proposition est affirmative, le changement que nous venons de signaler ne permet pas qu'elle soit universelle en même temps, et, par suite, la première proposition n'est plus la majeure dans le même sens que dans la forme typique du syllogisme. Si la proposition est négative, il n'y a dans ce cas qu'une inversion sans importance : nous pouvons indifféremment dire ou bien « aucun Y n'est Z », ou bien « aucun Z n'est Y ». « Aucun homme n'est Dieu. » « Aucun Dieu n'est homme. » Il n'y a là qu'une modification insignifiante et sans conséquence, introduite dans la forme typique du syllogisme négatif. Des quatre formes de la seconde figure (appelées *modes*), deux ne présentent que ces changements sans importance. Les deux autres formes, qui contiennent des majeures affirmatives, présentent des altérations plus graves. Dans l'une, la majeure n'est plus la proposition universelle, nécessaire pour fonder le syllogisme; elle est la proposition applicative, qui, dans la première figure, ne venait qu'à la seconde place, ou la mineure. Dans l'autre, il y a un changement plus grave encore, qui provient de ce que les prémisses normales ont leurs termes obvertis.

Dans la troisième figure, le moyen terme est sujet des deux prémisses :

    Y est Z.   M est P.   M —
    Y est X.   M est S.   M —

Ici la majeure occupe la même place que dans la figure normale ou première figure. Dans la mineure, il y a transposition des termes : le moyen terme est sujet, et le petit terme prédicat. Comme tout à l'heure, le changement est insignifiant, si la proposition est universelle négative; dans ce cas, cependant, la prémisse mineure devient la proposition universelle ou fondamentale, elle n'est plus la proposition applicative; de telle sorte que, par rapport à la forme typique, il y a une interversion dans l'ordre des prémisses. Si la mineure est affirmative, elle doit être particulière, ou bien il doit y avoir quelque altération qui rende les termes différents en fait de ce qu'ils sont en apparence.

Dans la quatrième figure, la position du moyen terme est celle de la première figure renversée : il est prédicat dans la majeure et attribut dans la mineure.

    Z est Y.   P est M.   — M.
    Y est X.   M est S.   M —

Cette double inversion dans l'ordre des termes implique des changements plus considérables que dans les précédentes figures. Ce qui la rend cependant possible, ce sont des expédients analogues à ceux qui ont été signalés pour la seconde et la troisième figure.

5. Chaque figure a un certain nombre de formes distinctes qu'on appelle *modes*. La différence des modes est déterminée par la différence des propositions qui les forment, et qui peuvent varier, soit sous le rapport de la quantité, soit sous le rapport de la qualité.

L'ordre des termes est invariable pour chaque figure, mais les propositions qui constituent les prémisses et la conclusion peuvent, dans certaines limites, être de l'une ou de l'autre des quatre espèces : A, I, E, O.

La PREMIÈRE FIGURE ou le syllogisme normal comprend quatre modes.

Le *premier mode* est formé de trois affirmations universelles :

Tout Y est Z	A, A, A.	Tous les hommes sont faillibles.
Tout X est Y	(Barbara).	Tous les rois sont des hommes.
Tout X est Z		Tous les rois sont faillibles.

Dans le *second mode* :

La majeure est.....	universelle négative	E.
La mineure.......	universelle affirmative	A.
La conclusion.....	universelle négative	E.

Aucun Y n'est Z	E, A, E.	Aucun homme n'est Dieu.
Tout X est Y	(Celarent).	Tous les rois sont des hommes.
Aucun X n'est Z		Aucun roi n'est Dieu.

Le *troisième mode* est le premier mode, avec cette différence que la mineure est particulière, et la conclusion particulière aussi :

Tout Y est Z	A, I, I.	Tous les hommes sont faillibles.
Quelque X est Y	(Darii).	Quelques êtres sont des hommes.
Quelque X est Z		Quelques êtres sont faillibles.

Le *quatrième mode* est le second mode, avec une mineure et une conclusion particulières :

Aucun Y n'est Z...... } E, I, O   Aucun homme n'est Dieu.
Quelque X est Y...... } (*Ferio.*) Quelques êtres sont des hommes.
Quelques X n'est pas Z }   Quelques êtres ne sont pas Dieu.

Ces quatre modes peuvent être, sans difficulté, réduits à deux ; car le troisième et le quatrième ne sont que des variantes insignifiantes du premier et du second.

Les deux formes essentielles peuvent donc être établies ainsi qu'il suit :

Tout Y est Z.   Aucun Y n'est Z.
Tout ou quelque X est Y.   Tout ou quelque X est Y.
Tout ou quelque X est Z.   { Aucun X n'est Z.
                                  { Quelque X est Z.

La première forme est le type de toute déduction aboutissant à une conclusion affirmative; la seconde, le type de toute conclusion négative. Elles présentent l'une et l'autre l'argumentation déductive dans son ordre régulier :

1° Une proposition universelle, fondement du raisonnement (majeure).

2° Une proposition affirmative et applicative (mineure).

3° La vérité universelle appliquée à un cas particulier (conclusion).

Nous désirons établir que les rois sont faillibles, en leur appliquant le principe général de la faillibilité humaine. La majeure pose le principe ; la mineure l'applique. Nous opérons de même pour arriver à une conclusion négative.

Il ne saurait y avoir de déduction solide qui ne soit conforme au type indiqué ; c'est ce type que l'on retrouve toujours au fond du raisonnement, quelles que soient les modifications apparentes.

Dans la SECONDE FIGURE, nous trouvons également quatre modes :

Dans le *premier mode*,

   La majeure est..... universelle négative E.
   La mineure est.... universelle affirmative A.
   La conclusion est.. universelle négative E.

Aucun Z n'est Y. ⎱ E, A, E. Aucun Dieu n'est un homme.
Tout X est Y. ⎰ (Cesare). Tous les rois sont des hommes.
Aucun X n'est Z.   Aucun roi n'est Dieu.

Nous avons ici un cas, où l'on profite d'une simple conversion de la proposition négative universelle, pour distinguer et mettre à part une forme qui ne diffère qu'insensiblement du type de tout syllogisme négatif. Un léger changement suffit pour ramener le premier mode de la seconde figure au second mode de la première figure; car à la proposition : « Aucun Y n'est Z, » « Aucun homme n'est Dieu, » nous pouvons substituer la proposition : « Aucun Z n'est Y. » — « Aucun Dieu n'est homme, » et c'est là toute la différence.

Dans le *second mode*,

   La majeure est..... universelle affirmative A.
   La mineure est.... universelle négative E.
   La conclusion est.. universelle négative E.

Tout Z est Y. ⎱ A, E, E. Tous les rois sont des hommes.
Aucun X n'est Y. ⎰ (Camestres) Aucun Dieu n'est homme.
Aucun X n'est Z.   Aucun Dieu n'est roi.

Il y a ici une modification plus grave du type de tout syllogisme négatif. La proposition fondamentale, qui doit toujours être universelle, est devenue la mineure : il y a donc une inversion dans l'ordre normal des prémisses. Ajoutons cependant que cette proposition a été obtenue par la simple conversion de la forme primitive : « Aucun homme n'est Dieu. » La conclusion, de même, n'est que la conclusion du syllogisme régulier simplement convertie. De sorte qu'en rétablissant la disposition des prémisses, et en convertissant de nouveau les deux propositions négatives, on revient au type primitif (*celarent*).

Aucun homme n'est Dieu.
Tous les rois sont des hommes.
Aucun roi n'est Dieu.

La proposition universelle fondamentale est la proposition négative : « Aucun homme n'est Dieu ; » la proposition applicative est : « Tous les rois sont des hommes. »

Dans le *troisième mode,*

La majeure est.... universelle négative   E.
La mineure......... particulière affirmative I.
La conclusion..... particulière négative   O.

Aucun Z n'est Y..... ⎫   Aucun Dieu n'est homme.
Quelque X est Y..... ⎬ E, I, O. Quelques êtres sont des hommes.
Quelque X n'est pas Z. ⎭ (*Festino*). Quelques êtres ne sont pas dieux.

Nous remarquons ici, comme dans le premier mode, une légère variante de l'une des formes typiques. La proposition universelle négative, qui est la majeure dans le quatrième mode de la première figure (Ferio), est simplement convertie. (Aucun Y n'est Z est devenu Aucun Z n'est Y ; aucun homme n'est Dieu ; aucun Dieu n'est homme.)

Dans le *quatrième* et dernier *mode,* il y a une modification plus importante :

La majeure est.... universelle affirmative A.
La mineure......... particulière négative   O.
La conclusion..... particulière négative   O.

Tout Z est Y........ ⎫   Tous les dieux sont des hommes.
Quelque X n'est pas Y. ⎬ A, O, O. Quelques êtres ne sont pas des hommes.
Quelque X n'est pas Z. ⎭ (*Baroko*). Quelques êtres ne sont pas dieux.

Il suffit de jeter un regard sur les prémisses pour s'apercevoir qu'elles ne sont pas au fond ce qu'elles sont en apparence. Sans doute on a pour majeure une proposition universelle, qui pourrait passer pour la proposition fondamentale ; mais alors l'autre prémisse, c'est-à-dire la proposition applicative, est négative, ce qui n'est pas admissible. La vérité, c'est que la majeure affirmative est une négative (universelle) déguisée, et de même la mineure négative est au fond une affirmative. Les apparences peuvent être écartées, si l'on remarque que :

>Tout Z est Y équivaut à Aucun non-Y n'est Z.
>Quelque X n'est pas Y à Quelque X est non-Y.

d'où la conclusion commune :

>Quelque X n'est pas Z.   Quelque X n'est pas Z.

Le vrai moyen terme est non pas Y, mais la négation de Y, ou non Y (U — Y). Telle est la clé de la modification. Pour effacer la différence apparente, il faut opérer l'*obversion* et la *conversion* de la majeure (au lieu de Tout Z est Y, dire Aucun non Y n'est Z;) et de même opérer l'*obversion* de la mineure (ce qui donne, au lieu de Quelque X n'est pas Y, Quelque X est non Y). Alors on retrouve une forme du troisième mode de la première figure (*Ferio*) avec non Y pour moyen terme.

Ce mode ne peut être réduit à un mode de la première figure, si l'on n'a pas recours à l'obversion des propositions. Les anciens logiciens pensaient pouvoir établir sa validité par un procédé laborieux, connu en termes techniques sous le nom de *Reductio ad impossibile*. Ils montraient qu'on ne peut supposer la conclusion fausse, sans contredire une des deux prémisses, qui ont été l'une et l'autre données comme certaines. Ainsi :

>Tout Z est Y.
>Quelque X n'est pas Y.
>Quelque X n'est pas Z.

Si « quelque X n'est pas Z » est déclaré faux, l'affirmation universelle « tout X est Z » — qui est la proposition contradictoire, doit être admise comme vraie. En combinant cette nouvelle proposition « tout X est Z » avec la majeure du syllogisme primitif « tout Z est Y », nous aboutissons à la conclusion « tout X est Y ». Nous avons alors :

Tout Z est Y.
Tout X est Z.
Tout X est Y.

Ce qui est un syllogisme en *barbara*. Mais les prémisses du syllogisme primitif nous apprennent que « quelque X n'est pas Y » : il est donc impossible d'admettre comme vraie la proposition « tout X est Y ». Il y a donc, dans l'argument en *barbara*, que nous venons d'établir, une des deux prémisses qui est fausse. La majeure « tout Z est Y » est une des prémisses primitives accordée comme vraie : c'est donc dans la mineure que se trouve l'erreur : « Tout X est Z. » C'est précisément la proposition dont la vérité est mise en question, et puisqu'elle ne peut être vraie sans que les prémisses primitives ne soient fausses, il en résulte que la contradictoire « quelque X n'est pas Z » doit être vraie. Or « quelque X n'est pas Z » est la conclusion en question ; elle est donc valide, et le raisonnement en *baroko* est rigoureux.

Dans la TROISIÈME FIGURE on compte six modes :

Dans le *premier mode*,

La majeure est.... universelle affirmative A.
La mineure .... universelle affirmative A.
La conclusion ..... particulière affirmative I.

Tout Y est Z.   Tous les hommes sont faillibles.
Tout Y est X.   A, A, I. Tous les hommes sont des êtres vivants.
Quelque X est Z. (*Darapti*). Quelques êtres vivants sont faillibles.

La seule différence de cette forme avec le syllogisme normal (le troisième mode de la première figure, *Darii*, dont la conclusion est particulière), c'est qu'il y a ici une mineure universelle, « tout Y est X ». Mais une simple conversion nous donne « quelques X sont Y », et alors les deux syllogismes sont exactement semblables.

Ce mode est considéré avec raison comme une forme importante et utile. Il y a des raisonnements qui affectent plus volontiers cette disposition que la disposition correspondante de la première figure.

Dans le *second mode* l'arrangement des prémisses est simplement interverti. Cette interversion est entièrement gratuite, et ce mode n'est qu'une variété apparente du précédent :

Quelque Y est Z.		Quelques hommes sont des rois.
Tout Y est X.	I, A, I.	Tous les hommes sont des êtres faillibles.
Quelque X est Z.	(*Disamis*).	Quelques êtres faillibles sont des rois.

Ici, en redressant l'ordre des prémisses, et en convertissant la nouvelle mineure, quelque Y est Z, en quelque Z est Y, nous retrouvons le syllogisme régulier affirmatif, avec une mineure particulière (*Darii*) ; avec cette seule différence que le grand et le petit terme ont changé de place.

Tout Y est X.	Tous les hommes sont des êtres faillibles.
Quelque Z est Y.	Quelques rois sont des hommes.

De là résulte la conclusion que « quelque Z est X », « quelques rois sont des êtres faillibles » ; ce qui, après conversion, nous donne « quelque X est Z », quelques êtres faillibles sont des rois.

Le *troisième mode* n'est encore qu'une variante insignifiante des formes régulières du syllogisme :

Tout Y est Z.		Tous les hommes sont faillibles.
Quelque Y est X.	A, I, I,	Quelques hommes sont rois.
Quelque X est Z.	(*Datisi*).	Quelques rois sont faillibles.

Il n'y a ici de changement par rapport au syllogisme régulier (la forme affirmative à mineure particulière *Darii*), que dans la prémisse, qui est : Quelque Y est X, au lieu d'être la proposition équivalente : Quelque X est Y.

Le *quatrième mode* est exactement la contre-partie du précédent avec une majeure négative :

Aucun Y n'est Z.....		Aucun homme n'est Dieu.
Tout Y est X........	E. A. O.	Tous les hommes sont des êtres vivants.
Quelque X n'est pas Z.	(*Felapton*).	Quelques êtres vivants ne sont pas Dieu.

Ce mode ne diffère du mode négatif de la première figure à mineure particulière (*Ferio*), qu'en ce qu'il a une mineure universelle ; mais cette mineure universelle, après conversion, devient particulière, quelque X est Y. Ce syllogisme est alors exactement le quatrième mode du syllogisme normal.

Le *cinquième mode* présente des modifications analogues à celles qui caractérisent le dernier mode de la seconde figure (*Baroko*). Les prémisses dans ce mode semblent être ce qu'elles ne sont pas en réalité.

Quelque Y n'est pas Z.	O, A, O.	Quelques hommes ne sont pas rois.
Tout Y est X........	(*Bokardo*).	Tous les hommes sont faillibles.
Quelque X n'est pas Z.		Quelques êtres faillibles ne sont pas rois.

Si nous cherchons dans ce syllogisme la prémisse universelle qui est le fondement de l'argumentation, nous croyons la trouver dans la mineure; mais dans ce cas l'autre prémisse, puisqu'elle est négative, ne saurait être la proposition *applicative*. Il faut donc, comme dans le syllogisme en *Baroko*, rendre aux prémisses leur véritable valeur. Faisons de la majeure une affirmative : « Quelque Y est non-Z » ; convertissons cette nouvelle proposition ; nous avons « quelque non-Z est Y » : elle deviendra alors la mineure, l'autre prémisse étant la majeure; et le syllogisme se présentera sous cette forme :

Tout Y est X.   Tous les hommes sont faillibles.
Quelque non-Z est Y.   Quelques non-rois sont des hommes.

Ce qui nous donne les deux prémisses d'un syllogisme régulier (affirmatif, avec mineure particulière, *Darii*); et ce qui amène pour conclusion :

Quelque non-Z est Y.   Quelques non-rois sont faillibles.

Puis par obversion et conversion :

Quelques X ne sont pas Z.   Quelques êtres faillibles ne sont pas rois.

Ici, comme dans le cas de *Baroko*, les anciens logiciens ne peuvent ramener le mode à la première figure. Ils invoquent encore, pour en établir la validité, la *Reductio ad impossibile*. Il est inutile de répéter tout au long ce raisonnement. Il consisterait à supposer vraie la proposition universelle contraire à la conclusion, à la combiner avec la mineure du syllogisme donné, et à tirer de là une proposition qui contredirait la majeure donnée ; on en déduit (comme pour le syllogisme en *Baroko*), que la proposition universelle contraire à la conclusion doit être fausse, et que par suite la conclusion elle-même est solide.

Le *sixième* et dernier mode n'est que la contre-partie négative du troisième, et aurait dû être placé après le quatrième ; il n'est par conséquent qu'une insignifiante variante du syllogisme régulier (le syllogisme négatif, à mineure particulière, *Ferio*).

Aucun Y n'est Z.....	E, I, O.	Aucun homme n'est Dieu.
Quelque Y est X.....	(*Ferison*).	Quelques hommes sont des êtres vivants.
Quelque X n'est pas Z.		Quelques êtres vivants ne sont pas dieux.

Il suffit de convertir la mineure, « quelque Y est X » en « quelque X est Y », pour avoir le type normal, *Ferio*.

La QUATRIÈME FIGURE compte cinq modes. Dans cette figure il y a, par comparaison avec la première figure, une inversion des prémisses ; inversion qui, en apparence, produit un changement grave, et qui en réalité ne modifie presque rien.

Dans trois de ces modes, l'inversion dérive de la transposition des prémisses ; en rétablissant l'ordre régulier il n'y a plus qu'à convertir soit une, soit deux propositions, et l'on retrouve l'une des formes typiques du syllogisme.

Ainsi le *premier mode*, qui est composé de deux prémisses affirmatives universelles, et d'une conclusion particulière :

Tout Z est Y.	A, A, I.	Tous les rois sont hommes.
Tout Y est X.	(*Bramantip*).	Tous les hommes sont faillibles.
Quelque X est Z.		Quelques êtres faillibles sont rois.

Transposez les prémisses, et vous obtenez un syllogisme régulier (affirmatif avec mineure universelle, *Barbara*).

QUATRIÈME FIGURE.

Tout Y est X.   Tous les hommes sont faillibles.
Tout Z est Y.   Tous les rois sont hommes.

La conclusion de ces prémisses est :

Tous les rois sont faillibles,

et cette proposition convertie revient à la conclusion particulière :

Quelques êtres faillibles sont des rois.

Le *second mode* est, s'il est possible, encore moins éloigné d'un syllogisme régulier ; il n'y a, pour le montrer, qu'à changer l'ordre des prémisses :

Tout Z est Y.   ⎱   Tous les rois sont hommes.
Aucun Y n'est X.   ⎰ A. E, E.   Aucun homme n'est Dieu.
Aucun X n'est Z.   (*Camenes*) Aucun Dieu n'est roi.

Rétablissez l'ordre des prémisses :

Aucun Y n'est X.   Aucun homme n'est Dieu.
Tout   Z est Y.   Tous les rois sont hommes.

Ce sont là les prémisses d'un syllogisme régulier (négatif avec mineure universelle, *Celarent*), et la conclusion est :

Aucun Z n'est X.   Aucun roi n'est Dieu.

D'où par conversion :

Aucun X n'est Z.   Aucun Dieu n'est roi.

Le *troisième mode* est construit sur un plan analogue ; la modification dérive ici encore de la transposition des prémisses :

Quelque Z est Y.   ⎱   Quelques êtres vivants sont hommes.
Tout   Y est X.   ⎰ I, A, I,   Tous les hommes sont faillibles.
Quelque X est Z.   (*Dimaris*) Quelques êtres faillibles sont des êtres vivants.

C'est-à-dire avec des prémisses rétablies à leur place :

Tout   Y est X.   Tous les hommes sont faillibles.
Quelque Z est Y.   Quelques êtres vivants sont des hommes.

BAIN. Logique.   I. — 14

D'où l'on conclut en *Darii* :

Quelque Z est X.   Quelques êtres vivants sont faillibles.
Ou quelque X est Z.   Quelques êtres faillibles sont des êtres vivants.

Le quatrième et le cinquième mode doivent leur caractère spécial, non plus à la transposition des prémisses, mais à leur conversion.

Le *quatrième* se présente ainsi :

Aucun Z n'est Y.   Aucun Dieu n'est homme.
Tout Y est X.   E, A, O.   Tous les hommes sont êtres vivants.
Quelque X n'est pas Z. (*Fesapo*). Quelques êtres vivants ne sont pas dieux.

Après conversion des deux prémisses, conversion simple de la majeure, conversion avec limitation de la mineure, vous avez :

Aucun Y n'est Z.   Aucun homme n'est Dieu.
Quelque X est Y.   Quelques êtres vivants sont hommes.

Ce sont là les prémisses de la forme négative de la première figure, avec mineure particulière (*Ferio*), d'où la conclusion :

Quelque X n'est pas Z.   Quelques êtres vivants ne sont pas dieux.

Le *cinquième* et dernier *mode* diffère du quatrième uniquement en ce qu'il a une mineure particulière ; l'universalité de la mineure dans le quatrième mode étant, comme on l'a vu, tout à fait superflue, puisqu'elle ne conduit pas à une conclusion plus générale que celle du cinquième mode. Il sera donc facile de ramener de la même façon ce nouveau mode à un raisonnement en *Ferio* :

Aucun Z n'est Y.   Aucun Dieu n'est homme.
Quelque Y est X.   E, I, O.   Quelques hommes sont êtres vivants.
Quelque X n'est pas Z. (*Fresison*). Quelques êtres vivants ne sont pas dieux.

Après conversion des prémisses on a :

Aucun Y n'est Z.   Aucun homme n'est Dieu.
Quelque X est Y.   Quelques êtres vivants sont hommes.

Les prémisses sont maintenant en *Ferio*, d'où la conclusion :

Quelque X n'est pas Z.   Quelques êtres vivants ne sont pas dieux.

Les modes de la quatrième figure ne sont donc, malgré les apparences contraires, que des variétés sans importance des modes de la première figure. De toutes les modifications que peut subir un syllogisme, la plus insignifiante est celle qui consiste à déranger l'ordre des prémisses. Peu importe au raisonnement lui-même dans quel ordre les prémisses ont été présentées. Outre cette transposition des prémisses, les trois premiers modes ne présentent qu'une altération insensible des formes régulières. Quant aux deux derniers modes, ce qui les caractérise, c'est uniquement la conversion des prémisses ; et le premier d'entre eux est une forme tout à fait superflue.

L'importance capitale du syllogisme appelle l'attention sur les formes régulières de ce raisonnement, c'est-à-dire sur les modes de la première figure. C'est là que l'on peut se rendre compte de la structure essentielle de toute déduction rigoureuse — une proposition fondamentale universelle, affirmative ou négative, et une proposition applicative, qui doit toujours être affirmative.

Ces propositions dans un syllogisme régulier sont disposées selon un ordre régulier : la première est la proposition fondamentale (la majeure) ; la seconde est la proposition applicative (la mineure).

Dans les autres figures cette disposition est quelquefois intervertie ; et dans deux modes, *Baroko* et *Bokardo*, le caractère et la valeur des deux prémisses sont très-dissimulés. La proposition principale est ce que Hamilton appelle la *sumption*, et la proposition applicative est la *subsumption* (plus exactement la proposition qui subsume).

Il n'est pas aisé a première vue de distinguer parmi les formes de la deuxième, de la troisième, de la quatrième figure, celles qui, pour la conduite du raisonnement ou de l'argumentation, offrent une importance spéciale. La quatrième figure est à coup sûr la moins importante de toutes ; après elle nous placerions la deuxième figure, qui, à l'exception de Baroko, n'est qu'une répétition à peine déguisée des formes de la première figure. Quant à la troisième figure, elle a son emploi dans les contradictions formelles et radicales, en avançant des propositions exceptionnelles, contradictoires et particulières.

Aristote avait remarqué que la première figure est la seule qui nous donne des conclusions dans toutes les formes possibles A, E, I, O. La seconde figure n'aboutit qu'à des conclusions négatives ; la troisième à des conclusions particulières. Quant à la quatrième figure qu'Aristote, n'admettait pas, elle ne donne pas lieu à une seule conclusion affirmative universelle.

Pour expliquer l'emploi possible des trois dernières figures, il y a deux circonstances à remarquer qui déterminent la modification de la forme régulière et normale. En premier lieu, la place du sujet et du prédicat dans les deux prémisses (et par suite la figure à laquelle appartient le syllogisme) dépend de ce que le raisonneur accorde, dans son esprit, plus ou moins d'importance à l'une ou à l'autre de ces deux idées. « La meilleure forme de gouvernement est le gouvernement de plusieurs, » ou « le gouvernement de plusieurs est la meilleure forme de gouvernement, » voilà deux expressions diverses d'une même pensée qui ont pour conséquence un changement dans la figure du syllogisme.

En second lieu, l'extension du moyen terme par rapport à l'extension du grand et du petit terme produit d'autres modifications. Lorsque le moyen terme est plus étendu que l'un des deux autres termes, il forme naturellement l'attribut des deux prémisses, et l'on a alors un syllogisme de la seconde figure. Lorsque, au contraire, le moyen terme est moins étendu que l'un des deux autres, il forme le sujet des deux prémisses, ce qui donne lieu à un syllogisme de la troisième figure.

Dans l'exposition détaillée qui vient d'être faite, on a

montré que les quinze modes des trois dernières figures sont strictement les équivalents des modes de la première figure, et qu'ils ont, par conséquent, la même validité que les modes réguliers. La démonstration de cette équivalence est ce qu'on appelle en termes techniques la *réduction* des syllogismes ; elle consiste à les ramener tous aux formes primitives, soit affirmatives, soit négatives. La nécessité de cette réduction dépend de la nature des règles que l'on adopte dans la théorie du syllogisme. Si ces règles ne s'appliquent qu'aux modes de la première figure, il faut, avant de s'essayer à établir la validité des modes irréguliers, avoir ramené ces modes à ceux de la première figure. Si, au contraire, les règles sont applicables directement à chaque mode, la réduction n'est pas nécessaire.

Ordre des prémisses. Beaucoup de logiciens ont interverti l'ordre des prémisses, et placé la mineure au premier rang. Par exemple :

Tout X est Y.
Tout Y est Z.
Tout X est Z.

Cette forme est celle qui paraît la plus convenable et la plus convaincante dans cette chaîne de raisonnements qu'on appelle des *sorites*. Elle s'adapte parfaitement à cette expression particulière de l'axiome syllogistique : « Le signe d'un signe est le signe de la chose, » X est le signe de Y, Y le signe de Z ; par conséquent X est le signe de Z. Mais cette forme a l'inconvénient de dissimuler le type primitif du raisonnement déductif, qui doit être mis en pleine lumière dans le syllogisme normal, à supposer même qu'on s'en écarte ensuite dans les autres figures. Or la proposition universelle doit être mise en avant, parce qu'elle est le fondement du syllogisme ; et c'est avec raison aussi que la mineure, ou prémisse applicative, vient la seconde. Dans les modes de la deuxième, de la troisième et de la quatrième figure, l'inversion des prémisses se présente comme une modification de la première figure.

Aristote écrivait *Barbara* comme il suit :

A est affirmé de tout B.
B est affirmé de tout C.
A est affirmé de tout C.

Ici la mineure était placée la première, et les propositions étaient modifiées dans l'expression : « A est affirmé de tout B, » est en effet la même chose que tout B est A.

6. Les lignes mnémotechniques du syllogisme expriment la nature des différents modes, et donnent le moyen de ramener aux modes de la première figure les modes des trois dernières figures.

A chaque mode un nom a été assigné, *Barbara*, *Celarent*, etc. Ces mots ont été construits de façon à faire connaître la nature des propositions qui constituent chaque mode, et à montrer comment les modes de la deuxième, de la troisième, de la quatrième figure peuvent être ramenés aux modes de la première figure ; ainsi que nous avons établi qu'on pouvait le faire dans l'exposition ci-dessus.

Ces mots ont été rangés dans des vers latins hexamètres. Comme moyen artificiel pour aider la mémoire, il est impossible de trouver mieux :

Fig. 1. bArbArA, cElArEnt, dArII, fErIOque, *prioris*.
Fig. 2. cEsArE, cAmEstrEs, fEstInO, bArOkO, *secundæ*.
Fig. 3. *Tertia*, dArAptI, dIsAmIs, dAtIsI, fElAptOn,
       bOkArdO, fErIsO, *habet : quarta insuper addit :*
Fig. 4. brAmAntIp, cAmEnEs, dImArIs, fEsApO, frEsIsOn.

Chacun de ces mots représente un mode ; les trois lettres majuscules indiquent dans chaque mot la valeur des trois propositions, qui sont, comme on le sait, symbolisées dans leur qualité et leur quantité par les quatre voyelles A, E, I, O. Parmi les minuscules ou consonnes, *r*, *n*, *t* sont dépourvues de tout sens, et choisies indifféremment ; mais les consonnes par lesquelles commence chaque mot — *b*, *c*, *d*, *f* — indiquent à quel mode de la première figure peuvent être réduits les modes des trois autres figures. Ainsi *Bramantip* peut être ramené à *Barbara,* Cesare à Celarent, et ainsi de suite. Quant aux consonnes *m*, *s*, *p*, et *k*, elles signifient le procédé de réduction qui devra être employé ; *m* indique que les prémisses ont été transposées ; *s* indique une simple conversion ; *p* une conversion avec limitation de l'attribut devenu sujet ; enfin *k* est le symbole d'une *reductio ad impossibile*. C'est la voyelle immédiatement antérieure qui détermine la prémisse à laquelle s'appliquent les modifications indiquées par les consonnes. Aussi dans un syllogisme en *Bramantip* :

Tout Z est Y.
Tout Y est X.
Quelque X est Z.

m nous apprend que, pour revenir à la forme en *Barbara* (premier mode de la première figure), nous devons transposer les prémisses. Et comme, une fois cette transposition faite, nous serions autorisés à conclure « tout Z est X », nous sommes avertis en outre par la lettre *p* que, pour aboutir à la conclusion particulière « quelque X est Z », nous devons recourir à une conversion avec limitation de l'attribut.

De même, dans le syllogisme en *Fesapo*, pour obtenir *Ferio*, nous devons opérer sur E une conversion simple, et sur A une conversion avec limitation. Bien que le procédé de *reductio ad impossibile* puisse être employé pour tous les modes irréguliers, la lettre *k* n'apparaît cependant que dans deux formes, *Bokardo* et *Baroko*, parce que ce sont les seules que les logiciens aient considérées comme irréductibles par les procédés ordinaires de transposition et de conversion.

7. Les logiciens ont exprimé de diverses manières les règles de tout raisonnement rigoureux. Ces règles d'ailleurs sont immédiatement déduites des axiomes fondamentaux de la déduction.

Règles ordinaires : Elles sont au nombre de six (1) :

1° Tout syllogisme a *trois* et seulement trois *termes*;

2° Il ne doit y avoir que *trois* et seulement *trois propositions*;

3° Le *moyen terme doit être au moins une fois distribué* dans les prémisses.

C'est dire que le moyen terme doit être pris universellement dans l'une ou l'autre des deux prémisses. Il doit être le sujet d'une proposition universelle (*tout* Y est Z, *aucun* Y n'est Z), ou encore le prédicat d'une proposition négative (aucun X n'est Y, quelque X n'est pas Y). Comme sujet d'une proposition particulière (quelque Y est Z, quelque Y est non-Z), et comme prédicat d'une proposition affirmative (tout X est Y, quelque X est Y), le moyen terme Y est pris particulièrement ou, en d'autres termes, il n'est pas *distribué*.

Si l'on considère les dix-neuf syllogismes concluants, on reconnaîtra que dans chacun d'eux le moyen terme est pris distributivement une fois dans les prémisses. Ainsi, dans les quatre modes de la première figure, il est le sujet de la majeure, qui est universelle (*tout* Y est Z, *aucun* Y n'est Z). Dans la seconde figure il est pris universellement, dans la majeure trois fois, et dans la mineure une fois (quelque X n'est pas Y). Dans le premier, le deuxième, le quatrième et le cinquième mode de la troisième figure, il est pris distributivement dans la mineure, et il l'est aussi dans la majeure pour la première et la quatrième figure. Dans les modes de la quatrième figure, il est pris universellement dans la mineure, sauf dans le dernier mode.

Dans les couples suivantes de propositions, le moyen

---

(1) D'après Whately, qui donne ces six règles comme une condensation des douze règles d'Aldrich.

terme (Y) n'est pas pris une seule fois distributivement, et par suite aucune de ces couples ne peut former un corps de prémisses solides.

Tout	Z est Y.	Quelque Z	est	Y.	Tout	Z	est	Y.
Tout	X est Y.	Quelque X	est	Y.	Quelque Z		est	Y.
Quelque Y est Z.	Quelque X n'est pas Z.	Tout		Z	est	Y.
Tout	X est Y.	Tout	X	est	Y.	Quelque Y n'est pas X.

Tout syllogisme, dont les prémisses sont semblables à celles que nous venons de citer, ou dans lequel la règle citée plus haut n'est pas observée, nous offre un exemple de l'espèce de sophismes appelés les sophismes du moyen terme *non-distribué* (*undistributed middle*).

Par exemple :

Quelque Y est Z.	Quelques hommes sont rois.
Tout X est Y.	Tous les animaux qui font la cuisine sont des hommes.
Tout X est Z.	Tous les animaux qui font la cuisine sont des rois.

Nous rencontrerons plus loin quelques exemples du même sophisme.

4° *Les termes qui ne sont pas pris distributivement dans les prémisses ne peuvent pas être pris distributivement dans la conclusion.* Ce qui revient à dire qu'il ne faut pas prendre un terme dans la conclusion avec une extension plus grande que celle qu'on lui a donnée dans les prémisses. Si X est pris particulièrement dans les prémisses, il doit l'être aussi dans la conclusion; il en est de même pour Z. Cette condition est remplie dans tous les syllogismes concluants. Ainsi :

Tout Y est Z.	Aucun Y n'est Z.
Tout X est Y.	Quelque X est Y.
Tout X est Z.	Quelque X n'est pas Z.

Dans le premier de ces deux syllogismes, le sujet de la conclusion est universel dans la mineure; il peut par conséquent être universel dans la conclusion. Dans le second, il est particulier dans la mineure, et doit être, par suite, particulier dans la conclusion. Dans les deux, le prédicat de la conclusion étant particulier dans les prémisses, doit être particulier dans la conclusion. Si dans un syllogisme en *Darii* on voulait aboutir à une conclusion universelle, le raisonnement serait faux.

Tout Y est Z.	Tous les hommes sont mortels.
Quelque X est Y.	Quelques êtres étendus sont des hommes.
Tout X est Z.	Tous les êtres étendus sont mortels.

Sans doute ces prémisses sont exemptes du défaut qui consiste à avoir un moyen terme pris deux fois particulièrement ; mais elles n'en aboutissent pas moins à une conclusion fausse, parce que le syllogisme en question viole la présente règle, et d'un terme pris particulièrement dans les prémisses fait un terme universel dans la conclusion. A cette erreur on a appliqué le nom de « extension illicite » (*illicite process*), et suivant que le terme dont on a accru à tort la quantité se trouve dans la majeure ou dans la mineure, l'erreur est appelée extension illicite de la majeure ou de la mineure.

Dans l'exemple cité, l'extension illicite dérive de la mineure. Voici un exemple d'extension illicite de la majeure.

Tout Y est Z.	Tous les hommes sont faillibles.
Quelque X n'est pas Y.	Quelques êtres ne sont pas des hommes.
Aucun X n'est Z.	Aucun être n'est faillible.

Le grand terme « *faillible* », étant le prédicat d'une proposition affirmative, est pris particulièrement ; dans la conclusion, il est l'attribut d'une proposition négative, il est pris par suite universellement.

5° *On ne peut tirer de conclusion de prémisses négatives.*

Aucun Y n'est Z.	Aucun homme n'est Dieu.
Aucun X n'est Y.	Aucun arbre n'est homme.

Il est évident que de telles prémisses n'autorisent aucune

inférence déductive. La raison de cette impossibilité est manifeste, puisque, comme nous l'avons déjà fait remarquer, la mineure ou proposition applicative doit toujours être une affirmation. Savoir seulement que deux choses sont l'une et l'autre niées d'une troisième chose, c'est ne rien savoir du tout sur leurs rapports réciproques.

6° *Si une prémisse est négative, la conclusion doit être négative.*

C'est ce dont on peut se convaincre en parcourant la série entière des modes concluants.

Si une prémisse est négative, tout ce qu'elle nous apprend sur l'un des termes du syllogisme, c'est qu'il est exclu entièrement ou en partie du moyen terme ; par conséquent nous ne pouvons, par l'intermédiaire de ce moyen terme, rien conclure sur sa conformité partielle ou totale avec le troisième terme.

Afin de faciliter la découverte des syllogismes faux, on énonce aussi les deux règles suivantes, que l'on peut directement déduire des règles qui précèdent.

A. *De prémisses particulières* on ne peut tirer de conclusion.

Quelque Y est Z.   Quelque Y est Z.
Quelque X est Y.   Quelque X n'est pas Y.

Voilà des prémisses qui ne peuvent donner lieu à une conclusion. Dans le premier exemple cité, le moyen terme n'est pas pris universellement ; et l'inférence, que l'on tenterait de tirer des deux autres prémisses (quelque X n'est pas Z) renfermerait une extension illicite de la majeure.

B. Si une prémisse est particulière, *la conclusion est particulière.*

Comme dans le syllogisme en *Darii*, en *Ferio*, etc.

Toute tentative pour faire sortir une conclusion universelle de prémisses qui ne sont pas l'une et l'autre universelles, échouera nécessairement, parce qu'elle ne pourra échapper soit à l'erreur du moyen terme non distribué, soit à l'erreur de l'extension illicite.

Cette dernière règle, ainsi que la sixième, sont comprises dans cette unique loi : « La conclusion suit toujours la plus faible partie. »

8. *Règles d'Hamilton.* Elles sont au nombre de trois. I. La première embrasse la première et la seconde de la liste que nous venons d'exposer (la règle des trois termes et la règle des trois propositions). Les deux autres règles sont les suivantes :

II. Des deux prémisses, la *sumption* (majeure) doit être, en quantité, *définie* (c'est-à-dire universelle ou singulière), la subsumption (mineure) doit être, en qualité, *affirmative*.

Comme Hamilton entend par la *sumption* la proposition universelle et fondamentale du syllogisme, et par la *subsumption* la proposition qui subsume ou qui applique, cette règle ne fait qu'établir et exposer les caractères essentiels de tout syllogisme. Il est évident que, malgré la diversité des formes syllogistiques, il doit toujours y avoir une proposition universelle (ou encore une proposition singulière), et une proposition affirmative. (Le sens de la seconde hypothèse, une proposition singulière, sera éclairci dans la suite.)

III. La conclusion doit correspondre en *qualité* avec la sumption, et en *quantité* avec la subsumption.

Telle est la *qualité* de la proposition universelle, qui sert de majeure au syllogisme, telle doit être la qualité de la conclusion : si l'une est affirmative, l'autre sera affirmative; négative, si elle est négative.

D'un autre côté, c'est la *quantité* de la mineure qui détermine la quantité de la conclusion : universelle, si elle est universelle; particulière, si elle est particulière.

Ces deux règles d'Hamilton sont proposées comme les équivalentes des quatre dernières règles de Whately. Elles ont l'avantage de faire ressortir avec netteté la structure du raisonnement déductif, structure qui disparaît presque dans les règles précédentes, mais elles ne sont pas facilement applicables aux figures qui s'écartent le plus sensiblement du type primitif. Avant de pouvoir les appliquer, il faut préalablement reconnaître quels sont les termes que contient la sumption, quels sont ceux que contient la subsumption; et pour cela il est nécessaire de s'en rapporter aux explications données sur les modes irréguliers. En un mot, nous devons d'abord faire disparaître les inversions et les modifications qui constituent les modes irréguliers, c'est-à-dire employer tous les procédés qui peuvent les ramener aux formes régulières de la première figure.

9. *Les règles du syllogisme déterminées spécialement pour chaque figure.* Pour la première figure, les règles d'Hamilton sont les meilleures. Pour les autres figures, des règles spéciales peuvent être établies conformément à la nature de chacune d'elles.

Ainsi, dans la seconde figure, il peut être établi que :
1° *Une prémisse est négative;*
2° *La majeure est universelle.*

La preuve en est facile. 1° Si les deux prémisses étaient négatives, le moyen terme étant le prédicat des deux prémisses, il ne saurait être pris une fois au moins universellement.

2° Si la majeure était particulière, la plus faible conclusion qui puisse être tirée des prémisses: « Quelque X n'est pas Z, » impliquerait une extension illicite de la majeure.

Il dérive de la première de ces deux règles (une prémisse doit être négative), que dans cette figure on ne peut prouver que des conclusions négatives.

Dans la troisième figure les règles sont les suivantes :
1° *La mineure est affirmative;*
2° *La conclusion est particulière.*

Si la mineure était négative, la conclusion devrait être négative, et le grand terme, affirmatif, ce qui impliquerait une extension illicite de la majeure.

D'un autre côté la conclusion doit être particulière, que le syllogisme soit affirmatif ou négatif.

La mineure étant affirmative, il ne peut pas y avoir de conclusion affirmative universelle sans une extension illégitime du petit terme. Dans une conclusion négative universelle, les deux termes sont pris universellement; or ils ne peuvent l'être dans les prémisses que si les deux prémisses sont négatives; ce qui est impossible.

Voici les règles de la troisième figure :

1° *Dans les modes négatifs, la majeure est universelle.*

Quelque Z n'est pas Y.   Quelque Z est Y.
Tout Y est X.   Aucun Y n'est X.

Voilà des prémisses qui ne peuvent produire de conclusion même particulière, sans une extension illégitime du grand terme. Nous avons à inférer : Quelque X n'est pas Z : or Z n'est pas pris universellement dans les prémisses, puisque la majeure est particulière.

2° *Si la majeure est affirmative, la mineure est universelle.*

Une mineure particulière, jointe à une majeure affirmative, nous donnerait :

Tout Z est Y,   Tout Z est Y,
Quelque Y est X,   Quelque Y n'est pas X,

deux formes qui l'une et l'autre n'ont pas de moyen terme pris universellement.

3° *Si la mineure est négative, les deux prémisses sont universelles.*

Par exemple :

Tout Z est X.   Quelque Z est Y.
Quelque Y n'est pas X.   Aucun Y n'est X.

Dans les premières de ces deux formes, le moyen terme n'est pas pris distributivement; dans la seconde, la conclusion la plus faible, Quelque X n'est pas Z, contient une extension illégitime du grand terme.

Cette règle est d'ailleurs impliquée dans les deux précédentes. Par la première règle, la majeure est universelle, parce que le mode est négatif. Par la seconde, c'est la mineure qui est universelle, parce que la majeure est affirmative.

4° *Si la mineure est affirmative, la conclusion est particulière.*

Avec une mineure affirmative nous avons :

   Tout Z est Y. Aucun Z n'est Y.
   Tout Y est X. Tout Y est X.

Dans les deux cas, une conclusion universelle exigerait une extension illégitime du petit terme.

10. On prouve que les modes ci-dessus indiqués sont rigoureux, et qu'il n'y en a pas d'autres, en comparant avec les règles du syllogisme les autres modes possibles.

Les modes possibles dérivent des combinaisons de trois propositions, que l'on peut déterminer en groupant les quatre formes de propositions A, E, I, O.

En prenant seulement les prémisses, il y a seize couples possibles :

  A, A. I, A. E, A. O, A.
  A, I. (I, I.) E, I. (O, I.)
  A, E. I, E. (E, E.) (O, E.)
  A, O. (I, O.) (E, O.) (O, O.)

De ces seize formes nous pouvons rejeter d'emblée, comme inadmissibles : 1° toutes celles où les deux propositions sont particulières : I,I, I,O, O,I, O,O ; 2° toutes celles où les deux prémisses sont négatives : E,E, E,O, O,E (O,O est déjà rejeté pour la première raison). Après avoir écarté ces sept modes, il reste encore neuf formes distinctes.

Pour pousser plus loin nos recherches, deux méthodes s'offrent à nous. D'abord examinons si chacune de ces neuf couples peut s'adapter à des conclusions de toute forme, en A, en I, en E, ou en O :

  A, A, A. (A, I, A.) (A, E, A.) (A, O, A.)
  A, A, I. (A, I, I.) (A, E, I.) (A, O, I.)
  (A, A, E.) (A, I, E.) A, E, E. (A, O, E.)
  (A, A, O.) (A, I, O.) A, E, O. A, O, O.

et ainsi de suite pour les cinq autres couples.

Maintenant, en appliquant la règle qui exige une conclusion particulière, lorsque l'une des prémisses est particulière, nous excluons deux formes dans la seconde colonne — A I A, A I E, et deux dans la quatrième A O A, A O E. En appliquant la règle qui exige une conclusion négative, lorsqu'une des deux prémisses est négative, nous excluons dans la troisième colonne A E A, A E I, et dans la quatrième colonne A O I (A O A, est déjà exclue par la précédente règle). Quoiqu'il n'y ait pas de règle expresse pour dire que la conclusion de deux prémisses affirmatives sera aussi affirmative, cette loi est évidente. D'après cette loi, nous ferons encore deux exclusions dans la première colonne — A A E, A A O, et une dans la seconde A I O. De sorte qu'après ces éliminations successives il ne reste en tout que six formes régulières. Par des opérations semblables, appliquées aux vingt formes qui restent, on se convaincrait qu'il n'y a en tout que douze modes admissibles :

A A A, A A I, A E E, A E O, A I I, A O O.
E A E, E A O, E I O, I A I, I E O, O A O.

Si ces douze formes étaient admissibles dans chaque figure, il y aurait en tout quarante-huit syllogismes concluants. Mais, en les examinant au point de vue de chaque figure, leurs rangs s'éclaircissent encore. Ainsi, dans la première figure, A A I et A E O sont des modes superflus, puisqu'ils concluent par une proposition particulière, alors qu'ils pourraient conclure par une proposition générale : avec les prémisses A, A, nous pouvons inférer A (*Barbara*) ; avec A, E nous inférons E (*Celarent*). Des dix qui restent, six violent les règles fondamentales, ce qui peut être prouvé en les exprimant d'une façon complète. Deux exemples suffiront. Ainsi A E E nous donne :

Tout Y est Z.   Tous les hommes sont mortels.
Aucun X n'est Y.   Aucun mollusque n'est un homme.
Aucun X n'est Z.   Aucun mollusque n'est mortel.

C'est là un syllogisme qui contient une extension illégitime du grand terme.

Il en serait de même avec une conclusion particulière, comme dans AEO. D'un autre côté IAI, nous donne :

Quelque Y est Z.   Quelques poissons sont des requins.
Tout   X est Y.   Tous les saumons sont des poissons.
Quelque X est Z.   Quelques saumons sont des requins.

Ici c'est le moyen terme qui n'a pas été pris universellement.

En opérant de cette manière, nous réduisons les modes concluants de la première figure au nombre de quatre seulement — AAA, EAE, AII, EIO.

En répétant les mêmes opérations pour les autres figures, nous obtiendrions facilement le résultat prévu, qui réduit les formes admissibles au nombre actuellement fixé dans la théorie classique du syllogisme.

Une autre méthode d'élimination consiste à appliquer les règles spéciales de chaque figure aux neuf formes que nous avons distinguées de prémisses régulières et inattaquables, AA, AI, etc. D'après les règles du syllogisme normal (première figure), la majeure est universelle, et la mineure affirmative ; par suite les formes AE, AO, IA, OA, IE sont immédiatement écartées ; et il ne reste alors que quatre formes, celles qui correspondent aux quatre modes concluants de la première figure. Pour la seconde figure les règles (une prémisse doit être négative, — la majeure doit être universelle) excluent les formes AA, AI, IA, IE, OA ; elles ne laissent subsister que AE (*Camestres*), AO (*Baroko*), EA (*Cesare*), EI (*Festino*). Pour la troisième figure, la première règle (la mineure doit être affirmative) exclut AE, AO, IE, et il reste alors AA (*Darapti*), AI (*Datisi*), IA (*Disamis*), EA (*Felapton*), EI (*Ferison*), OA (*Bokardo*).

Pour la quatrième figure, la première règle (dans les modes négatifs la majeure est universelle) exclut IE, OA. La seconde règle (si la majeure est affirmative, la mineure est universelle) exclut AI, AO. Les modes qui restent sont

AA (*Bramantip*), AE (*Camenes*), IA *Dimaris*, EA (*Fesapo*), EI (*Fresison*).

Axiome du syllogisme.

11. Les logiciens ont essayé de ramener l'ensemble des lois et des règles du syllogisme à une seule loi, à un seul principe.

La plus ancienne forme de ce principe est celle qui est connue sous les termes « *Dictum de omni et nullo* ». Tout ce qui est affirmé ou nié d'un tout, est affirmé ou nié de toutes les parties de ce tout.

Ainsi présentée, cette maxime semble être simplement une des formes de l'inférence immédiate : — « Tous les hommes sont mortels », par suite « cet homme que voilà, dix hommes, quelques hommes sont mortels ». Ce n'est point là le vrai caractère du syllogisme. Dans le syllogisme il s'agit d'établir qu'un certain objet est mortel, objet qui n'est pas expressément un homme, mais par exemple « un roi ». Nous ne pouvons pas dire : « Les hommes sont mortels », donc « les rois sont mortels » ; une telle inférence exige l'intervention d'une proposition intermédiaire : « Les rois sont des hommes. »

Un autre inconvénient a été signalé dans la formule du *dictum de omni* : c'est que cette expression dérive de la vieille erreur qui considère la proposition comme le fait de rapporter une chose, un objet, à une classe. Cet inconvénient cependant peut être supprimé, si l'on entend le mot » classe » dans un sens *indéfini*, exprimé par la connotation du nom général de la classe. Pratiquement les choses se passent ainsi ; nous n'avons pas d'autres moyens de désigner la classe des hommes que comme la classe des êtres qui possèdent les attributs humains.

Considérant le *dictum* comme la base de tout raisonnement déductif, nous corrigerons cette formule ainsi qu'il suit : « Tout ce qui est dit de la classe entière (la classe indéfinie, telle que l'exprime la connotation du mot général), est vrai de toutes les choses dont on peut affirmer qu'elles rentrent dans cette classe (en tant que leur connotation nous en donne l'assurance). » Ceci suppose la nécessité d'une seconde affirmation, la mineure, et ne ressemble plus à une inférence immédiate.

12. On a cru corriger les imperfections du *dictum*, en adoptant la formule suivante :
Les attributs ou les choses, qui coexistent avec les mêmes attributs ou les mêmes choses, coexistent entre eux (forme affirmative).

Si les attributs d'un roi coexistent avec les attributs d'un homme, et si les attributs d'un homme coexistent avec l'attribut « faillibilité », les attributs d'un roi coexistent avec ce même attribut.

Il y a une ressemblance frappante entre cette formule et l'axiome mathématique : « Des choses égales à une même troisième sont égales entre elles. » Ces deux principes sont l'un et l'autre des axiomes de *médiation*; ils établissent l'accord des deux choses par l'intervention d'une troisième.

La forme négative peut être exprimée ainsi : « Une chose qui coexiste avec une seconde chose, avec laquelle une troisième chose ne coexiste pas, ne coexiste pas avec cette troisième chose; » ce qui est l'équivalent de l'axiome : Des quantités dont l'une égale, dont l'autre n'égale pas une troisième quantité, sont inégales entre elles.

Les logiciens ont souvent adopté comme expression de l'axiome du syllogisme la formule : *Nota notæ est nota rei ipsius*; des choses qui s'accordent avec une même troisième s'accordent entre elles. Et pour la négative : *repugnans notæ repugnat rei ipsi*; des choses dont l'une convient, dont l'autre ne convient pas à une même troisième, ne conviennent pas entre elles.

Les remarques déjà faites indiquent en quoi cette formule peut paraître supérieure aux autres. Elle donne une très grande importance, un très-grand relief, à ce fait que dans toute déduction il y a quelque chose de médiat («

médiation); et par là elle trace une ligne profonde de démarcation entre le syllogisme, et l'inférence immédiate ou simplement apparente. Elle s'accommode aussi parfaitement à des syllogismes, tels que les syllogismes en *Darapti*, avec un sujet singulier, comme :

> Socrate était sage.
> Socrate était pauvre.
> Quelques hommes sages ont été pauvres.

Remarquons maintenant que l'assimilation d'une proposition *singulière* à une proposition universelle, assimilation qui est nécessaire pour faire du syllogisme ci-dessus une forme déductive régulière, a toujours paru constituer une grave anomalie dans la théorie du syllogisme. Et, en effet, il y a ici une violation de la loi générale de toute déduction, puisque la déduction passe pour être l'application d'un principe général ou universel à un cas particulier qu'il renferme. Quoi qu'il en soit, si nous acceptons pour exprimer l'axiome du syllogisme la formule actuelle, il faut reconnaître qu'elle rend compte en apparence du syllogisme en question. « Sage » coïncide avec « Socrate ». « Pauvre » coïncide avec « Socrate » ; par conséquent « sage » coïncide avec « pauvre », c'est-à-dire que « quelques personnes sages peuvent êtres pauvres ».

Un autre avantage de la même formule dérive de ce qu'elle se fonde sur la théorie de la connotation des propositions. Elle laisse complétement dans l'ombre l'extension des propositions qui composent le syllogisme, et ne met en relief que la connotation ou la compréhension. Il ne s'agit plus de dire : « Tout A est B », mais seulement « l'attribut A coïncide avec l'attribut B », et ainsi de suite. Pour ce même motif il est plus facile de dérouler sous cette forme une chaîne de raisonnements, chaîne qui peut se présenter ainsi : « A est le signe de B, B de C, C de D ; par suite A est le signe de D. »

Malgré de si importants avantages, cette formule de l'axiome syllogistique ne peut être acceptée comme un principe suffisant à l'explication du syllogisme. Elle pèche en ce qu'elle ne peut rendre compte de la différence qui existe entre une coïncidence *totale* et *partielle* des termes ; or, c'est à observer cette différence que consiste surtout l'art de celui qui veut faire des syllogismes corrects. Si tous les termes avaient la même extension, l'axiome serait parfait : A entraîne B, tout B et rien que B ; B entraîne C de la même manière, par conséquent A entraîne C sans aucune espèce de limitation. Mais en fait nous savons que, si A entraîne B, d'autres objets aussi entraînent B, et par suite il est nécessaire de procéder à une limitation, en transportant A à C à travers B ; — A (aussi bien que d'autres objets) entraîne B ; B (aussi bien que d'autres objets) entraîne C) ; par conséquent A (aussi bien que d'autres objets) entraîne C. L'axiome formulé comme nous l'avons vu n'indique aucun moyen d'opérer cette limitation ; si nous prenons A littéralement, nous devons considérer A et C comme ayant absolument la même extension ; car tel est le seul sens manifeste de la formule : « L'attribut A coïncide avec l'attribut C. »

Sans doute, à moins que le prédicat ne soit *quantifié*, comme le recommande Hamilton, la proposition : « Tous les hommes sont mortels », présentée au point de vue de l'extension, ne nous suggère pas explicitement la pensée que « les hommes sont seulement une partie des êtres mortels ».

Cependant nous concevons facilement, si on nous y fait prendre garde, que l'extension des « êtres mortels » est plus grande que l'extension du terme « hommes ». Mais la même proposition, exprimée au point de vue de la connotation ou de la compréhension, comme l'exige la formule que nous examinons : « Les attributs des hommes coexistent avec l'attribut mortalité, » ne se prête pas facilement à l'expression de ce fait que les êtres mortels sont plus nombreux que les hommes. Il faudrait, pour le laisser entendre, recourir à une plus longue circonlocution et dire : « Les attributs des hommes coexistent, mais ne sont pas les seuls qui coexistent, avec l'attribut mortalité. » « Or les attributs d'un roi coexistent, mais ne sont pas les seuls qui coexistent avec les attributs des hommes. » La conclusion serait : « Les attributs d'un roi coexistent, mais ne sont pas les seuls qui coexistent, avec l'attribut mortalité. » En définitive, comme l'axiome « les attributs qui coexistent avec le même attribut coexistent entre eux », ne suggère pas clairement l'idée de cette limitation nécessaire, il ne peut être considéré comme l'expression exacte du principe sur lequel repose le syllogisme.

La même objection revient sous une autre forme, si l'on observe que cet axiome, ainsi formulé, ne répond pas à ce qui est l'essence du raisonnement déductif, à ce qui constitue son opposition complète avec l'inférence inductive, — je veux dire l'application à un cas particulier d'un principe général. Une formule qui ne met pas en relief une circonstance aussi essentielle ne peut pas servir de fondement à l'opération syllogistique.

C'est au point de vue de l'extension qu'on expose habituellement les opérations scientifiques de l'induction et de la déduction. De cette façon seulement on peut facilement apprécier la plus ou moins grande généralité des propositions. La véritable manière d'envisager le syllogisme, aussi bien que la notion et la proposition, est de les fonder sur l'extension, tout en déterminant l'extension par la connotation ou la compréhension. Le jugement : « Tous les hommes sont mortels, » doit être compris comme représentant l'ensemble concret de la population humaine, défini et déterminé par les attributs généraux de l'humanité. Ce double point de vue s'accorde avec toutes les exigences du raisonnement, et l'on ne voit pas pourquoi on le sacrifierait au système qui ne considérerait les propositions qu'au point de vue unique de leur connotation.

Le résultat de la comparaison que nous avons établie entre les deux formes les plus connues de l'axiome syllogistique, c'est que le *dictum de omni et nullo* est, si on l'entend bien, le meilleur moyen de représenter exactement les traits essentiels de tout raisonnement déductif, c'est-à-dire du syllogisme.

Les cas où une proposition singulière est mise à la place d'une proposition universelle, constituent une exception grave à l'opération déductive telle que nous l'avons constamment décrite. Néanmoins, après examen, nous découvrons d'excellentes raisons pour bannir ces formes-là du syllogisme. Reprenons l'exemple déjà cité :

> Socrate est pauvre.
> Socrate est sage.
> Quelques personnes pauvres sont sages.

A vrai dire, la conclusion rigoureuse est : « Un homme pauvre est sage. » Maintenant si « sage », si « pauvre », si « homme » sont des attributs qui conviennent également au mot « Socrate », il n'y a, à vrai dire, ici ni raisonnement, ni inférence. Nous avons distingué dans la personne de Socrate, *inter alia*, ces trois faits qu'il est « sage », qu'il est « pauvre », qu'il est « homme », et nous ne faisons que constater de nouveau la coexistence de ces trois attributs dans une même personne, en distinguant cette coïncidence de qualités ou de défauts de l'ensemble de facultés ou de faits qui constituent Socrate. Il n'y a ici qu'un cas analogue à ceux que nous avons analysés dans le chapitre qui a pour titre : « Degrés dans la connotation » ; un cas de formes équivalentes, ou d'inférence immédiate.

Mais l'exemple que nous avons cité ne suffit pas pour apprécier justement le syllogisme fondé sur des prémisses singulières. Nous devons supposer que ces deux prémisses sont réelles, c'est-à-dire que les prédicats n'y sont pas impliqués dans le sujet. Par exemple :

> Socrate était le maître de Platon.
> Socrate se battit à Délium.
> Le maître de Platon se battit à Délium.

Peut-on douter qu'il y ait ici, dans le passage d'une proposition à une autre, quelque chose de plus qu'une forme équivalente ? En effet la proposition « Socrate était le maître de Platon, et se battit à Delium », proposition composée des deux prémisses, n'est pas autre chose évidemment qu'une abréviation grammaticale de ces prémisses. On ne saurait dire qu'il y ait ici le moindre changement dans le sens. Tout se réduit à une modification verbale de la forme primitive. La conclusion : « Le maître de Platon se battit à Delium, » n'est pas autre chose que l'abrégé des deux propositions précédentes avec l'omission du nom de Socrate. On se contente de reproduire en partie ce qui a déjà été établi ; on dit moins qu'on n'a dit précédemment. L'équivalent complet de l'affirmation serait : « Le maître de Platon se battit à « Delium, et le maître de Platon était Socrate. » La conclusion omet ce dernier renseignement, et ne nous donne que le premier. Or on ne saurait croire avoir fait une inférence réelle, un pas en avant, lorsqu'on se réduit à dire *moins* que ce qu'on avait le droit de dire ; lorsqu'on supprime, dans un ensemble de connaissances, telle ou telle partie, qui pour le moment n'est pas nécessaire. Une telle opération reste strictement dans le domaine de l'équivalence ou de l'inférence immédiate. Par conséquent on ne saurait considérer un syllogisme avec deux prémisses singulières comme étant une inférence vraiment déductive.

13. **La preuve de l'axiome syllogistique n'est autre que l'expérience constante et non démentie.**

Le *dictum* n'est pas seulement une simple règle de consistance, exigeant qu'on admette, sous une autre forme, ce qui a déjà été accordé sous une première forme. Le *dictum* suppose une opération discursive, un progrès de la pensée, et la légitimité de ce progrès ne peut être prouvée que par un appel à l'expérience. Le *dictum* a les mêmes caractères que la seconde formule ci-dessus indiquée : « Les choses qui coexistent avec la même chose coexistent entre elles ; » et que l'axiome mathématique : « Des choses égales à la même chose sont égales entre elles. » Les trois principes reposent sur les mêmes bases, certains philosophes les rapportant à l'intuition, d'autres à l'expérience ; mais, dans tous les cas, le même procédé de démonstration s'applique à tous les trois. Le *dictum* semble se rapprocher de très-près d'une simple règle de consistance ; la nécessité de quelque chose de médiat fait seule toute la différence. « Deux termes identiques à un troisième sont identiques entre eux ; » ceci suppose un pas en avant, et exige une justification. Personne ne voudrait admettre une inférence même aussi évidente que celle-ci : « Les hommes sont mortels, les rois sont des hommes, les rois sont mortels, » sans avoir vérifié antérieurement par des exemples l'espèce particulière de transition que cet argument renferme. Nous sommes si exposés à rencontrer des erreurs dissimulées sous les formes de langage les plus plausibles et les plus usuelles, que nous ne devons avoir confiance à aucune d'elles sans recourir au contrôle de plusieurs expériences réelles. Rien ne peut paraître plus satisfaisant que ce raisonnement : « A coexiste avec B, B avec C, par conséquent A coexiste avec C entièrement et sans réserve, » et cependant, jusqu'à ce que nous ayons garanti l'opération contre la simple conversion d'une proposition universelle, la conclusion du raisonnement demeure incertaine.

En comparant l'axiome mathématique de l'égalité et l'axiome du syllogisme, M. de Morgan s'exprime ainsi : « Dans les deux principes se découvre une loi primitive de la pensée fondée sur le témoignage subjectif de notre conscience ; les deux lois sont également nécessaires, évidentes par elles-mêmes, également irréductibles à des éléments plus simples. »

1. Il y a d'autres manières encore d'exposer l'axiome du syllogisme. Hamilton a employé deux formes. La première est celle qu'il appelle la règle du raisonnement *non formel*. « Si deux notions conviennent, l'une et l'autre, « à une troisième notion, ou si, tandis que l'une convient, l'autre ne con- « vient pas, à cette troisième notion, dans la même mesure ces deux no- « tions conviennent ou ne conviennent pas l'une avec l'autre. »

C'est là tout simplement une autre façon d'exprimer le *nota notæ*. Cette formule est par suite exposée aux mêmes objections. Elle n'indique pas le moyen de distinguer une convenance entière ou partielle ; elle ne peut donc fournir une base solide au syllogisme. Les mots « convenance » et « disconvenance » sont encore moins propres que les mots « coexistence » et « non-coexistence » à exprimer l'axiome ; ils ont tous les défauts qui ont été signalés dans la théorie des propositions, touchant l'emploi du mot jugement.

15. Quant aux syllogismes formels, où les termes sont présentés comme le sujet et le prédicat de propositions disposées dans un ordre régulier, Hamilton énonce cet axiome : « La plus mauvaise relation (*worse relation*) de « prédicat à sujet, qui existe entre l'un ou l'autre de ces deux termes avec « un troisième terme, avec lequel l'un des deux premiers termes au moins a « une relation positive, existe entre les deux termes eux-mêmes. »

Ces expressions bizarres « la plus mauvaise relation » sont une façon de dire que la conclusion entraîne seulement le rapport le plus faible signifié par les prémisses (*pejorem sequitur*, etc.). Si l'une des deux prémisses est négative, la conclusion sera négative. Si l'une des deux prémisses est particulière, la conclusion est particulière.

La forme adoptée par Hamilton présente l'axiome du syllogisme au point de vue de l'extension : elle est conforme au *dictum*, quoiqu'elle ne soit pas exprimée avec la même généralité. Elle ressemble plutôt à une règle particulière destinée à expliquer les détails du syllogisme : le syllogisme lui-même s'appuie plus solidement sur le *dictum*.

16. La première des deux formes employées par Hamilton est exprimée en d'autres termes par Thomson : La convenance ou la disconvenance de deux conceptions est garantie par une troisième conception, en tant que cette conception convient soit partiellement, soit totalement avec les deux premières, ou seulement avec une d'elles.

Cette forme semble se rapporter à la compréhension, et n'être par suite qu'une variante du *nota notæ*, mais elle s'efforce en même temps d'introduire les réserves nécessaires pour distinguer la quantité partielle de la quantité totale. L'expression de « conception », etc., est néanmoins ambiguë ; elle peut désigner aussi bien l'extension que la compréhension — « les hommes », ou les attributs « humains ». Si elle est prise dans le sens de l'extension (ce qui est le plus probable), elle reproduit exactement la seconde forme de Hamilton, et elle insiste sur la distinction de la coïncidence partielle et de la coïncidence totale. Néanmoins elle n'a pas la même portée que le *dictum,* parce qu'elle n'exprime pas le trait essentiel du raisonnement déductif : la transition d'une loi générale à un cas particulier.

Si le mot de « conception » désigne les attributs, la compréhension, la connotation, et non l'extension, la phrase de Thomson se rapporterait plutôt au syllogisme que Hamilton appelle syllogisme de compréhension ; elle ne suggère plus l'idée du syllogisme ordinaire. Les attributs « rois », et l'attribut « mortel », s'accordent (ou mieux coïncident), en s'accordant avec la même portion des attributs « hommes ». Le syllogisme de Hamilton est encore plus explicite : les attributs « roi » contiennent les attributs « homme », les attributs « homme » contiennent les attributs « mortel » ; les attributs « roi » contiennent les attributs « mortel ».

17. Dans la théorie de M. de Morgan, l'axiome est présenté comme une généralisation de plusieurs axiomes spéciaux. Le syllogisme est considéré comme la réduction de deux relations à une seule ; et l'axiome est exprimé ainsi : « La relation d'une relation est une relation composée des deux. »

La vérité de cette formule est prouvée, et son application légitimée, par des exemples spéciaux de relations. Un de ces exemples est l'axiome du syllogisme ordinaire. D'autres exemples sont empruntés aux axiomes mathématiques : « Deux choses égales à une troisième sont égales entre elles ; » et « Plus grand que plus grand est encore plus grand (*à fortiori*). » D'autres exemples encore plus particuliers sont les relations de « l'antécédent et du conséquent », de « l'ancêtre et du descendant ».

18. Quelques auteurs ont supposé que l'axiome ordinaire, le « *Dictum de omni et nullo* » est une simple conséquence des lois de la pensée (la loi d'identité, de contradiction, et de l'exclusion du milieu).

Hamilton soutient que les syllogismes catégoriques sont fondés sur les lois d'identité et de contradiction. Il entend la loi d'identité comme exprimant l'identité d'un tout et de la somme de ses parties ; et par suite il considère comme légitime l'inférence qui affirme de chaque partie ce qui est affirmé du tout. M. Mansel est d'accord sur ce point avec Hamilton, et rapporte les lois syllogistiques aux mêmes principes.

Le résultat de cette doctrine est de supprimer toute distinction entre une inférence médiate et une inférence immédiate ; puisque celle-ci embrasse l'autre, qui n'est plus alors qu'une application de la loi de consistance. Mais cette supposition est invraisemblable, et elle a été repoussée par les autres logiciens. Aussi M. de Morgan (*Syllabus*, p. 47), à propos de ces essais tentés pour réduire les principes du syllogisme aux trois lois qu'on est convenu d'appeler les lois de la pensée, s'exprime en ces termes : « Quand on essaye de montrer qu'il en est ainsi, je juge la valeur de ces essais, je constate que ceux qui les font ne vont pas au-delà d'une simple assertion, et d'autre part je découvre dans mes propres efforts *une pétition de principe.* »

La loi de consistance nous oblige à accorder que toute affirmation, vraie d'une classe d'êtres, est vraie de tous les individus de cette classe : « Tous les hommes sont faillibles, » — « la moitié des hommes est faillible, » — « cet homme est faillible ; » il n'y a pas là de transition ; ce n'est qu'un seul et même fait répété sous des formes de moins en moins générales. Mais lorsque nous disons : « Les rois sont des hommes, » — « les rois sont faillibles, » nous passons à une conception toute nouvelle : conception qui ne se présente pas à l'esprit comme une partie du tout primitif, mais qui lui est suggérée par une seconde assertion. Or un axiome distinct est nécessaire pour appliquer l'attribut à ce cas nouveau. L'axiome peut être lui-même évident *à priori;* mais les conclusions qu'il produit ne sont en aucune façon identiques avec l'une ou l'autre des prémisses, tandis qu'une inférence immédiate, en prenant cette expression dans toute sa rigueur, est identique avec sa forme primitive.

19. Les règles particulières du syllogisme peuvent être déduites de l'axiome fondamental.

1° Il est facile de conclure du *dictum,* expliqué comme nous venons de le faire, que le syllogisme contient seulement trois termes et pas davantage. Il y a une proposition universelle qui renferme un sujet et un prédicat ; une proposition applicative ou interprétative, qui ajoute un troisième terme, et qui répète un des termes de la majeure : — Tout ou aucun Y est ou n'est pas Z ; tout X est Y. Quant à la conclusion, elle ne contient pas de termes nouveaux : — Tout X est Z. Par conséquent il y a trois termes en tout.

2° Le même examen montre qu'il y a trois et seulement trois propositions ; la proposition universelle, la proposition interprétative, la conclusion.

3° La troisième règle est : « Le moyen terme doit être pris une fois universellement dans les prémisses. » La quantité universelle du moyen terme est la condition essentielle, pour qu'il y ait ou qu'il n'y ait pas coïncidence totale entre le moyen terme et un au moins des autres termes ; sans quoi il est impossible de montrer que les deux termes extrêmes coïncident ou ne coïncident pas, entièrement ou en partie. « Quelques hommes sont faillibles, » — « Les rois sont quelques hommes, » voilà deux propositions qui ne peuvent établir la coïncidence de la « faillibilité » et des « rois » ; parce qu'il est possible qu'une partie de l'humanité soit faillible, et une autre partie composée de rois. La difficulté est évitée, si l'attribut faillibilité coïncide avec *tous* les hommes; car alors ce même attribut coïncidera avec tous les êtres qui feront partie de l'humanité.

4° La quatrième règle est : « Les termes qui ne sont pas pris distributivement dans les prémisses ne peuvent pas être pris distributivement dans la conclusion. » Cette règle peut être déduite ainsi du *dictum* : L'universalité d'un terme de la conclusion signifie que ce terme coïncide universellement ou totalement avec l'autre terme de la conclusion : — Tout X est Z, cela veut dire que X est entièrement renfermé dans Z. Or X et Z ont été associés par l'intervention d'un moyen terme Y; et si X n'a pas coïncidé entièrement avec Y dans la prémisse, il ne peut être attribué, avec l'affirmation d'une coïncidence totale, à l'autre extrême Z. Si nous avons eu seulement dans la majeure : Quelque X est Y, bien que la mineure ait été universelle : Tout Y est Z; nous n'avons pas le droit de conclure que tout X est Z. X ne peut être attribué à Z que dans la mesure où X a été attribué à Y; si l'attribution a été universelle, la conclusion sera universelle; mais elle sera particulière, si l'attribution a été particulière. « Si tous les hommes sont faillibles », et si « quelques êtres seulement sont des hommes », *quelques* êtres seulement sont faillibles.

5° « A des prémisses négatives il n'y a pas de conclusion. » Des prémisses négatives ne peuvent remplir la condition essentielle de la mineure, dont le rôle consiste à déclarer que tel ou tel cas donné rentre dans un principe général. Que la majeure soit affirmative ou négative, peu importe; mais il est dans la nature de la mineure d'être affirmative. Aucun Y n'est Z, aucun X n'est Y ne donnent pas le moyen de faire rentrer X dans Z, ni d'associer ces deux termes dans la conclusion. Nous ne pouvons, avec de telles prémisses, inférer même une négation : Aucun X n'est Z. « Aucun corps ne périt » exige, pour être suivi de cette conclusion : « Aucune parcelle d'air ne périt, » cette mineure affirmative : « L'air *est* un corps. »

6° « Si l'une des prémisses est négative, la conclusion est négative, » cette règle exprime exactement ce qui est indiqué par la forme négative de l'axiome.

Dans le système développé de M. de Morgan, quelques-unes de ces règles semblent violées ; mais elles ne le sont qu'en apparence. Ainsi, de deux prémisses négatives il tire une conclusion affirmative. Cette irrégularité dérive de la variété d'expressions qu'autorise l'emploi des formes contraires. Toute proposition affirmative peut en effet se présenter sous forme négative ; et il peut y avoir une négation apparente, quoique au fond, et conformément à l'axiome, la proposition soit affirmative. Ainsi :

   Tout Y est Z.   =   Aucun Y n'est pas non Z.
   Tout X est Y.   =   Aucun X n'est pas non Y.
   Tout X est Z.   Tout   X   est   Z.

20. L'axiome : « des sommes égales ajoutées à des sommes égales sont égales entre elles, » ainsi que l'*argumentum à fortiori*, si on les accepte comme des axiomes logiques, sont distincts de l'axiome du syllogisme, et peuvent être démontrés à part.

L'argument *à fortiori* peut être exprimé ainsi : Si A est plus grand que B, et B plus grand que C, A est encore plus grand que C. Cet axiome, et l'axiome de l'égalité des sommes égales, sont purement mathématiques ; ils servent à comparer des quantités égales ou inégales. Ils reposent chacun sur leur propre évidence, évidence de fait.

Nous verrons plus tard que Boole rattache le syllogisme à l'axiome qui sert à la réduction des équations algébriques. Il admet que l'analogie de la méthode logique et de la méthode algébrique est assez grande pour autoriser cette substitution.

Les opinions diverses qui ont été soutenues par rapport à l'évidence des axiomes en général, soit en logique, soit en mathématiques, seront discutées dans un autre chapitre.

Exemples de syllogismes.

21. La théorie des formes du syllogisme trouve sa principale application dans la recherche et la découverte des erreurs que contiennent les raisonnements déductifs.

Il y a certaines formes de déduction, qui, quoique spécieuses, sont en réalité fausses. C'est surtout à reconnaître cette fausseté que peut servir l'analyse du syllogisme.

22. La méthode à suivre, pour démêler un argument incertain et ambigu, consiste dans les opérations suivantes :

I. Déterminer quelle est la conclusion, quel est le point à prouver. Exposer nettement cette conclusion dans une proposition, de façon à distinguer le sujet (*petit* terme) et le prédicat (*grand* terme).

II. Découvrir le moyen terme de l'argument. Dans un syllogisme concluant il doit y avoir un moyen terme, et il ne doit y en avoir qu'un : ce terme ne doit pas se rencontrer dans la conclusion.

III. Déterminer ensuite deux prémisses : l'une qui associe le moyen terme avec le grand terme : c'est la majeure ; l'autre qui associe le même moyen terme avec le petit terme : c'est la mineure.

IV. Les deux prémisses et la conclusion ayant été disposées dans l'ordre régulier, la validité de l'argument peut être appréciée conformément aux lois du syllogisme.

1° Si la déduction coïncide avec un des modes concluants, elle est légitime ; sinon, non.

2° Si l'on a reconnu à quelle figure l'argument appartient, on peut contrôler sa validité en lui appliquant les règles spéciales de cette figure.

3° On peut encore appliquer à l'argument les règles générales du syllogisme.

L'une ou l'autre de ces trois méthodes peut être indifféremment choisie : chacune d'elles a son efficacité propre.

Néanmoins la méthode que la mémoire retient le plus

aisément, est celle qui consiste, une fois le syllogisme mis en forme, à lui appliquer les six règles générales du syllogisme. Parmi elles, les deux lois qui sont le plus fréquemment violées dans les raisonnements sophistiques sont la troisième (celle de l'universalité du moyen terme), et la quatrième (la quantité des termes égale dans les conclusions et dans les prémisses). Un argument composé de prémisses négatives (cinquième règle) ne trompe personne. Il est aussi de toute évidence, sans qu'il soit nécessaire de recourir à un examen logique, que si l'une des deux prémisses est négative la conclusion doit être négative (sixième règle).

23. On peut, si l'on veut, omettre l'examen des figures séparées, et ramener chaque argument à l'un des modes réguliers.

En vertu de la nature même du raisonnement déductif, la conclusion est une application particulière de quelque proposition plus générale. Cette proposition plus générale doit être l'une des prémisses ; elle est le principe de l'argument ; dans le vocabulaire de Hamilton, la *sumption*. Il doit y avoir aussi une autre proposition pour déclarer que le principe général est applicable à un cas particulier, c'est-à-dire au cas donné dans la conclusion. Ces deux propositions indispensables peuvent se présenter sous des formes plus ou moins défigurées et irrégulières ; nous pouvons rétablir la forme régulière par les procédés qui ont déjà été indiqués, par *obversion* et *conversion*, suivant le cas. La conclusion, elle aussi, peut avoir besoin de l'une ou de l'autre de ces méthodes de rectification. Par l'emploi de ces méthodes, nous écarterons toutes les variétés des figures, et nous n'aurons, pour juger le syllogisme, qu'à le confronter avec les règles du type normal de toute déduction.

EXEMPLES.

Tous les hommes sont mortels. Tout Y est Z — A
Aucun chien n'est homme.... Aucun X n'est Y — E } 1re figure.
Aucun chien n'est mortel..... Aucun X n'est Z — E

1° Ce syllogisme est de la première figure ; mais il n'y a pas dans cette figure de mode qui contienne les propositions A, E, E.

2° Ou autrement : Le grand terme *mortel* est pris universellement dans la conclusion ; il ne l'est pas dans les prémisses. Il y a donc ici une extension illégitime du grand terme.

3° Ou enfin : Ce syllogisme est en contradiction avec la règle du syllogisme normal, règle qui veut que la mineure soit affirmative.

Toutes les planètes sont rondes.	Tout Z est Y — A	
Une roue est ronde............	Tout X est Y — A	2ᵉ figure.
Une roue est une planète.....	Tout X est Z — A	

1° Il n'y a pas de mode en A, A, A dans la deuxième figure.

2° Le moyen terme *rond* n'est pas pris universellement.

3° Enfin il y a infraction à une règle spéciale de la seconde figure : — Une des deux prémisses doit être négative.

« Tout honnête homme s'occupe de ses affaires ; cette personne s'occupe de ses affaires : cette personne est un honnête homme. » Ce raisonnement est exactement la contrepartie du précédent. La conclusion étant : « Cette personne est un honnête homme, » le petit terme est « cette personne », le grand terme « un honnête homme », le moyen terme est : « s'occupe de ses affaires ». La majeure (grand terme et moyen terme), « Tout honnête homme s'occupe de ses affaires », A ; la mineure, « cet homme s'occupe de ses affaires », A (une proposition individuelle définie peut être considérée soit comme A, soit comme I). Pour l'une ou l'autre des trois raisons déjà alléguées dans le dernier exemple, ce raisonnement est vicieux.

Ces deux exemples sont regardés par les logiciens comme des formes remarquablement calculées pour tromper, et par suite comme des cas très-propres à faire comprendre l'usage des lois du syllogisme. Il est intéressant de chercher quelles sont les circonstances qui leur donnent leur vraisemblance trompeuse. Dans ce but, employons la méthode que nous avons indiquée en dernier lieu, et qui consiste à distinguer quelles seraient les prémisses régulières de la déduction.

Pour établir que « une roue est une planète », nous avons besoin d'une proposition plus générale, dont celle-ci ne sera qu'un cas particulier. Une proposition de ce genre serait : « Tous les corps ronds sont des planètes. » Il faut alors chercher une proposition applicative, par exemple : « Les roues sont des corps ronds. » Avec de telles prémisses rien de plus légitime que la conclusion : « Les roues sont des planètes. » Si maintenant nous jetons un regard sur les prémisses données, nous n'y trouvons pas de proposition qui corresponde à la première proposition. La majeure établit non pas que « tous les corps ronds sont des planètes », mais seulement « que toutes les planètes sont rondes », ce qui est bien différent. La confusion de ces deux propositions dérive de la *simple conversion d'une affirmative universelle ;* nous concluons de ce que « toutes les planètes sont rondes », que « tous les corps ronds sont des planètes », conclusion qui ne serait légitime que si la proposition primitive était : « il n'y a d'autres corps ronds que les planètes ». En résumé le sophisme, ramené à son principe, est ici un *sophisme de conversion ;* et si nous sommes facilement dupes des syllogismes semblables à ceux que nous avons cités, c'est parce que nous sommes très-disposés à opérer cette conversion. Il y a dans la forme d'une proposition universelle affirmative quelque chose qui nous trompe ; de l'expression « tout X est Y », nous sommes disposés à conclure l'égalité d'extension de X et de Y, à moins que nous n'ayons pris l'habitude de résister à cette tendance. C'est seulement dans les cas où les deux termes sont égaux en extension, que l'argument en question peut être concluant. Par exemple :

> Tout corps est pesant.
> L'air est pesant.
> L'air est un corps.

En appliquant les mêmes procédés que tout à l'heure, on établit qu'ici la proposition générale, nécessaire pour justifier la conclusion, est « toutes les choses pesantes sont des corps », ce qui se trouve être vrai, mais ce que ne garantit point par elle-même l'assertion contenue dans la majeure : « Tout corps est pesant, » car cette proposition laisse indécise la question de savoir s'il n'y a pas d'autres choses pesantes.

De même dans le second exemple : « Tout honnête homme s'occupe de ses affaires, etc., » nous avons à examiner si « honnête homme », et « faire attention à ses affaires », sont des termes d'une extension égale. Il est évident qu'ils ne le sont pas. La disposition que nous avons à nous laisser tromper par des raisonnements de cette nature dépend de ce que nous présumons trop volontiers, par insuffisance de réflexion, l'égalité d'extension des deux termes dans les affirmations universelles.

Hume dit quelque part : « Nous n'avons d'idée nette « que de nos perceptions. La substance est absolument « distincte d'une perception. Nous n'avons donc pas d'idée « de la substance. »

Pour résoudre ce syllogisme, la première chose à faire est de déterminer les deux termes de la conclusion. Comme il arrive souvent, ces deux termes, au point de vue logique, ne correspondent pas exactement au sujet grammatical et au prédicat grammatical : il faut modifier les termes de la conclusion pour les accorder avec la teneur des prémisses. En comparant la première et la dernière proposition, nous reconnaissons que le *petit terme* (ou sujet de la conclusion) doit être « avoir une idée »; le *grand terme* est « substance ». La conclusion est négative; littéralement : « Le fait d'avoir une idée » n'est pas vrai de la substance. Elle nie que la substance soit une des choses dont nous avons une idée. En second lieu, il faut mettre à part le moyen terme, qui est ici « perception ». Associé au grand et au petit terme, il donne les prémisses suivantes :

« Le fait d'avoir une idée, c'est ne pas avoir de perception.
  Aucune substance n'est perception :
  Le fait d'avoir une idée n'est pas vrai de la substance. »

Sous cette forme, le raisonnement est complétement inadmissible : les prémisses sont toutes deux négatives. Nous pouvons néanmoins changer la qualité du moyen terme et considérer *non-perception* comme le véritable intermédiaire (comme lorsqu'on change « non-sage » en fou). Nous avons alors :

Aucun « fait d'avoir une idée » n'est pas non-perception............................. E	2ᵉ figure.	
Toute substance est non-perception............ A	(*Cesare*).	
Aucun « fait d'avoir une idée » n'est substance... E		

Sous cette forme, l'argument est valable.

Il est souvent utile d'exprimer les arguments un peu subtils, tels que celui que nous examinons, dans une des formes régulières de la première figure. Cette transformation désirable pourrait être accomplie de la manière suivante : la conclusion, « le fait d'avoir une idée n'est pas vrai de la substance », peut être convertie ainsi : « Aucune substance n'est comprise dans notre faculté d'avoir des idées. » Pour arriver à cette conclusion, la majeure doit être une proposition universelle, comprenant dans sa négation autre chose que la substance : « Aucune non-perception n'est comprise dans notre faculté d'avoir des idées. » La mineure est alors : « Toute substance est non-perception, » d'où nous pouvons conclure conformément au type des déductions négatives. Cependant, comme le moyen terme est un terme négatif, ce raisonnement ne saurait être une forme commode d'argumentation, et particulièrement dans l'exemple que nous étudions, en raison du sens vague et large du mot perception, dont le contraire est seulement formel et n'a pas de réalité.

Nous arrivons donc enfin à un syllogisme de la première figure, en *celarent,* ainsi conçu :

Rien de ce qui n'est pas une perception (aucune non-perception)
ne peut être parfaitement conçu...................... E.
La substance est une perception...................... A.
La substance ne peut être parfaitement conçue............. E.

« Il n'y a que les blancs qui soient civilisés. » — « Les Indiens ne sont pas blancs, ils ne sont donc pas civilisés. »

Et sous forme syllogistique :

Aucun non-blanc n'est civilisé..   E
Les Indiens sont non-blancs....   A   } (*Celarent*).
Les Indiens ne sont pas civilisés.   E

C'est là un argument correct, le moyen terme étant « non-blancs », à la place duquel on pourrait écrire, comme équivalent positif, « les autres races de l'univers » (noir, brun, jaune, etc.). Voici du même argument une forme plus claire :

Aucune société d'hommes, appartenant à la race noire, brune ou jaune, n'est civilisée.

Les Indiens appartiennent à la race noire ou brune.

Les Indiens ne sont pas civilisés.

« L'abstinence de toute nourriture animale se rapporte à l'institution divine des sacrifices ; un des préceptes révélés par Dieu à Noé était l'abstinence de la nourriture animale, par conséquent un des préceptes révélés à Noé contenait la divine institution des sacrifices. » (Whately.)

Quoique prolixe dans la forme, ce syllogisme n'est que légèrement différent du type régulier. Le *petit terme* est évidemment « un des préceptes révélés à Noé » ; le *grand terme* « contenait la divine institution des sacrifices » ; le *moyen terme* est « l'abstinence de toute nourriture animale », et l'ordre des propositions est exactement conforme au syllogisme normal.

« Peu de traités contiennent des vérités importantes, dégagées de toute espèce d'erreur, exprimées dans une forme claire et intéressante : voilà pourquoi, bien qu'un traité qui posséderait ces qualités méritât beaucoup d'attention, il y a peu de traités scientifiques qui méritent l'attention. » (Whately).

La conclusion nous donne comme petit terme « peu de traités scientifiques » et comme grand terme « méritent l'attention ». Le moyen terme est « contiennent d'importantes vérités, etc. » La majeure est donc :

« Tous les traités de science qui contiennent, etc., méritent l'attention. »

La mineure :

« Peu de traités scientifiques contiennent, etc. »

La conclusion :

« Peu de traités méritent l'attention ». (*Darii*.)

Il a déjà été remarqué qu'au lieu de *quelques-uns*, nous pouvons avoir dans la mineure les expressions : peu, la plupart, beaucoup, un, deux, à condition que la quantité que les termes possèdent dans les prémisses leur soit conservée dans la conclusion.

« Énoch (conformément au témoignage de l'Écriture) plaisait à Dieu, mais il est impossible de lui plaire sans la foi ; donc Énoch avait la foi. » (Whately.)

Le grand et le petit terme sont faciles à reconnaître. Le moyen terme est « plaire à Dieu ». La majeure est : « Plaire à Dieu est impossible sans la foi », ce qui est une manière détournée de dire : « Plaire à Dieu, c'est avoir la foi, » ou encore : « Toutes les personnes qui plaisent à Dieu ont la foi. » La mineure est : « Énoch plaisait à Dieu. » La conclusion est tout à fait conforme aux lois de la déduction.

Quelqu'un disait pendant les discussions sur la Réforme en 1867 : « Tout homme raisonnable désire que le bill de la réforme soit adopté. Je ne le désire pas. » Il n'y avait qu'une inférence à tirer de ces prémisses : Celui qui s'exprime ainsi n'est pas un homme raisonnable. (*Camestres*.) Ceci est un exemple excellent pour établir qu'il y a des arguments importants en dehors de la première figure.

Si nous suivons ici la méthode ordinaire de réduction, nous éprouverons quelques difficultés. *Camestres* est habituellement ramené à la première figure, par la transposition des prémisses et la simple conversion de la mineure. Si nous voulions appliquer ici ce procédé, nous trouverions pour majeure une prémisse singulière, qui ne peut être convertie sans faire violence aux règles ordinaires du langage, et qui ne peut être donnée comme une proposition fondamentale, comme une règle générale. La règle générale dans cet exemple est précisément la majeure primitive : « Tout homme raisonnable désire le succès du bill sur la réforme. » Mais si nous considérons cette proposition comme le principe du syllogisme, nous avons alors pour mineure une négative : « Je ne le désire pas. » Examinons plus attentivement les prémisses : nous remarquerons que la nature véritable de la prédication y est dissimulée. La majeure est en réalité négative et la mineure affirmative. Pour remédier à l'irrégularité apparente, changeons la qualité de la majeure : « Aucun homme raisonnable ne désire la chute du bill sur la réforme, » ou bien : « Aucun homme qui désire la chute du bill n'est raisonnable. » La mineure, qu'il faut changer pour correspondre à cette majeure, devient alors une affirmative : « Je le désire, » et nous avons un syllogisme en *celarent*.

Un autre exemple de ce même mode *camestres* va nous prouver encore que l'on rencontre fréquemment dans le raisonnement des formes syllogistiques qui ne sont pas les modes réguliers de la première figure. Nous trouvons cette affirmation : « Le despotisme n'est jamais une bonne forme de gouvernement, » et si nous demandons pourquoi, on nous répond : « Tout bon gouvernement développe l'intelligence de ses sujets, et le despotisme ne le fait pas. » C'est là un argument en *camestres*.

Tout bon gouvernement développe l'intelligence de ses sujets.. } cAm
Le despotisme ne développe jamais, etc................. Es
Le despotisme n'est pas un bon gouvernement......... trEs.

La majeure est exprimée dans l'ordre naturel : la place du sujet et du prédicat est telle que tout logicien la choisirait naturellement. On affirme de tout bon gouvernement qu'il développe l'intelligence de ses sujets ; l'ordre des termes est conforme à l'arrangement habituel qui prend comme prédicat le terme le plus étendu : d'autres causes que l'excellence d'un gouvernement développent l'intelligence du peuple.

Comme dans le *camestres* précédent, ce syllogisme ne peut être réduit à la première figure par le procédé qu'indiquent les symboles mnémotechniques, sans mettre la majeure réelle ou la proposition principale à la place de la mineure. Mais nous pouvons conserver l'ordre actuel sans violer la loi qui veut que la mineure soit affirmative, car la majeure actuelle, affirmative dans sa forme, est évidemment négative dans sa signification ; tandis que la mineure, négative dans sa forme, a réellement une valeur affirmative, puisqu'elle assure que le despotisme possède le caractère que la majeure exprime, et qui interdit à un gouvernement despotique le titre de bon gouvernement. En changeant la qualité du prédicat de la majeure et la qualité du moyen terme, nous mettons à découvert le vrai caractère des prémisses :

Aucune forme de gouvernement, qui manque au devoir de développer l'intelligence de ses sujets, n'est une bonne forme de gouvernement.

Le despotisme manque à ce devoir.

Le despotisme n'est jamais un bon gouvernement.

En parlant de l'usage ordinaire des figures, nous avons remarqué que la troisième figure est quelquefois utile, en légitimant une proposition contradictoire, timide et réservée.

Les trois premiers modes consistent à remplacer doucement par des contraires une négative universelle ; les deux derniers remplacent de la même façon une affirmative universelle. Donnons des exemples de chacune de ces formes.

Supposons un adversaire qui maintient absolument et sans réserve que la « spéculation n'a pas de valeur ». Sous une forme logique la position qu'il prend dans le débat peut être exprimée ainsi : « Aucune spéculation n'a de valeur. » Nous le délogeons de cette position, et nous lui arrachons cet aveu que son affirmation est trop absolue, en lui faisant accorder ces deux propositions : « Certaines vérités qui importent à la conduite humaine sont des spéculations, » et « Toutes les vérités qui intéressent la conduite humaine ont de la valeur. » Ces deux propositions impliquent la proposition sous-contraire de la proposition négative absolue, à savoir : Quelques spéculations ont de la valeur. Elles sont exprimées dans l'ordre naturel, et elles rentrent dans la troisième figure. Elles peuvent servir comme prémisses à un raisonnement en *Disamis* ou en *Datisi*, suivant l'ordre qu'on adoptera pour les énoncer.

Quelques vérités qui intéressent la conduite humaine sont des spéculations...	dIs
Toutes les vérités qui intéressent la conduite humaine ont de la valeur...	Am
Quelques spéculations ont de la valeur...............	Is.

C'est là un syllogisme en *Disamis*. Mais on peut observer que nous avons interverti l'ordre naturel du grand et du petit terme ; et nous arrivons alors à la forme la plus naturelle qui est en *Datisi*.

Toutes les vérités qui intéressent la conduite humaine ont de la valeur...	dAt
Quelques vérités qui intéressent la conduite humaine sont des spéculations...	Is
Quelques spéculations ont de la valeur...............	I.

Si notre adversaire nous accorde que toutes les vérités qui concernent la conduite humaine sont des spéculations, nous aurons un syllogisme en *Darapti*. Mais dans ce cas, notre contradiction partielle pourrait paraître particulièrement modérée, parce que nos prémisses, étant universelles, sont devenues plus fortes qu'il n'est nécessaire, et nous semblerions abandonner quelque chose de notre droit dans la conclusion.

L'exemple suivant montre comment on peut réfuter en partie une universelle affirmative en démontrant la proposition sous-contraire, une négative particulière. — Notre adversaire soutient qu'il ne faut pas s'occuper de tout ce qui n'est point pratique. Cette opinion peut revêtir la forme d'une affirmation universelle : « Tout ce qui n'est point pratique doit être négligé. » Pour le contredire doucement nous emploierons le raisonnement que voici :

Aucune vérité applicable à la pratique ne doit être négligée — *fEl*
Les vérités applicables à la pratique peuvent paraître théoriques.. } *Ap*
Quelques vérités en apparence théoriques ne doivent pas être négligées.. } *tOn.*

C'est un syllogisme en *Felapton*. La majeure « Quelques vérités applicables à la pratique ne doivent pas être négligées », pourrait également convenir à notre dessein, et, avec la même mineure, elle nous donnerait un argument en *Bokardo*. Dans des cas semblables à ceux-ci il peut y avoir quelque difficulté à distinguer la proposition fondamentale. Mais on ne viole pas les règles essentielles de la déduction parce qu'on prend une proposition particulière, ou une généralisation approximative, comme le fondement de l'argument. Pour faire d'un raisonnement une déduction réelle, il suffit que la proposition fondamentale soit plus générale que la conclusion.

MÉTHODE DE VÉRIFICATION D'ARNAULD.

C'est le moment de citer un exemple du procédé de vérification employé par Arnauld pour reconnaître la légitimité d'un argument déductif, sans recourir à sa forme logique.

Il demande que l'élève se contente d'observer que la conclusion est contenue dans les prémisses.

Voici l'exemple qu'il donne de sa méthode :

« Je doute si ce raisonnement est bon.

Le devoir d'un chrétien est de ne point louer ceux qui commettent des actions criminelles.

Or ceux qui se battent en duel commettent une action criminelle.

Donc le devoir d'un chrétien est de ne point louer ceux qui se battent en duel.

Je n'ai que faire de me mettre en peine pour savoir à quelle figure ou à quel mode on le peut réduire. Mais il me suffit de considérer si la conclusion est contenue dans l'une des deux premières propositions et si l'autre le fait voir. Et je trouve d'abord que la première n'ayant rien de différent de la conclusion, sinon qu'il y a en l'une, *ceux qui commettent des actions criminelles*, et en l'autre, *ceux qui se battent en duel*; celle où il y a *commettre des actions criminelles* contiendra celle où il y a *se battre en duel*, pourvu que *commettre des actions criminelles* contienne *se battre en duel*.

Or il est visible par le sens que le terme de *ceux qui commettent des actions criminelles*, est pris universellement, et que cela s'entend de tous ceux qui en commettent, quelles qu'elles soient ; et ainsi la mineure, *ceux qui se battent en duel commettent une action criminelle*, faisant voir que *se battre en duel* est contenu sous ce terme *commettre des actions criminelles*, elle fait voir aussi que la première proposition contient la conclusion. »

Cette vérification d'Arnauld est la plus simple de toutes celles qui n'exigent pas qu'on recoure à une réduction formelle en syllogismes. Elle peut s'appliquer dans tous les cas : le seul changement de forme qui puisse aider dans la recherche serait de donner à la proposition contenante la même forme qu'à la conclusion.

Dans les arguments suivants les étudiants suppléeront les propositions fondamentales nécessaires pour en assurer la légitimité : —

Un vrai philosophe est indépendant des caprices de la

fortune, car il place son bonheur dans l'excellence de l'âme et de l'esprit.

Un esclave est un homme, il ne doit donc pas être esclave.

Puisqu'il n'a pas soif, il ne souffre pas de la fièvre.

La Réforme a été suivie de beaucoup de désordres: elle doit être condamnée.

Solon doit être considéré comme un sage législateur, parce qu'il a adapté ses lois au caractère des Athéniens.

C'était un homme trop ardent pour ne pas commettre beaucoup d'erreurs.

Puisqu'il a été élevé parmi les sauvages, il ne peut connaître les usages de la société polie.

Beaucoup d'assertions incertaines sont néanmoins dignes d'attention, car beaucoup d'assertions incertaines sont vraies.

« Napoléon, dit-on, ne s'occupa jamais que de lui-même. » Néanmoins on peut dire, à l'encontre, qu'après tout il était humain. En admettant que cette réplique ait pour but d'établir qu'il a éprouvé *quelques* affections désintéressées, quelle majeure faudra-t-il invoquer?

D'une façon analogue réfuter l'assertion: « Napoléon ne connut jamais la peur. »

Les éruptions de volcan, les tremblements de terre, ne peuvent être considérés comme des avertissements envoyés par Dieu aux méchants, puisque ces fléaux atteignent à la fois l'innocent et le coupable.

Le zèle n'est pas toujours vertueux, parce qu'il manque quelquefois de discrétion.

« Les tables tournantes, me dites-vous, sont une chose que je ne puis comprendre. » Soit; mais je vous prie de construire un syllogisme de forme affirmative qui vous autorise logiquement à nier l'existence des tables tournantes. (Spalding.)

SYLLOGISMES VARIÉS.

Supposez un homme qui dit: « Je déteste les étrangers. » Trouver une prémisse qui, avec sa propre assertion, l'autorise à conclure: « Aucun étranger ne mérite d'être aimé. » (Spalding.)

Le froid ne peut être chassé que par le chaud ; l'indisposition de cette personne est un froid : c'est donc par la chaleur qu'on la guérira.

Aucun animal carnivore n'a quatre estomacs ; tous les ruminants ont quatre estomacs : donc aucun ruminant n'est carnivore.

Il y a des hommes d'une capacité médiocre qui sont législateurs. Tous les pairs sont législateurs. Quelques pairs sont donc d'une capacité médiocre.

Il n'y a pas de guerre qui soit longtemps populaire ; parce que la guerre entraîne toujours un accroissement d'impôts ; et tout ce qui porte atteinte à nos intérêts ne jouit que d'une popularité éphémère. (Spalding.)

Celui qui ne veut pas apprendre ne peut devenir savant ; puisqu'il en est ainsi, il y a beaucoup de jeunes gens intelligents qui ne peuvent prétendre à devenir savants.

Il y a certaines colères qui ne sont point blâmables. De quelle autre prémisse aurez-vous besoin pour arriver à la conclusion : « Quelques passions ne sont pas blâmables ? »

Aucune vérité n'est sans résultat, cependant beaucoup de vérités sont mal comprises. Quelle est la conclusion ?

Il y a des fous qui méritent d'être écoutés. Quiconque dit la vérité mérite d'être écouté.

L'humanité est une vertu morale : l'étude des lettres polies fait partie de l'humanité ; l'étude des lettres polies est une vertu morale.

Celui qui dit que vous êtes un animal dit vrai. Celui qui dit que vous êtes une oie dit que vous êtes un animal ; celui qui dit que vous êtes une oie dit vrai. (Arnauld.)

Vous n'êtes pas ce que je suis : je suis un homme, donc vous n'êtes pas un homme. (Arnauld.)

Un symptôme de la peste est la fièvre : cet homme a la fièvre, donc il a la peste.

Certains objets d'une grande beauté n'ont pas d'autre but saisissable que de charmer la vue ; beaucoup de fleurs ont une grande beauté, et beaucoup d'entre elles n'ont pas d'autre but que de faire plaisir aux yeux.

Tout homme d'État sage est favorable au progrès. Quelques membres du parlement, n'étant pas favorables au progrès, ne sont pas de sages politiques.

Les choses désagréables ne sont pas toujours nuisibles : les afflictions sont quelquefois salutaires. Suppléer la prémisse qui manque.

Jean est plus grand que Guillaume; Guillaume est plus grand que Charles; Jean est plus grand que Charles.

De deux maux il faut préférer le moindre : aussi une révolution passagère, étant un moindre mal qu'un despotisme permanent, doit lui être préférée.

Toutes les étoiles fixes scintillent; cette étoile là-bas scintille : c'est donc une étoile fixe.

Tous ceux qui n'agissent pas follement sont respectables; tous les fous agissent follement; les fous ne sont pas respectables.

« La plupart des hommes qui font parade de leur honnêteté sont de malhonnêtes gens : en voilà un qui fait parade de son honnêteté. » Pouvez-vous conclure qu'il soit malhonnête ?

Ceux qui font le mal craignent le mal; cet homme craint le mal : c'est donc un coquin.

Toute aristocratie est libre; quelques peuples libres ne sont pas cruels; quelques aristocraties ne sont pas cruelles.

Il y a des États démocratiques qui ne persistent pas dans leurs desseins. Le gouvernement des États-Unis est une démocratie; le gouvernement des États-Unis n'a pas de suite dans ses desseins.

Toutes les plantes contiennent du tissu cellulaire; aucun animal n'est plante; aucun animal ne contient de tissu cellulaire.

« Puis-je arriver à la conclusion que tout ardent désir est mauvais, sachant que le désir du mal est un mal, et que beaucoup de désirs ardents ont le mal pour objet? » (Spalding.)

Un bon tireur doit avoir la main sûre. Georges a la main sûre; Georges sera un bon tireur.

Les objets ne peuvent flotter que sur les liquides; ils ne flotteront donc pas sur cette eau qui est gelée.

La poésie n'est pas une science. Les caractères essentiels de la science sont la vérité et la généralité, et la poésie ne possède ni l'une ni l'autre.

Ce qu'il est impossible à l'homme de faire n'a jamais été fait par l'homme. Ressusciter les morts n'est pas possible. L'homme, conséquemment, n'a jamais été fait par l'homme.

« Si je sais que MM. A, B et C sont des sots en même temps que des hommes instruits, ai-je le droit de tirer de là quelque conclusion ? » (Spalding.)

Des préjugés déraisonnables annoncent un esprit faible, et nous rencontrons quelquefois de semblables préjugés même chez des hommes très-instruits. Mettre ces affirmations sous une forme syllogistique et en tirer une conclusion.

Celui qui use mal de la richesse mériterait d'être pauvre; celui qui est bienveillant mériterait d'être riche. La conclusion légitime est-elle d'accord avec les faits?

« Si une règle est une loi qui admet des exceptions, et si un principe est une loi qui n'en admet jamais, conclure qu'une loi peut être en quelque chose différente d'un principe. » (Spalding.)

Aucune science ne peut être absolument parfaite, et cependant toutes les sciences méritent d'être cultivées avec soin. Quelle est la conclusion ?

« Qu'est-ce qui lui a gagné tout de suite la faveur du public ? Ce n'était certes pas le pur anglo-saxon dans lequel ses pensées étaient enfermées, car, hélas! nous savons qu'un grand nombre d'écrivains qui respectent peu la grammaire elle-même ont un public immense, pour la plus grande joie de leurs lecteurs et pour leur plus grand profit personnel. »

« Quelques philosophes ont supposé que l'électricité est

l'agent réel par lequel les nerfs agissent sur les muscles. Mais on peut faire à cette hypothèse beaucoup d'objections, et, par-dessus toutes les autres, celle-ci : que l'électricité peut traverser un tronc nerveux qui a été fortement comprimé par une ligature, tandis que le passage de la force nerveuse est complétement entravé par cet obstacle, comme si la ligature avait coupé le nerf en deux moitiés. »

Les exemples, qui suivent, présentent des chaînes de raisonnements que l'on peut ramener à des syllogismes consécutifs.

« Le concept « cheval » ne peut, s'il demeure à l'état de concept, c'est-à-dire de notion générale, devenir une représentation de l'imagination ; mais si l'imagination ne se le représente pas, il ne peut être appliqué à aucun objet ; et s'il n'est appliqué à aucun objet, il ne peut être réalisé dans la pensée. » (Hamilton.)

« Pour établir que les sentiments moraux sont instinctifs et qu'il est impossible de les analyser, on avance hardiment que les sentiments moraux de tous les hommes sont semblables. L'argument que l'on fonde sur cette assertion hardie, en faveur de l'hypothèse que j'examine, peut être présenté de la façon suivante : Aucun des sentiments, aucun des jugements qui résultent de l'observation et de l'induction, n'est accepté et éprouvé par le genre humain tout entier. L'expérience et l'induction, bien qu'appliquées au même objet, conduisent chaque homme à des résultats différents. Or les jugements que nous portons intérieurement sur la moralité ou l'immoralité des actions, et les sentiments moraux que ces mêmes actions excitent, sont précisément les mêmes chez tous les hommes. Conséquemment, nos sentiments moraux ne dérivent pas d'inductions fondées sur les actions qui les excitent ; ils ne sont pas non plus inspirés à l'homme par les inductions de ses semblables, c'est-à-dire imprimés dans nos âmes par l'autorité et l'exemple. Les sentiments moraux sont donc instinctifs, ce sont des faits derniers et qui se dérobent à l'analyse. » (Austin.)

« L'objet général que poursuivent les lois, ou qu'elles

doivent poursuivre, est d'accroître le bonheur total de l'espèce humaine, et par suite de supprimer tout ce qui peut nuire à ce bonheur, en d'autres termes, de supprimer toute cause de dommage. Mais toute punition est un dommage : toute punition est un mal. D'après les principes utilitaires, le châtiment ne doit donc être admis tout au plus que dans la mesure où le châtiment est utile pour supprimer un mal plus grand. » (Bentham.)

« Si notre patrimoine intellectuel est commun à tous les hommes, la raison aussi, grâce à laquelle nous sommes des êtres raisonnables, est commune; s'il en est ainsi, commune aussi est la raison qui nous ordonne ce qu'il faut faire, qui nous défend ce qu'il ne faut pas faire; s'il en est ainsi, il y a une loi commune à tous les hommes; s'il en est ainsi, nous sommes tous concitoyens; par suite, nous sommes membres d'un même corps social, et, par suite encore, le monde est en un sens un État. » (Marc-Aurèle.) On ne doit pas supposer que toutes ces transitions reposent chacune sur un syllogisme distinct : quelques-unes ne sont que des inférences immédiates ou de pures identités.

CHAPITRE II.

ADDITIONS RÉCENTES A LA THÉORIE DU SYLLOGISME.

Additions d'Hamilton.

Sir William Hamilton a principalement fondé l'extension qu'il a donnée à la théorie du syllogisme et de ses modes, sur la *quantification* du prédicat, et sur le développement complet des deux formes de la quantité : l'extension et la compréhension. Ses ouvrages contiennent aussi une foule de critiques de détail sur divers points de la théorie syllogistique.

Nous avons déjà vu (p. 129) que la quantification parfaite du prédicat donne lieu à quatre nouvelles formes de propositions : ce qui fait huit en tout. Deux de ces formes sont affirmatives : « Tout X est *tout* Y. » — « Quelque X est tout Y. » Ces formes ont été considérées par Mill et de Morgan comme des formes composées ; mais elles ont été adoptées par quelques autres logiciens, par exemple, Thomson (*Lois de la pensée*) et Spalding. Les deux autres formes sont négatives : « Tout X n'est pas quelque Y. » — « Quelque X n'est pas tout Y. » Elles ont été généralement rejetées, pour la raison qu'elles ne se rencontrent pas dans l'usage ordinaire.

L'addition de deux nouvelles formes de propositions accroît singulièrement le nombre des modes possibles du syllogisme. En examinant toutes les combinaisons possibles de trois propositions, qui peuvent prendre six formes différentes, et après avoir écarté toutes celles qui violent les lois du syllogisme, toutes celles qui en répètent d'autres, le docteur Thomson a trouvé vingt-deux modes dans la première figure, vingt modes dans la seconde, vingt modes dans la troisième ; de telle sorte qu'en mettant à part la quatrième figure, dont on ne tient pas compte, il y a en tout soixante-deux modes. Nous donnerons, comme exemples, quelques-uns de ces modes nouveaux.

U U U est un syllogisme qui contient trois propositions universelles affirmatives avec des prédicats universels :

Tout Y est tout Z.
Tout X est tout Y.
Tout X est tout Z.

C'est un syllogisme auquel rien ne répond dans la nature, à moins que les termes ne soient seulement des mots différents employés pour désigner le même objet ; comme par exemple : « Toute eau est tout oxyde d'hydrogène. » Nous pourrons trouver aussi une proposition dont les termes auront une égale extension, et constituer ainsi une majeure : « Toute matière est toute chose pesante ; » mais nous ne trouverons probablement jamais une mineure qui soit de la même nature et qui puisse lui être associée, à moins, nous le répétons, que les termes ne désignent le même objet.

U E E est un autre exemple, qui constitue une exception à la règle de la première figure, qui veut que la mineure soit affirmative :

Tout   Y est tout Z.   Toute matière est toute chose pesante.
Aucun X   n'est   Y.   L'esprit n'est point matière.
Aucun X   n'est   Z.   L'esprit n'est point pesant.

Ici la quantification universelle du grand terme Z évite l'irrégularité que crée la règle citée, et qui dépend d'une extension illégitime du grand terme.

Aucune forme utile ne peut sortir de ces modes additionnels du syllogisme ; et même, comme exercice formel et purement abstrait, personne ne croit que ce soit un travail qui en vaille la peine que de les exposer complétement. Encore bien moins pourrait-on songer à chercher des exemples concrets qui leur correspondent.

Hamilton seul (suivi par le professeur Spencer Baynes) a essayé d'énumérer les modes syllogistiques qui dérivent des huit formes de propositions qu'il distingue. Et même il n'arrive pas toujours au même total. Dans sa première exposition il compte trente-six modes valables pour chaque figure (en laissant de côté la quatrième), c'est-à-dire douze affirmatifs et vingt-quatre négatifs. Le docteur Thomson a dressé la liste de ces modes, et il s'accorde en cela avec Hamilton; mais il a rayé de la liste d'Hamilton, comme des variétés inutiles, quoique possibles, quatorze modes de la première figure, dix de la seconde, et seize de la troisième. Il réduit ainsi les cent huit modes d'Hamilton à soixante-deux. Hamilton lui-même, dans une exposition plus récente, n'a compté que quarante-deux syllogismes, réductibles à vingt-un.

Le syllogisme considéré au point de vue de l'extension ou de la compréhension. C'est pour Hamilton une grande affaire de montrer que le syllogisme ordinaire est imparfait, en ce qu'il n'est pas exprimé à la fois au point de vue de l'extension et de la compréhension. Il se plaint que tous les logiciens, sauf peut-être Aristote, aient borné leur examen au syllogisme exprimé au point de vue de la quantité ou de l'extension. Il explique ainsi qu'il suit la différence des deux formes du syllogisme :

SYLLOGISME EXTENSIF.	SYLLOGISME COMPRÉHENSIF.
B est A.	C est B.
C est B.	B est A.
C est A.	C est A.
Tous les hommes sont mortels.	Caius est un homme.
Caius est un homme.	Tous les hommes sont mortels.
Caius est mortel.	Caius est mortel.

Dans le premier exemple, la classe « mortel » comprend la classe « homme », dans le second exemple les attributs d'un « homme » contiennent l'attribut « mortel ».

Voici un exemple en *Celarent :*

EXTENSION.	COMPRÉHENSION.
Aucun homme n'est Dieu.	Les rois sont hommes.
Tous les rois sont hommes.	Les hommes ne sont pas dieux.
Aucun roi n'est Dieu.	Les rois ne sont pas dieux.

La seconde forme (compréhension) peut être lue ainsi : — « Les attributs d'un roi comprennent les attributs d'un homme. Les attributs d'un homme ne comprennent pas les attributs d'un Dieu. Les attributs d'un roi ne comprennent donc pas les attributs caractéristiques d'un Dieu. »

Il faut remarquer, touchant ce système de doubles syllogismes fondé sur ce que les termes sont considérés dans leur extension ou dans leur compréhension, — dans leur largeur ou dans leur profondeur, — qu'en réalité les deux formes ont le même sens, et que ce sens fondamental unique est la compréhension ou la connotation des termes employés. Le véritable sens du dernier exemple est d'abord que les attributs connotés par le terme « homme » n'accompagnent pas les attributs connotés par le terme « Dieu » (*grand terme*), et sont incompatibles avec eux ; que les attributs connotés par le terme « roi » coïncident avec les attributs connotés par le terme « homme ». L'autre forme cependant, la forme extensive, celle qui indique que les classes sont comprises ou non l'une dans l'autre, est plus conforme aux habitudes du langage. Les hommes sont exclus de la classe des dieux ; les rois sont compris dans la classe des hommes. Par conséquent les rois sont exclus de la classe des dieux. C'est là une forme plus concrète, plus intelligible. En tout cas elle n'est nullement le contraire de l'autre. Nous ne pouvons nous faire de cette forme une idée juste et correcte, sans concevoir le sens des termes tel qu'il est déterminé par leur connotation. L'extension est limitée uniquement par la compréhension. Ce n'est pas le moins du monde comme si nous avions sous les yeux une liste complète des hommes, une liste complète des rois, et si nous constations matériellement que les noms des rois se mêlent à ceux des hommes, tandis qu'ils ne se mêlent pas aux noms des dieux ; ce qui serait dans sa forme littérale et exacte le vrai raisonnement extensif. Or ne suffit-il pas de l'exposer avec cette rigueur pour se convaincre que nous ne raisonnons pas ainsi ? Lorsque nous parlons d'une classe d'êtres, nous parlons d'une manière figurée ; nous supposons comme un ordre de bataille d'après lequel seraient rangés les individus de cette classe, ordre de bataille qui n'existe pas ; le mot que nous employons est simplement un symbole, une marque distinctive, pour reconnaître les objets de cette classe partout où ils se présenteront. L'extension du mot « homme » est l'ensemble imaginaire de tous les êtres qui par leurs caractères correspondent aux qualités que le terme désigne et qui sont les traits spécifiques de l'humanité ; si nous perdons un instant de vue la connotation du mot, nous sommes incapables de rien saisir dans nos conceptions. Par conséquent la compréhension est partout inséparable de l'extension. C'est là un fait constant, qu'on ne peut détruire qu'en bouleversant la théorie du syllogisme, ou en constituant deux listes parallèles de modes compréhensifs et de modes extensifs.

Les formes de syllogismes compréhensifs que Hamilton a distinguées dérivent uniquement de ce qu'il a introduit dans sa théorie l'idée « d'un contenu et d'un contenant », pour désigner les groupes d'attributs que représentent les termes d'une proposition. Un roi a plus d'attributs qu'un homme ; l'individu qu'on appelle Frédéric II a plus d'attributs qu'un roi. De la sorte Frédéric est le terme le plus compréhensif, au point de vue du nombre des attributs ; homme est le moins compréhensif. Par suite nous pouvons, en forçant un peu la métaphore, faire intervenir ici la relation du tout et de la partie, du contenant et du contenu, de même que nous l'avons appliquée déjà au point de vue de l'extension pour les classes et les idées considérées dans leur extension, hommes, rois, Frédéric ; nous pouvons enfin pousser l'analogie jusqu'à construire des syllogismes qui correspondent aux syllogismes extensifs. Mais nous n'arriverons point par là à un sens nouveau et distinct, et ce ne sera pas une meilleure et plus intelligible manière d'exprimer une vieille idée.

Hamilton, en discutant les conditions de la clarté des idées, remarque justement qu'on ne peut atteindre au plus haut degré de clarté et de netteté, sans avoir déterminé la compréhension, ou, en d'autres termes, le sens, la définition ou la connotation du terme. (*Leçons sur la Logique*, I, 168). Il remarque aussi que la quantité de l'extension est une création de l'esprit, une création qui dérive de la quantité de la compréhension, puisqu'elle en est abstraite : tandis que la quantité de la compréhension est donnée directement par l'expérience, par la nature même des choses (p. 218). Observations qui tendent à cette conséquence que la compréhension est tout ce que nous pensons, tout ce que nous concevons, dans une idée : par suite la compréhension ne peut jamais être laissée de côté, quand il s'agit de rendre compte d'une forme syllogistique. C'est le pouvoir qui se cache derrière le trône, même lorsque l'extension se revêt de tous les attributs royaux extérieurs.

Dans ses objections à la quatrième figure, qu'il rejette, Hamilton se fonde sur ce que les prémisses y dérivent de la catégorie de la compréhension, tandis que la conclusion y dérive de la catégorie contraire de l'extension. Voici comment il s'explique : La forme de la figure est :

P est M.
M est S.
S est P.

Dans les prémisses P est contenu dans M, et M dans S ; de sorte que nous attendons de la conclusion qu'elle nous montre P contenu dans S. Mais ici nous sommes déçus : car le raisonnement tourne court dans la conclusion, qui affirme seulement que S est une partie de P. (Ce n'est pas tout à fait exact : car « S » est déterminé par « quelques » ; de telle sorte que S peut encore être le terme le plus extensif :

Quelque S est P.) Si nous avons un syllogisme affirmatif dans la forme suivante :

Tout P est M.	Tous les rois sont hommes.
Tout M est S.	Tous les hommes sont faillibles.
Tout S est P.	Tous les êtres faillibles sont rois ;

nous aurons une conclusion fausse, à laquelle nous échapperions sans aucun doute, si nous l'écrivions ainsi :

Tous les *attributs* des êtres faillibles sont *contenus* dans les attributs des rois.

Mais personne n'a jamais songé à écrire ce raisonnement en ces termes.

Additions de M. de Morgan.

Nous avons déjà vu les théories de M. de Morgan, relatives aux termes, et l'énumération qu'il donne des propositions fondamentales. Avant d'en venir aux additions qu'il a faites à la théorie du syllogisme, nous devons examiner ses remarques sur la copule.

Il se plaint que le « *est* » des logiciens ne soit pas limité, d'une façon assez nette, à un seul sens. Ce mot se donne pour un mot abstrait, pour un lien formel entre deux termes, n'ayant par lui-même aucun sens, et n'obéissant à aucune loi, si ce n'est dans la mesure où il est nécessaire pour rendre justes les diverses formes de l'inférence. X *est* Y, ne nous apprend rien de particulier. Cependant les logiciens emploient quelquefois ce mot dans le sens de l'identité.

De Morgan pense qu'on devrait, de préférence à *est*, employer un *symbole* qui servirait de copule. Il y aurait à cela l'avantage de donner à la copule le caractère abstrait qui est assuré aux termes eux-mêmes par l'usage des lettres X, Y, Z. Si un pareil symbole était usité, il faudrait déterminer les *conditions copulatives (copular conditions)*. Elles sont au nombre de deux. La première est la *transitivité (transitiveness)* : c'est-à-dire que si X est avec Y dans une certaine relation, et Y dans la même relation avec Z, X est précisément avec Z dans la relation donnée. Un grand nombre de copules expriment cette relation transitive : est — conclut — conduit à — aboutit à — est supérieur à — est l'ancêtre de — est le frère de — est uni à — dépend de — est plus grand que — est égal à — est moindre que, s'accorde avec (dans une particularité donnée), etc.

La seconde condition est la *convertibilité*, c'est-à-dire que la relation est corrélative à elle-même : tout ce que X est à Y, Y l'est à X. Dans un certain nombre des exemples précédents se présentent des relations convertibles : *est* — est le frère de — est égal à — s'accorde avec. Il y a des cas de convertibilité qui n'ont pas de caractère transitif, par exemple : cause avec — est dans l'habitude de rencontrer — est le cousin de — est en controverse avec, etc.

D'un autre côté il y a des copules qui ne sont pas convertibles, mais qui sont *corrélatives* : A donne à B : B reçoit de A. Des raisonnements exacts peuvent être construits avec ces formes, par exemple : Tout X donne à Y : Quelques X*s* ne donnent à aucun Y ; aucun X ne donne à Y : Tout X reçoit de Y ; quelques X*s* ne reçoivent pas de Y*s* ; — voilà des exemples de propositions basées sur ce type. Elles sont toutes susceptibles de conversion ; il suffit pour cela de substituer la copule corrélative.

M. de Morgan prétend qu'en admettant les relations en général, et en distinguant les diverses espèces de relations, on rapproche davantage la logique des formes ordinaires de la pensée. Réduire toutes les relations à une seule « est » — « l'esprit agit sur le corps — l'esprit *est* une chose qui agit sur le corps » : c'est, dit-il, un subterfuge systématique, contraire aux progrès de la science.

Les logiciens ont pris garde que la forme « A égale B, B égale C, A égale C », n'est pas réductible au syllogisme. De même pour la relation « plus grand que » dans l'argument *à fortiori*. Cependant ces inférences sont pour l'esprit aussi naturelles, aussi fortes, aussi rapides que l'inférence syllogistique. M. de Morgan, par suite, propose d'enfermer toutes ces formes de raisonnements dans une même catégorie, en leur appliquant une *copule de relation* générale, copule qui serait formellement introduite et symbolisée dans chaque proposition. Ainsi :

Tout X a une relation avec quelque Y,
Tout Y a une relation avec quelque Z;

de là sortira l'inférence : « Tout X a une relation complexe avec quelque Z ; » cette relation complexe est composée des relations de X avec Y et de Y avec Z. En adoptant cette forme nous raisonnerons ainsi : Jean peut contrôler Thomas, Thomas peut contrôler Guillaume : Jean peut contrôler Guillaume. En dehors de cette copule de relation très-générale et très-compréhensive, on peut déterminer des modes spécifiques pour arriver à des résultats spécifiques. La copule logique la plus usitée est l'équivalent de « est attaché » « est associé avec » « coexiste avec », et peut servir aux opérations logiques les plus importantes. La copule de l'égalité et de l'inégalité a pour domaine les mathématiques ; et une inférence qui use de cette copule pourra être considérée avec vraisemblance comme une inférence mathématique.

La copule de relation convertible « cause » peut être distinguée des autres en raison de sa grande importance : — « A cause B, B est causé par A. » Nous pouvons dans la pratique construire des syllogismes avec des propositions de cette espèce.

Ces remarques de M. de Morgan sont à coup sûr justes et pleines de force : elles ont une grande importance, parce qu'elles peuvent émanciper les études logiques des limites fixées par Aristote, et parce qu'elles appellent l'attention sur le vague et l'incertitude de la copule ordinaire. Mais nous ne pouvons affronter le travail qu'il faudrait faire pour suivre les développements techniques d'une demi-douzaine de copules. Il est bon sans doute de constater que ces développements ne sont pas seulement exacts en eux-mêmes, mais qu'ils sont nécessaires pour formuler dans leur vaste ensemble toutes nos pensées et tous nos raisonnements habituels. Mais, après nous être assurés de ce fait, nous devons nous contenter de construire une forme adaptée à la plus fréquente des relations d'idées; forme qui doit être considérée comme un exemple pour toutes les autres, *una ex multis*. Un logicien qui aurait le génie de M. de Morgan pour la construction des formes logiques aurait raison de développer un certain nombre de relations copulatives. On pourrait ensuite emprunter à ce travail des extraits qui agrandiraient le domaine où les étudiants s'exercent d'ordinaire aux inférences.

L'extension que M. de Morgan a donnée à la théorie du syllogisme est fondée sur la détermination complète des contraires, telle qu'il la présente dans son système de huit propositions fondamentales. Grâce à l'emploi de certains symboles pour représenter les contraires, il peut exposer toutes les négations comme si elles étaient des assertions : Aucun X n'est Y, tout X est Y (U-Y). Par suite, le syllogisme unité peut être présenté sous forme affirmative : « Si un X est un Y, si ce même Y est un Z, alors le X est un Z. »

Tous les syllogismes dérivent des combinaisons des prémisses suivantes :

1° Tous les Xs sont Ys, et tous les Ys sont Zs. La conclusion est : Tous les Xs sont Zs; syllogisme qu'on peut prendre pour unité, pour type. Il y a ici une inversion dans l'ordre des prémisses tel que l'avait réglé Aristote ; mais, dans les vues de l'auteur, cette inversion constitue l'ordre propre et régulier.

2° Quelques Xs sont Ys, tous les Ys sont Zs; quelques Xs sont Zs. Le syllogisme unité est ici réduit par abréviation à cette forme : aussi souvent qu'il y a des Xs dans la première prémisse, aussi souvent il y en a dans la conclusion.

3° Quelques Xs sont tous les Ys; quelques Ys sont Zs.

Conclusion : Quelques X*s* sont Z*s*. Au point de vue de la forme, c'est le cas précédent avec inversion. Le moyen terme universel (tous les Y*s*) passe de la seconde prémisse à la première.

4° Quelques X*s* sont tous les Y*s* ; tous les Y*s* sont Z*s*; quelques X*s* sont Z*s*. Ici, bien qu'il y ait un moyen terme universel, qui se présente dans les deux prémisses, il n'y a pas une conclusion plus forte que dans les deux cas précédents, où le moyen terme n'est pris universellement qu'une fois.

Voilà les quatre couples possibles de prémisses affirmatives, en laissant de côté toute détermination des termes contraires. Or toutes les négations peuvent être ramenées à des affirmations qui portent sur des contraires, et par suite l'application de ces quatre cas à toutes les combinaisons de propositions, directes ou contraires, nous donnera toutes les formes possibles de syllogismes valides.

Si nous prenons X, Y, Z, et leurs contraires x, y, z, il y a huit combinaisons de trois termes : X Y Z, x Y Z, x y Z, x y z, X Y z, X y Z, X y z, x Y z. A chacune de ces combinaisons peuvent être appliqués les quatre modes d'inférence ; et si nous lisons x, y, z, comme étant les contraires de X, Y, Z, nous obtenons l'expression exacte du syllogisme. Ainsi le premier syllogisme, ou le syllogisme unité, appliqué à x y Z, donne Tout x est y, Tout y est Z, par conséquent Tout x est Z. En donnant les équivalents des termes contraires x, y, sous les formes X, Y, le syllogisme entier pourra être lu ainsi :

Tout x est y (Tout non X est non Y) est la même chose que : Aucun Y n'est X, ou Tout Y est X, ou Quelques X*s* sont tous les Y*s*.

Tout y est Z (Tout non Y est Z) est la même chose que : Tout est ou Y ou Z (une des nouvelles formes de propositions de M. de Morgan).

De la même façon, la conclusion Tout x est Z (Tout non X est Z) est : Toute chose est ou X ou Z. Le syllogisme est donc alors :

Quelques Xs sont tout les Ys. (Tout Y est X.)
Toute chose est ou bien Y ou bien Z.
Toute chose est ou bien X ou bien Z ;

c'est-à-dire un syllogisme qui ne figure pas parmi les formes d'Aristote. En raison de la très-grande portée de la forme, Toute chose est ou bien Y ou bien Z, il ne peut y avoir qu'un petit nombre d'applications de ce syllogisme.

Quelques choses étendues sont toutes les choses matérielles.
Toute chose ou bien est matérielle, ou appartient à l'esprit.
Toute chose ou bien est étendue, ou appartient à l'esprit.

Les sept autres formes une fois exprimées et développées de la même manière, on a les huit formes de syllogismes *universels*, c'est-à-dire des syllogismes à *prémisses universelles* et à *conclusion universelle*.

Appliquons maintenant le second cas aux mêmes huit formes : Quelques X*s* sont Y*s*, tous les Y*s* sont Z*s*, quelques X*s* sont Z*s* ; et alors on a huit syllogismes à *mineure particulière* et à *conclusion particulière*.

En appliquant le troisième cas : Quelques X*s* sont tous les Y*s*, quelques Y*s* sont Z*s*, quelques X*s* sont Z*s*, on a huit syllogismes à *majeure particulière* et à *conclusion particulière*.

Enfin avec le quatrième cas : Quelques X*s* sont tous les Y*s*, Tous les Y*s* sont Z*s*, Quelques X*s* sont Z*s* ; nous avons huit syllogismes *particuliers*, à *prémisses universelles* et à *conclusion particulière*. Ici les prémisses sont plus fortes qu'il n'est besoin pour arriver à la conclusion.

Les trente-deux formes ci-dessus exposées sont les seules qui produisent une inférence, sur les soixante-quatre combinaisons possibles de prémisses. Les trente-deux autres formes pourraient être exprimées en présentant les huit combinaisons de formes, X Y Z, *x* Y Z, etc., d'après les quatre variétés de prémisses que l'auteur a distinguées. Ainsi : 1° Quelques X*s* sont quelques Y*s*, quelques X*s* sont tous les Y*s* ; 2° Tous les X*s* sont quelques Y*s* ; quelques

X*s* sont quelques Y*s*; 3° Quelques X*s* sont quelques Y*s*; quelques choses ne sont ni X*s* ni Y*s*; 4° Quelques X*s* sont Y*s*; Tous les X*s* ne sont pas quelques Y*s*. On ne saurait tirer d'inférence d'aucune de ces combinaisons.

Voici quel est, d'après M. de Morgan, le critérium de la validité des syllogismes et la règle de l'inférence :

Il y a inférence : 1° lorsque les deux prémisses sont universelles; 2° lorsque, une prémisse étant particulière, le moyen terme a dans les prémisses des quantités différentes. Dans l'un et dans l'autre cas, on obtient la conclusion en effaçant le moyen terme. Les prémisses de *même* qualité donnent une conclusion *affirmative*; de qualité *différente*, une conclusion *négative*. Une conclusion universelle dérive seulement de propositions universelles, dans lesquelles le moyen terme est différemment quantifié. Deux prémisses particulières ne donnent pas d'inférence.

Une prémisse particulière, dans laquelle le *terme de la conclusion est universel*, donne lieu à une conclusion universelle; ainsi *Darii* peut devenir *Barbara*. Avec un *moyen terme* universel, la conclusion n'est pas nécessairement universelle, et, malgré un surplus d'affirmation dans les prémisses, le syllogisme reste particulier. Ainsi *Darapti*, dans la troisième figure :

   Tout Y est Z.
   Tout Y est X.
   Quelque X est Z.

Le moyen terme est universel dans les deux prémisses, alors qu'il suffirait qu'il le fût une fois. L'inférence aurait lieu encore avec une mineure qui serait : « Quelque Y est X. » *Felapton* et *Fesapo* sont d'autres exemples.

Nous trouvons un autre cas dans *Bramantip*. Les deux propositions universelles « Tout Z est Y, Tout Y est X », donnent lieu à une conclusion universelle: « Tout Z est X; » mais cette conclusion, par suite d'une transposition des termes, devient une simple proposition particulière: « Quelque X est Z. »

Chaque forme de proposition correspond à certaines formes *opposées*. Si, par exemple, les propositions A, B, donnent C, elles ne peuvent donner c (le contraire de C). A et c étant vrais, B est faux ou b est vrai; c'est-à-dire que A, c, donnent b : en d'autres termes, *l'une des deux prémisses associée au contraire de la conclusion donne comme conclusion le contraire de l'autre prémisse.* Ainsi il y a deux formes opposées à tout syllogisme. Et les syllogismes peuvent être groupés en catégories de trois, de telle sorte qu'à chacun d'eux correspondent les deux autres comme formes opposées. *Barbara*, par exemple, aura pour formes opposées *Baroko* et *Bokardo*.

M. de Morgan estime qu'il importe de remarquer que l'adjectif « Tout », qui exprime la quantité universelle, a deux sens, qui doivent être distingués avec soin. Il peut signifier « tous » dans un sens collectif, la collection entière des individus : c'est ce que M. de Morgan appelle la forme *cumulaire*. Il peut, en second lieu, signifier « tous » distributivement, dans le sens de « chacun » : c'est ce que M. de Morgan appelle la forme *exemplaire*. Il soutient que, dans le langage d'Aristote et de ses successeurs immédiats, Tout était pris dans le sens *exemplaire*, et non pas *cumulaire;* πᾶς ἄνθρωπος, veut dire *chaque* homme, *tout* homme, et non *tous* les hommes. L'expression « Tous les hommes », prise comme genre collectif, comprend des parties, les différentes variétés ou races de l'espèce humaine. « Tout homme », au contraire, n'a pas de parties, mais indique une affirmation qui porte sur chaque individu dont se compose le genre humain.

La forme *exemplaire* est celle qu'on emploie dans les preuves géométriques. Une proposition d'Euclide porte sur *un* cas, et la démonstration est telle, que le cas auquel elle s'applique peut être un cas quelconque. Il serait peut-être utile d'admettre en géométrie la forme : « N'importe quel X est n'importe quel Y. »

Dans les propositions négatives, c'est la forme *exemplaire* qui est nécessaire. « Tous les hommes ne sont pas des poissons » n'est pas la négation de « Tous les hommes sont des poissons ». La négation véritable sera : Tout homme n'est pas un poisson (1).

A proprement parler, la proposition *cumulaire* ne peut être prouvée que par des propositions exemplaires ; par suite les propositions exemplaires précèdent dans l'ordre de la pensée ; circonstance qui justifie leur adoption comme principe d'un système logique. D'après cela la *quantité* sera *un mode de sélection par des exemples*; universel sera remplacé par *tout à fait indéfini;* particulier par *non tout à fait indéfini*.

Les formes des propositions seraient modifiées ainsi qu'il suit :

N'importe quel X est n'importe quel Y.	X et Y singuliers et identiques.
Quelque X n'est pas quelque Y.	Ou bien X n'est pas singulier, ou Y n'est pas singulier, ou, s'ils sont tous les deux singuliers, ils ne sont pas identiques.
N'importe quel X est quelque Y.	Tous les Xs sont quelques Ys.
Quelque X n'est pas n'importe quel Y.	Quelques Xs ne sont pas (tous les) Ys.
Quelque X est n'importe quel Y.	Quelques Xs sont tous les Ys.
N'importe quel X n'est pas quelque Y.	Quelques Xs ne sont pas quelques Ys.
N'importe quel X n'est pas n'importe quel Y.	Tous les Xs ne sont pas (tous les) Ys.
Quelque X n'est pas quelque Y.	Quelques Xs sont quelques Ys.

Le « syllogisme numériquement défini » est un système d'inférence qui suppose que des nombres exacts sont donnés.

(1) M. Mill, dans une note ajoutée à son chapitre sur le rôle du syllogisme, fait la remarque suivante : « La terminologie logique serait plus conforme à la nature réelle du procédé du raisonnement, si les propositions universelles, au lieu d'être énoncées sous la forme de « tous les hommes sont mortels », ou « chaque homme est mortel », l'étaient sous celle-ci : « Un homme quelconque est mortel ». Ce mode d'expression qui est comme le type de tous les raisonnements fondés sur l'expérience : « Les hommes A, B, C, etc., sont ceci et cela », ferait mieux comprendre que le raisonnement inductif est toujours au fond une inférence du particulier au particulier, et que l'unique fonction des propositions générales dans le raisonnement, est de garantir la légitimité de ces inférences. »

Si sur cent cas de n'importe quelle chose, soixante-dix sont Xs, et trente, Ys, alors au moins vingt Xs doivent être Ys. L'auteur développe avec ampleur un système symbolique fondé sur cette donnée.

Les syllogismes à quantité numériquement définie se rencontrent rarement dans le cours ordinaire de la pensée. Mais il arrive que des cas se présentent où le nombre des cas d'un terme est le nombre total des cas de l'autre terme : « Pour chaque Z il y a un X qui est Y ; quelques Zs ne sont pas Ys. » « Pour chaque homme dans la maison il y a une personne qui est âgée : quelques hommes ne sont pas âgés ; » d'où il dérive, mais par un syllogisme qui ne rentre dans aucune des formes ordinaires, que « quelques personnes dans la maison ne sont pas des hommes ».

L'auteur applique à ce cas la désignation de « syllogisme à quantité *transposée* ». Parmi les termes communément employés, le seul qui donne des syllogismes de cette espèce est le terme « la plupart ». « La plupart des Ys sont Xs ; la plupart des Ys sont Zs ; par conséquent *quelques* Xs sont Zs. »

Considérant la distinction des figures, M. de Morgan appelle la première, figure de *transition directe ;* la quatrième, qui n'est que la première avec une conclusion *convertie*, figure de *transition invertie :* la seconde est la figure de *rapport au* (moyen terme) ; la troisième la figure de *rapport du* (moyen terme). En dehors de la conversion de la conclusion, la quatrième figure est la plus naturelle ; elle distribue les prémisses dans l'ordre le plus simple.

Dans le système de l'auteur, la figure n'a d'importance qu'en raison d'une vue plus large de la relation copulative.

M. de Morgan compare son système avec celui d'Aristote dont il prétend n'être que le continuateur, et qu'il pense avoir complété en ajoutant aux prédicats les contraires (Hamilton prétend aussi avoir développé les vues d'Aristote, mais d'après un autre principe). Tous les syllogismes d'Aristote peuvent être déterminés d'après le sys-

tème de M. de Morgan, grâce aux modifications suivantes :
1° L'exclusion de toute idée d'un tout limité, des noms contraires, et des propositions telles que : « Toute chose est ou X ou Y », « quelques choses ne sont ni Xs ni Ys » ; 2° l'exclusion de la forme de conversion « quelques Xs sont tous les Ys » ; 3° l'exclusion de toute copule, excepté la copule *transitive* et *convertible ;* 4° le fait de considérer les couples identiques : — Aucun X n'est Y, aucun Y n'est X, et quelque X est Y, quelque Y est X — comme des propositions distinctes, qui déterminent d'elles-mêmes une distinction de figure et de mode : *Celarent* et *Cesare, Ferio* et *Ferison,* etc.; 5° l'introduction de la distinction des figures; 6° l'habitude d'écrire la majeure la première, et la mineure la seconde, au lieu de les écrire dans l'ordre inverse.

De plus, dans le système d'Aristote, il y a quatre syllogismes fondamentaux dans la première figure, et à chacun d'eux correspond un autre syllogisme dans la seconde et dans la troisième figure. A *Barbara* correspondent *Baroko* et *Bokardo*. Il y a trois syllogismes fondamentaux dans la quatrième figure (*Dimaris, Camenes, Fresison*); chacun d'eux a pour formes opposées les deux autres. Il y a donc en tout quinze syllogismes fondamentaux. Les quatre autres sont des syllogismes particuliers à prémisses universelles, *Darapti* (III), *Felapton* (III), *Fesapo* (IV), et un syllogisme universel à conclusion plus faible que les prémisses, *Bramantip* (IV).

La règle d'Aristote, que le moyen terme doit être pris au moins une fois universellement, ne s'accorde pas avec l'introduction des contraires. La règle qu'il faut lui substituer est celle-ci : — Toutes les couples de propositions universelles donnent une conclusion, mais une prémisse universelle avec une prémisse particulière exigent que le moyen terme soit aussi universel une fois, particulier une fois, universel dans une prémisse, particulier dans l'autre.

Il faut aussi modifier la règle qui dit que deux prémisses négatives ne forment pas un syllogisme. Dans le système complété par les contraires, il y a huit syllogismes de cette espèce; autant qu'il y a de syllogismes avec deux prémisses affirmatives. Mais dans ces cas, comme nous l'avons déjà remarqué, les prémisses au fond ne sont pas toutes les deux négatives.

Quant à la règle « que deux prémisses particulières ne donnent pas de conclusion », l'auteur expose comme une inférence légitime le raisonnement suivant : « La plupart des Y s sont X s, la plupart des Y s sont Z s; par conséquent quelques X s sont Z s. » Il développe longuement cette forme dans un système symbolique, sous le nom de « syllogisme numériquement défini ».

Le système de M. de Morgan, dans son ensemble, est caractérisé par une grande multiplicité, non pas seulement de formes symboliques, mais de désignations verbales, employées pour exprimer les relations qui résultent du syllogisme.

Additions de Boole.

Le professeur Boole, de Belfast, a publié deux volumes de logique formelle. Le premier, et le moins considérable, intitulé : « *l'Analyse mathématique de la Logique* », comprend une exposition algébrique du syllogisme, et montre comment tous les modes peuvent être symboliquement déduits. Le second volume, le plus considérable, intitulé : « *Recherches sur les lois de la Pensée*, qui servent de fondements aux théories mathématiques de la logique et des probabilités », a une portée plus grande encore, et nous présente une application entièrement nouvelle des méthodes symboliques de l'algèbre à l'inférence immédiate et à l'inférence médiate ; l'auteur accorde cependant la plus large part de son attention à la première, c'est-à-dire à l'inférence immédiate. Il étend aussi la même nomenclature, le même système à la théorie des probabilités.

Outre l'emploi nouveau des procédés algébriques, l'ouvrage est destiné à produire de bons résultats sur d'autres points. Par le titre : « *les Lois de la Pensée* », l'auteur indique que sa théorie du raisonnement a pour but d'éclaircir les opérations de l'intelligence. Il estime que nos vues sur la science de la logique doivent influencer et peut-être déterminer absolument nos opinions sur la nature des facultés intellectuelles. Par exemple, la question de savoir si le raisonnement consiste simplement à appliquer certaines vérités premières ou nécessaires, primitivement gravées dans l'esprit, si l'esprit est lui-même un ensemble de lois, ou si au contraire tout raisonnement a pour point de départ des propositions particulières, cette question, dis-je, intéresse non pas seulement la logique, mais aussi la théorie des facultés intellectuelles. On ne saurait affirmer d'ailleurs que l'auteur ait réussi à déterminer quelle est la solution exacte.

Il se propose aussi d'éclaircir le rapport délicat qui unit la logique et les mathématiques ; il se demande jusqu'à quel point une théorie commune est applicable aux deux espèces de raisonnement, et aussi sur quels points la ressemblance fait défaut. Il maintient que les lois ultimes de la logique sont mathématiques dans leur forme, qu'elles sont, excepté sur un point, identiques avec les lois générales du nombre. L'exposition de la logique sous forme de calcul n'est pas arbitraire ; les lois ultimes de la pensée rendent la chose possible, et font que la science ne peut arriver à la perfection que sous cette forme. Les mathématiques ne sont pas nécessairement liées aux seules idées du nombre et de la quantité. L'auteur n'a pas l'intention d'écarter, par ses procédés symboliques, les formes communes du raisonnement ; néanmoins, il se présente des cas où la valeur du procédé scientifique, même pour des choses qui rentrent dans le raisonnement ordinaire, peut être appréciée et reconnue.

Le système de Boole commence par l'examen du langage, considéré comme un instrument, non pas seulement de communication, mais de raisonnement ; son intention est de substituer au langage ordinaire un système de symboles, imaginés pour remplir le même rôle avec plus d'efficacité.

Les signes dont se compose le langage, et qui ont pour but d'aider le raisonnement, sont caractérisés dans la définition suivante : « Un signe est une marque arbitraire, dont l'interprétation est fixée, et qui peut se combiner avec d'autres signes, selon certaines lois constantes qui dépendent de leur interprétation réciproque. » La première partie de cette définition est évidente : un signe, dans son origine, est purement arbitraire; *home* et *domus* sont également aptes à remplir les fonctions du langage. Il est évident aussi que chaque signe doit avoir un sens déterminé, que sa signification ne doit pas être ambiguë. Le langage ordinaire est malheureusement trop sujet à l'ambiguïté : de là une de ses imperfections comme instrument de raisonnement. Enfin les signes doivent être susceptibles de combinaisons avec d'autres signes, et ces combinaisons sont réglées par des lois qui dépendent de leur mutuelle interprétation.

L'auteur passe ensuite à l'exposition des symboles artificiels qu'il destine à remplacer, par un mécanisme plus compliqué, les mots de notre langage ordinaire. Les symboles et les signes qui les unissent sont empruntés à l'algèbre; on les emploiera d'après les procédés de l'algèbre, en tenant compte cependant de la différence qui existe entre l'objet de la logique et l'objet des mathématiques (nombre et quantité).

Toutes les opérations du langage, considéré comme instrument de raisonnement, peuvent être accomplies grâce à un système de signes composé des éléments suivants : —

D'abord les symboles, les lettres x, y, z, etc., représentent les choses comme objets de nos conceptions. Pour l'objet « homme » nous pouvons employer x, pour « une brute », y, pour la qualité « vivant », z, et ainsi de suite.

En second lieu, les signes +, —, × serviront à indiquer les opérations d'après lesquelles on combine ces conceptions, ou d'après lesquelles, après les avoir combinées, on les réduit à leurs éléments. « Les hommes et les brutes » peuvent être représentés par $x + y$.

En troisième lieu, le signe de l'identité $=$.

Ces symboles logiques sont employés selon des lois définies, qui en partie diffèrent des lois de l'algèbre, et en partie leur ressemblent.

La première classe des symboles ci-dessus indiqués comprend les signes descriptifs ou appellatifs, qui expriment ou bien des choses connues, ou bien les qualités des choses ; en d'autres termes, ces signes sont les équivalents des deux parties appellatives du discours : les noms et les adjectifs. Ainsi admettons que x dénote les hommes ou tous les hommes ; que y dénote l'adjectif *bon* : alors on exprimera tous les hommes bons par une combinaison de x et y. Or la combinaison qui convient pour exprimer une chose qualifiée par un attribut, ou la coexistence de deux ou plusieurs attributs, est le produit $x \times y$ ou xy. Pourquoi le produit, et non la somme $x + y$? C'est ce que l'auteur n'explique pas suffisamment ; ici, comme dans les autres sciences symboliques, les moyens doivent être justifiés par la fin, c'est-à-dire par l'exactitude du résultat. Ainsi admettons que x représente « blanc » ou « objets blancs », que y représente « mouton », xy signifiera « moutons blancs », et si z désigne « cornus », xyz voudra dire « moutons blancs et cornus ». Dans ce symbolisme, l'ordre des symboles est sans importance, de même que la place de l'adjectif et du substantif est indifférente par rapport au sens : « homme bon », « *bonus vir* », sont également acceptés par l'esprit, pour suggérer la pensée que la conception « homme » est limitée par la conception « bon ». Aussi nous pouvons arbitrairement dire : xy et yx ; xyz et zyx, etc.

C'est une loi du discours qu'un mot ne gagne rien à être répété, si ce n'est peut-être au point de vue de la rhétorique : « bon, bon » est la même chose que « bon » ; « cheval, cheval » est la même chose que « cheval ». Pour approprier cette loi aux symboles, xx n'aura pas une quantité supérieure à x, c'est-à-dire, en employant le signe algébrique ≡ pour indiquer l'équivalence ou l'identité, $xx \equiv x$. Ici la logique et l'algèbre ne sont plus d'accord, et les méthodes à suivre pour combiner les symboles logiques varieront aussi. L'auteur montre que la forme $xx \equiv x$ ou $x^2 \equiv x$ a une signification plus profonde encore.

Viennent ensuite les signes qui expriment la réunion des parties dans un tout (quantité ou extension) ou la séparation d'un tout en ses parties. Ces symboles correspondent aux conjonctions « et », « ou », du langage commun : « les arbres *et* les minéraux » ; « les montagnes stériles *ou* les fertiles vallées ». Ici le signe de l'addition est nécessaire : prenons x pour arbres, y pour minéraux ; l'expression complexe sera $x + y$. L'emploi de ce signe est si intimement uni à l'addition en arithmétique, qu'il peut être employé d'après le même principe. D'un autre côté prenons x pour les hommes, y pour les femmes, z pour les Européens ; alors « Les hommes et les femmes de l'Europe » seront représentés par

$$z(x+y) = zx + zy.$$

L'addition implique la soustraction. « Tous les hommes, moins les Européens », sera exprimé par $x - y$. « Tous les hommes blancs, excepté les Asiatiques blancs » (x, hommes, y, Asiatiques, z, blancs).

$$z(x-y) = zx - zy.$$

Pour exprimer les propositions, il est nécessaire de considérer le sens de la copule. Pour cela, toutes les propositions seront réduites à la forme « est » ou « sont ». « César conquit la Gaule » sera ramené à « César *est* celui qui a conquis la Gaule ». C'est là une copule d'identité, la forme la plus générale de la relation qui existe entre le sujet et le prédicat.

Elle peut être exprimée par le signe ≡, et le sens ici coïncide si exactement avec le sens algébrique que l'équation diffère peu de l'équation algébrique.

Prenons la proposition : « Les étoiles sont les soleils et les planètes ». Admettons que « étoiles » est représenté par x, « soleils » par y, et « planètes » par z : alors,

$$x = y + z;$$

d'où nous pouvons déduire :

$x - y = z$. Les étoiles, excepté les soleils, sont les planètes.
ou $x - z = y$. Les étoiles, excepté les planètes, sont les soleils.

Ainsi, dans l'équation logique, nous pouvons appliquer les axiomes mathématiques : « des quantités égales ajoutées à d'autres quantités égales donnent des sommes égales »; « des quantités égales soustraites de quantités égales donnent des différences égales ».

Si deux classes d'objets, x et y, sont identiques, c'est-à-dire si tous les membres de l'une font aussi partie de l'autre, alors tous les membres de la première classe, qui posséderont une certaine qualité z, seront identiques aux membres de l'autre classe qui possèdent la même qualité. Par suite, si nous avons l'équation

$$x = y,$$

alors, quelle que soit la classe ou la propriété que z représente, nous avons aussi

$$zx = zy.$$

Ceci correspond exactement à la loi algébrique : si deux membres d'une équation sont multipliés par la même quantité, les produits sont égaux.

L'analogie ne s'étend pas jusqu'à la division. Car supposons que les membres de la classe x, en possession de la qualité z, soient identiques avec les membres de la classe y, qui possèdent la même qualité, il ne s'ensuit pas que les membres de la classe x soient tous identiques aux membres de la classe y. Par suite, on ne peut inférer de l'équation :

$$zx = zy$$

que l'équation

$$x = y$$

soit vraie. Ainsi l'opération de la division, telle qu'on l'applique aux équations de l'algèbre, n'a pas d'équivalent formel en logique. La multiplication représente suffisamment la combinaison ou la composition des conceptions, mais la division ne saurait représenter leur décomposition ou abstraction. Cependant l'analogie, sur ce point, ne fait pas absolument défaut. Même dans l'algèbre, la règle de la division ne peut s'appliquer partout : par exemple, elle ne saurait être maintenue lorsque le diviseur est $z = 0$. Par là l'auteur a le droit de rétablir la concordance des opérations logique et algébrique.

Revenant à l'équation

$$x^2 = x$$

il remarque que seulement deux valeurs de x peuvent s'accommoder de cette équation, à savoir : 0 et 1. Car $0^2 = 0$, et $1^2 = 1$; la relation n'est pas applicable à d'autres nombres. Par suite, dans une algèbre dont les symboles x, y, z, etc., n'auraient jamais d'autre valeur que 0 et 1, les lois de l'opération coïncideraient avec les lois de l'opération logique. Les deux sciences ne diffèrent que par la façon d'interpréter l'opération.

Dans le chapitre III, Boole prétend déduire les lois des symboles de la logique, déjà exposés, des lois de l'opération de l'esprit. Il procède ainsi qu'il suit : — Dans tout discours, il y a une limite aux objets considérés ; en d'autres termes, il y a *un tout*. Ainsi le terme « homme » est employé par celui qui parle dans une certaine extension : il peut signifier tous les hommes, quels qu'ils soient, ou un tout plus limité, les hommes civilisés, les hommes mûrs, etc. Le terme « homme » éveille dans l'esprit de celui qui écoute l'idée des êtres qu'on veut lui faire désigner. Considérons maintenant l'emploi d'un adjectif. Supposons que « hommes » soit entendu dans son sens le plus général, et désigne

« tous les hommes », alors l'application de l'adjectif « bon » prescrit de choisir dans le tout les objets qui possèdent la bonté : ce choix correspond à l'expression — hommes bons. Ainsi le rôle d'un adjectif est non pas d'ajouter la qualité *bon* à tous les hommes, mais de nous faire choisir dans ce tout, les hommes, les individus qui s'accordent avec l'idée indiquée par le mot. Les facultés intellectuelles, employées dans ces opérations successives, peuvent être désignées sous les noms de conception ou d'imagination, et d'attention ; ou bien même l'opération entière peut être résumée en une seule fonction, la conception. Chaque pas en avant peut être considéré comme un *acte défini de conception*.

Or le symbolisme ci-dessus adopté correspond exactement à cette opération. Le symbole x porte notre attention sur une idée générale, les hommes par exemple, le symbole y, bon ou blanc, nous indique qu'il faut chercher dans ce tout les individus qui possèdent la qualité nommée : et la combinaison yx, ou xy exprime le choix qu'on a fait, hommes blancs ou hommes bons. Ce symbole ne rentre pas dans les relations qu'exprime une somme, un total. Le sens de ce symbole est un groupe qualifié par les conceptions associées x et y, et non un agrégat formé par l'addition de tout x à tout y. De cette façon Boole considère ses affirmations comme démontrées : 1° les opérations de l'esprit obéissent à des lois générales ; 2° ces lois sont mathématiques dans leur forme ; par suite les lois des symboles de la logique peuvent être déduites des opérations de l'esprit dans le raisonnement.

Boole arrive ensuite à déterminer la valeur logique des symboles 0 et 1. Le symbole 0 correspond à *rien* : le symbole 1 correspond au *tout* dont il est question. *Rien* et *tout* sont les deux limites de l'extension. Quelle que soit la classe y, les individus communs à cette classe et à la classe 0, ou rien, sont aussi 0 ou rien. C'est-à-dire que :

$$0 \times y = 0; \text{ ou } 0y = 0.$$

D'un autre côté le symbole 1 représente la loi d'équation :

$$1 \times y = y, \text{ ou } 1y = y,$$

quel que soit le sens de y. La classe représentée par 1 doit être par conséquent le tout, la seule classe qui contienne tous les individus existant dans *quelque* classe.

Voici maintenant les contraires. Si x représente quelque classe d'objets, $1 - x$ représente la classe contraire ou supplémentaire, ce qui reste, lorsque x est distrait du tout, de l'idée générale 1. Si x représente les *hommes*, dans le tout *animaux*, $1 - x$ sera l'expression de tout ce qui n'est pas homme, des membres qui restent, des brutes. Ceci est d'accord avec les symboles adoptés par de Morgan, $U - x$, pour exprimer le contraire de x.

L'auteur tire ensuite de son équation logique fondamentale $x^2 = x$, ou $x - x^2 = 0$, une preuve formelle de la loi de contradiction. L'équation admet cette forme :

$$x(1-x) = 0,$$

qui, interprétée d'après la signification des symboles, donne le sens suivant : la classe déterminée à la fois par x et par son contraire $1 - x$, est la même chose que 0 ou rien, en d'autres termes n'existe pas.

Si nous allons plus avant dans l'examen des propositions (ch. IV.) nous trouvons que l'auteur les divise en deux catégories : propositions primaires ou simples, propositions secondaires ou complexes, l'une qui se rapporte aux choses, l'autre aux propositions. Dans la dernière catégorie sont comprises les propositions hypothétiques, etc. Boole commence par proposer une méthode générale d'expression pour tous les termes qui peuvent entrer dans une proposition primaire. Cette méthode n'est que l'application des symboles qu'il a déjà exposés. Ainsi admettons que x représente les substances opaques, y les substances polies, z les pierres. Alors nous avons :

$$xy z = \text{les pierres opaques et polies.}$$

Or, comme $1 - z$ représente les substances qui sont autres que les pierres, nous aurons :

$$x y (1-z) = \text{les substances opaques et polies qui ne sont pas des pierres.}$$

De même :

$$x(1-y)(1-z) = \text{les substances opaques qui ne sont pas des pierres et qui ne sont point polies.}$$

D'autre part, dans le cas où il s'agit de collections d'objets — d'objets réunis par *et* et par *ou*, il faut ajouter aux symboles le signe de l'addition, ainsi que nous l'avons déjà exposé. Le signe « ou » donne une forme disjonctive ; tous les $x's$ sont ou bien $y's$ ou $z's$; et cette formule a deux sens que l'emploi de *ou* ne suffit pas à distinguer, mais que la formule exprime différemment. On veut savoir si X est ou n'est pas à la fois y et z. — « C'est un fou ou un farceur. » Il peut être ou ne pas être les deux ; l'expression va jusque-là, mais le sens le plus général de la phrase est qu'il ne peut être les deux. Voici les deux manières de symboliser l'expression : 1° les choses qui sont ou bien $x's$ ou bien $y's$, sont des choses qui ne sont pas $y's$ si elles sont $x's$, et qui ne sont pas $x's$ si elles sont $y's$: c'est-à-dire

$$x(1-y) + y(1-x);$$

2° les choses qui sont ou bien $x's$, ou bien $y's$, si elles ne sont pas $x's$,

$$x + y(1-x).$$

Cette formule admet l'hypothèse que la chose soit à la fois x et y, hypothèse qui est encore plus explicitement formulée dans la forme équivalente que voici :

$$xy + x(1-y) + y(1-x).$$

Ici nous avons les trois alternatives ; xy exprimant la coïncidence de x et de y. Si ce n'est pas un farceur, c'est un fou, x fou, y farceur, $x(1-y)$; si ce n'est pas un fou, c'est un farceur, $y(1-x)$; il est à la fois l'un et l'autre, xy.

Pour prendre un exemple plus complet qui montre toute la puissance de la méthode, admettons que :

$$x = \text{dur},\ y = \text{élastique},\ z = \text{métaux},$$

et nous aurons les résultats suivants :

$$\text{Métaux non élastiques} = z(1-y).$$

Les substances élastiques avec les métaux non élastiques $y + z(1-y)$.

Les substances dures excepté les métaux, $x - z$.

Les substances métalliques, excepté celles qui ne sont ni dures ni élastiques.

$$z - z(1-x)(1-y) \quad \text{ou} \quad z\{1-(1-x)(1-y)\}$$

Prenons encore des exemples plus compliqués : « Les substances dures, à l'exception de celles qui sont métalliques et non élastiques, et de celles qui sont élastiques et non métalliques. » Substance dure est représentée par x, substance dure, métallique et non élastique, par $xz(1-y)$, substance dure, élastique et non métallique, par $xy(1-z)$; l'expression complète sera

$$x - \{xz(1-y) + xy(1-z)\} \quad \text{ou} \quad x - xz(1-y) - xy(1-z).$$

Telle est la méthode d'expression pour les termes : pour former les propositions on emploiera le signe $=$ comme copule.

Si nous voulons par exemple exprimer l'identité entre « les étoiles fixes » et « les soleils », ou dire que « Toutes les étoiles fixes sont des soleils » et « tous les soleils des étoiles fixes » (proposition universelle d'Hamilton avec prédicat universel), nous dirons :

$$x = y.$$

Telle est la forme applicable à la proposition verbale ou définition. Par exemple la définition de la richesse, « la richesse est un ensemble de choses transmissibles, limitées dans leur quantité, et qui ou bien procurent le plaisir, ou bien previennent la peine », peut être symbolisée de la façon suivante. Admettons que $w =$ richesse, $t =$ choses transmissibles ; $s =$ limitées dans leur quantité ; $p =$ qui produisent le plaisir ; $r =$ qui préviennent la peine. Ajoutons que l'emploi de la conjonction *et* est souvent inutile, et peut nous tromper : *et* entre deux adjectifs, « hommes grands et bons », a un sens très-différent de celui qu'il a lorsqu'il associe deux groupes comme les « hommes bons », et les « grands hommes »; dans le premier cas nous avons $x\,y\,z$, dans le second $x\,z + y\,z$. Remarquons encore que la disjonctive *ou* dans la phrase « produisent le plaisir ou préviennent la peine » représente des choses qui, si elles ne procurent pas du plaisir, préviennent la peine, et qui, si elles ne préviennent pas la peine, procurent du plaisir : elle ne laisse pas supposer que les choses aient à la fois les deux caractères. Ces explications une fois données, il est facile de comprendre la formule qui exprimera la proposition :

$$w = st\{p(1-r) + r(1-p)\}$$

Passant maintenant aux propositions *réelles* comme : « Les hommes sont mortels », nous avons besoin d'une méthode pour exprimer les termes *particuliers :* « Tous les hommes sont quelques êtres mortels ». Admettons que v représente une classe indéfinie, de laquelle quelques membres sont des êtres mortels ; que x représente la classe entière des êtres mortels ; alors $v\,x$ exprimera « quelques êtres mortels ». Par suite, si y est le signe pour *hommes*, l'équation cherchée sera

$$y = v\,x.$$

Le symbole qualificatif v est donc le signe de la particularité dans tous les cas possibles. Dans la proposition : « Les planètes sont ou bien primaires ou bien secondaires » (*quelques* corps primaires, ou *quelques* corps secondaires

Si $x =$ planètes,
$y =$ les corps primaires,
$z =$ les corps secondaires,

alors, accordant que les planètes ne peuvent être à la fois primaires et secondaires, l'équation de la proposition est :

$$x = v\{y(1-z) + z(1-y)\}$$

Une forme plus simple, pour établir la même proposition, serait :

$$x = v(y + z)$$

En effet, le sens manifeste est que les planètes rentrent entièrement dans ces deux catégories, corps primaires ou secondaires ; c'est-à-dire qu'elles sont composées de quelques corps primaires et de quelques corps secondaires.

Tel est le *symbolisme* applicable aux propositions réelles affirmatives, où le prédicat doit être considéré en général comme ayant une extension supérieure au sujet. L'auteur montre ensuite comment on exprime les propositions négatives.

Supposons le cas « aucun homme n'est parfait », une négative universelle. Ici nous faisons une assertion, à l'effet d'établir que tous les hommes sont des êtres non parfaits. On peut donc réduire ainsi la proposition : *Tous les hommes* (sujet) *sont* (copule), *aucun être parfait* (prédicat). Admettons que y représente les hommes, et x, les êtres parfaits. Les êtres non parfaits seront exprimés par la forme négative $1-x$, et quelques êtres non parfaits par la même forme, qualifiée par le signe de la particularité v. De là l'équation :

$$y = v(1-x)$$

Ainsi, pour exprimer la forme aucun x n'est y, nous devons la convertir ainsi : « Tous les xs sont non ys. »

Une proposition négative particulière : « Quelques hommes sont non sages », peut être réduite ainsi : « Quelques hommes » (sujet), « sont » (copule), « non sages » (prédicat). Prenant alors y pour hommes, x pour sages, et v pour une classe indéfinie qui contient quelques individus de la classe qu'il qualifie, nous avons pour quelques hommes, vy, pour *non sage*, $v(1-x)$, ou l'équation :

$$vy = v(1-x).$$

Voilà pour l'expression symbolique des propositions simples ou primaires. Il faut ensuite montrer comment ces formes doivent être présentées, pour fournir des inférences immédiates, ou pour épuiser toutes les formes équivalentes de chaque proposition ; c'est dans cette opération que Boole déploie surtout la force de sa méthode.

Dans ce but, il faut prendre la permission de traiter, de manier les équations d'après le type de l'algèbre, avec les restrictions déjà admises. Le lecteur doit, d'après les explications données, reconnaître que les signes employés ont la même force, la même valeur dans la logique et dans l'algèbre. Les conditions d'un raisonnement solide sont au nombre de trois : 1° qu'une interprétation fixe soit assignée aux symboles ; 2° que les opérations formelles de solution ou de démonstration soient conduites selon les lois exposées et selon le sens des signes de l'opération ; 3° que le résultat final soit interprété de la même façon que les données primitives.

Ayant une fois habillé, pour ainsi dire, les termes de la logique dans le costume de l'algèbre, l'auteur prétend procéder exactement comme s'il avait affaire à une équation algébrique, partout où les symboles ont seulement les deux sens 0 et 1.

Les formes diverses de chaque proposition seront obtenues d'après un procédé de développement, qui est expliqué tout au long par l'auteur, et qui se rapproche beaucoup de la méthode algébrique.

Le plan général de ce procédé de développement est indiqué dans les considérations suivantes : Supposons que nous considérons une classe d'objets, relativement à la question de savoir si les membres qui la composent possèdent ou ne possèdent pas la qualité x ; par exemple les animaux, par rapport à l'humanité. Supposons ensuite que les membres qui possèdent la qualité x possèdent aussi une autre qualité u, et que les membres qui ne possèdent pas la qualité x sont soumis à une condition v. D'après ces suppositions la classe dans sa totalité sera représentée par :

$$ux + v(1-x).$$

On dit que toute fonction de x, $f(x)$, où x est un symbole logique, susceptible seulement des valeurs 1 et 0, est développée, lorsqu'elle est ramenée à la forme $ax+b(1-x)$, a et b étant déterminés de façon à rendre le résultat équivalent à la fonction d'où il dérive. L'exposition complète de ce développement est purement algébrique et occupe un grand nombre de pages dans l'ouvrage de Boole. Pour ceux qui sont exercés aux équations algébriques ordinaires, l'ensemble est suffisamment intelligible. Nous n'indiquerons ici que les résultats et les applications. Ce qui suit est donné comme exemple. C'est une définition à deux caractères : « Les animaux *mondes* (par opposition aux animaux immondes), sont ceux dont le sabot est divisé, et qui ruminent. »

Admettons que $x =$ les animaux mondes.
$y =$ les bêtes dont le pied est divisé.
$z =$ les bêtes qui ruminent.

La définition sera alors représentée par l'équation,

$$x = yz,$$

ce qui reviendra à la forme :

$$x - yz = 0.$$

Ici une fonction de x, y, et z, à savoir $x - yz$, doit être développée selon les méthodes qui ont été exposées. Comme spécimen nous transcrirons le développement :

$$0xyz + xy(1-z) + x(1-y)z + x(1-y)(1-z) - (1-x)yz$$
$$+ 0(1-x)y(1-z) + 0(1-x)(1-y)z + 0(1-x)(1-y)(1-z).$$

Or tous les termes multipliés par 0 disparaissent nécessairement, et les termes qui restent sont les suivants :

$xy(1-z)=0$, $xz(1-y)=0$, $x(1-y)(1-z)=0,(1-x)yz=0$

Toutes ces équations expriment la négation ou la nullité des combinaisons exprimées dans la première partie, c'est-à-dire la partie gauche de chaque équation : ainsi $xy(1-z)=0$ signifie qu'il ne peut y avoir de bêtes qui soient mondes (x), et qui aient le sabot divisé (y), et qui ne ruminent pas ($1-z$). De même $(1-x)yz=0$ veut dire qu'il n'y a pas de bêtes immondes ($1-x$), qui cependant aient le sabot divisé (y), et qui ruminent (z).

Ces formes équivalentes se présentent d'elles-mêmes, sans avoir recours à l'analyse. Mais l'auteur développe des équivalents plus compliqués, tels que ceux-ci : « Les bêtes immondes sont toutes celles qui ont le sabot divisé sans ruminer, toutes celles qui ruminent sans avoir le sabot divisé, toutes celles enfin qui à la fois n'ont pas le sabot divisé et ne ruminent pas. » Le lecteur sera curieux de connaître l'équation équivalente :

$$1-x = y(1-z) + z(1-y) + (1-y)(1-z).$$

D'après ces exemples, il est évident qu'étant donnée une définition qui, comme la définition de la richesse d'après Senior, contient trois ou quatre caractères essentiels, on peut en faire dériver un grand nombre de formes équivalentes. C'est une question de savoir si l'esprit pourrait, sans recourir à l'analyse algébrique, développer toutes celles de ces formes qui ont quelque importance. Il est possible néanmoins que des cas se présentent où les méthodes symboliques rendent faciles des équivalents trop subtils, trop compliqués, pour l'intelligence qui n'aurait à son service que la méthode logique ordinaire.

L'auteur étend son analyse de façon à embrasser des exemples plus compliqués, dont voici les types généraux : supposons que l'analyse d'une classe particulière de substances nous ait conduit aux conclusions générales que voici :

1° Partout où sont combinées les propriétés A et B, la

propriété C ou la propriété D est aussi présente, mais elles ne sont jamais présentes à la fois ;

2° Partout où B et C sont combinés, A et D sont ou présents ou absents à la fois ;

3° Partout où A et B sont absents à la fois, C et D sont absents à la fois ; et *vice versâ*, partout où C et B sont absents à la fois, A et D sont absents aussi.

Supposons maintenant que, ces conditions posées, on demande de déterminer ce que, dans un cas particulier, l'on doit conclure de la présence de la propriété A, par rapport à la présence ou à l'absence des propriétés B et C, sans nous occuper de D. Les équations correspondantes nous conduiront à ce résultat : — Partout où A est présent, ou bien C est présent et B absent, ou bien C est absent. Et inversement, partout où C est présent et B est absent, A est présent.

On pourrait citer d'autres combinaisons curieuses qui dérivent de l'équivalence des propositions simples.

Nous arrivons maintenant à l'examen des propositions secondaires (hypothétiques, etc.), que l'auteur symbolise en introduisant l'idée du *temps* comme leur caractère distinctif. Une proposition simple, non qualifiée, si elle est affirmative, s'applique à tous les temps; si elle est négative, elle ne s'applique à aucun temps; une proposition qualifiée ne s'applique qu'à un temps limité. Le symbole 1 peut représenter une vérité non qualifiée, comme étant vraie de tous les temps; le symbole 0 sera employé pour une négation non qualifiée, quelque chose qui n'est vrai en aucun temps. Admettons que X représente une proposition, et x le temps pendant lequel elle est vraie. De même, si Y représente une autre proposition, y sera pris pour indiquer le temps pendant lequel elle est vraie. Si nous résumons les deux propositions, $x + y$ dénotera la durée totale pendant laquelle X et Y sont respectivement vraies, ces temps étant distincts l'un de l'autre. D'autre part, $x - y$ dénotera ce qui reste de temps, lorsque la durée y est retranchée de la durée x, s'il est supposé que x enferme y. De même, $x = y$

indiquera que X et Y sont vrais pour des temps identiques. Enfin xy indique la portion du temps pendant laquelle X et Y sont vrais à la fois.

Maintenant, comme x dénote le temps pendant lequel X est vrai, $1-x$ dénotera le temps pendant lequel X est faux. De même, $x(1-y)$ dénotera le temps pendant lequel X est vrai, et Y est faux; et ainsi de suite. Le même système s'appliquera à tout symbole.

Pour exprimer la proposition : X est vrai (sans limite, sans qualification aucune), nous aurons :

$$x = 1.$$

Pour exprimer la proposition : X est faux :

$$x = 0.$$

S'il s'agit d'exprimer : « ou bien la proposition X est vraie, ou bien la proposition Y est vraie » (non pas toutes les deux à la fois); d'abord, « lorsque X est vrai, Y est faux », est signifié par $x(1-y)$; « lorsque Y est vrai, X est faux », est signifié par $y(1-x)$; alors l'opération sera :

$$x(1-y) + y(1-x) = 1.$$

Passons à l'expression des propositions conditionnelles : « Si la proposition Y est vraie, la proposition X est vraie. » Ceci implique que partout où Y est vrai, X est vrai aussi; ou que le temps, pendant lequel X est vrai, couvre entièrement le temps pendant lequel Y est vrai, peut-être un temps plus long encore. Par suite, X est au moins égal à Y, si même il n'est pas plus grand. Conséquemment, il faut trouver quelque forme qui implique que Y est contenu dans X : forme analogue à celle qui est requise pour une proposition affirmative universelle. Admettons que v représente une portion indéfinie du temps, comme pour exprimer la partie inconnue d'un tout, « *quelque*, et peut-être *tout* », l'équation demandée sera :

$$y = vx.$$

Il n'est pas nécessaire de donner des exemples du symbolisme employé dans des cas plus compliqués. L'auteur est tellement entraîné par le succès de sa méthode, appliquée à l'expression des propositions composées ou secondaires qui se rapportent au temps, qu'il spécule sur un moyen analogue destiné à représenter les propositions primaires par rapport à l'espace. Il croit avoir par là confirmé la doctrine qui considère l'espace et le temps comme des formes pures de l'entendement humain.

Un chapitre est consacré à l'expression des propositions secondaires, traitées comme les propositions primaires, de façon à épuiser tout ce qu'elles impliquent. Le résultat est uniquement de déduire les conséquences ordinaires des propositions disjonctives et conditionnelles. Il est à remarquer que le *procédé* est encore ici un procédé d'inférence immédiate, ce qui prouve encore une fois que dans les syllogismes dits hypothétiques il n'y a pas d'inférence réelle ou médiate.

Pour faire mieux saisir la valeur de l'évolution symbolique des formes équivalentes, Boole choisit, pour les analyser, deux exemples d'argumentation métaphysique, suffisamment complexes pour éprouver la puissance de la méthode logique. Ces exemples sont : 1° une partie de la démonstration de Samuel Clarke sur l'existence et les attributs de Dieu ; 2° l'argument de Spinoza pour prouver l'identité de Dieu et de l'univers. Il confesse que la principale difficulté dans l'analyse de ces arguments est de dégager les prémisses réelles des auteurs ; il aurait pu reconnaître encore la difficulté qu'il y a à assigner des sens définis et invariables aux termes très-abstraits dont les auteurs se servent : nécessité, existence, éternité, cause, etc. Mais, les prémisses une fois établies, il est possible de les exposer dans des symboles, et par suite d'extraire tous leurs équivalents par la solution des équations correspondantes. La méthode peut être recommandée comme un effort intéressant ; elle vient confirmer, sous une autre forme, la méthode suivie par un esprit logique et pénétrant qui, sans recourir à des symboles, opérerait sur les *corpora ipsa* des prémisses.

Nous avons maintenant passé en revue la plus grosse moitié du livre de Boole, et nous n'avons pas encore vu qu'il fût question du syllogisme. Un chapitre très-court est tout ce qu'il consacre à l'inférence *médiate :* ce n'est d'ailleurs qu'une simple application de la méthode algébrique, avec les modifications qu'exige la nature du cas.

Il commence par accepter les additions que M. de Morgan a faites aux quatre types de propositions de la logique usuelle. Il expose les huit formes, avec des équations pour chacune d'elles ; il exprime les quatre formes nouvelles en employant un sujet contraire à celui de chacune des vieilles formes. Le parallélisme est montré dans le tableau suivant :

A	—	Tous les Ys sont Xs	$y = vx$	(1)
(A)		Tous les non Ys sont Xs	$1-y = vx$	(2)
E		Aucun Y n'est X	$y = v(1-x)$	(3)
(E)		Aucun non Y n'est X	$1-y = v(1-x)$	(4)
	=	{Tous les Xs sont Ys	$v = vy$}	
I		Quelques Ys sont Xs	$vy = vx$	(5)
(I)		Quelques non Ys sont Xs	$v(1-y) = vx$	(6)
	=	{Quelques Xs sont non Ys	$vy = (1-y)$}	
O		Quelques Ys sont non Xs	$vy = v(1-x)$	7
(O)		Quelques non Ys sont non Xs	$v(1-y) = v(1-x)$	8

La seconde forme de E coïncide avec A par la seule transposition des lettres. La seconde forme de I est O, de la même manière. La seconde forme de O, (O) est la seule forme nouvelle. Quelques non Ys sont non Xs ; quelques choses ne sont ni Ys ni Xs. C'est là une des deux disjonctives de M. de Morgan ; l'autre disjonctive « Aucun non X n'est Y, toute chose est ou X ou Y », ne paraît pas dans la liste de Boole.

Les lois de la conversion dérivent des formes symboliques. La proposition « Tous les Ys sont Xs, » étant représentée par $y = vx$, nous n'avons qu'à lire $vx = y$, Quelques Xs sont Ys. Pour convertir la même proposition par négation (obversion et conversion), nous déduisons, en éliminant v,

$$y(1-x)=0$$

ce qui donne, par rapport à $1-x$ la solution :

$$1-x=\frac{0}{0}(1-y),$$

dont l'interprétation est : « Tous les non Xs sont non Ys. » (Cette opération contient des méthodes et des symboles qui ne sont pas expliqués dans les extraits précédents.)

L'auteur continue à employer, dans les limites de la théorie de la conversion, les méthodes qu'il a déjà appliquées à la réduction et à l'interprétation des équations : c'est ce qu'il était naturel d'attendre, si l'on considère que la conversion est simplement une variété de l'inférence immédiate ou équivalente. Le SYLLOGISME exige qu'on fasse un pas en avant. Les deux prémisses doivent être exposées dans deux équations, avec un même moyen terme, et ce terme doit disparaître dans une troisième équation composée des deux premières. Ainsi

Tous les Xs sont Ys $x=vy$
Tous les Ys sont Zs $y=v'z$.

D'où, en substituant à y, dans la première équation, sa valeur exprimée dans la seconde, on tire :

Tous les Ys sont Zs $x=vv'z$

La forme $vv'z$ montre que x est une partie d'une partie de z. Il en est de même pour tous les autres cas. Il ne s'agit que d'éliminer le moyen terme y. La méthode pourrait être appliquée tour à tour aux formes ordinaires du syllogisme. Mais l'auteur aime mieux déduire les règles générales du syllogisme par une équation qui comprend toutes les formes du raisonnement valide. Il donne comme résultats de son analyse les règles suivantes : « Lorsqu'un même moyen terme est pris au moins une fois universellement, égalisez les deux termes extrêmes. » « Lorsque les moyens termes sont différents (l'un négatif, l'autre positif), avec un extrême universel, changez la quantité et la qualité de cet extrême, et prononcez l'égalité du résultat avec l'autre extrême : avec deux moyens termes universels, changez la quantité et la qualité de l'un ou de l'autre des extrêmes, et prononcez l'égalité du résultat avec l'autre extrême qui reste le même. »

Supposons le cas :

Tous les Y s sont X s.
Tous les Z s sont Y s.

Ce cas relève de la première règle. « Tous les Y s » est le moyen terme universel : les extrêmes mis en équation donnent comme conclusion :

Tous les Z s sont X s.

Supposons ensuite :

Tous les X s sont Y s.
Aucun Z n'est Y.

L'expression exacte de ces prémisses est :

Tous les X s sont Y s.
Tous les Z s sont non Y s.

Ce cas est de ceux où les moyens termes diffèrent, et où un des extrêmes est universel. Par application de la règle nous changeons la qualité et la quantité de cet extrême, et nous prononçons son égalité avec l'autre extrême.

Tous les X s sont non Z s ou Aucun X n'est Z.

En commençant par l'autre extrême universel nous avons un résultat équivalent :

Aucun Z n'est X.

Un troisième cas sera :

Tous les Y s sont X s.
Tous les non Y s sont Z s.

Ici les termes diffèrent de qualité. Il y a deux moyens-termes universels. D'après la règle nous changeons la quantité et la qualité de l'un ou de l'autre extrême (quelques X s devient tous les non X s), et nous prononçons son égalité avec l'autre extrême (quelques Z s) :

Tous les non X s sont Z s.

Les deux derniers exemples sont choisis par l'auteur comme représentant des syllogismes qui n'auraient pas été considérés comme valides dans la logique scolastique ; la logique ordinaire exige en effet que le sujet d'une proposition soit positif. (Comme on l'a souvent remarqué déjà, le défaut d'une exposition complète des contraires est le principal défaut du système d'Aristote.) Il n'en est pas moins vrai que les cas en question sont parfaitement légitimes, et les règles qui les déterminent sont, sans nul doute, *les règles les plus générales de l'inférence syllogistique.* L'analyse employée n'est pas, d'après l'auteur, du domaine propre du syllogisme, elle appartient à une méthode plus générale de combinaison des propositions ; et l'auteur cite un cas imaginaire pour éclaircir le sens plus large de cette analyse.

Sans pousser plus loin l'étude du syllogisme, Boole discute la question si souvent agitée du type fondamental du raisonnement déductif, et il accepte la solution de Whately et de Mill, qui s'accordent à reconnaître que tout raisonnement solide est au fond l'inférence de propositions nouvelles fondées sur des propositions plus générales : le syllogisme étant l'expression complète et adéquate de ce procédé. Comme le syllogisme est une sorte d'*élimination*, la question se réduit à ces deux recherches :

1° Toute élimination se ramène-t-elle au syllogisme ?

2° Le raisonnement déductif consiste-t-il seulement dans l'élimination ?

A la première question Boole répond, qu'il est toujours possible théoriquement de résoudre et de combiner les propositions, de façon que l'élimination puisse être ensuite accomplie par les règles du syllogisme, mais que les procédés de *réduction* seraient, dans beaucoup de cas, forcés et peu naturels, et exigeraient des opérations qui ne sont pas syllogistiques.

A la seconde question il répond que le raisonnement ne peut être réduit à l'élimination, excepté par des restrictions arbitraires. Le raisonnement ne saurait être moins que l'ensemble des méthodes fondées sur les lois de la pensée, et le procédé de l'élimination n'est qu'un de ces procédés.

Boole remarque encore que, de toutes les lois de la pensée, l'une des plus importantes au point de vue logique est la loi de la contradiction, à laquelle Leibniz attribue la même valeur.

Toutes les personnes qui se sont fait une juste idée de la relativité de toute connaissance s'accorderont à reconnaître, avec Boole, l'importance capitale de la contrariété ou de la contradiction : mais cette importance ne va pas au-delà de l'équivalence ou de l'inférence immédiate. La contradiction prépare les voies au syllogisme ; elle est la clé des quelques extensions utiles du syllogisme, mais la loi de contradiction ne touche pas à l'essence du syllogisme. L'axiome, ou loi de la pensée, qui sert de fondement à l'inférence médiate doit être quelque chose de plus, et si cet axiome n'est pas celui que nous avons indiqué dans le chapitre précédent, il faut du moins le chercher en dehors de la loi de contradiction. Passant des généralités un peu vagues de Boole à sa méthode, qui consiste à combiner deux équations à la place des deux prémisses, pour arriver à une troisième équation, qui représente la conclusion ; et considérant la maxime qui d'après lui justifie ce procédé de réduction, il nous semble voir que c'est la même maxime qui entre dans un problème d'équation à deux ou trois inconnues : comme par exemple, étant donnés $x + y = a$, $x - y = b$, trouver x et y. Si l'on accorde que les conditions du syllogisme logique ont été convenablement exprimées par les symboles de Boole, et que la réduction algébrique convient et s'applique justement aux propositions, il est naturel d'admettre que l'axiome logique est l'axiome algébrique, qui permet de substituer à y, dans une équation, son équivalent dans l'autre; comme par exemple quand nous tirons de $x - y = b$, $y = x - b$, et que nous introduisons la valeur de y dans l'équation $x + y = a$. L'axiome, directement applicable au syllogisme, serait que l'on peut dans une équation substituer à n'importe quelle quantité son équivalent. En d'autres termes la substitution de l'équivalent d'une quantité à la quantité elle-même ne change pas la valeur d'une équation. C'est là une variante de l'axiome de l'égalité médiate, les quantités égales à une même quantité sont égales l'une à l'autre : axiome auquel M. Mill compare, pour la forme, l'axiome du syllogisme. Si une quantité est égale à une seconde quantité, et la seconde égale à une troisième, la première est aussi égale à la troisième. Dans une combinaison qui contient A et B, nous pouvons introduire à la place de B son équivalent C.

Une grande partie de l'ouvrage de Boole est consacrée aux probabilités; sur ce point l'auteur emploie encore le symbolisme dont il s'est servi dans les autres parties de son travail. On admet généralement que Boole a fait des additions importantes à la théorie des probabilités, ce terrain commun de la logique et des mathématiques.

CHAPITRE III

DU ROLE ET DE LA VALEUR DU SYLLOGISME.

1. Le caractère propre du syllogisme, c'est que la conclusion n'y dépasse pas les prémisses. Ce caractère a été diversement envisagé.

D'une part, on a voulu y voir le signe de l'excellence du syllogisme.

D'autre part, on en a profité pour représenter le syllogisme comme une *petitio principii*.

Dans le syllogisme, « les hommes sont mortels, les rois sont des hommes, les rois sont mortels, » la conclusion paraît déjà contenue dans les prémisses. En vertu de leur rapprochement, les deux prémisses, la majeure universelle et la mineure interprétative, impliquent le fait que « les rois sont mortels ».

1° A cette circonstance a été attribué le mérite propre, l'excellence, la certitude de l'inférence syllogistique. Lorsqu'on a accepté les prémisses, on ne peut repousser la conclusion, sans se mettre en contradiction avec soi-même. Dans la transition des prémisses à la conclusion, il n'y a rien de hasardé ni de précaire.

Cette même circonstance a été présentée sous un aspect beaucoup moins favorable. On a allégué qu'une pure répétition n'est pas une inférence réelle : que reproduire, sous une forme nouvelle, ce qui a déjà été affirmé, peut être une opération nécessaire et irréprochable (comme nous l'avons montré pour les différentes espèces d'inférence immédiate), mais ne constitue nullement un progrès, un pas en avant, un passage du connu à l'inconnu.

2° Mais il y a une autre objection beaucoup plus grave, et qui porte sur le fond du raisonnement formel. Supposez que la conclusion : « les rois sont mortels, » soit douteuse pour vous; de quel droit alors proclamez-vous, dans la majeure, que tous *les hommes* sont mortels, y compris les rois?

Il faudrait donc, à ce qu'il semble, avoir établi la vérité de la conclusion, pour avoir le droit d'affirmer la majeure. Pour avoir le droit de dire : « tous les hommes sont mortels, » il faut que nous ayons constaté, par d'autres moyens, que tous les rois, que tous les peuples sont mortels. De telle sorte que la conclusion contribue elle-même, pour sa part, à établir la majeure, et qu'il y a, par suite, un véritable cercle vicieux.

C'est là le point obscur du syllogisme; c'est pour cette raison qu'on lui a reproché de n'être qu'une pétition de principe; et, en effet, il serait difficile de citer un plus frappant exemple de ce sophisme.

L'explication de cette difficulté est due à M. John Stuart Mill, et cette explication a eu pour conséquence de produire dans la logique une révolution totale.

2. La prémisse majeure d'un syllogisme régulier peut être divisée en deux parties ; d'une part, on distinguera, dans les affirmations qu'elle embrasse, les cas qui ont été observés, d'autre part, les cas qui n'ont pas été observés, qui sont simplement inférés.

La majeure : « tous les hommes sont mortels, » est composée de deux parties distinctes. La première, c'est qu'un certain nombre d'hommes sont morts jusqu'à ce jour; la seconde, c'est que les hommes qui vivent aujourd'hui, et les hommes qui naîtront demain, mourront aussi. Pour légitimer la première affirmation, on a les preuves les plus complètes, on a le témoignage des faits; pour la seconde, il n'y a aucune preuve.

On peut analyser de la même manière un grand nombre de propositions générales affirmatives ou négatives. La proposition : « les corps transparents reflètent la lumière, » s'applique à la fois à tous les corps qui ont pu être observés et à tous ceux qui ne l'ont pas été ; dans le premier cas, l'affirmation dérive d'une preuve de fait ; dans le second cas, l'affirmation dérive d'une inférence inductive du connu à l'inconnu.

Ainsi les propositions universelles confondent généralement, dans le domaine qu'elles embrassent, les faits observés et les faits non-observés : c'est cette confusion qui produit les difficultés de la théorie du syllogisme.

3. Toutes les fois qu'on affirme une proposition générale, on fait une inférence, et même on la pousse aussi loin que possible.

Lorsque nous disons : « tous les hommes sont mortels, » nous faisons une inférence aussi étendue que possible. Nous affirmons la mortalité de tous les hommes, des hommes de toute condition, dans tous les temps, passés ou à venir. Nous nous exposons à ce qu'il y a de plus périlleux et de plus risqué dans l'induction. Toutes les garanties, nécessaires pour justifier l'inférence inductive, devront donc être employées pour garantir la vérité de la majeure.

4. Le type de raisonnement qui révèle le mieux l'opération réelle de la déduction est le raisonnement qui va du particulier au particulier.

Le fondement de toute argumentation est en fait l'ensemble des cas particuliers qui sont actuellement connus par expérience : par exemple la mortalité de tous les hommes qui sont morts. L'inférence va généralement de ces cas observés à d'autres cas particuliers qui ne l'ont pas été, comme « les habitants actuels de Londres mourront ». La preuve de la mortalité des hommes qui vivent aujourd'hui dérive de la mortalité de leurs prédécesseurs. A, B et C sont morts ; D, qui vit encore, mourra.

Le raisonnement qui conclut de cas déjà expérimentés à d'autres qui ne le sont pas encore (parce que ces cas se ressemblent), est, non pas seulement la méthode la plus fréquemment employée, mais aussi la plus naturelle et la plus facile. La force d'un raisonnement dépend non pas de l'affirmation générale, mais des faits actuellement constatés ; et les faits particuliers nous touchent autant que les faits généralisés dans une affirmation universelle. Que l'eau bouillante nous brûlera la main, c'est une croyance qu'autorisent suffisamment d'innombrables expériences de ce phénomène : c'est l'impression produite par ces expériences qui nous dirige. Les faits particuliers agissent sur notre esprit autant que les règles générales.

Cette observation peut être vérifiée dans toutes les professions humaines. L'expérience professionnelle est précisément faite des cas particuliers que l'on a soi-même observés. L'esprit se représente ces faits, et lorsqu'un nouveau cas se produit, l'esprit l'assimile aussitôt aux précédents, et il infère en conséquence. Lorsque le docteur Mead fut appelé auprès de la reine Marie pour soigner sa dernière maladie, il déclara qu'elle était atteinte de la petite vérole ; s'il reconnut cette maladie, c'est qu'il se rappelait les symptômes de toute une série de maladies qu'il avait observées; les symptômes de l'état de la reine *ressemblaient* à ceux-là, et par suite il n'hésita pas à inférer.

5. Tout ce que nous inférons de quelques cas particuliers à d'autres cas particuliers, nous pouvons l'inférer à une classe entière ; nous pouvons généraliser l'inférence.

Si nous inférons, de ce que d'autres hommes sont morts, que le pape actuel mourra, c'est parce qu'il y a entre le pape et les autres hommes une somme suffisante de ressemblance : nous sommes donc prêts à faire la même inférence dans tous les cas semblables. Nous pouvons dire une fois pour toutes : tous les êtres qui ressemblent aux hommes des générations passées, de la même façon que le pape lui-même ressemble à ces hommes, tous les êtres de cette nature mourront. Si l'inférence particulière est juste, l'inférence générale l'est aussi. L'inférence particulière ne doit pas être arbitraire : elle se fonde sur une ressemblance, et elle sera applicable partout où la ressemblance existera.

Dans une proposition générale, par conséquent, nous déterminons ces *ressemblances* qui nous autorisent à inférer des cas passés aux cas à venir; et, en déterminant ces ressemblances, nous donnons à l'inférence un caractère de généralité : nous exprimons *formellement* qu'elle embrasse tous les cas possibles. Nous mêlons dans une seule proposition les cas observés et les cas inférés, le connu et l'inconnu, l'évidence acquise et la conclusion cherchée. L'emploi des termes généraux nous permet de nous élever ainsi au-dessus des inférences particulières.

6. L'inférence déductive peut être considérée comme une méthode d'interprétation.

Bien que la prémisse contienne, en un sens, la conclusion, elle ne la désigne point nominativement, elle l'indique seulement par ses caractères généraux. La prémisse : « les hommes sont mortels, » ne spécifie ni les rois, ni le pape vivant ; elle exprime seulement certains signes d'après lesquels nous serons aptes à juger si les rois et le pape doivent être considérés comme mortels ; ces signes sont les caractères distinctifs de l'humanité. Quelque chose est donc nécessaire, en dehors de la majeure, pour arriver à la conclusion : le pape est mortel. Il faut que nous nous assurions qu'il est un homme, qu'il est soumis aux conditions essentielles de l'humanité. Le rôle de la mineure est précisément celui-là : c'est elle qui nous apprend que le pape possède les attributs des hommes, c'est elle qui *identifie* le pape avec le *sujet* de la majeure. La nécessité de cette affirmation intermédiaire empêche que le syllogisme soit une simple inférence immédiate, une tautologie. « Tous les hommes sont mortels » ne comprend « le pape est mortel », qu'à cette condition que le pape soit un homme : et si cette condition est donnée explicitement dans une proposition distincte, le pape alors est compris dans l'affirmation de la majeure : la conclusion se trouve établie.

Après avoir posé une affirmation ou une négation générale, qui prononce qu'un certain prédicat convient ou ne convient pas à un certain sujet, — les hommes et la mortalité, — nous avons encore à rechercher les cas particuliers du sujet, c'est-à-dire les choses qui possèdent ses attributs. C'est en cela que consiste la *déduction réelle*, déduction qui est une opération certainement *matérielle*, et non formelle. Il s'agit de comparer les individus déjà exprimés par le sujet généralisé, — tous les hommes connus, — avec tous les individus qui peuvent exister dans l'avenir, et de prononcer l'accord, la ressemblance des individus anciens et nouveaux. L'inférence déductive : « Le pape est mortel, » suppose un examen préalable (direct ou indirect) de la personne du pape. Si le pape ressemble au type ordinaire de l'humanité, tel que nous l'avons conçu d'après tous les exemples qui nous sont connus, nous l'identifions avec le sujet « hommes » dans notre proposition générale. L'identité étant considérée comme satisfaisante, nous complétons la formule syllogistique, et nous déclarons que le pape est mortel.

La proposition « les hommes sont mortels », par sa forme universelle, nous fait illusion, et nous entraîne à supposer que nous avons déjà saisi dans son ensemble la race humaine tout entière. Une vue plus correcte serait de la considérer comme une affirmation relative à un certain nombre d'hommes, et qui a en même temps le pouvoir d'en embrasser d'autres, au fur et à mesure qu'ils apparaîtront. La proposition nous donne à cet effet des marques, des caractères, d'après lesquels nous pourrons reconnaître tous les individus qui, étant identiques à l'homme, seront déclarés mortels. A chaque identité nouvelle constatée, la mineure s'en empare, et nous conduit ainsi à la conclusion.

L'interprétation d'une loi ou d'un ordre nous fait clairement saisir la partie purement déductive de l'opération du raisonnement. La loi est donnée sous forme générale : certains caractères sont assignés au sujet de la proposition. L'administrateur ou le juge apprécie si un cas particulier a ou n'a pas les caractères spécifiés. Si un cas particulier les possède, il y a lieu d'établir une mineure, et la conclusion suit.

Cet exemple montre aussi que le syllogisme est le procédé purement formel qui permet de compléter une opération, en elle-même matérielle, et nullement formelle. L'opération consiste à comparer un fait particulier avec d'autres faits particuliers, par l'intermédiaire d'une description générale. L'expression d'une loi, bien qu'elle doive se composer de termes généraux, doit être de nature à suggérer des cas particuliers. Lorsque la loi mentionne la propriété et la succession, ou la liberté individuelle, elle doit établir ou tout au moins suggérer les choses particulières dont il s'agit; de telle sorte que l'application à un cas donné ne sera pas autre chose que la comparaison de ce cas avec les cas cités ou suggérés par les termes généraux ou la définition. Par suite, le travail du raisonneur est en pratique une *comparaison concrète* à laquelle il ne peut jamais se dérober. Telle est la *déduction matérielle*, qui au fond est la même chose que l'*induction matérielle*, puisqu'elle est le développement de l'opération inductive, ou l'analyse des détails, des cas particuliers, qu'on a entrevus, mais non vus réellement dans la proposition générale.

Les décisions légales sont fondées quelquefois sur des statuts, quelquefois sur des décisions antérieures. Il n'y a pas de différence spécifique entre ces deux formes. Un statut n'a pas de sens, en dehors des cas particuliers qu'il spécifie ou qu'il suggère; un précédent implique une règle ou un principe. Dans les deux cas, le juge doit s'occuper de cas particuliers concrets, qu'il considère d'après leurs traits de ressemblance ou leurs rapports.

Un autre cas consiste dans l'application des théorèmes généraux, fournis par les observations des autres, comme les principes de la science établis par des recherches antérieures. Nous n'avons aucune part personnelle à l'induction connue sous le nom de théorie atomique; nous n'avons même jamais vu ces faits; nous recevons ces faits enregistrés et résumés dans la loi générale. Nous devons comprendre le sens de cette loi; nous devons réaliser l'espèce de fait qu'elle désigne. Lorsqu'un cas se présente, par exemple un corps composé de deux substances, nous devons dire, par une comparaison concrète, si le composé donné a les caractères des composés chimiques. Par exemple, l'atmosphère est-elle un composé chimique? Oui, parce qu'elle s'accorde avec les caractères généraux des composés chimiques, ou avec ces *cas typiques,* auxquels les caractères généraux nous ramènent nécessairement. Il y a là une déduction purement matérielle; c'est la comparaison des cas qui est l'essence des opérations de la généralisation, comme on l'a vu pour l'induction. Le procédé ressemble exactement ici à une généralisation, faite en vue d'une définition.

7. Bien que la forme déductive de l'induction ne soit encore qu'une inférence du particulier au particulier, que rien ne peut remplacer, il y a certains avantages à exprimer ces inférences possibles dans une généralité formelle.

M. Mill remarque que la forme syllogistique de l'inférence du général au particulier, qui suppose que chaque induction est généralisée, est « une garantie nouvelle de l'exactitude de la généralisation ». Cela est vrai de deux façons.

1° Le sentiment de la responsabilité augmente chez le raisonneur, lorsqu'il sait que l'inférence qu'il applique à un individu peut également s'appliquer à un grand nombre d'individus. Un procédé commode pour contrôler une inférence téméraire consiste précisément à montrer l'étendue des conséquences que comporte cette inférence. La décision légale contre Hampden, dans l'affaire des trente schellings de la taxe des vaisseaux, était monstrueuse, parce qu'elle affirmait le pouvoir qu'aurait eu le roi de taxer la nation sans le parlement.

2° Si une induction est inexacte, c'est en la généralisant

que l'on s'apercevra des cas qui la contredisent. Ceci est simplement une modification de la même conséquence. Toute personne, qui tente de justifier le despotisme d'un monarque, doit être prête à dire que dans toutes les circonstances semblables le despotisme est désirable. Dans la discussion sur le caractère inspiré de la Bible, on remarque souvent que Milton lui-même est inspiré; mais alors tous les grands poëtes, Homère, Virgile, Dante, Chaucer, Shakespeare, Dryden, Byron, Shelley, doivent leur génie à l'inspiration.

M. Grote, pour soutenir le système reçu sur l'authenticité des dialogues de Platon, contre les critiques qui tendraient à faire rejeter un certain nombre de dialogues pour ce seul motif que leur style serait indigne de Platon, nous désigne les nombreux dialogues qui devraient être sacrifiés, si l'on adoptait ce critérium, et si l'on accordait toutes les suppressions demandées par les critiques.

8. Un des grands services que rend la forme syllogistique, c'est d'analyser, de mettre dans tout leur jour, et de présenter à un examen séparé, les parties différentes d'une série ou d'une chaîne de raisonnements.

C'est ce que nous avons déjà fait comprendre en appliquant le syllogisme à des raisonnements confus. Il est avantageux de savoir que la vérité d'une conclusion, obtenue par inférence, suppose la vérité de *deux* affirmations séparées, l'une et l'autre également nécessaires à la conclusion. Pour prouver que A est C par une inférence médiate (B est C, A est B) deux propositions doivent être vérifiées; et l'esprit est singulièrement aidé dans l'effort qu'il a à faire pour reconnaître une argumentation confuse, lorsqu'il sait ce qu'il doit considérer.

En établissant la distinction des deux formes du raisonnement, employées l'une et l'autre dans le droit et dans la politique, — raisonnements fondés sur des précédents ou des exemples, et raisonnements fondés sur des règles ou des principes, — sir G. C. Lewis accorde de beaucoup la supériorité au dernier, au raisonnement fondé sur les règles. La raison de l'obscurité relative des arguments fondés sur les exemples ou les précédents, est que le principe qu'ils impliquent est généralement sous-entendu. Le raisonnement est beaucoup plus clair, quand le principe général est établi en premier lieu, le cas particulier indiqué immédiatement après, et la conclusion déduite. Pour avoir le droit de conclure d'un cas à un autre, il est nécessaire de rejeter de chacun les circonstances qui n'intéressent pas l'objet en question, et de comparer celles sur lesquelles les cas se ressemblent. Dans les cas compliqués, l'opération est souvent difficile. Il faut beaucoup de sagacité et une grande connaissance du sujet pour distinguer les faits essentiels des faits accidentels, pour rejeter tout ce qu'il faut rejeter, sans aller au delà. Si l'on retient les faits accidentels, la comparaison devient obscure et incertaine; si les faits essentiels sont rejetés, la comparaison devient sophistique. Cette opération qui, dans l'argument fondé sur les précédents, doit être faite quelquefois mentalement, embarrasse le raisonneur modéré, bien qu'elle soit aisément et sûrement accomplie par le praticien expérimenté. Par suite, les étudiants en droit trouvent de grandes difficultés à reconnaître les lois dans les cas particuliers, bien qu'ils arrivent vite à appliquer à un cas particulier une loi exposée dans des termes généraux.

CHAPITRE IV

SUITES DE RAISONNEMENTS ET SCIENCES DÉDUCTIVES.

1. Une série de syllogismes peut former comme une seule chaîne.

Les logiciens ont toujours admis les raisonnements composés. Les sorites sont précisément des séries, des chaînes de syllogismes. La conclusion d'un syllogisme devient la majeure d'un second, et ainsi de suite.

Les *sorites* sont habituellement exprimés sous la forme suivante :

A est B, B est C, C est D, etc. ; donc A est D.

La preuve régulière (d'après la première figure du syllogisme) serait : —

B est C, A est B, donc A est C.
C est D, A est C, donc A est D, etc.

Il arrive rarement qu'une déduction proprement dite, sous cette simple forme, puisse se prolonger au-delà de deux ou trois syllogismes. L'application d'une proposition universelle à un cas particulier a rarement besoin de parcourir trois ou quatre pas distincts, et même, dans le plus grand nombre des cas, l'application se fait en un seul syllogisme.

Aucun principe nouveau, aucune modification de principe, ne sont contenus dans ces raisonnements consécutifs.

Leur exposition claire peut être un sujet d'étude pour celui qui les présente, mais ils n'offrent aucune particularité au logicien. Néanmoins on discute ordinairement ces formes de raisonnement dans les traités de logique ; et nous pouvons, d'après l'exemple de M. Mill, choisir cette occasion pour discuter deux questions, l'accord de la théorie du syllogisme avec ces longues séries de raisonnements, et la nature des sciences déductives.

2. Une chaîne de raisonnements se ramène à une série de syllogismes, la majeure de chacun de ces syllogismes étant une induction fondée sur des faits particuliers, une vérité fondée en dernière analyse sur des faits particuliers.

Ainsi, dans le cas où nous voulons prouver que les êtres intelligents ne peuvent pas être soumis à des expériences comme celles que l'on impose à la matière brute, nous aurons la chaîne suivante : — partout où il y a intelligence, il y a sensibilité, ou en d'autres termes, susceptibilité de plaisir ou de peine ; nous n'avons pas le droit d'imposer une peine ou une douleur ; or, la plupart des expériences qui seraient tentées sur des créatures sensibles causeraient de la douleur ; donc les êtres intelligents ne peuvent pas être soumis à des recherches expérimentales. Cette chaîne de raisonnements se compose de trois syllogismes dont les majeures sont : —

1° La société défend qu'on fasse souffrir autrui ;

2° Tous les êtres intelligents sont susceptibles de douleurs ;

3° Les expériences faites pour observer une fonction dans les êtres sensibles causent de la douleur.

Chacune de ces majeures peut être ramenée, selon la méthode indiquée dans le chapitre précédent, et d'après la loi de l'identité, à des faits particuliers, observés ou inférés. La première majeure (la société défend) se présente sous forme de commandement ; c'est le cas où il semble que nous ayons le moins affaire avec des faits particuliers, et qu'il s'agisse surtout de la description générale qui sert à identifier les faits particuliers. De plus il ne faut pas oublier que la force réelle d'un commandement lui-même se manifeste surtout dans les cas particuliers auxquels il s'applique. En effet l'expression générale de ce raisonnement ne signifie rien, n'est rien, si on ne la rapporte pas à ces cas particuliers : l'application de la règle est une extension inductive de ces cas. La seconde majeure (les êtres intelligents sont sensibles) exprime la coïncidence observée entre l'intelligence et la sensibilité, en même temps que les extensions futures de cette coïncidence, grâce à l'identité établie entre la sensibilité et l'intelligence — le premier terme du couple. La troisième majeure est également une généralisation inductive, qui comprend les cas particuliers, où l'expérience a produit la douleur, en même temps que les cas semblables qu'on infère.

Nous pouvons disposer cette suite de raisonnements sous forme de syllogismes. Ainsi, en choisissant un ordre différent, nous dirons :

PREMIER SYLLOGISME.

L'expérience faite pour observer une fonction chez les êtres sensibles produit la douleur.
L'opération que l'on poursuit en ce moment consiste à faire une expérience pour observer une fonction.
Donc cette opération produira de la douleur (*Barbara*).

SECOND SYLLOGISME.

La société défend qu'on fasse souffrir.
L'opération que l'on tente produira de la douleur.
La société défend les opérations qui tendent à expérimenter sur les êtres sensibles (*Cesare*).

TROISIÈME SYLLOGISME.

La société défend les expériences sur les êtres sensibles.
Tous les êtres intelligents sont sensibles.

La société défend les expériences sur les êtres intelligents (*Cesare*).

La forme (la société défend, etc.) a la valeur d'une proposition négative; s'il n'en était pas ainsi, le dernier syllogisme ne serait pas valide.

Le langage qui exprime l'inférence du particulier au particulier peut être employé dans chacun de ces syllogismes. Ainsi dans le premier nous dirons: Les expériences qui consistent à observer une fonction chez les êtres sensibles ont toujours causé de la douleur; le cas présent est une expérience de ce genre: donc le cas présent produira de la douleur (comme tous les cas observés l'ont fait). De même pour les autres syllogismes.

SCIENCES DÉDUCTIVES.

3. Les sciences déductives sont celles dont l'opération consiste uniquement à appliquer, à développer des inductions déjà établies, c'est-à-dire à trouver, à découvrir des mineures pour des majeures données.

De la théorie du syllogisme il résulte que toute déduction suppose une induction préalable. Les sciences déductives, par conséquent, ne peuvent se passer de l'induction. Mais tandis que dans les sciences inductives, la chimie, la physiologie, le travail du savant consiste principalement à former des inductions, dans les sciences déductives, comme les mathématiques, les inductions sont peu nombreuses; on les forme aisément (quelquefois même on les considère comme des intuitions), et le travail du savant consiste à développer les applications de ces généralités inductives, en leur rattachant des cas nouveaux. Nous arrivons vite aux inductions comme celles-ci : « Les quantités égales à une même quantité sont égales entre elles, » ou « les sommes de quantités égales sont égales, » « les différences de quantités égales sont égales; » mais ce qui n'est pas aisé c'est de faire rentrer sous ces inductions la proposition suivante : « Une sphère est égale aux deux tiers du cylindre dans lequel elle est inscrite. » On ne peut en arriver là qu'après un long circuit de déductions successives, fondées sur de nombreuses figures.

Si nous prenons un cas relativement simple de la déduction géométrique, le théorème 47 du premier livre d'Euclide, « le carré construit sur l'hypoténuse d'un triangle rectangle est égal à la somme des carrés construits sur les autres côtés, » nous trouverons que la démonstration s'opère par deux syllogismes, qui ont pour majeures des axiomes, et un syllogisme préparatoire, qui a pour majeure une proposition dérivée déjà établie. Le reste de l'opération n'est pas syllogistique. Nous établissons d'abord, par une construction habilement inventée, deux mineures, d'après la proposition : « Lorsqu'un parallélogramme et un triangle ont la même base et sont compris entre les mêmes parallèles, le parallélogramme est le double du triangle ; » puis nous passons à l'application des axiomes. Nous appliquons d'abord l'axiome : « Les doubles de quantités égales sont égaux » (proposition dérivée de l'axiome, les sommes de quantités égales sont égales); cela, pour prouver que le carré construit sur un des côtés est égal à une partie du carré de l'hypoténuse, et que le carré construit sur l'autre côté est égal à l'autre partie du même carré. Cela fait, il ne reste plus qu'une application aisée de l'axiome : « les sommes de quantités égales sont égales, » pour compléter la preuve.

Les sciences déductives sont obligées de ruser avec leurs problèmes ; elles opèrent indirectement ce qu'il n'y a pas moyen d'opérer directement. Les mathématiques, au lieu de se contenter d'exposer leurs axiomes et leurs définitions, en laissant au lecteur le soin de les appliquer, déroulent un vaste système de propriétés déductives, à chacune desquelles nous pouvons nous adresser, dans un cas donné, au lieu de remonter d'un coup à la source fondamentale. Nous mesurons une hauteur en faisant rentrer le cas sous quelque théorème de géométrie plane.

Voici les deux circonstances auxquelles on peut attribuer

la longueur et la complication des raisonnements mathématiques.

1° Il y a dans ces raisonnements un grand nombre d'inférences immédiates, comme, par exemple, dans l'application des définitions. Ainsi, lorsque Euclide montre que deux figures coïncident, il fait un appel formel à la définition de l'égalité (la coïncidence), et en vertu de cette définition prononce l'égalité des figures. Il y a là, en apparence, un pas, un progrès dans le raisonnement; il faut un acte, un effort distinct d'attention de la part de l'étudiant, mais il n'y a pas de déduction ni de syllogisme. De même il peut y avoir d'autres inférences immédiates, dans les transformations de propositions équivalentes, comme l'obversion, la conversion, etc.

2° Non-seulement il faut souvent de longues constructions, et un long échafaudage préparatoire, pour faire rentrer le cas à démontrer dans une généralité préalable, mais lorsque la construction est faite, on voit jaillir de chacune de ses parties des inférences distinctes, qu'il faut savoir faire converger vers le but qu'on a en vue. De plus, beaucoup de propositions dérivent à la fois d'une hypothèse compliquée : « Si un point est pris dans l'intérieur d'un cercle (1), si des lignes droites sont tirées de ce point à la circonférence (2), dont une passe par le centre (3) », etc. ; la preuve dans les cas semblables est une série de démarches qui convergent vers le même but et qui ont chacune pour principe une partie distincte de l'hypothèse.

Le procédé de l'identification pour trouver une mineure est plus ou moins difficile, selon la complexité du sujet de la majeure ; cette difficulté est grande dans la médecine, le droit, la politique, etc. Une maladie peut être caractérisée par trois, quatre, cinq ou six symptômes distincts; elle doit donc être identifiée d'après tous ces caractères ; si l'un des caractères manque, l'identité ne peut être prouvée. Par suite, la déduction peut être une opération laborieuse, même dans les sciences inductives, comme la médecine.

De même, en politique, sir G. C. Lewis remarque qu'il

peut être difficile d'associer des prémisses, c'est-à-dire de trouver la majeure d'une mineure donnée, ou la mineure d'une majeure donnée. « C'est le fait de rattacher une mineure à une majeure qui constitue surtout l'originalité, ou le caractère inventif d'un argument. » En voici un exemple :

Maxime générale ou *majeure.* Lorsqu'un impôt de douane est si élevé qu'il engendre une vaste contrebande, cet impôt doit être réduit.

Cas particulier ou *mineure.* Les impôts de douane qui existent, dans tel ou tel pays, sur le tabac, sur l'eau-de-vie, etc., donnent lieu à une vaste contrebande.

Or la mineure est une question de fait (qui est déterminée à la fois par le raisonnement et les faits), et par conséquent il peut être fort difficile de l'établir.

4. Le but spécial de la déduction est de s'assurer de tous les faits impliqués dans des faits déjà connus. Une détermination déductive s'oppose à une détermination expérimentale.

Lorsque, par l'application des inductions déjà établies, nous pouvons découvrir de nouvelles vérités, nous nous épargnons un appel direct à l'expérience. Par le parallélogramme des forces, nous pouvons déterminer exactement le cours d'un mobile, poussé par diverses forces dans des directions différentes. Une opération de calcul est substituée à des procédés d'observation. Le plus souvent cette substitution constitue une grande économie.

L'effort par lequel on conduit les vérités inductives à toutes leurs applications déductives constitue une grande partie des recherches scientifiques. L'aptitude à ce travail est une qualité purement intellectuelle. Lorsqu'une grande loi, comme la gravitation, a été établie, la déduction de toutes ses conséquences suffit au travail de plusieurs générations d'hommes. La généralisation actuelle, appelée la persistance de la force, donnera probablement la même occupation aux facultés déductives de l'esprit scientifique. Les lois inductives qui établissent l'union du corps et de l'esprit, lorsqu'elles auront été déterminées avec précision, comporteront de même un grand nombre d'applications déductives, et impliqueront beaucoup de faits qui pour le moment ne peuvent être découverts que par l'observation. De même la doctrine de la relativité de nos sentiments et de nos pensées n'a pas encore été examinée dans toutes ses conséquences.

CHAPITRE V

DÉMONSTRATION. — AXIOMES. — VÉRITÉS NÉCESSAIRES.

1. L'évidence spéciale qui résulte de la démonstration a sa source dans l'induction.

La démonstration est un mot synonyme de la déduction qui, comme on l'a vu, n'est autre chose en dernière analyse qu'une induction. On dit, par exemple, que les propositions d'Euclide peuvent être démontrées; et cela revient à faire rentrer chacune de ces conclusions dans les principes fondamentaux de la science.

Pour établir que la démonstration mathématique est inductive, il y a deux choses requises. Il faut établir : 1° que les principes de la science (les axiomes) sont inductifs; 2° que l'axiome qui sert de fondement au syllogisme, est lui-même inductif. Les axiomes donnent aux mathématiques leurs principes, et le syllogisme assure l'application de ces principes.

Quant à ces principes derniers de la science qu'on appelle les axiomes, il y a des contradictions capitales dans les opinions des philosophes. Les uns prétendent que les axiomes mathématiques, l'axiome du syllogisme, aussi bien que l'axiome de causalité sont des inductions empruntées à l'expérience; les autres maintiennent que ces principes ont une origine intuitive, et que, grâce à cette origine, ils possèdent une certitude plus haute que celle qui pourrait leur être assurée par l'expérience (1).

2. Le principal argument qu'on fait valoir contre l'origine inductive ou expérimentale des axiomes, c'est, dit-on, qu'ils sont *nécessaires*, et que l'expérience est impuissante à assurer aux vérités qu'elle suggère ce caractère de nécessité.

L'idée de nécessité, appliquée aux vérités telles que les axiomes mathématiques, date de Leibnitz; elle a été rétablie, sous une forme spéciale, par Kant, et elle subsiste encore aujourd'hui dans l'esprit d'un grand nombre de philosophes. Le mot est néanmoins ambigu.

DIVERS SENS DU MOT NÉCESSITÉ.

3. 1. — Dans le langage ordinaire « nécessité » est synonyme de certitude, et peut s'appliquer à des vérités inductives.

Lorsque nous parlons d'un événement qui arrivera certainement, nous employons, entre autres termes, le mot de nécessaire. Nous appellerons la congélation de l'eau à 32 degrés une nécessité, voulant dire par là que la congélation se produira sûrement. Nous dirons encore dans le même sens : le vice est la conséquence nécessaire d'une mauvaise éducation.

En pareil cas la nécessité n'a évidemment rien de commun avec une perception intuitive. L'expérience est dans chacun de ces exemples la source de la confiance absolue qu'exprime notre affirmation; c'est ainsi que l'expérience seule nous permet de croire que le soleil se lèvera nécessairement demain.

D'après cela, il n'y aurait aucun inconvénient à employer le mot de nécessaire pour caractériser toutes les lois inductives de la nature : lois de pesanteur, de mouvement,

---

(1) Quant à l'évidence propre aux mathématiques, d'autres questions peuvent être soulevées; par exemple, la place que les définitions doivent occuper dans la science, et le caractère hypothétique supposé des définitions. Ces questions seront traitées plus tard. (Voir *Logique des sciences mathématiques*.)

lois fondamentales de la vie, etc. Mais les métaphysiciens ont pris l'habitude d'appeler ces vérités principes *contingents*, par opposition aux principes nécessaires; car, disent-ils, bien qu'elles soient absolument vraies, dans la constitution actuelle du globe, elles auraient pu être tout autrement. Il pourrait se faire que la loi de pesanteur n'existât pas : les lois de la vie pourraient être différentes de ce qu'elles sont. Mais en aucun cas, dit-on, deux lignes droites ne peuvent enfermer un espace; cette vérité est nécessaire dans un sens plus particulier du mot, sens qu'il reste à établir.

4. II. — La nécessité, dans un sens plus spécial, signifie *l'accord de la vérité avec elle-même*; en ce sens, les vérités nécessaires sont celles qui dérivent du principe de contradiction, ou de la loi de consistance. Le contraire de ces vérités est une contradiction formelle.

Nous avons déjà donné de nombreux exemples de ces vérités (voir l'Introduction, et aussi le chapitre relatif aux propositions équivalentes). Que le plus petit ne peut contenir le plus grand, c'est une vérité nécessaire; vérité qui dépend du sens même du mot « plus petit » et du mot « plus grand »; cette vérité ne saurait être contredite, à moins de déclarer que le plus grand n'est pas le plus grand. Le même objet ne peut être à la fois en deux endroits, c'est encore une vérité nécessaire; le sens des mots « en un endroit » implique la négation de tout autre endroit; dire d'un objet qu'il est dans un certain endroit, c'est nier qu'il soit dans un second, dans un troisième ou ailleurs. Le temps est un éternel maintenant : voilà une affirmation qu'il faut rejeter comme contradictoire avec elle-même.

Quelques-uns des axiomes d'Euclide sont nécessaires en ce sens. « Le tout est plus grand que la partie » est une affirmation qui implique la définition même du tout et de la partie; on ne peut la contredire sans contredire la définition elle-même. Un tout se compose de l'ensemble de ses parties; omettez une de ses parties, et le tout est détruit;

ce qui reste est, dans une certaine mesure, moindre que le tout primitif.

« Les figures qui coïncident sont égales : » ce n'est pas un axiome, c'est une définition ; la coïncidence est le signe ou la garantie de l'égalité ; elle est la seule preuve qu'on puisse invoquer en dernière analyse.

De toutes les vérités nécessaires invoquées dans la controverse qui nous occupe, celle qu'on cite le plus fréquemment est la proposition que deux lignes droites ne peuvent enfermer un espace. C'est une proposition que Kant donne comme une proposition réelle, comme un jugement *synthétique*; en d'autres termes, le sujet n'y serait pas impliqué dans le prédicat, et, par suite, le critérium de l'identité ne s'appliquerait pas à cette proposition.

D'autre part, les mathématiciens de notre temps sont probablement unanimes à regarder cette affirmation comme le corollaire qu'implique la définition de la ligne droite, et qui est contenu dans l'essence même de la ligne droite ; de sorte que nier cette vérité serait une pure contradiction de mots. Ils la considèrent, pour prendre les expressions de Kant, comme une vérité analytique. La moindre réflexion nous convaincra que les mathématiciens sont dans le vrai. Prenons pour point de départ la définition de la ligne droite : « lorsque deux lignes sont telles qu'elles ne peuvent coïncider en deux points sans se confondre l'une avec l'autre, elles sont appelées lignes droites. » N'est-il pas évident que les termes mêmes de la définition écartent toute possibilité d'enfermer un espace? Quel sens peut-on attacher à ces mots « sans se confondre l'une avec l'autre », si ce n'est qu'ils excluent toute existence d'un espace intermédiaire? La coïncidence totale des lignes, et l'existence d'un espace intermédiaire, sont complétement incompatibles; si l'un de ces faits est vrai, l'autre est faux. La proposition est donc encore nécessaire dans le sens de l'identité, aussi bien que ces autres propositions : « une ligne droite n'est pas une ligne courbe ; » ou bien : « le tout est plus grand que la partie. »

L'axiome : « deux choses égales à une troisième sont égales entre elles, » n'est pas une vérité identique ; aussi n'est-ce pas une vérité nécessaire, dans le sens que nous donnons présentement à ce mot. Ici, en effet, le sujet et le prédicat représentent deux propriétés distinctes, et l'une ne peut impliquer l'autre. L'axiome déclare que la coïncidence *médiate* entraîne ou produit la coïncidence *immédiate*; mais ces deux formes de coïncidences ne sont pas identiques. C'est la coïncidence *immédiate* qui fait l'égalité, conformément à la *définition* de l'égalité : l'axiome élargit cette preuve très-étroite et souvent inapplicable, et prononce que la coïncidence par *l'intermédiaire d'une troisième chose*, d'un terme moyen, se trouvera en définitive correspondre et équivaloir à une coïncidence immédiate; qu'elle devra être, par conséquent, acceptée dans tous les cas comme une preuve d'égalité. Si donc cet axiome doit être pris comme une vérité nécessaire, c'est qu'il faut attribuer à la nécessité un sens que nous n'avons pas indiqué.

5. Les vérités nécessaires, entendues dans le sens que nous venons de déterminer, sont tellement indépendantes de l'expérience, qu'elles sont acceptées pour vraies dès que les mots qui les expriment sont compris. Elles n'exigent cependant aucune faculté particulière de perception intuitive.

Aussitôt que nous avons complétement compris l'idée du tout et l'idée de la partie, nous percevons l'évidence de la proposition : le tout est plus grand que la partie. Nous n'avons pas besoin de recourir à des observations ou à des expériences pour nous assurer de cette vérité. Nous avons besoin d'expériences concrètes pour comprendre préalablement la notion du tout et la notion de la partie. Mais la notion une fois bien déterminée explique par elle-même que le tout est plus grand. En fait, nous ne pourrions avoir la notion sans une expérience équivalente à cette conclusion. Lorsque nous connaissons un fait, nous le connaissons encore lorsqu'il est exprimé sous un autre nom ; or, pour ce moment, la vérité nécessaire n'est pas autre chose que l'identité d'un même fait sous deux noms différents. Lorsque nous avons acquis la notion de la ligne droite, nous avons aussi acquis la notion de cette propriété particulière de la ligne droite, qu'exprime l'affirmation : deux lignes droites ne peuvent enfermer un espace.

Pour de semblables propositions il n'est besoin ni de facultés innées, ni de perceptions intuitives. Nos facultés intellectuelles ordinaires suffisent à nous faire affirmer qu'un objet sous différentes formes est ce que nous avons constaté qu'il était. Nous ne pouvons avoir la notion complète de la ligne droite, sans faire une comparaison des lignes droites entre elles, et aussi des lignes droites et de leurs opposées, les lignes courbes. Le résultat de cette comparaison est, *inter alia*, que l'existence de deux lignes droites est incompatible avec la détermination d'un espace : la délimitation d'un espace implique qu'une des deux lignes au moins est courbe.

6. III. Un troisième sens du mot nécessité, un signe auquel on la reconnait, c'est l'*inconcevabilité* du contraire.

On prétend que la proposition, « deux quantités égales à une même troisième sont égales entre elles » est une vérité nécessaire, parce que l'esprit est incapable de concevoir des quantités qui, coïncidant avec une même quantité prise pour commune mesure, ne coïncideraient pas entre elles, lorsqu'on les compare l'une à l'autre. De même, dit-on, nous sommes incapables de concevoir des effets qui se produiraient sans cause : et voilà pourquoi cette proposition serait encore une vérité nécessaire. La preuve de l'inconcevabilité du contraire (fortement exposée par Whewell et acceptée avec quelques modifications par Spencer) nous paraît exposée à de graves objections. C'est en grande partie notre éducation qui décide ce que nous pouvons concevoir, et ce que nous ne pouvons pas concevoir. La preuve en est que des vérités, qui passaient pour inconcevables à certaines époques et dans certains pays, deviennent trèsconcevables avec une éducation différente, et même se sont à tel point fixées dans les esprits que c'est le contraire de ces vérités qui est maintenant inconcevable. Les Grecs admettaient que la matière est éternelle, qu'elle existe par elle-même : beaucoup de modernes prétendent que l'existence par soi de la matière est absolument inconcevable. Il y a des philosophes qui pensent que l'action de l'esprit est la seule origine concevable du pouvoir moteur, de la force motrice : d'autres, regardant au contraire l'action de l'esprit sur la matière comme absolument inconcevable, ont imaginé des hypothèses spéciales pour résoudre la difficulté, — par exemple Malebranche, avec sa théorie de l'intervention de Dieu, et Leibniz, avec son harmonie préétablie. Newton ne pouvait concevoir la gravitation sans l'existence d'une substance intermédiaire : théorie aujourd'hui abandonnée.

C'est quand il s'agit des vérités nécessaires par identité que l'inconcevabilité du contraire se présente à son maximum. Cependant, même alors, il n'est pas impossible de concevoir le contraire ; cela s'est vu souvent. Dans la religion, on a souvent mis en avant de flagrantes contradictions que le vulgaire accepte avec enthousiasme. Mais lorsque le sujet n'implique pas le prédicat, le cas n'est pas le même : il n'y a pas à proprement parler de contradiction, et le contraire de la proposition peut être conçu. Que des choses qui coïncident avec une troisième ne coïncident pas entre elles, c'est une proposition concevable : car les deux faits sont distincts. Si nous trouvons quelque difficulté à l'admettre, cela vient de la fréquence de nos expériences, dans un sujet si familier et si accessible à nos sens.

Des propositions, dont l'origine inductive est incontestable, peuvent être si fortement liées par l'association, qu'il est presque impossible de concevoir le contraire. Nous avons à peine le pouvoir de concevoir la couleur sans l'étendue. Et cependant ces deux faits sont associés uniquement par notre expérience : ils frappent l'esprit à la fois, grâce à deux sens ; et leur liaison constante produit une association d'idées véritablement indissoluble. Nous pouvons avoir quelque difficulté à concevoir que des graines de poussière, que des particules de suie, que de petits morceaux de papier tombent sur le sol, droit et vite comme la pierre. Quand les Grecs voulaient parler de l'impossible, ils parlaient d'un fleuve qui remonterait vers sa source.

DE LA NATURE DES AXIOMES.

7. Les principes fondamentaux des sciences déductives ont reçu le nom d'axiomes.

Toute science déductive doit s'appuyer sur un certain nombre de principes fondamentaux. Dans les mathématiques et en logique, ces principes sont si profonds, si évidents par eux-mêmes, qu'il n'est pas nécessaire de faire le moindre effort pour les établir. Dans la mécanique, l'établissement des lois du mouvement est accompagné d'un petit nombre d'exemples, destiné à rendre ces lois intelligibles et évidentes. Dans la chimie, la théorie atomique est, jusqu'à un certain point, trop éloignée des conceptions ordinaires, pour être appelée un axiome évident par lui-même, bien qu'elle soit le principe le plus fondamental de cette science.

Voici les conditions requises, les caractères d'un axiome : il faut 1° qu'il soit une proposition *réelle*, et non une définition ; 2° qu'il soit *indépendant* de tout autre principe contenu dans la science.

D'après le premier caractère nous rejetterons, comme n'étant pas des axiomes, les propositions d'Euclide : « Les grandeurs qui coïncident sont égales ; » et aussi : « Le tout est plus grand que la partie. »

D'après le second caractère, nous rejetterons du nombre des axiomes les propositions suivantes : —

« Les différences de quantités égales sont égales. »

« Si l'on ajoute des quantités égales à des quantités inégales, les totaux sont inégaux. »

« Si des quantités égales sont retranchées de quantités inégales, les restes sont inégaux. »

« Les doubles de quantités égales ou de la même quantité sont égaux. — Les moitiés de quantités égales ou de la même quantité sont égales. »

« Deux lignes droites ne peuvent passer par un même point et être parallèles à une même ligne droite, sans coïncider. »

Il peut être utile de donner une démonstration explicite de ces vérités, mais, comme elles sont toutes dérivées de certains autres axiomes, combinés avec des définitions, on peut les joindre à ces axiomes, comme en étant les corollaires ou les conséquences. Si dans un cas nous présentons une proposition dérivée comme un axiome, nous supprimons la seule limite qui distingue les axiomes des propositions ou théories, dont se compose le corps de la science.

8. Les deux seuls axiomes des mathématiques, à dire vrai, sont: 1° l'axiome « de la coïncidence médiate »; 2° l'axiome « de l'égalité des sommes de quantités égales ». Ces axiomes sont des vérités inductives.

Les définitions et leurs corollaires, les propositions dérivées, étant une fois écartés, il ne reste que deux axiomes que voici :

1° Les choses égales à une même troisième sont égales entre elles ;

2° Les sommes de quantités égales sont égales.

Ce sont là des propositions réelles, et non pas des propositions identiques, analytiques; et en même temps ce sont les propositions dernières de la science. Ces axiomes constituent deux preuves distinctes d'égalité, en dehors de la preuve fondamentale, qui est la coïncidence immédiate. De ces axiomes, unis à la définition, peuvent être déduites toutes les autres preuves d'égalité.

Dire que ces axiomes sont des vérités inductives, des généralisations fondées sur l'expérience des faits particuliers, c'est dire qu'ils ont la même origine que la grande masse de nos connaissances (non déductives). Que la nuit et le jour alternent, que l'eau descend, que la fumée monte, que les plantes naissent d'une graine, que les animaux meurent, que les hommes recherchent le plaisir et fuient la douleur, — voilà autant d'exemples d'inductions obtenues par la comparaison des faits observés. Telle est la source ordinaire, régulière, des généralisations scientifiques. L'*onus probandi* incombe à ceux qui voudraient assigner aux deux axiomes indiqués une autre source que celle-là. Aussi a-t-on donné quelques raisons pour établir qu'ils constituent l'un et l'autre une exception à la règle générale qui détermine l'origine de nos connaissances.

Les principales raisons aujourd'hui invoquées sont celles que nous avons déjà mentionnées. Ces axiomes sont nécessaires. Le contraire en est inconcevable. Pour fortifier ces raisons, ou plutôt pour présenter sous une autre forme la difficulté qu'il y aurait, dit-on, à faire de ces axiomes les résultats de l'expérience, on ajoute que la force, que le degré de notre *conviction*, quand nous affirmons que deux choses égales à une troisième sont égales entre elles, est plus grand que dans toute affirmation qui dérive des comparaisons accumulées de l'expérience. Voici par quelles considérations on peut écarter cette objection :

1° D'après les lois de la croyance, lois précédemment exposées, toute expérience *qui n'a pas été contredite* a pour elle toute la force dont notre croyance instinctive est capable. Le premier mouvement qui porte l'esprit à croire penche plutôt du côté de l'excès, et si rien n'est venu le contrarier dans tel ou tel cas particulier, il se portera avec force sur toute chose.

2° La comparaison des grandeurs est facile ; nous pouvons renouveler sans cesse cette comparaison, qui n'exige que les instruments les plus simples. L'enfant qui dispose de trois morceaux de bois ne peut s'empêcher de faire, dans l'espace d'une heure, plus de vingt comparaisons, qui sont autant d'exemples et de confirmations de l'axiome relatif à la coïncidence médiate.

3° Enfin il est d'usage de remarquer, et avec raison, à propos des axiomes mathématiques en général, que les objets auxquels ils s'appliquent, à savoir : les grandeurs et les formes, — sont de nature à être représentés le plus aisément possible dans notre imagination : de sorte que nous pouvons faire un grand nombre d'expériences idéales, sans compter les comparaisons que nous accomplissons aussi d'une façon concrète dans les choses réelles.

9. Les axiomes du syllogisme reposent sur l'expérience.

La proposition : « Des attributs qui coexistent avec le même attribut coexistent, » est un principe qui ressemble absolument au premier axiome d'Euclide touchant l'égalité des quantités : par suite, l'évidence de ces deux principes semblables doit avoir la même origine. Ajoutons que cet axiome, loin d'être l'expression d'une certitude absolue et intuitive, est inexact. Nous pouvons le prouver en l'exprimant sous une forme parallèle : « Des objets en contact avec un troisième objet sont en contact l'un avec l'autre : » principe plausible, mais trompeur.

Le *dictum de omni et nullo* n'échappe pas à ce critérium de l'expérience. Il ne peut être compris sans qu'on se soit familiarisé avec un grand nombre d'exemples de généralisation ; et, comme pour les autres premiers principes, les mêmes connaissances, qui nous en font comprendre le sens, suffisent à en garantir la vérité.

Quelque forme qu'on leur donne, les axiomes du syllogisme sont en premier lieu des propositions réelles, et non pas des propositions identiques, formées d'après la loi de l'identité ou de l'accord de la vérité avec elle-même. En second lieu, en leur qualité de propositions réelles, elles ne sont pas suggérées intuitivement à l'esprit : elles dérivent de notre expérience, et si notre croyance à ces principes semble dépasser l'expérience, la même chose peut arriver de toutes nos croyances.

10. Quant à la loi de causalité, généralement comprise parmi les éléments *à priori* de notre connaissance, il y a une tendance primitive qui nous incline fortement à l'admettre sous sa forme générale ; tandis que l'expérience ne cesse d'approprier cette croyance aux faits réels.

Nous avons déjà vu que la tendance primitive de l'esprit est de croire, jusqu'à ce qu'il rencontre des faits contraires, que ce qui est aujourd'hui sera demain, que ce qui existe ici existe partout. Ce n'est ni l'expérience, ni aucune faculté intellectuelle qui crée cet élan : mais l'expérience l'arrête et le modifie, jusqu'à ce que par degrés elle l'adapte aux réalités. La vivacité de cet instinct est modérée par certains objets, comme la température ambiante, la lumière, les apparences visibles, mais elle se développe librement dans d'autres sujets, comme la force de la pesanteur. Cet instinct est important parce qu'il est l'élément actif de la croyance : il est d'ailleurs sans valeur, s'il s'agit de choisir les choses qui méritent qu'on y croie. Quant à la preuve, à l'évidence de la causalité, l'expérience est supérieure à l'instinct : sans l'expérience, l'enfant croirait toute sa vie que toute l'eau du globe est à la température de son premier bain.

L'élan instinctif qui nous entraîne à croire que ce qui est sera, devient, lorsqu'il a été instruit par l'expérience, la croyance à l'uniformité de la nature, représentée par la loi de causalité.

11. L'axiome que supposent les axiomes des mathématiques et l'axiome du syllogisme n'est autre que l'axiome de l'uniformité de la nature.

L'examen de la cause et de l'effet nous met face à face avec le principe le plus fondamental de toute connaissance humaine ; principe qu'on exprime ainsi : « La nature est uniforme, l'avenir ressemble au passé, la nature obéit à des lois fixes. » Cet axiome est le fond commun de toute inférence, des inférences qui sont ouvertement inductives, comme de celles qui se déguisent sous les formes de la déduction. Sans ce principe l'expérience ne peut rien prouver. Nous pouvons avoir constaté dix mille fois que les grandeurs qui coïncident avec une autre grandeur coïncident entre elles: dans les limites de notre expérience, la chose est sûre, et l'évidence de l'essai actuel est aussi grande que possible. Mais tout cela ne prouve pas qu'il en sera de même dans les cas non observés. Il faut le croire sans qu'on puisse le prouver. Cette croyance n'a pas d'autre principe qu'elle-même. Si nous croyons avoir trouvé une preuve qui la démontre, nous ne faisons en réalité que la poser en principe sous une autre forme. (Voir *Appendice* D.)

APPENDICE

APPENDICE

A. CLASSIFICATION DES SCIENCES.

On se propose ici de faire connaître en résumé les divers systèmes de classification des sciences. Le sujet, par maints côtés, intéresse la logique. L'enchaînement des connaissances constitue par lui-même une logique.

Le premier système de division des sciences, qui ait obtenu quelque succès, est la classification de Bacon. Bacon distingue trois classes de connaissances : l'HISTOIRE, la PHILOSOPHIE, la POÉSIE ; distinction qui se rapporte aux trois grandes facultés, aux trois grandes sources de production intellectuelle : la *mémoire*, la *raison*, l'*imagination*. L'histoire, œuvre de la mémoire, recueille les faits particuliers. La philosophie, œuvre de la raison, compare, classe, organise les données de l'histoire. La poésie, œuvre de l'imagination, est le domaine de la fiction, de la fable, de la création ; elle fait contraste avec le caractère exact et littéral de l'histoire et de la philosophie.

En divisant et en subdivisant ces trois grandes provinces, Bacon déploie sa fécondité ordinaire. L'HISTOIRE se divise en deux parties : l'*histoire naturelle* et l'*histoire sociale*. L'histoire naturelle est le recueil des faits qui se produisent dans le monde, dans les corps célestes, sur la terre, etc. L'histoire sociale est l'histoire ecclésiastique, littéraire, politique ; elle comprend d'ailleurs d'autres subdivisions plus restreintes.

La PHILOSOPHIE se rapporte à Dieu, à la nature, à l'homme. Le premier sujet donne lieu à la théologie. La seconde partie est un ensemble confus de sciences diverses :

les mathématiques, la philosophie naturelle, la métaphysique. La philosophie de l'homme est, elle aussi, divisée et subdivisée en un grand nombre de parties : il y a là un travail curieux, mais dépourvu de précision logique. Bacon considère l'homme sous trois aspects : 1° l'homme en général ; 2° le corps humain ; 3° l'esprit humain. Les connaissances théoriques et pratiques, relatives à l'homme, sont indistinctement confondues.

Comme premier essai de division, appliqué à l'ensemble des œuvres de l'esprit humain, le système de Bacon mérite des éloges. Mais les lignes de démarcation y sont le plus souvent vagues et insuffisantes. La distinction des connaissances particulières (histoire), et des connaissances générales (philosophie), ne convient pas pour une division fondamentale de la science ; nous ne pouvons, dans le même sujet, distinguer les connaissances particulières des connaissances générales.

Le système de Bacon a été conservé dans ses traits principaux par d'Alembert, dans la classification qu'il adopta pour en faire le plan de l'*Encyclopédie*. Ici encore, il y a trois grandes divisions primitives ; mais d'Alembert a introduit dans les subdivisions des perfectionnements considérables. La philosophie, qui a pour objet la nature, comprend dans ses subdivisions, d'après un ordre méthodique, les mathématiques, la physique, la biologie, en même temps que les arts les plus scientifiques, comme la médecine, l'agriculture et la métallurgie.

L'histoire naturelle, subdivision de l'histoire, renferme la météorologie, la géographie, l'étude des minéraux, des plantes, des animaux, exactement comme dans le système de Bacon ; on y ajoute (encore d'après Bacon) une science détachée, réservée aux miracles, aux monstres, aux phénomènes qui s'écartent du cours ordinaire des choses.

La science de l'homme est distribuée en deux chapitres : la logique et la morale. La *logique* comprend l'art de penser, la mnémotechnie, le langage. La *morale* est tantôt générale, c'est-à-dire qu'elle considère la vertu en elle-même (Éthique); tantôt particulière, elle est alors l'étude des lois ou la jurisprudence. C'est encore cette division de la science qui est appliquée dans nos universités. Sauf dans les écoles récemment fondées, il n'y a pas de chaire pour la psychologie, pour les sciences théoriques de l'esprit; ces études rentrent sous la dénomination vague de philosophie logique et morale. Les facultés intellectuelles sont décrites dans la logique, et les facultés actives dans la morale.

Ainsi, chez d'Alembert comme chez Bacon, il y a confusion complète de la théorie et de la pratique.

La division des matières dans l'*Encyclopædia metropolitana* (commencée en 1815) mérite d'être citée. Il y a dans l'ouvrage quatre parties :

1° La première comprend les SCIENCES PURES, divisées en deux catégories : les sciences *formelles* : grammaire, logique, rhétorique, mathématiques, métaphysique; les sciences *réelles* : jurisprudence, morale, théologie.

2° La seconde comprend les SCIENCES COMPOSITES : mécanique, hydrostatique, pneumatique, optique, astronomie (c'est-à-dire la plus grande partie de ce que nous appelons aujourd'hui philosophie naturelle).

3° La troisième comprend les SCIENCES APPLIQUÉES, et se subdivise ainsi : 1° *philosophie expérimentale* : magnétisme, électricité, chaleur, lumière, chimie, acoustique, météorologie, géodésie; 2° *beaux-arts*; 3° *arts utiles*; 4° *histoire naturelle*, avec ses applications à la médecine.

Ce sont là les divisions de la science proprement dite; les autres études indiquées sont l'histoire, la biographie, la géographie, la lexicographie, etc.

Les appellations de sciences *pures*, *composites*, *appliquées*, sont des expressions d'un sens exact, mais elles ne sont pas employées avec une parfaite justesse dans le système que nous venons d'exposer. Les sciences pures sont les sciences abstraites et formelles, celles qui n'impliquent pas l'étude concrète des objets : les mathématiques et la logique formelle en sont les exemples les plus nets. Les sciences composites suivent dans leurs applications aux choses réelles les lois de la science formelle. Enfin les sciences appliquées, en tant qu'elles se distinguent des sciences composites, correspondent aux sciences pratiques.

Le docteur Neil Arnott, dans son ouvrage « sur la physique », publié en 1828, rendit presque populaire une classification plus conforme aux vues de l'esprit moderne. Il distribua en quatre classes les sciences principales, conformément aux quatre grandes catégories de lois qui régissent la nature, à savoir : la physique, la chimie, la vie, l'esprit. Il considère les mathématiques comme une science qui sert de préliminaire indispensable à toutes les autres, puisqu'elle est la science de la quantité ou de la mesure, mais il pensa qu'elle ne devait pas être comprise parmi les sciences naturelles, au même titre que la physique ou la chimie. Toutes les sciences, d'après lui, donnent naissance à des arts.

Dans un traité qu'il publia plus tard, et intitulé : « Vues sur le progrès humain », le docteur Arnott marqua avec plus de précision encore la distinction des sciences et des arts, et la différence des sciences concrètes et abstraites.

Les sciences concrètes sont celles qui étudient les *choses* : astronomie, géographie, minéralogie, géologie, botanique, zoologie, histoire de l'homme. La science ou philosophie abstraite étudie les *phénomènes*, et comprend quatre parties principales : physique, chimie, biologie, science de l'âme. Les arts sont distribués en quatre groupes, mécaniques, chimiques, physiologiques et moraux.

L'ouvrage d'Auguste Comte, intitulé « Cours de philosophie positive » (1830-1842), présente à la fois une classification générale des sciences, et une subdivision minutieuse de chacune d'elles; le tout fondé sur quelques principes essentiels.

A. Comte expose d'abord la distinction des sciences abstraites et des sciences concrètes, distinction qu'il met dans tout son jour. Les sciences abstraites, qui sont les fondements de la connaissance, peuvent être soumises à une classification méthodique d'après les principes de la généralité, de la simplicité, de l'indépendance.

Par suite, A. Comte place au premier rang les mathématiques, dont les vérités sont à la fois les plus générales de toutes, et entièrement indépendantes des vérités des autres sciences ; tandis que les autres sciences dépendent d'elles. Les mathématiques, en se subdivisant, donnent lieu à la science du nombre, qui en est la partie la plus abstraite, et qui contient l'arithmétique et l'algèbre, et aux sciences de l'espace (géométrie) et du mouvement (mécanique rationnelle).

La science que A. Comte place au second rang est l'astronomie, c'est-à-dire l'étude des lois de la gravitation. Elle doit cette situation à la simplicité de ses lois qui ne supposent que les mathématiques ; tandis que la physique, qui vient après elle, suppose en outre la gravitation.

Après l'astronomie se rangent, dans un ordre méthodique, la physique, la chimie, la biologie et la sociologie ; la place de chacune d'elles et leurs subdivisions intérieures sont réglées par les mêmes principes, et dépendent du degré de complexité et de généralité de leurs objets.

Outre ce trait caractéristique d'avoir fait de l'astronomie une science essentielle, le système de Comte a encore ceci de particulier qu'il omet la psychologie ; il ne la considère pas comme une science distincte, et la rattache à la biologie sous le titre de « science des fonctions cérébrales ». De plus, Comte fait de la sociologie une science fondamentale, méritant de figurer dans la classification générale des sciences.

M. Herbert Spencer, dans son récent ouvrage intitulé : « la Classification des sciences », a critiqué le système de Comte, et proposé à la place son propre système, qu'il a développé avec beaucoup de soin et de minutie. Il a exclusivement porté son attention sur les sciences théoriques.

L'idée fondamentale de ce système est la distinction si importante de l'abstrait et du concret. M. Spencer l'exprime sous un grand nombre de formes. C'est la distinction entre les phénomènes eux-mêmes et les rapports des phénomènes, entre l'analyse et la synthèse ; c'est la distinction entre une seule succession de phénomènes (ou un petit nombre de successions), et le *plexus* entier de ces successions ; c'est encore la distinction entre ce qui est partiellement ou complétement *idéal*, et ce qui est *réel*.

M. Spencer ne se contente pas de cette division binaire ; il propose une distinction tripartite, en intercalant entre les deux extrêmes une classe intermédiaire, en partie abstraite, en partie concrète, et qu'il désigne en combinant les deux mots *abstrait-concret*. Il y a donc trois catégories de sciences : ABSTRAITES, ABSTRAITES-CONCRÈTES, CONCRÈTES. Pour que cette distinction ait un sens, il faut subdiviser les sciences abstraites, d'après leur degré plus ou moins grand d'abstraction. Quant aux choses concrètes, elles ne le sont pas plus ou moins. Le mot concret ne désigne que les choses prises dans leur complexité, dans leur individualité pleine et entière. Les étoiles, les montagnes, les minéraux, les plantes, les animaux, voilà des objets concrets, et il n'y a qu'une seule manière de les considérer dans leur totalité. Il peut y avoir au contraire des degrés dans les opérations analytiques ; l'abstraction peut embrasser un plus ou moins grand nombre de rapports ; la quantité et la forme sont par exemple des notions plus abstraites que la pesanteur, l'impénétrabilité, la couleur, la vie.

Les sciences *abstraites* par excellence sont celles qui traitent des rapports les plus abstraits de tous, — l'espace et le temps. Sans vouloir affirmer que l'espace et le temps sont en eux-mêmes de pures formes, conçues par l'esprit sans aucun rapport avec les choses particulières qui sont étendues et qui durent, M. Spencer prétend que ces notions ont *acquis* ce caractère abstrait par suite d'une transmission héréditaire, et qu'actuellement nous les concevons comme des formes absolument vides, dégagées de toute existence concrète. Par conséquent toutes les relations qui dérivent de ces deux grandes conceptions sont les plus abstraites que l'esprit puisse se représenter; elles sont de pures, de véritables abstractions, elles sont presque entièrement séparées du monde réel. L'*espace* est l'abstrait des relations de coexistence; le *temps* l'abstrait des relations de succession. Or il y a deux sciences qui traitent de ces relations abstraites de coexistence et de succession : la *logique* et les *mathématiques;* ces sciences forment à elles seules une classe, puisqu'elles sont séparées de la classe de sciences, qui vient immédiatement après elles, par un intervalle plus large que celui qui sépare l'une de l'autre les deux parties de la science abstraite, la logique et les mathématiques.

Si nous passons des formes abstraites de l'existence aux existences elles-mêmes, des *relations* des phénomènes aux *phénomènes*, nous trouvons deux catégories, qui ont chacune leur physionomie, leur but et leur méthode. En fait nous avons encore la distinction de l'abstrait et du concret, mais sous une forme adoucie, et non plus avec les caractères de séparation absolue qui appartiennent à la classe précédente.

M. Spencer fait ressortir ainsi cette distinction : « Tout phénomène est la manifestation d'une force, le plus souvent, la combinaison de plusieurs forces (ainsi la marche d'un projectile dépend au moins de trois forces). Nous pouvons étudier les forces soit isolées, soit combinées, les *facteurs* ou le *produit*. D'un côté, négligeant les accidents, les caractères particuliers des choses (par exemple des corps qui tombent), nous pouvons aspirer à en extraire les lois de la force générale (pesanteur) considérée en elle-même. D'un autre côté, étant données toutes les circonstances d'un phénomène (par exemple une rivière), nous pouvons chercher à interpréter le phénomène tout entier, comme le produit de plusieurs forces qui agissent simultanément. »

Les vérités que l'on atteint dans les recherches de la première espèce, bien qu'elles soient concrètes, en ce sens qu'elles se réalisent actuellement dans les objets auxquels elles sont unies, sont *abstraites*, en ce sens qu'elles se rapportent à des modes de l'existence distincts les uns des autres.

M. Spencer pense qu'il est utile d'insister pour qu'on ne confonde pas l'*abstrait* avec le général. Chacun de ces mots a d'après lui sa signification spéciale : « abstrait » désigne la notion séparée des réalités particulières ; général veut dire la *manifestation* fréquemment renouvelée. La loi du mouvement uniforme rectiligne est une loi *abstraite ;* mais elle n'est jamais réalisée, par conséquent elle n'est pas générale ; tandis que la rotation sur un axe est très-*générale*. Par suite Spencer désapprouve l'expression que Comte emploie, quand il dit que les sciences doivent être classées d'après leur « généralité décroissante » ; pour Comte les phénomènes des sciences successives, mathématiques, physique, etc., deviendraient de moins en moins généraux. Cette critique est digne d'attention en elle-même, mais il est facile de justifier la remarque de Comte. Il ne peut pas y avoir d'abstraction qui n'ait été précédée d'une généralisation ; la loi abstraite du mouvement rectiligne est une généralité aussi élevée que possible, qui établit ce qui arriverait toujours et partout, si un corps jeté dans l'espace était abandonné entièrement à lui-même. L'autre manière d'entendre la généralité est plus spéciale et plus concrète ; en réalité elle représente des généralités moins élevées que la grande loi primitive dont nous venons de parler.

Les sciences qui traitent des forces, des phénomènes, en les étudiant isolément et par analyse, sont donc des sciences *abstraites-concrètes ;* par exemple la mécanique, la physique, la chimie. Les sciences qui considèrent les phénomènes dans leur complexité, dans leur pleine réalité, sont au contraire des sciences purement *concrètes ;* par exemple l'astronomie, la géologie, la biologie, la psychologie, la sociologie, etc.

Quelques mots encore pour mieux préciser et définir la distinction de ces catégories fondamentales des sciences.

La logique est intéressée à cette étude pour différentes raisons.

La *science abstraite* considère d'abord ce qui est commun à toutes les relations, et ensuite ce qui est commun à chaque catégorie de relations. Entre chaque espèce de phénomènes, et certaines autres espèces de phénomènes, on peut saisir des relations uniformes. C'est une vérité abstraite universelle qu'il y a un ordre invariable des choses dans le temps et dans l'espace. C'est là le rapport le plus abstrait de tous, c'est le sujet des sciences abstraites. Mais il y a une subdivision à établir dans ce sujet abstrait. Au premier rang de l'abstraction se présentent les rapports des choses dans le temps et dans l'espace, quelles que soient les choses elles-mêmes. C'est là l'objet de la logique, qui ne considère pas la nature et la quantité des termes qui ont entre eux des relations, et qui traite uniquement de ces relations. Dans une seconde catégorie des sciences abstraites on examine la quantité, mais la quantité seule, abstraction faite de toutes les autres qualités des choses. C'est là l'objet des mathématiques qui établissent les lois de la quantité sans tenir compte des choses réelles, et au point de vue seulement du temps et de l'espace. Cette science est fondée sur certaines *unités premières* qui occupent dans l'espace et dans le temps des positions définies. Les mathématiques elles-mêmes se subdivisent selon que les unités sont simplement distinctes, ou qu'elles sont à la fois distinctes et égales ; le premier cas donne naissance à un calcul indéterminé (appliqué dans la statistique), le second au calcul défini, qui se subdivise en *arithmétique*, *algèbre*, et *calcul des opérations*. Lorsque le calcul des unités se rapporte à l'espace, on a la *géométrie*. Lorsque l'on introduit la notion du temps, on a la *cinématique* et la *géométrie du mouvement*.

Voilà pour les sciences d'abstraction pure. Quant aux sciences *abstraites-concrètes*, elles traitent des lois générales du mouvement, de la matière et de la force, en tant qu'elles peuvent être dégagées des phénomènes concrets réagir l'une contre l'autre, et se modifier l'une l'autre. Par exemple, dans la mécanique, qui est une des subdivisions de ces sciences, on exprime les lois du mouvement, sans tenir compte des influences qu'exercent sur le mouvement la résistance et le frottement. De même dans la chimie, autre subdivision, les lois s'appliquent à des substances absolument pures, telles que la nature n'en produit que rarement.

La division de ce groupe de sciences se règle sur les mêmes principes que la division du premier groupe. On établit une différence entre la force considérée *en dehors de ses modes*, et la force considérée *sous chacun de ses modes*. On a ainsi deux séries d'études : les unes plus abstraites, les autres moins abstraites. Au premier rang se place l'étude des lois de la force, lois qui peuvent être déduites du principe fondamental de la persistance de la force, uni aux théorèmes de la composition et de la résolution des forces. Puis viennent 1° la *mécanique proprement dite* (statique, hydrostatique, dynamique, hydrodynamique); 2° la *mécanique moléculaire*, qui comprend les propriétés et les états de la matière (physique) et la chimie, en même temps que la chaleur, la lumière, l'électricité et le magnétisme. (On pourrait discuter ici l'ordre et la succession de ces sciences : faut-il intercaler la chimie entre l'étude des propriétés et des états des corps, et l'étude des forces appelées chaleur, lumière, etc. ?)

La catégorie des sciences abstraites-concrètes correspond donc exactement à ce que nous avons nous-même appelé les sciences physiques inorganiques.

Les sciences du troisième groupe, les *sciences concrètes*, ainsi que nous l'avons dit à diverses reprises, ont pour objet les totalités de phénomènes. L'astronomie est placée dans ce groupe. La raison de cette classification, c'est que l'astronome ne s'arrête pas après avoir généralisé les lois du mouvement planétaire, telles qu'elles seraient si une seule planète existait; il ne résout ce problème abstrait-concret que comme un moyen d'arriver au problème entièrement concret des mouvements planétaires, tels qu'ils se produisent par suite de l'influence réciproque des astres. La « théorie de la lune » signifie une explication des mouvements lunaires, non pas en tant qu'ils sont déterminés simplement par les forces centripète et centrifuge, mais en tant qu'ils sont perpétuellement modifiés par la gravitation qui pousse la lune vers les protubérances équatoriales de la terre, vers le soleil, et aussi vers Vénus, phénomènes d'attraction qui varient chaque jour dans leurs proportions et dans leurs combinaisons. De même la géologie ne se borne pas à l'étude des éléments isolés, l'action du feu, l'action de l'eau ; elle aspire à expliquer *la structure entière de la croûte terrestre*. De même encore, dans la biologie, si différents aspects des phénomènes vitaux sont étudiés à part, tous ces efforts isolés tendent à une solution générale du problème de la vie. Toutes ces explications ne sont plus synthétiques, elles sont analytiques.

Une fois ces éclaircissements fournis, voici quelle est l'énumération des matières dans la catégorie des sciences concrètes. Au premier rang se placent, comme les plus générales de toutes, les lois de la perpétuelle transformation de la matière et de la transmission du mouvement. En second lieu vient l'application de ces lois aux corps réels. Appliquées aux corps célestes, 1° considérés comme masses, elles donnent l'*astronomie* ; 2° à ces mêmes corps considérés au point de vue de la composition moléculaire, l'*astrogénie* (minéralogie et météorologie solaire). Sur la terre, les mêmes lois agissent, et produisent la *minéralogie*, la *météorologie*, la *géologie* ; lorsqu'elles déterminent les phénomènes organiques, la *biologie*, qui comprend un grand nombre de subdivisions, et qui se termine par la *psychologie* et la *sociologie*.

Telle est l'esquisse du système de M. Spencer. Nous lui adresserons les critiques suivantes :

En premier lieu, on peut blâmer son langage, lorsque, à propos des sciences abstraites absolues, il parle des *formes vides* que ces sciences étudient. Appeler l'espace et le temps des formes vides (*empty forms*), cela signifie que le temps et l'espace pourraient être conçus en dehors de toute relation avec les objets concrets; qu'un esprit humain serait capable de penser au temps comme à une pure abstraction, sans concevoir une succession concrète. Mais cette doctrine est très-contestable; car, bien qu'il faille reconnaître la tendance héréditaire de l'esprit à admettre de pareilles conceptions, il serait cependant téméraire d'affirmer que ces notions puissent prendre corps, si l'on n'y joint quelques exemples concrets. Nous dirions plus volontiers, avec Kant et les plus récentes écoles *à priori,* que c'est seulement à l'occasion des phénomènes particuliers que ces notions surgissent dans toute leur force. En tout cas il est certain que, sans un retour fréquent aux choses particulières, les relations extrêmement abstraites de ces sciences sont tout à fait incompréhensibles pour l'esprit humain. Les généralités les plus hautes de la logique, pour être comprises, exigent une confrontation perpétuelle avec des exemples particuliers. Il en est de même des premiers éléments des mathématiques, qui sont les fondements de tout le reste.

Les vues de M. Spencer sur la logique et son objet sont si générales que nous pouvons à peine distinguer quel est le but précis qu'il assigne à cette science, dont il fait la première des sciences. D'après le rang qu'il lui donne, on peut cependant conclure qu'il la considère exclusivement au point de vue théorique; c'est elle qui exposerait les différents aspects de la connaissance : la différence (relativité), l'accord (généralité), les lois de la consistance, de l'inférence immédiate, l'uniformité de la nature, et les déductions diverses qui sortent de ces faits primitifs. Ce sont là des points communs à toutes les sciences, et dont la détermination doit les précéder toutes. D'un autre côté, il faut remarquer que l'établissement de ces lois si générales suppose un effort inductif considérable, que facilite singulièrement l'étude de la psychologie ou la science de l'esprit humain. Cette observation modifie un peu l'assertion trop absolue de M. Spencer, qui soutient qu'aucune des vérités du troisième groupe ne peut contribuer à résoudre les problèmes du second, et qu'aucune vérité du second groupe ne peut non plus servir aux recherches du premier.

Remarquons encore que, malgré les fortes expressions dont M. Spencer se sert pour mettre en opposition les sciences abstraites et les sciences abstraites-concrètes, les objets de ces sciences sont si rapprochés, qu'il n'y a véritablement entre eux qu'une ligne de démarcation à peine sensible. La géométrie du mouvement, la dernière des sciences abstraites, est bien près de se confondre avec la science des lois universelles de la force, la première des sciences abstraites-concrètes.

Ces considérations, si elles ont quelque valeur, tendent à infirmer la distinction établie entre les sciences abstraites et les sciences abstraites-concrètes, distinction qui ne correspond pas à une différence réelle. Pratiquement, d'ailleurs, la question n'a pas d'importance. La succession et l'ordre des sujets d'étude scientifique sera probablement envisagée de la même façon, la méthode qu'on emploiera, pour les subdiviser et les traiter, sera la même, qu'on admette ou qu'on rejette cette distinction spéciale. Les mathématiques doivent précéder la mécanique, et la logique, considérée dans ses recherches théoriques, peut aspirer à précéder les mathématiques.

Une discussion plus sérieuse s'engage à propos des limites que M. Spencer a fixées entre les sciences abstraites-concrètes et les sciences concrètes. Personne n'a, sur ce point, pratiqué la division comme il l'a fait lui-même. Les sciences concrètes ont toujours été définies de telle façon qu'on en citait pour type les sciences dites d'histoire naturelle : minéralogie, botanique, zoologie, géologie, géographie. Ce sont des sciences dont les traits saillants sont les méthodes de classification et de description. Elles s'occupent d'une vaste collection d'objets qu'elles classent et qu'elles décrivent au moyen de généralisations attentives et minutieuses.

C'est donc avec quelque surprise que nous trouvons

comptées parmi les sciences concrètes, non pas seulement l'astronomie, mais la biologie tout entière, à laquelle est rattachée la psychologie. Quelques parties de ces sciences sont seules véritablement concrètes : comme la géographie céleste (dans l'astronomie), la science des races et des caractères (dans la psychologie).

Examinons la question au point de vue de l'astronomie. Depuis Newton, cette science est, de l'aveu de tout le monde, fondée sur la mécanique rationnelle. Newton, dans son premier livre des *Principia*, qui peut être pris pour une mécanique abstraite du type le plus pur, dépasse singulièrement les limites que M. Spencer assigne à l'astronomie, et s'avance fort loin dans le domaine des sciences abstraites-concrètes. C'est qu'à vrai dire ces limites sont fort arbitraires. Sans doute nous pouvons imaginer une science qui se confine dans l'étude unique des « facteurs » ou des éléments séparés, et qui ne s'occupe jamais de les combiner dans un tout complexe. Cette situation est intelligible et peut se défendre. Par exemple, en astronomie, la loi de la persistance du mouvement en ligne droite peut être discutée en elle-même, comme si elle existait idéalement et dans une abstraction absolue; la loi de la pesanteur peut aussi être étudiée de la même façon, et ces deux théories appartiennent à la catégorie des sciences abstraites-concrètes. On peut soutenir encore qu'il sera réservé à une science concrète d'associer ces lois pour expliquer le mouvement réel d'un projectile ou d'une planète. Mais telle n'est pas la ligne de démarcation tracée par M. Spencer. Il admet que la mécanique théorique opère cette combinaison de forces et arrive à déterminer les lois du mouvement planétaire, dans le cas d'une seule planète. Ce qu'il n'accorde pas, c'est que cette science en vienne à étudier le cas de deux planètes qui s'influencent réciproquement, ou le cas d'une planète et d'un satellite, ce qu'on appelle communément « le problème des trois corps ». D'après lui le problème n'est point soulevé par la mécanique théorique, et doit être réservé à la science concrète de l'astronomie. Cependant, si l'on nous accorde le droit de considérer (dans la mécanique abstraite) la combinaison de deux facteurs, — le mouvement d'un projectile et l'influence de la pesanteur, — pourquoi ne nous autoriserait-on pas à considérer un autre facteur, un autre corps, soumis, lui aussi, aux lois de la pesanteur ? La différence n'est pas grande : elle est, non pas entre deux facteurs pris isolément et leur combinaison, mais simplement entre deux degrés de combinaison.

En réalité, jamais on n'a fait pareille distinction. Newton, dans le premier livre des *Principia*, examine le problème des trois corps relativement à la lune, et agite la question jusqu'à ce qu'il l'ait épuisée. Les savants continuent à faire entrer dans la mécanique théorique le problème des trois corps, la précession et les marées. Il n'y a aucune raison plausible pour opérer la coupure que propose M. Spencer. Sans doute une complication croissante dans la déduction et le calcul résultera de la présence de nouveaux facteurs dans le problème, mais cela ne semble pas suffire pour le rejeter hors de la science abstraite, dans telle ou telle science concrète.

D'un autre côté, M. Spencer, remarque que, dans les ouvrages de mécanique, les lois du mouvement sont déterminées, abstraction faite de la résistance et du frottement. En nous référant à la « mécanique de Thomson et Tait », nous constatons que ces auteurs y ont introduit les lois du frottement, tout en réservant la question purement expérimentale des effets produits par les propriétés de la matière. Dans le second livre de Newton et dans tous les livres du même genre, il est traité de la résistance du milieu.

La loi du rayonnement de la lumière (en raison inverse du carré de la distance) est donnée par M. Spencer comme une vérité abstraite-concrète, quoique les causes particulières qui dérivent de l'action du milieu ne puissent être mentionnées que dans la science concrète de l'optique. Nous n'avons pas besoin de remarquer que la science n'a jamais pratiqué cette méthode qui consisterait à couper en deux une même théorie.

Les exemples que M. Spencer emprunte à la chimie sont particulièrement contraires à l'usage, et il serait difficile, d'ailleurs, de les concilier avec la raison. La chimie est une science abstraite-concrète : qu'est-ce que cela veut dire ? M. Spencer répond que le chimiste ne s'occupe pas des substances brutes que lui fournit la nature ; il commence par les purifier de tout élément étranger, et détermine leurs propriétés à l'état pur. C'est là ordinairement une précaution indispensable. Mais si M. Spencer veut dire que la chimie n'enseigne pas et ne doit pas enseigner les propriétés des corps à l'état impur, les propriétés des alliages et des mélanges, la question change d'aspect. Tout chimiste décrit les diverses espèces de charbons, à l'état pur ou impur ; de même il décrit le fer et toutes les substances qui, en s'alliant avec d'autres, constituent des composés nouveaux. Et pourquoi en serait-il autrement ? On ne désobéit nullement aux lois de la logique parce qu'on établit les propriétés du minerai de fer, en même temps que celles du fer. Les mêmes descriptions pourront être répétées en minéralogie ; mais ce n'est pas une raison pour les exclure de la chimie. Autre exemple : aucun chimiste ne négligera de décrire l'atmosphère, et cependant l'air est une combinaison concrète et réelle d'oxygène, d'azote, etc.

On pourrait encore faire cette remarque additionnelle, qu'une substance *purifiée* n'est pas pour cela une substance *abstraite*. L'or vierge et les diamants les plus purs n'en sont pas moins des objets concrets.

Ces observations sur la chimie préparent celles qu'il convient de faire sur la place que M. Spencer assigne à la biologie, parmi les sciences *concrètes*. Certes la biologie est une science d'une complication plus grande que la plupart des autres ; les êtres vivants sont soumis à toutes les lois physiques et chimiques, et de plus aux lois biologiques ; de telle sorte qu'une rose est un objet bien plus compliqué qu'un diamant. Mais les objets de la biologie et les objets de la chimie, sont également concrets. Les corps simples de la chimie et leurs divers composés sont étudiés par le chimiste comme des touts concrets, et décrits par lui, non d'après un seul de leurs facteurs, mais d'après tous les facteurs. L'isolement d'une seule propriété nommée combinaison chimique, qui donnerait lieu à une étude véritablement abstraite des corps au point de vue chimique, doit être considérée comme impraticable : en tout cas on ne l'a jamais pratiquée. Nous pouvons douter qu'il y eût quelque profit à tenter de le faire. Quoi qu'il en soit, toutes les opérations abstraites de ce genre, qui sont possibles en chimie, le sont aussi en biologie; il peut y avoir des lois générales de la vie, comme de la matière inorganique. Par conséquent, placer l'une de ces deux sciences dans le groupe des sciences abstraites-concrètes, et l'autre parmi les sciences purement concrètes, c'est faire une distinction qui ne repose pas sur une différence suffisante.

Il n'est pas possible non plus de justifier l'attribution de la psychologie au groupe des sciences concrètes. La psychologie est une science analytique, comme M. Spencer le sait bien. La totalité de l'esprit est divisée en facteurs, que l'on étudie isolément avant de les considérer dans leur ensemble. On institue des discussions purement abstraites pour montrer la différence entre l'action d'un motif (comme l'amour-propre), qui serait réduit à lui-même et isolé de tous les autres, et l'influence du même motif agissant concurremment avec d'autres motifs dans l'être humain concret. Mais la force de la remarque semblerait disparaître si toutes les lois de la psychologie devaient être considérées comme l'expression de faits concrets.

Une séparation peut être temporairement faite entre la forme purement théorique et déductive d'une science, et la forme expérimentale. Dans la mécanique théorique (hydro-dynamique), les lois de la résistance du milieu peuvent être déduites d'hypothèses fondamentales relatives à la nature des particules fluides de la matière; mais, d'un autre côté, le sujet peut être exploré au moyen de l'expérience, comme dans l'artillerie. La science n'est complète que lorsqu'on l'a présentée tour à tour des deux manières. Les déductions théoriques doivent être vérifiées, contrôlées, garanties par les résultats de l'expérience, si elles veulent prendre place parmi les lois de la science.

Une autre méthode est encore possible. Un sujet, tel que l'astronomie, peut être épuisé dans un traité séparé; dans ce traité on disposera, en le distinguant de toute autre science, tout ce qui regarde les corps célestes. On aura alors une science très-*mêlée*, mais non pas une science absolument concrète. Ce traité, exclusivement consacré à l'astronomie, sera plein de discussions abstraites, témoin la « mécanique céleste de Laplace ». Il empruntera des connaissances à diverses sciences, non pas seulement à celle qui lui est le plus intimement unie, la mécanique, mais aussi à l'optique, à la théorie de la chaleur, du magnétisme, à la chimie; sans cependant considérer les corps célestes comme on étudie les minéraux en minéralogie, ou les plantes en botanique. Il prétendra encore être une science pratique, et exercer, à ce point de vue, une influence considérable. En résumé, tout sujet scientifique, traité à fond, donne lieu à une science qui n'est plus purement abstraite ou concrète, théorique ou pratique, et qui fait des emprunts à un grand nombre de sources diverses.

Ainsi il nous paraît prouvé que M. Spencer, en abandonnant la division ordinaire des sciences en sciences fondamentales, d'une part, et sciences concrètes ou dérivées, de l'autre, a sacrifié la distinction la plus réelle, pour rechercher une ligne de démarcation fictive et insoutenable entre l'abstrait et le concret. Nous voyons d'excellentes raisons de nous en tenir à la vieille distinction des sciences concrètes, représentées par la minéralogie, la botanique, la zoologie, la géologie, etc. Ces sciences ont des caractères qui leur sont propres : ce sont des sciences de *description* et de *classification*. Elles embrassent de vastes collections de choses individuelles, qui doivent être classées et décrites comme des touts concrets. Néanmoins elles ne nous révèlent aucune force nouvelle de la nature; car tous les agents naturels ont été préalablement étudiés dans les sciences fondamentales : — mathématiques, physique, chimie, biologie, psychologie.

B. OBJET DE LA LOGIQUE.

Quelques logiciens prétendent que l'objet de la logique est simplement le raisonnement formel. Ils entendent par là le syllogisme et ce qui s'y rapporte. Ils excluent de la logique tout ce qui se rattache à la matière, c'est-à-dire à l'induction, et la plus grande partie de la définition et de la classification.

Nous avons néanmoins de justes raisons de croire que la distinction de la *forme* et de la *matière* est trop vague, trop indécise, pour constituer une ligne de démarcation claire entre les deux catégories de l'évidence : l'évidence déductive, l'évidence inductive. Il sera donc utile de déterminer le sens précis qu'il faut attribuer à ces expressions, si du moins elles en ont un.

Peut-être l'exposition la plus complète des différences de la logique matérielle et de la logique formelle, se trouve-t-elle dans l'introduction que Mansel a placée en tête de l'édition d'Aldrich. Dans ce traité l'auteur fait intervenir toutes les considérations qui sont de quelque importance pour éclaircir la distinction en question.

A propos de la première question qui s'élève dans la définition de la logique, à savoir, si la logique est une science ou un art, — si elle est principalement théorique ou principalement pratique, — M. Mansel soutient que dans son essence elle est spéculative et théorique, qu'elle n'est pratique que par accident. Elle est un corps de principes et de lois qui subsiste par lui-même, alors même que personne ne prendrait soin de l'appliquer à la discipline de l'esprit ou au développement des facultés de la pensée.

La logique n'en est pas moins susceptible d'applications pratiques ; elle peut être organisée de façon à agir sur nos progrès intellectuels. Tel est le but de la logique, d'après la seconde partie de la définition de Whately, — l'*Art de raisonner*. M. Mansel, comme Hamilton et comme Mill, trouve cette définition inexacte, à cause du mot raisonner, qui circonscrit par trop le domaine de la logique. Même comme science formelle, la logique comprend les opérations qu'on appelle la simple appréhension, le jugement : opérations qui ne sont pas seulement les auxiliaires du raisonnement, mais qui constituent des actes indépendants de la pensée. De même Mansel s'accorde avec Hamilton pour substituer au mot raisonner le mot plus large de penser.

Il expose ensuite la distinction entre la forme et la matière de la pensée. La première indication qu'il donne est celle-ci : La pensée peut violer ses *propres lois* et ainsi se détruire elle-même. On peut imaginer quelque chose qui soit absolument *inconcevable*. D'autre part, la pensée peut être d'accord avec elle-même, mais en contradiction avec les faits de l'expérience ; alors, quoiqu'elle soit tout à fait concevable, elle est empiriquement fausse, *non réelle*. (Ceci n'est que la distinction entre l'accord de la vérité avec elle-même ou les propositions équivalentes, et la certitude inductive ou de fait.)

M. Mansel remarque en outre qu'il faut des *données matérielles*, pour que nous puissions penser à quelque chose, même formellement ; il faut que nous ayons fait l'expérience concrète des choses intérieures et des choses extérieures, pour comprendre même un syllogisme. Mais, la matière une fois donnée, il y a deux façons très-différentes de s'en servir. La distinction de la pensée *présentative* (perception) et *représentative* nous sera utile ici : la distinction entre les choses concrètes individuelles, une maison, un homme, une étoile, et les généralités ou concepts, la figure, la hauteur, l'éclat, idées que nous pouvons former par la comparaison des objets concrets. La considération de la matière porte sur les choses individuelles, la considération de la forme sur les concepts généraux, ou sur la pensée représentative. (C'est la distinction ordinaire entre le concret et l'abstrait, mais poussée jusqu'à une sorte de conceptualisme ; le concept serait quelque chose de plus que l'*accord* ou la ressemblance des individus. S'il est vrai que la notion ne peut être conçue qu'en tant qu'elle représente un ou plusieurs individus, la « forme » est encore la « matière », seulement la matière présentée un peu différemment.)

Remarquons de plus que l'*opération de la pensée* peut être distinguée comme étant tantôt matérielle, tantôt formelle. Elle est *formelle*, lorsque la matière donnée est suffisante pour le produit qui en dérive, sans aucune autre addition que l'acte de la pensée. Elle est *matérielle*, lorsque les données sont insuffisantes, et que l'esprit, dans l'acte de la pensée, a besoin de recourir encore à la matière. Étant donnés les attributs A, B, C, nous pouvons les considérer par la pensée comme coexistant dans un même objet, sans qu'il nous soit nécessaire de faire un nouvel appel aux faits ; c'est ce qu'on peut appeler la conception formelle. (Ceci est encore parfaitement intelligible, et toutes les opérations de l'arithmétique sont formelles en ce sens ; nous déclarons que six fois quatre égalent vingt-quatre, sans recourir à des cailloux ou à des pièces de monnaie, ou à aucun objet réel. Nous avons organisé ainsi avec les premières réalités un mécanisme qui peut fonctionner en dehors des réalités.)

Comme conditions des conceptions formelles il faut compter les lois de contradiction et d'identité. Nous ne devons pas introduire dans ces conceptions des attributs contradictoires — A et non A. L'auteur est un peu plus obscur par rapport à l'identité. La pensée, dit-il, est la représentation de tous les objets possibles ; mais l'intuition (connaissance des individus, par opposition à la pensée, connaissance générale) doit avoir conscience des différences ; chaque objet d'intuition est limité, individualisé ; il est *lui-même* et non un autre. A cette circonstance correspond la loi d'identité « A est A » ; tout objet de la pensée est considéré comme étant lui-même. C'est une expression nouvelle d'une loi bien connue de la pensée.

Ces lois sont les conditions de la *conception* logique (la conception est le premier produit logique). M. Mansel passe ensuite au *jugement* formel. L'affirmation se produit lorsqu'un concept rentre dans un autre ; la négation a lieu lorsqu'un concept en contredit un autre. Ici encore l'opération de la pensée suppose les lois d'identité et de contradiction.

Enfin il faut considérer le raisonnement. Le raisonnement est formel lorsque les jugements donnés sont unis par un moyen terme, dans de telles conditions de quantité et de qualité que l'*acte seul de la pensée* puisse en faire jaillir la conclusion. S'il est nécessaire de faire quelque addition à ces données, la conséquence est matérielle. Le raisonnement médiat formel, non moins que l'inférence immédiate, suppose les lois de l'identité (pour les syllogismes affirmatifs), et de la contradiction (pour les syllogismes négatifs). Dans les inférences immédiates par obversion et conversion il y a encore une autre condition requise, la loi de l'exclusion du milieu.

Aussi, en résumé, si une pensée s'appuie sur des principes formels, de façon à être garantie exclusivement par les lois de la pensée, elle appartient à la logique; si elle se fonde sur l'expérience sensible, ou sur des prémisses sous-entendues, elle relève d'un autre tribunal.

L'auteur remarque qu'un novateur pourrait être tenté d'étendre le domaine de la logique, en y introduisant la matière des propositions; mais, d'après M. Mansel, cela ne serait pas légitime; d'abord *parce qu'un critérium de la vérité matérielle est à la fois impossible et contradictoire;* ensuite parce que l'effort pour élargir le domaine de la logique *rendrait impossible* la détermination de tout domaine bien défini.

Il est intéressant de connaître de quelle façon M. Mansel prouve ses allégations. Voici comment il raisonne :

1° La logique d'Aristote ou logique formelle cherche les lois par lesquelles *l'esprit pense ;* la logique de Bacon cherche les lois qui règlent *la coexistence des phénomènes extérieurs ;* c'est-à-dire que l'une se rapporte à l'esprit, au *moi*, l'autre à la matière, au *non-moi*. Par conséquent l'une est simplement l'examen de notre conscience, l'autre l'étude de la nature extérieure.

Tel est le premier point posé par M. Mansel. Il semble qu'il y ait ici quelque confusion dans les idées. Nous doutons fort que le contraste de la logique formelle et de la logique inductive puisse être ramené au contraste du sujet et de l'objet, de l'esprit et de la matière.

D'abord, l'étude de l'esprit ou la psychologie est universellement considérée dans les temps modernes comme une étude inductive. Comment pourrions-nous connaître les lois importantes de l'esprit, telles que la relativité, l'association des idées, l'action des sentiments et de la volonté, — autrement que par l'observation et l'induction, appliquées aux faits de la conscience, et assistées à l'occasion par quelques indications extérieures?

D'autre part, les lois de la pensée, appelées identité, contradiction, et exclusion du milieu, s'appliquent également au monde extérieur et à l'esprit. Par suite elles peuvent être empruntées à l'une ou à l'autre de ces deux sources. Il est cependant probable que ces lois sont connues sans étude ; elles agissent sans avoir été expressément examinées. Nous déclarons instinctivement que la même chose n'est pas en même temps blanche et noire, de la même façon que nous marchons, sans penser que nous marchons.

Ces tendances invincibles de l'esprit, si elles existent, sont des faits de notre nature mentale ; mais les mêmes caractères appartiennent aux croyances par lesquelles nous affirmons l'uniformité de la nature ou la causalité universelle : croyances sur lesquelles repose toute investigation inductive. Dans les deux cas l'esprit est l'instrument, bien que la matière soit différente; la matière est tantôt l'ensemble des phénomènes psychologiques, tantôt l'ensemble des phénomènes extérieurs. La déduction et l'induction ont leur source commune dans les lois de l'esprit ou de la pensée, et elles s'appliquent également à l'esprit et à la matière.

2° La seconde assertion de Mansel est celle-ci : Les lois de la logique d'Aristote sont les lois de la pensée *telle qu'elle doit être,* les lois de Bacon sont les lois de la nature *telle qu'elle est.* L'auteur ajoute, pour expliquer et développer sa pensée sous une autre forme, que les premières reposent sur leur évidence propre, les autres sur l'évidence des faits qu'elles embrassent.

A cela nous répondrons que « la pensée telle qu'elle doit être » n'est pas très-certainement le privilége de la logique formelle. Partout où nous pensons mal et où notre pensée peut être redressée, nous sommes dans le domaine de la « pensée telle qu'elle doit être ». Or la logique inductive de Bacon a la prétention de substituer la pensée droite et juste à la pensée fausse et inexacte. Nous commettons également des erreurs de déduction et des erreurs d'induction; et si la logique ne peut pas aussi bien rectifier les unes que les autres, c'est pour une raison autre que celle qui est indiquée ici.

La remarque additionnelle de Mansel, à savoir que les lois d'Aristote sont évidentes par elles-mêmes et nécessaires, tandis que les lois de Bacon sont des inductions expérimentales et contingentes, — n'est que la répétition de la thèse fondamentale.

3° Le troisième argument est que la logique d'Aristote passe de la *loi* aux *faits;* qu'elle forme des types ou des généralités, et rejette tout ce qui ne leur est pas conforme; tandis que, dans la logique de Bacon, l'on va des *faits* à la *loi,* en rejetant toute loi qui ne rend pas compte des faits.

C'est là, d'après Mansel, une différence radicale dans la méthode.

Nous pouvons facilement accorder ce point. Mais qu'importe à la question? Les méthodes sont différentes sans doute, mais elles arrivent toutes deux à la vérité : elles peuvent l'une et l'autre être appliquées témérairement, et, s'il en est ainsi, elles peuvent l'une et l'autre mériter l'attention du logicien.

4° Le quatrième argument est peut-être le plus remarquable. Les *lois* (dans le système d'Aristote) impliquent la *conscience d'une obligation,* tandis que, dans le système de Bacon, la loi signifie simplement une *succession uniforme.*

Nous trouvons ici cette confusion d'idées, si justement signalée par Jean Austin, par rapport au mot loi, par lequel on introduit, dans l'ordre des phénomènes naturels, l'idée de l'autorité et de l'obéissance. La loi, dans la nature, dans le monde de l'esprit, comme dans celui de la matière, ne peut être entendue qu'au sens figuré; cette expression ne peut être appliquée que comme le signe d'une *succession uniforme.* Le sens moral et politique de la loi, — à savoir, une règle imposée par des êtres intelligents à d'autres êtres intelligents, leurs inférieurs, et accompagnée de punitions pour ceux qui la violent, — ne saurait être transporté dans les successions naturelles des phénomènes de l'esprit ou du corps. Dans ce dernier cas il ne reste qu'un caractère accidentel de la loi, l'uniformité. Il ne saurait y avoir de bien ou de mal moral en logique, excepté en ce que nous sommes moralement tenus à rechercher la vérité; mais cette obligation s'étend également à la vérité déductive et à la vérité inductive.

5° Une cinquième assertion de l'auteur, c'est que dans le domaine de la pensée, la *cause* est le moi qui a conscience de lui-même; les *effets* sont les pensées qui dérivent du moi, de sa puissance et de ses lois. A cela nous répondrons que les causes et les effets sont des phénomènes également psychiques, mais qui ne contrastent nullement, pour les procédés d'investigation qu'il convient de leur appliquer, avec les phénomènes de la nature extérieure. C'est par des procédés inductifs que les causes et les effets seront découverts dans le domaine de l'esprit, si du moins ils peuvent l'être. Les successions de faits peuvent y être très-évidentes, et, par suite, il suffit d'une légère attention pour les reconnaître; mais cela ne constitue pas un mode d'investigation particulier.

M. Mansel est tellement entraîné par l'application du terme loi, dans son sens moral, aux opérations de la pensée, qu'il blâme M. Mill d'appliquer l'expression de « causalité physique » (dans le sens d'une succession uniforme, prouvée par induction) au monde moral et intellectuel; comme s'il pouvait y avoir, pour découvrir les faits et les lois de l'esprit, d'autres méthodes que celles qu'on emploie dans le monde matériel : l'observation et la généralisation. En résumé, M. Mansel nous ramène, par une série d'ambiguïtés verbales, à la question de la liberté et de la nécessité, qui devient ainsi un des points sur lesquels roule la discussion des limites de la logique.

L'ensemble de ces six assertions ne paraît pas de nature à établir l'une ou l'autre des deux allégations : 1° qu'un critérium de la vérité matérielle est, non pas seulement impossible, mais contradictoire; 2° qu'en élargissant le domaine de la logique on se met dans l'impossibilité de la limiter exactement. Nous n'essayerons pas ici de répondre directement à la première affirmation, parce que nous considérons ailleurs, avec tous les développements nécessaires, les principes de la vérité inductive (APPENDICE D). Par la seconde affirmation, M. Mansel nous défie de trouver la limite précise de la logique, dans le cas où nous accorderions qu'elle franchit les fonctions de la logique formelle.

M. Mansel accorde à la logique théorique une telle supériorité sur la logique pratique, qu'il ne serait pas satisfait d'une réponse qui se fonderait sur le caractère pratique de la logique. Cherchons donc si une logique théorique, qui comprend l'induction, peut être définie ou déterminée, de façon à n'être confondue avec aucune autre science, par exemple, les mathématiques, la physique, la psychologie.

Dans l'*Introduction* nous avons indiqué le domaine de la logique théorique, d'après les vues les plus larges. Dans l'*Appendice* A, nous avons exposé les opinions de M. Spencer sur le même sujet. Nous pouvons énumérer ici, en abrégé, les différentes parties de la logique théorique :

I. Les lois de la CONSISTANCE ou de l'équivalence des propositions, communément appelées lois de la pensée. Elles donnent lieu à des inférences nécessaires ou analytiques. Elles sont aussi, d'après Hamilton et Mansel, le principe du syllogisme.

II. Les lois de l'inférence DÉDUCTIVE ou médiate, qui reviennent au *Dictum de omni et nullo*. Ce principe est plus que la loi de la consistance ou de l'équivalence. Il pourrait s'appeler le principe de la consistance médiate, puisqu'il affirme la consistance d'une conclusion avec *deux* prémisses, et non plus seulement la consistance de deux formes équivalentes avec une même proposition. M. Mansel soutient que cette consistance est nécessaire et évidente par elle-même; et c'est là, il faut l'avouer, l'opinion ordinaire des penseurs. En contradiction avec cette thèse, nous avons prétendu que la conclusion ne saurait être justifiée, autrement que par une induction fondée sur des exemples particuliers.

III. La loi de l'UNIFORMITÉ de la nature, fondement des vérités matérielles et de toute induction, et par conséquent principe de l'axiome syllogistique de la consistance médiate. L'examen de cette loi doit précéder l'étude de chaque science; elle en est la condition nécessaire. Néanmoins elle peut être exposée, en général, dans la science qui a pour objet tous les critères de la vérité, c'est-à-dire la logique. Elle est développée dans une série de formules, connues sous le nom de règles inductives, qui peuvent, dans leur genre, être comparées aux règles du syllogisme.

Il nous semble qu'on peut construire une science, qui comprendra les lois et les formules de la consistance immédiate, de la consistance médiate, et de l'uniformité générale, sans empiéter sur le domaine d'aucune autre science. La logique ne se confondra pas avec les mathématiques, bien que les mathématiques soient aussi une science formelle; elle ne pénétrera pas non plus dans les sciences physiques, bien qu'elle considère le postulat qui leur est nécessaire à toutes, à savoir l'uniformité; enfin elle ne se mêlera pas non plus à la psychologie, bien qu'elle emprunte à cette science la connaissance des lois fondamentales de l'esprit. Or il n'y a pas d'autre science qui confine à la logique.

Nous ne saurions cependant accorder à M. Mansel que la logique est essentiellement théorique et accidentellement pratique. Nous soutenons que cette science n'aurait jamais vu le jour, si on ne lui avait attribué, dès l'abord, une grande efficacité pratique. On peut en dire autant de cette sœur brillante et gigantesque de la logique, qu'on appelle la science mathématique. Quoique les mathématiques puissent être, pour certains esprits, un objet agréable de contemplation désintéressée, cependant on peut croire que nous n'en aurions jamais entendu parler, en raison des grandes difficultés qu'elles présentent, si l'on n'avait pas cru à leur utilité. M. Mansel suppose une race d'êtres intelligents, soumis aux mêmes lois de la pensée que les hommes, mais incapables de transgresser ces lois; et il déclare qu'au milieu d'hommes de cette espèce, la logique formelle resterait encore la même. Par malheur, il y a une erreur de relativité dans cette affirmation de M. Mansel. Pour un être qui n'aurait jamais commis d'erreur, l'erreur et la vérité seraient également inconnues; pour apprécier les formes concluantes du syllogisme et les distinguer des modes irréguliers, il faut au moins avoir entendu parler d'une race d'hommes qui confondent les deux. C'est seulement après sa chute qu'Adam connut le bien et le mal ; c'est seulement en commettant des erreurs qu'on devient apte à comprendre la logique.

Avant d'examiner l'utilité pratique et les extensions inductives de la logique, insistons encore sur la distinction de la forme et de la matière, distinction à laquelle nous avons accordé une si large place dans cette discussion. Quelques logiciens pensent que cette distinction n'est pas de tous points satisfaisante. Ainsi le docteur Thomson (*Essai sur les lois de la pensée*, § 15) fait les remarques suivantes : « La valeur philosophique des mots « forme et matière » est singulièrement réduite par la confusion qui semble toujours les accompagner dans l'usage ; tandis qu'un écrivain définit la forme « la manière de connaître un objet », un autre dira que le trait distinctif de la forme, c'est de se rapporter plutôt à l'être ou à la nature de la chose qu'à notre connaissance de la chose ; si quelquefois ce mot désigne la figure, qui n'est souvent qu'un accident, ailleurs il veut dire l'essence, de sorte qu'il peut représenter successivement des choses contraires. J'ajouterai que probablement il n'y a pas d'idée représentée par ces termes, qui ne puisse plus convenablement être exprimée par d'autres termes moins confus. »

M. de Morgan dit : « Lorsqu'on aura clairement établi, par des définitions et des exemples suffisamment abondants, ce que les logiciens veulent dire par la distinction de la forme et de la matière, je serai plus capable que je ne le suis aujourd'hui de traiter cette question avec précision. » Et ailleurs : « La vérité est que le mathématicien est le seul qui applique rigoureusement cette distinction, bien qu'il s'en occupe fort peu. La distinction de la forme et de la matière se trouve dans la théorie du logicien plus que dans sa pratique ; elle se trouve plus dans la pratique du mathématicien que dans sa théorie. » (*Syllabus*, p. 48.)

Hamilton explique la nature des vérités formelles dans les mathématiques, comme il suit : « Pour les notions de l'espace et du temps, il est indifférent que la matière existe ou n'existe pas. Si la matière n'existe pas, si le temps et l'espace n'existent que dans nos esprits, les mathématiques seraient encore vraies; mais leur vérité aurait un caractère purement *formel, idéal ;* elles ne nous apprendraient rien sur les réalités objectives. » (*Logique*, II, p. 66.) Mais dans un autre passage il cite, en l'approuvant, un passage d'Esser, qui tend à établir que la vérité consiste non pas dans l'accord de la vérité avec elle-même, mais dans la conformité de nos pensées et de leurs objets. « La distinction de la vérité formelle et matérielle n'est pas seulement inexacte en elle-même, mais elle s'oppose à la notion de la vérité, telle qu'on l'a toujours comprise. » (*Logique,* I, p. 106.) Enfin (dans l'édition de Reid, p. 687) il remarque, à propos des critiques de Reid sur les universaux, que Reid, comme la plupart des philosophes anglais, n'a pas pris garde à la distinction du logique ou formel, et du métaphysique ou réel. Les universaux sont des formes, des modes de prédication, et non des prédicats réels; dans le langage de l'école, ce sont des *notions secondes,* non des notions premières.

Adoptons les vues de M. de Morgan, et cherchons dans les mathématiques des exemples de la forme, par opposition avec la matière. En faisant ainsi nous ne ferons qu'appliquer un mot nouveau à une chose déjà vieille. Dans les mathématiques nous avons le plus complet développement du raisonnement qui procède par symboles, et qu'on appelle aussi le « raisonnement abstrait ». Il y aura d'autres occasions d'examiner, plus à fond, les procédés spéciaux des mathématiques (LOGIQUE DES SCIENCES MATHÉMATIQUES). Pour le moment, nous considérerons seulement ce qui concerne la question qui nous occupe. Les abstractions des mathématiques, comme toutes les autres abstractions, prennent corps dans des exemples concrets. La forme est toujours réalisée dans une matière ou dans une autre. Mais la matière nécessaire est si raréfiée, si atténuée, qu'on a le droit de dire qu'il n'y a pas de matière du tout. Sans doute, les cercles d'Euclide sont des cercles formés avec l'encre de l'imprimeur ; ils ont leur couleur, leur situation déterminée. Si nous les comparons avec le bouclier d'Achille, avec une rosace construite dans le plafond d'un édifice, nous pouvons dire qu'ils sont vides de toute matière, de toute substance ; ils n'en ont pas moins cependant leur substance, leur matière.

Les symboles de l'arithmétique (et même ceux de l'algèbre) sont matériels, bien que leur forme particulière n'ait aucune valeur représentative. Ce sont les signes abstraits de *faits concrets,* un, deux, trois ; faits qui seraient inconcevables, si nous ne pouvions pas les réaliser dans des exemples concrets. Sans doute, la matière la plus simple peut suffire aux besoins de l'esprit : ce seront des miettes de pain, des cailloux. Mais il faudra toujours qu'il y ait dans l'esprit une série d'impressions distinctes, dérivées d'une source ou d'une autre ; des pensées distinctes feraient peut-être l'affaire, mais nous trouvons plus commode d'opérer sur des choses sensibles. Sans une base concrète, nous ne pouvons concevoir dans notre pensée quelque nombre que ce soit. Nous ne faisons que répéter ici la théorie nominaliste des idées abstraites.

Il y a cependant dans le raisonnement mathématique un pas important qui peut être franchi, en laissant entièrement de côté les choses concrètes (c'est-à-dire en nous interdisant de réaliser le sens des nombres sur lesquels nous opérons). Nous pouvons appliquer les *règles des opérations* à de purs symboles, qui, habilement choisis et employés avec certaines précautions, peuvent nous donner les mêmes résultats que des expériences concrètes sur des nombres réels. Le système décimal une fois organisé, nous pouvons établir sur ce système une table de multiplication, qui contient les formes équivalentes des nombres ; par la seule force de la mémoire, en nous rappelant ces équivalents symboliques, nous pouvons opérer les multiplications sans penser du tout aux nombres concrets. En cherchant le produit de 94 par 116, nous pouvons, pour le moment, ne pas considérer les réalités qui correspondent à ces nombres, et ne nous en préoccuper que lorsque le produit aura été obtenu.

Par cet emploi des symboles et des règles des opérations, nous nous éloignons le plus possible de la matière, ou des choses concrètes. S'il y a quelque chose qui représente la forme pure, c'est certainement la table de multiplication. Les opérations les plus hautes de l'algèbre nous maintiennent plus longtemps en dehors des réalités concrètes, mais la méthode est la même. Les symboles sont plus nombreux, les règles des opérations plus compliquées, les opérations elles-mêmes plus longues ; mais il n'y a cependant aucun principe nouveau en jeu.

Alors s'élève la question de savoir si ces règles d'opérations, appliquées à des symboles, peuvent prétendre, comme la logique formelle, au caractère nécessaire, évident par lui-même, au caractère non matériel de la pensée formelle. Toutes ces règles, dans leur origine, sont-elles absolument séparées de l'expérience concrète, comme elles le sont dans leur mise en œuvre? On répond à cette question par la théorie du raisonnement déductif en général, et du raisonnement mathématique en particulier. Il suffira ici de placer deux observations : 1° S'il est vrai, comme le maintiennent les philosophes de l'*à posteriori*, que les axiomes premiers des mathématiques, — axiomes sur lesquels reposent les règles des additions arithmétiques, des équations algébriques, et des démonstrations de la géométrie, — s'il est vrai que ces axiomes ne sont que des inductions de l'expérience, il faut alors admettre que les règles diverses des opérations mathématiques ont après tout une source purement matérielle, et qu'elles ne sont pas produites par un effort de pensée abstraite et formelle.

2° Il est notoire et certain que les règles des opérations, avant qu'on leur accorde sa confiance, sont vérifiées et garanties par leurs résultats. Un grand nombre d'entre elles paraissent si paradoxales, elles répugnent tant aux esprits, qu'on ne les admet que parce qu'elles sont les instruments des résultats vrais auxquels elles nous mènent, comme cela est prouvé par la confrontation avec l'expérience. Qui donc ajouterait foi à une règle comme celle-ci : « Moins multiplé par moins donne plus », sans s'être assuré par des expériences réelles que cette règle nous conduit à des résultats corrects? Les quantités négatives de l'algèbre, les quantités infinitésimales des hautes mathématiques, sont dans leur forme de véritables pierres d'achoppement; leur seule justification, c'est le témoignage des faits réels.

Si nous considérons jusqu'à quel point on peut se jouer de nous, avec les formules les plus irrécusables en apparence, nous serons disposés à croire qu'il n'y a peut-être pas, dans le domaine entier des mathématiques, une seule règle qu'une personne réfléchie voulût accepter d'emblée comme une loi de la pensée, sans faire appel à la matière et à l'expérience. La raison qui fait que nous accordons une si entière confiance à ces règles, c'est que leur vérification est facile et complète. Mais si la vérification n'était pas possible, nous devrions nous défier des règles telles que la multiplication et la division des fractions, des fractions ordinaires et des fractions décimales, l'extraction de la racine cubique, et les opérations semblables. Nous avons été souvent trompés par des formules plus plausibles encore que celles-là : *dolus latet in generalibus* est vrai de toutes les propositions que l'on donne pour des lois de la pensée.

La même remarque, touchant la nécessité d'une vérification inductive, s'applique aux formes logiques. Aucune forme de syllogisme ne doit être acceptée par l'esprit d'après la seule évidence formelle. Le *dictum* semble très-évident, le *nota notæ* encore plus évident peut-être ; mais le *nota notæ* nous conduit très-facilement à des conclusions fausses, à moins que, grâce à l'examen des cas actuels, nous ne l'ayons laborieusement entouré de toutes les qualifications et précautions nécessaires.

Lorsque nous examinons avec soin les diverses opérations de la logique, nous constatons qu'elles sont au fond matérielles. Prenons la conversion : comment saurons-nous que, si aucun X n'est Y, aucun Y n'est X? C'est seulement en examinant différents cas, et en reconnaissant que l'équivalence est réelle. Quelque naturelle que puisse paraître l'inférence au point de vue formel, nous ne devons pas en rester là. Si nous nous contentions des apparences formelles, nous pourrions dire aussi vraisemblablement, tout X est Y donne tout Y est X ; c'est l'examen des cas particuliers qui seul peut nous garantir de cette erreur.

D'autre part les lois de l'équivalence hypothétique dépendent de ce que nous connaissons la circonstance matérielle appelée la pluralité des causes ; selon les cas les directions formelles de l'inférence hypothétique seront tout à fait différentes.

M. Mansel se plaint que les règles de la définition, ordinairement données dans les traités de logique, soient extralogiques ; c'est-à-dire qu'elles n'aient pas le caractère formel, qu'elles soient matérielles. L'accusation est fondée ; les logiciens ont compris en général que la définition réduite aux étroites limites de la forme serait une petite affaire. Que serait la définition logique au point de vue purement formel? Pas autre chose que ceci. Une définition formelle consiste à indiquer, comme les caractères essentiels de la chose qu'on définit, les caractères de quelque genre plus élevé, ajoutés à la différence. Nous avons, par conséquent, ces formes : — Le genre *avec* la différence (comme connotation), c'est l'espèce ; l'espèce *moins* la différence, c'est le genre ; l'espèce *moins* le genre, c'est la différence. Telle est, d'après la logique formelle, toute la théorie de la définition ; on s'aperçoit du reste qu'elle ne peut servir de rien.

Une logique de la classification aurait encore plus de peine à avoir quelque valeur, si l'on en retranchait les considérations matérielles. La division logique est une autre manière de dire la classification. Les règles de la division logique sont formelles, mais elles doivent être constatées par l'observation de la matière; autrement elles nous entraîneraient trop loin.

On peut soutenir que la déduction et l'induction sont à proprement parler des opérations *continues;* elles sont les parties d'un même tout. Ce n'est que dans d'étroites limites qu'on peut développer les opérations déductives quand on se contente des règles de l'opération symbolique ; règles qui d'ailleurs ont été elles-mêmes fixées par une étude rigoureuse de la matière; mais la déduction réelle, l'extension d'un principe à des cas nouveaux, suppose l'examen des cas dans leur réalité concrète, tout autant que la généralisation inductive. Le juge qui applique la loi doit considérer la matière ; sans doute il doit éviter les paralogismes de forme, mais il ne peut se contenter de la seule correction formelle.

Dans le domaine de l'induction, nous pourrions déterminer aussi des règles d'opérations formelles, qui seraient de nature à satisfaire le formaliste le plus rigide. Ainsi A, B et C étant les causes communes d'un même effet X, si A diminue, B ou C doivent augmenter proportionnellement pour que l'effet reste le même; si A augmente, les autres causes peuvent diminuer d'autant et ainsi de suite. Ce sont là des considérations en quelque sorte mathématiques, que nous savons être généralement correctes, et dont nous pouvons, par suite, user d'une façon formelle sans considérer la matière.

Mais la question qui nous occupe ne peut être résolue complétement, à moins de considérer la logique comme une science pratique. Si l'on accorde le caractère pratique de la logique, l'utilité des règles de l'induction nous autorise à étendre le domaine de la logique. Les présomptions en faveur de ces règles sont les suivantes :

1° Il est admis qu'Aristote comprenait à la fois, dans son système, la déduction et l'induction, quelque imparfaites qu'aient été ses vues sur les sphères respectives de ces deux formes de raisonnement, et quelque incomplètes que soient ses remarques sur l'induction. Ainsi le témoignage du fondateur de la logique déductive est lui-même opposé aux prétentions exclusives de la logique formelle.

2° Dans le tableau des sophismes, esquissé par Aristote et conservé par les logiciens scolastiques avec quelques modifications légères, on trouve des sophismes matériels parmi lesquels quelques-uns sont des sophismes d'induction (*non causa pro causa,* etc.). De là nous pouvons inférer qu'aux yeux des logiciens l'esprit est exposé à commettre des erreurs au point de vue de la matière, non moins qu'au point de vue de la forme. Nous pouvons conclure aussi qu'il ne sera pas inutile d'exposer ces erreurs matérielles et inductives, c'est-à-dire, en d'autres termes, de présenter une logique de l'induction.

3° La période scolastique s'est distinguée par l'attention presque exclusive qu'elle a donnée à la logique formelle ou syllogistique. A la renaissance des lettres et de la philosophie, vers le quinzième et le seizième siècle, l'opinion publique se souleva contre l'étroitesse de cette conception; elle trouva un porte-parole dans la personne de Bacon, qui inaugura, au milieu d'unanimes applaudissements, la logique inductive. Pendant deux siècles et demi, depuis lors, les physiciens et les métaphysiciens se sont fait honneur de s'appeler eux-mêmes ses disciples, pour les méthodes scientifiques et philosophiques qu'ils pratiquaient.

4° La physique nouvelle, ou philosophie naturelle de Galilée et de Newton, a été accompagnée d'une logique inductive : les fameuses *Regulæ philosophandi,* qui précèdent le troisième volume des *Principia.* Ces règles, quelque insuffisantes qu'elles fussent, ont été, pour les physiciens du dix-huitième siècle, comme une étoile qui a guidé leurs recherches.

5° Aujourd'hui que les sciences physiques ont fait assez de progrès pour donner des exemples de méthodes profondes et compliquées, les physiciens les plus distingués admettent et reconnaissent encore la nécessité d'un système de règles, au moins pour les parties de la science qui sont les plus difficiles et les plus abstraites. L'*Introduction à la philosophie naturelle*, par sir John Herschell ; l'*Histoire et la logique des sciences inductives*, par le docteur Whewell, sont des témoignages considérables dans ce sens.

6° Depuis la publication de l'ouvrage de John Stuart Mill, ouvrage dans lequel la logique inductive est systématisée avec une précision inconnue jusqu'ici, on a déjà fait des applications importantes des règles de l'induction aux sciences expérimentales. Les recherches des sciences médicales ont particulièrement profité des enseignements de M. Mill ; un critérium plus sûr et plus profond a pris la place des méthodes de raisonnement vagues et imparfaites qu'on avait suivies jusqu'ici.

7° La science de la politique est encore un exemple considérable. L'ouvrage de sir Georges Cornwall Lewis, « sur la méthode d'observation et les raisonnements de la politique », fait de perpétuels emprunts à la logique inductive de Bacon, d'Herschell, de Whewell, de Mill, tandis que l'auteur ne s'appuie qu'une ou deux fois sur la logique formelle ; et cependant l'éducation de l'auteur était de nature à le faire pencher de ce côté plutôt que de l'autre. Il se plaint vivement que l'on abuse de la méthode de concordance (*simplex enumeratio*, de Bacon) dans la politique, comme dans les autres sciences, et il s'efforcera, par ses préceptes comme par ses exemples, de lutter contre ces tendances vicieuses.

8° Sir William Hamilton emploie une portion considérable de son cours de logique (*neuf* leçons sur trente-six) à étudier les modifications de la logique ; il y examine la vérité et l'erreur, au point de vue matériel, l'observation, l'induction, l'autorité du témoignage, et divers autres points, relatifs à la découverte et à la communication de la vérité. Le plan de son cours lui eût permis, sans qu'il se mît en contradiction avec ses propres vues sur l'objet de la logique, de parler, avec autant de détails que le fait M. Mill, de l'induction, et des opérations subsidiaires de l'induction, telles que la classification et la dénomination.

Enfin le docteur Thomson, dans son livre sur les *Lois de la pensée*, suit l'exemple d'Hamilton, et, comme lui, étend le domaine de la logique. Dans la IV⁰ partie intitulée : *Logique appliquée*, il considère (brièvement, il est vrai) la recherche des causes, les méthodes inductives, la définition, l'analogie, le hasard, la classification, les sophismes et la division des sciences.

C. ÉNUMÉRATION DES CHOSES.

La classification des mots (p. 93) nous conduit par une transition naturelle à la classification des choses. De plus, pour établir les propositions les plus générales, il faut avoir acquis les notions générales qui leur correspondent.

L'ensemble des choses qui existent peut être divisé de diverses manières, d'après les différents principes de la classification et de la division. Nous pouvons distinguer dans l'univers les corps célestes, les corps terrestres; les minéraux, les plantes, les animaux; les solides, les liquides, les gaz; les choses pondérables et impondérables; les quatre éléments, comme disaient les anciens, division qui correspond imparfaitement à la distinction des trois états de la matière; les choses impondérables, la lumière, la chaleur, etc. Enfin nous pouvons distinguer la matière et l'esprit. Ces diverses façons de subdiviser l'ensemble des choses sont toutes utiles pour des buts spéciaux. Le but du logicien est d'arriver à une division qui corresponde aux diverses méthodes de la recherche scientifique, en même temps que de partager le champ de la connaissance selon la meilleure distribution du travail intellectuel.

Nous commencerons par établir de nouveau, comme un préliminaire essentiel, le principe de la relativité universelle, principe d'après lequel tous les objets de la connaissance ont en quelque sorte deux côtés, et se présentent sous forme de couples. Cette observation est nécessaire pour éviter l'erreur dans laquelle Aristote est tombé, en plaçant la relation à un degré particulier et subordonné de la classification des choses. Si l'on reconnaît la relation, il faut admettre en même temps qu'elle est fondamentale et indépendante. Tout rentre dans la relation. Elle ne rentre dans rien. Le rang suprême donné par les logiciens au principe de contradiction est une façon d'admettre le fait premier de la relativité.

I. La plus profonde de toutes les relations est celle du *sujet* et de l'*objet;* ou en d'autres termes, de l'esprit et de la matière, du monde extérieur et du monde intérieur.

Lorsque nous passons d'une émotion de plaisir ou de peine à la conscience d'une chose étendue, comme un arbre, nous éprouvons une impression de différence ; nous avons en effet franchi la transition la plus profonde et la plus large dont l'esprit soit capable. Ce sont là deux modes ultimes et fondamentaux de la conscience humaine ; ils sont corrélatifs l'un à l'autre, ils s'impliquent d'après le principe de la différence ou de la relativité ; ils ne peuvent par conséquent se ramener l'un à l'autre, ni être confondus avec une expérience plus fondamentale. Ce contraste primitif doit être accepté comme la division essentielle des choses, d'après le principe qui veut qu'on divise selon le maximum de la différence. Nous appelons *objet*, monde étendu, et moins correctement matière, monde extérieur, toute une portion de notre connaissance.

L'autre portion, nous l'appelons *sujet*, esprit inétendu, et, avec moins de justesse, monde intérieur. En réalité, quand nous disons que ces deux grandes catégories sont les divisions d'un tout, l'existence en général, nous usons d'un langage fictif et qui n'a pas de sens. La généralité la plus haute, d'après la loi de la relativité universelle, est une *couple* ; le groupe *réel* le plus élevé est précisément ce groupe que nous appelons le sujet et l'objet, etc. Ce sont là les *summa genera*. L'existence n'est qu'un mot.

II. L'OBJET a été diversement représenté et analysé. Certains philosophes ont prétendu que l'objet était un fait ultime, qui nous était donné dans notre première impression de conscience. D'autres l'ont analysé et ramené à des états psychologiques plus simples. Les différentes théories sur ce sujet se rattachent à la question métaphysique et psychologique de « la perception du monde extérieur ». Nous admettons ici que les notions exprimées par les mots « objet » et « sujet » peuvent être analysées, et nous allons exposer un système d'analyse. L'objet signifie : 1° *ce qui met en jeu nos énergies musculaires et corporelles*, par opposition aux sensations passives ; 2° *la liaison uniforme de certaines impressions avec certaines énergies*, par opposition aux sentiments ou impressions qui ne se lient pas à des énergies ; et 3° *ce qui affecte semblablement tous les esprits*, par opposition aux sentiments qui varient d'un esprit à un autre.

1° La plus grande antithèse que présentent les phénomènes de notre constitution mentale est l'antithèse des phénomènes actifs, et des phénomènes passifs. Les muscles (avec les nerfs afférents) sont les instruments matériels des uns, les sens (avec les nerfs inférents) sont les instruments matériels des autres. A cette antithèse fondamentale nous pouvons rattacher celle du sujet et de l'objet. Quoique développé par d'autres circonstances, le contraste du sujet et de l'objet semble avoir ses premières racines dans cette grande antithèse psychologique de l'actif et du passif.

2° La circonstance que nos sensations changent d'une façon définie, et en correspondance avec des manifestations actives, définies, est un autre caractère important de l'objectivité. Lorsque nous traversons une chambre, et que nous sentons changer à chaque pas, d'une façon déterminée, la portée de notre regard, nous opposons cette expérience aux sentiments ; sentiments qui changent, lorsque nous sommes parfaitement en repos, et qui n'ont pas de relation avec nos mouvements ; comme, par exemple, les divers états de la maladie, les sensations périodiques de la faim et de la fatigue, nos diverses passions ou émotions.

3° C'est encore un caractère de l'objet, que diverses personnes sont affectées par lui de la même façon. Ces changements définis de sensation, qui accompagnent des mouvements définis, comme quand on se promène à travers une rue, ou quand on entre dans une chambre, se produisent également chez tout le monde ; au contraire d'autres sentiments, la faim, la fatigue, la crainte, — se développent différemment chez les différentes personnes.

Tels sont les caractères essentiels du contraste fondamental de l'objet et du sujet ; d'autres circonstances accessoires ont été indiquées, mais ce n'est pas le lieu de les discuter.

III. Ce que nous avons dit de l'objet suffit pour expliquer la nature du SUJET. Le sujet comprend nos états passifs ; ceux de nos sentiments qui ne subissent pas de changements définis, correspondant à des énergies définies ; enfin les états qui changent d'une conscience à une autre.

IV. Il y a des attributs communs à l'objet et au sujet, et des attributs spéciaux à chacun.

Malgré l'opposition fondamentale de ces deux expériences, nous pouvons distinguer quelques attributs communs à l'objet et au sujet. Ainsi, dans la sphère de l'un et de l'autre, nous éprouvons des impressions diverses, qui donnent lieu à des distinctions dans l'objet, à des distinctions dans le sujet. De même, nous identifions et nous comparons les faits du sujet entre eux et les faits de l'objet entre eux. En raison de la nature propre de la connaissance, la possibilité de discerner l'accord et la différence existe dans les deux catégories. Par suite :

1° Les attributs opposés de la RESSEMBLANCE et de la DIFFÉRENCE appartiennent également aux états de l'objet et aux états du sujet. Nous identifions ou nous distinguons les grandeurs, les formes, les couleurs, etc., qui sont des faits objectifs; nous identifions et nous distinguons aussi les plaisirs, les peines, les volontés, les idées, qui sont des faits subjectifs. Par conséquent, les affirmations de ressemblance ou de différence peuvent s'appliquer à toute espèce de connaissance. Comme elles nous donnent les circonstances fondamentales qui définissent et constituent les connaissances, ces affirmations sont des propositions analytiques.

2° La QUANTITÉ ou les degrés, voilà encore un attribut commun à l'objet et au sujet. C'est l'accord et la différence dans un fait important, le plus ou le moins; les états de l'esprit se produisent tous dans des proportions différentes, aussi bien que les états de l'objet, les propriétés de la matière : le poids, la dureté, etc. Nous pouvons donc faire de la quantité le prédicat de tout objet connu. La loi de la quantité, dont les mathématiques sont le développement complet, domine toutes les formes de l'existence. Il est vrai néanmoins que les calculs numériques s'adaptent plutôt aux propriétés de l'objet, comme l'espace, les dimensions, le poids, etc. Nous n'avons pas le moyen d'estimer numériquement les plaisirs et les peines. Cette circonstance, qui est un grave obstacle aux progrès de la science de l'esprit, provient non pas de ce que les phénomènes de l'esprit échappent à la loi de la quantité, mais de ce que nous sommes impuissants à trouver une mesure complétement exacte d'après laquelle nous puissions calculer tous les degrés de la sensibilité. Nous avons sans doute la conscience de l'inégalité de nos plaisirs, de nos émotions, de nos désirs, mais il nous serait difficile d'établir exactement ces degrés par des expressions intelligibles, qui puissent être retenues, et communiquées aux autres.

Il est d'usage de rattacher les modes principaux de la quantité à trois catégories : l'intensité, la durée et l'étendue. Mais l'étendue ne s'applique qu'à l'objet. L'intensité et la durée, au contraire, sont les attributs communs des deux séries de phénomènes. L'*intensité* est habituellement déterminée par rapport à chaque qualité particulière, intensité en couleur, en chaleur, en pression, etc. La *durée*, qui est un degré de continuité, est plus communément abstraite des objets eux-mêmes, et rentre dans cette généralité qui comprend tout et qu'on appelle le *temps*.

3° Le contraste si important de la COEXISTENCE et de la SUCCESSION se rencontre dans les deux catégories de phénomènes.

La *coexistence* n'est pas une expérience ultime de l'esprit. Nous commençons par les différents modes de la *succession*, qui se développent dans les coexistences.

Dans l'esprit, qui ne peut saisir qu'une chose à la fois, tous les états distincts de conscience sont successifs. La succession est la loi de notre état mental. La succession peut être rapide ou lente; ce qui suppose l'appréciation de la durée. A la succession se rapporte le fait important qu'on appelle nombre, ou quantité discrète, par opposition à la mesure de la continuité ou de la quantité continue. Nous identifions des groupes de succession comme deux, trois, quatre, ainsi de suite. Ainsi les formes et les modes de la quantité sont compris dans les modes de succession de nos sensations, de nos sentiments, de nos pensées.

La durée et la succession (avec le nombre) appartiennent donc à la fois aux phénomènes de l'objet et aux phénomènes du sujet. L'élément du *temps*, qui est la succession et la durée généralisées le plus possible et réduites à une commune mesure, est une propriété commune aux deux mondes intérieur et extérieur ; circonstance qui a été remarquée depuis le commencement de la philosophie.

Le prédicat de la succession implique un ordre de priorité qui s'applique aussi bien aux phénomènes de l'objet qu'aux phénomènes du sujet.

La coexistence est un produit artificiel, une forme particulière de succession, qui dans sa forme la plus élevée est la simultanéité dans l'espace, ou l'extension, une propriété qui appartient exclusivement à la sphère de l'objet. Mais à l'esprit appartient un certain mode de coexistence, la coexistence de deux ou plusieurs sentiments qui s'éveillent en même temps.

Parmi les attributs communs aux deux sphères, nous pouvons donc compter la ressemblance et la différence, la quantité, la succession, la coexistence ; mais comme, en raison de la nature de la connaissance, le prédicat de la ressemblance et de la différence, dans son sens le plus large, est une proposition purement identique, nous devons nous borner à la quantité, à la succession, à la coexistence. Ce sont là les trois attributs d'après lesquels on peut distribuer nos connaissances sous différentes catégories de méthode logique.

V. Les attributs spéciaux à l'OBJET sont les suivants :

1° *L'extension*. Cette propriété est la circonstance fondamentale du monde objectif, le seul fait commun à tout ce qui n'est pas sujet, à tout ce qui n'est pas esprit. Lorsque nous éprouvons un état purement subjectif, comme un plaisir ou une peine, nous n'avons aucune conscience de l'étendue ou de l'espace. La distinction entre la matière étendue et la matière inétendue, qui a été faite explicitement dès le cinquième siècle avant Jésus-Christ, a été le premier pas des vues exactes sur l'esprit et sur la matière.

Considérée psychologiquement, l'étendue est une forme de nos énergies actives et motrices, assistées par nos sens. Le mouvement est une qualité essentielle à la conscience des choses étendues. L'étendue est une propriété réelle avec ou sans matière ; par rapport au mouvement, l'espace vide est lui-même une réalité. L'ensemble du monde étendu se subdivise en deux catégories : la matière étendue, et l'espace étendu sans matière.

2° La *résistance*, l'inertie, la force. Ceci est le caractère distinctif de la matière étendue, dans son opposition avec le vide étendu. La manifestation de nos énergies, sous la forme particulière appelée résistance, est peut-être la situation la plus simple où nous puissions nous trouver, par rapport à nos facultés actives : par suite, la résistance peut être considérée comme notre conscience fondamentale du monde extérieur. La résistance, c'est la matière ; dans aucun état subjectif nous n'éprouvons le sentiment particulier appelé force, énergie ou résistance ; partout où ce sentiment est présent, nous appliquons le nom de matière.

L'*extension* et l'*inertie* sont les deux faits génériques qui entrent dans le groupe de qualités si longtemps connues sous le nom de *qualités premières de la matière* ; ce sont les qualités essentielles et communes du monde qu'on appelle le monde extérieur et matériel. De plus, ces qualités sont intimement unies avec d'autres propriétés, fondées sur notre sensibilité passive, comme la couleur, le tact, etc. (qualités secondaires); propriétés qui, elles-mêmes, ne seraient pas des qualités premières, mais qui le deviennent parce qu'elles dépendent des autres.

3° La *couleur*. La couleur, qui est la sensation propre de l'œil, l'impression de la lumière, n'est pas à proprement parler un fait objectif. La liaison de cette sensation avec l'étendue visuelle (sensation musculaire de l'œil), et avec la locomotion, est nécessaire pour donner un caractère objectif aux impressions de couleur et de lumière. Notre connaissance des choses étendues qui coexistent dans l'espace est fondée sur les mouvements, mais elle se complète, elle se définit par notre sensibilité optique des variations de la lumière. Nos sensations de lumière se lient avec des mouvements définis, et de cette façon satisfont à une des grandes conditions de l'objectivité.

4° *Sensations de tact*. Le sens du toucher est un composé d'énergie musculaire et de sensibilité cutanée. Cette sensibilité cutanée, qui est à proprement parler le toucher, se sépare rarement de l'expérience fondamentale de la force ou de la résistance (nous pouvons opérer la séparation en tenant la jambe ou le bras étendu). Par suite les impressions du toucher se mêlent et se confondent avec les propriétés objectives. Les impressions tactiles, dureté, mollesse, poli, rugueux, sont des qualités de la matière.

La vue et le toucher sont les sens les plus complètement incorporés à notre activité, à notre expérience de l'objet.

Les autres sens n'ont avec nos énergies qu'une liaison moindre, mais dans la mesure de cette liaison nous rangeons les impressions de ces sens parmi les qualités objectives.

5° *Son.* Le bruit seul n'est qu'une forme de notre sensibilité subjective. Lorsque le son se rattache à nos mouvements, dans le cas par exemple où il augmente ou diminue avec notre locomotion, il entre en rapport avec l'objet. Cette relation est si régulièrement observée que le son est compris parmi les qualités de la matière.

6° *Odeur.* C'est exactement la même chose que pour le son. L'objectivité de l'odeur est établie par le rapport défini de ses changements aux changements de nos mouvements.

7° *Goût.* Il y a ici un composé, formé d'une sensation spéciale, la sensation du goût, et des impressions du toucher : par suite le goût rentre dans la sphère de l'objet.

8° *Chaleur* et *froid.* Cette propriété n'exige pas d'autres commentaires que les qualités de l'odeur et du son.

Les différentes fonctions de notre corps : la digestion, la respiration, etc., ont un caractère subjectif très-marqué ; elles contractent néanmoins des relations avec l'objet, toutes les fois qu'elles éprouvent des changements définis qui correspondent à des mouvements définis, comme par exemple quand nous voyons la plénitude correspondre aux repas, la suffocation à la violence qui empêche notre respiration. Mais quand ces fonctions ne correspondent pas à des mouvements, à des attitudes extérieures, elles sont de purs états subjectifs, des modes de la conscience.

Telles sont les diverses propriétés sensibles de ce qu'on peut appeler l'espèce « matière » dans le genre « étendue ». Elles sont les formes de sensations primitives que nous appelons matérielles. Il y a d'autres propriétés plus subtiles, plus profondes, que nous ne pouvons découvrir que par des procédés intellectuels : par exemple les attractions, les répulsions, la structure moléculaire, — qualités qui sont nécessaires pour compléter l'énumération.

Les sciences du monde extérieur traitent des divers

attributs qu'on vient de décrire. Une partie des mathématiques traite de la quantité dans l'étendue ; la mécanique embrasse le fait essentiel de la matière ; la physique et la chimie comprennent la lumière, le son, l'odeur, la chaleur, etc.

VI. Les attributs spéciaux au SUJET sont les caractères essentiels de l'esprit : la *sensibilité*, la *volonté* et la *pensée*. Ces attributs s'opposent entièrement aux faits objectifs détaillés ci-dessus.

La plus grande partie des *sentiments*, comprend nos plaisirs et nos peines, c'est-à-dire les états où se manifeste le mieux la subjectivité. Nous ne saurions confondre deux choses comme une chaleur modérée, et le fait de soulever une chaise : il n'y a pas de contraste où se montre plus nettement l'hétérogénéité.

Nos états de *volonté*, nos volitions, ont une origine purement subjective, à savoir nos sentiments, et des conséquences objectives. Les deux domaines sont ici, comme il arrive souvent, très-rapprochés l'un de l'autre, mais ils ne doivent pas être confondus. L'action volontaire a toujours passé pour un caractère distinctif de l'esprit. En effet, bien que cette activité porte souvent sur des choses matérielles, elle a sa source dans les impressions agréables ou désagréables de notre sensibilité, ce qui lui donne un cachet ineffaçable de subjectivité.

Nos *pensées*, nos idées, nos états intellectuels ont des rapports étroits avec les objets : mais il y a une différence considérable entre les sensations et les idées, parce que la première classe est liée à des mouvements corporels définis, tandis que l'autre ne l'est pas. La succession de nos sensations correspond uniformément à nos mouvements; la succession de nos pensées est complètement différente. Par conséquent, bien que nos idées soient la répétition de nos sensations, l'ordre dans lequel elles se présentent les assimile à des états subjectifs.

Dans le fait complexe appelé sensation, nous avons un perpétuel changement de scène, nous passons sans cesse de l'objet au sujet, et réciproquement. Une sensation, comme connaissance de l'extension, de la résistance, de la couleur, etc., est un fait objectif; comme impression agréable ou désagréable, elle est un fait subjectif. Le contraste est tel qu'on ne peut s'y tromper : la distance est immense ; mais, en fait, nous franchissons cette distance plusieurs fois en une minute, nous flottons de-ci, de-là, entre la conscience agréable de la sensation, et l'effort intellectuel par lequel nous la mesurons au point de vue de la forme, de la grandeur, de la couleur.

Les sciences subjectives ont donc affaire à nos sensations, à nos volitions, à nos pensées. Elles ont à marquer la limite délicate qui sépare les deux mondes et dans laquelle elles s'embarrassent jusqu'à un certain point.

Si l'on nous demande maintenant, en dernière analyse, quelle est la nature des prédicats, nous répondrons que les prédicats sont les *attributs* du *sujet* et les *attributs* de l'*objet*, considérés dans leurs relations, au point de vue de la *quantité*, de la *coexistence* et de la *succession*.

VII. La SUBSTANCE n'est pas quelque chose qui s'oppose aux attributs : elle désigne seulement les attributs essentiels, fondamentaux, les attributs qui définissent l'objet par rapport aux attributs variables et changeants.

Du caractère relatif des attributs on a tiré cette conclusion imaginaire qu'il doit y avoir un *substratum*, quelque chose qui diffère des attributs, qui contienne les attributs. Or, comme tout ce qui frappe l'esprit humain, — étendue, résistance, etc.,—peut être et est en effet considéré comme un attribut, nous sortirions tout-à-fait de la réalité, si nous pouvions trouver quelque chose qu'on n'appellerait pas un attribut, et qui serait une substance.

La substance n'est pas cependant tout-à-fait une *non-entité*. Sans aller jusque-là, on peut rendre compte du contraste que ce mot exprime. La substance n'est pas l'absence de tous les attributs, elle est l'ensemble des attributs les plus durables, les plus essentiels. La substance de l'or, c'est sa densité, sa couleur, son éclat, etc., enfin tout ce que nous considérons comme essentiel à l'or. Supprimez ces qualités, et l'or n'existe plus : la substance et tout le reste aura disparu.

La substance du *corps* ou de la matière, c'est le fait essentiel, permanent de toute matière, l'inertie ou la résistance. C'est le trait commun à tout ce que nous appelons corps, aux solides, aux liquides, aux gaz. C'est la qualité la plus générale de la matière, par conséquent celle qui la définit le mieux. Les autres attributs de la matière varient avec chaque espèce : ils constituent précisément les espèces ou les variétés spécifiques, — l'air, l'eau, le feu, etc. La distinction réelle existe donc entre l'essence et les concomitants, entre les attributs invariables et les attributs variables, entre le genre et l'espèce.

La substance de l'*esprit* n'est pas autre chose que l'ensemble des facultés qui le composent,—sensibilité, volonté, pensée. Lorsque ces facultés existent, l'esprit existe ; si ces facultés diparaissent, l'esprit disparaît. Si ces trois faits ne constituent pas toute la substance de l'esprit, c'est qu'il y a un quatrième fait, qu'il faudra produire et déterminer comme un mode du sujet. La substance aurait alors quatre parties. Mais l'hypothèse d'un « moi » dans lequel seraient contenues ces facultés, est une fiction, une non-entité, produit de cette illusion qui nous porte à croire qu'il y a quelque chose qui ne peut être déterminé comme attribut, parce que l'attribut s'applique à quelque chose.

M. Mill donne, comme résultat de ses analyses, l'énumération suivante de toutes les choses nommables :

« 1° Les sentiments ou états de conscience.

2° Les esprits, qui éprouvent ces sentiments.

3° Les corps ou objets extérieurs, qui excitent certains de ces sentiments, et les forces ou les propriétés au moyen desquelles ils les excitent ; ces forces ou ces propriétés ne sont du reste ici indiquées que par condescendance pour l'opinion commune, et parce que leur existence est considérée comme accordée dans le langage ordinaire, dont je crois prudent de ne pas m'écarter, et sans admettre pour cela que leur existence, comme choses réelles, soit garantie en bonne philosophie.

4° Et, enfin, les successions et coexistences, les ressemblances et dissemblances entre les sentiments et les états de conscience. Ces relations, considérées comme existant entre les choses, n'existent en réalité qu'entre les états de conscience que ces choses excitent, si ce sont des corps, excitent ou éprouvent, si ce sont des esprits.

Ceci, jusqu'à ce qu'on ait trouvé mieux, peut tenir lieu de la classification avortée qu'on appelle les catégories d'Aristote. Sa valeur pratique apparaîtra quand nous aborderons l'examen des propositions et de leur sens : en d'autres termes, quand nous rechercherons ce que c'est que l'esprit croit, lorsqu'il donne, comme on dit, son assentiment à une proposition.

Ces quatre classes comprenant, si la classification est exacte, toutes les choses nommables, ces choses ou quelques unes d'entre elles doivent constituer la signification de tous les mots : et c'est en ces choses ou en quelques unes d'entre elles que consiste ce qu'on appelle un fait. » (*Log.*, liv. I, ch. III.)

LES CATÉGORIES D'ARISTOTE.

Nous devons le système des catégories à l'opposition que rencontra chez Aristote la théorie de Platon sur la réalité des universaux. Platon n'attribue l'existence ou la réalité qu'aux universaux, c'est-à-dire aux idées distinctes des choses particulières. Les idées seules d'après lui ont une existence permanente, et font contraste avec les choses engendrées et périssables. Aristote soutient au contraire que l'existence réelle ne peut être attribuée qu'aux choses particulières. Il y a certaines manières d'être par lesquelles se caractérise chaque individu : *hoc aliquid*, cet homme, ce cheval, etc., mais il n'y a aucune existence réelle en dehors du particulier. Ces différentes manières d'être qui peuvent être attribuées à un être individuel constituent précisément ce qu'Aristote appelle les catégories (κατηγορίαι, *prædicamenta*), et il les a énumérées dans le tableau suivant :

1. Οὐσία. — *Substantia*. — Substance.
2. Ποσόν. — *Quantum*. — Quantité.
3. Ποιόν. — *Quale*. — Qualité.
4. Πρός τι. — *Ad aliquid*. — Relation.
5. Ποῦ.   — *Ubi*. — Situation dans l'espace.
6. Πότε.   — *Quando*. — Situation dans le temps.
7. Κεῖσθαι. — *Jacere*. — Attitude, posture.
8. Ἔχειν. — *Habere*. — Possession, propriété.
9. Ποιεῖν. — *Facere*. — Action.
10. Πάσχειν. — *Pati*. — Passion.

M. Mill note, dans le passage suivant, les défauts les plus apparents du système des catégories, considéré comme une énumération des choses :

« Les imperfections de cette classification sont trop évidentes pour exiger, et ses mérites trop petits, pour justifier un examen minutieux. C'est seulement un catalogue des distinctions grossièrement marquées par la langue ordinaire, sans qu'il y ait même un effort pour pénétrer, par l'analyse philosophique, jusqu'aux principes *rationnels* de ces distinctions vulgaires. Cette analyse, même superficiellement faite, aurait montré que l'énumération est à la foi redondante et incomplète. Quelques objets y sont omis, et d'autres y reparaissent plusieurs fois sous des titres différents. Elle ressemble à une division des animaux en hommes, quadrupèdes, chevaux et poneys. »

Hamilton essaie d'écarter cette dernière objection, en présentant les catégories dans un système de degrés successifs de subordination. Voici ses éclaircissements : « L'être (τὸ ὄν, *ens*) est d'abord divisé en deux catégories : *l'être par soi (ens per se)* et *l'être par accident (ens per accidens)* : l'être par soi correspond à la première catégorie d'Aristote, et équivaut à la substance : l'être par accident comprend les neuf autres catégories, mais peut être divisé de la façon suivante : *l'être par accident* est considéré ou comme absolu ou comme relatif. Comme absolu, il dérive de la matière ou de la forme des choses ; si c'est de la matière, on a la *quantité* (2° catégorie d'Aristote) ; si c'est de la forme, on a la *qualité* (3° catégorie d'Aristote). Comme relatif il correspond à la quatrième catégorie d'Aristote, la relation, et à la relation se rattachent les six dernières catégories.

On pourrait donc adopter la disposition suivante :

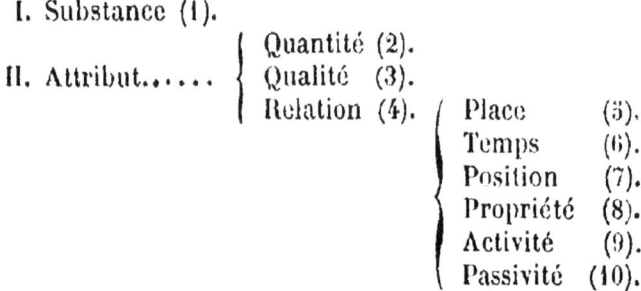

Il n'est pas évident qu'Aristote ait considéré la division des catégories de cette façon ; s'il l'avait fait, il aurait pu s'apercevoir de la place irrégulière donnée à la relation. La relation, en effet, si elle comprend quelques-unes des catégories, les comprend toutes : la substance, l'attribut, la quantité, la qualité, sont des relations. Cependant la disposition adoptée par Hamilton est utile, pour montrer comment on peut remédier à quelques-uns des plus graves défauts de la division d'Aristote, et aussi pour aider la mémoire à se rappeler la liste. Les quatre premières catégories se fixent aisément dans le souvenir ; les autres six (qui rentrent sous la catégorie de la relation) peuvent être divisées en trois groupes : le temps et l'espace, l'activité et la passivité, la position et la possession.

Les catégories ne semblent pas avoir été proposées comme une classification des choses nommables, « dans le sens d'une énumération de toutes les choses qui peuvent devenir des prédicats, ou auxquelles on peut attribuer des prédicats ». Elles semblent avoir été plutôt imaginées comme une généralisation des *prédicats*, une analyse du sens ultime des prédicats, aussi bien des prédicats verbaux que des prédicats réels. A ce point de vue, elles échappent aux objections de M. Mill. La question à poser n'est pas : dans quelle catégorie devons-nous placer les sensations, les sentiments, et les autres états de l'esprit ? mais, sous quelle catégorie rentrent les prédicats que nous pouvons affirmer de l'esprit ? Prenons, par exemple, l'espérance : lorsque nous disons que l'espérance est un état de l'esprit, nous lui donnons le prédicat de la *substance* : nous pouvons déterminer sa vivacité et sa grandeur (quantité), sa nature, agréable ou désagréable (qualité), à quelles choses elle se rapporte (relation). Aristote semble avoir construit le plan de ses catégories sur ce principe : voici un individu, quelles sont en dernière analyse les choses qu'on peut lui attribuer comme prédicats ?

C'est aux prédicaments, et aux prédicats universels, qu'il convient proprement de comparer les catégories. A ce point de vue, nous voyons que, dans les deux théories, on retrouve également la distinction entre les qualités fondamentales, essentielles, et les qualités accidentelles. Les quatre prédicaments, *genre, espèce, différence, propre*, sont des prédicats de substance : l'*accident* embrasse toutes les autres catégories. Des catégories autres que la substance pourraient être des *propria*, ou des prédicats déduits de l'essence du sujet ; mais il est probable qu'Aristote, en parlant de l'essentiel et de l'*accidentel*, à propos des catégories, avait l'intention de comprendre les *propria* dans la catégorie de la substance. Probablement la liste des *propria* était pour Aristote plus courte qu'elle ne le serait aujourd'hui, avec les progrès de la science. En second lieu, si nous comparons les catégories avec les prédicats universels (*coexistence, succession, quantité*), nous voyons que ces catégories sont une classification plus superficielle, moins analytique, que la classification actuelle. La catégorie de la substance (si nous n'y enfermons pas les *propria*) appartient à la classe des prédicats verbaux ; les autres catégories sont des prédicats réels, que l'on peut réduire par l'analyse du sens des propositions. Les prédicats du « temps et de l'espace » peuvent se rattacher à la coexistence ou à la succession. Ils ne méritent pas de constituer à eux seuls une catégorie logique.

Si ces comparaisons montrent les rapports de la liste des catégories avec la logique, il ne faut pas oublier que le but primitif des catégories était simplement d'énumérer tous les prédicats possibles par rapport à un individu, et non pas de classer toutes les choses nommables, ni d'analyser le sens des propositions, de façon à distribuer la logique en un certain nombre de parties.

D. LE POSTULAT UNIVERSEL.

La théorie de la démonstration suppose que nous arrivons en dernière analyse à un principe qui ne peut être démontré. La démonstration consiste en effet à rattacher un fait à une généralité plus haute, qui a déjà été établie; pour démontrer cette généralité elle-même, il faut avoir recours à un principe encore plus général. Mais, au bout d'un certain nombre de pas, nous arrivons nécessairement à un principe qui est le dernier, à un principe dont l'évidence ne peut être démontrée, et que l'on admet, sans qu'il repose lui-même sur un principe distinct et antérieur.

La démonstration ne saurait être complète tant qu'on n'a pas éclairci la nature de ces fondements suprêmes, et déterminé le genre de certitude qui leur est propre. Cherchons donc quels sont ces faits qui doivent être admis sans preuve, comme des faits premiers, qu'il est impossible de déduire ou de démontrer.

Lorsqu'on a voulu sonder les fondements ultimes de la

connaissance et de la certitude, on a souvent commis une confusion entre deux classes de faits primitifs : les faits logiques et les faits psychologiques. Par principes, ou *primordia* logiques, on entend les propositions indémontrables qui sont nécessaires pour donner un fondement à toutes les vérités que l'on démontre; par principes psychologiques, il faut entendre les impressions élémentaires (*sensibilities*) de l'esprit, impressions d'où sortent par évolution, par agrégation ou association, tous les produits complexes de l'intelligence. Quels sont les principes logiques, c'est ce qui va être complétement mis en lumière dans cette note. Les principes psychologiques, ce sont les éléments de la sensibilité, tels que les découvre une analyse complète de l'esprit, par exemple : la résistance, le mouvement, la couleur, le son, etc. Il peut y avoir une coïncidence partielle entre ces deux classes de données fondamentales ; mais la coïncidence n'est pas nécessairement complète, et chacune de ces catégories de principes a sa valeur propre et distincte. L'analyse de l'esprit doit être elle-même fondée sur l'évidence, de sorte qu'elle peut exiger l'intervention de quelques principes qui sont distincts de cette analyse, et par suite la priorité appartient aux principes logiques de la connaissance.

L'expression : « le postulat universel », proposée par M. Herbert Spencer, pour désigner le fondement ultime de la certitude, est empruntée à Euclide. Quoique dans ces deux cas, dans la géométrie et dans la logique, l'objet auquel on applique cette expression soit complétement différent, il y a cependant ce trait commun que, de part et d'autre, quelque chose doit être demandé et accordé, sans démonstration qui impose l'assentiment.

Le principe de tout raisonnement doit être une vérité mutuellement consentie par les personnes qui raisonnent. Lorsqu'un adversaire déclare qu'il accepte un premier principe, et qu'il en admettra par suite toutes les conséquences, nous pouvons le contraindre à accepter tout ce qui se rattachera à ce principe par une nécessité logique, mais nous n'avons pas la même ressource pour le premier principe lui-même.

Dans l'énumération et la revue des divers systèmes, par lesquels les philosophes établissent les premiers principes de la connaissance, nous devons, à ce qu'il semble, faire mention d'abord de ce qu'on appelle les lois de la pensée : l'identité, la contradiction et l'exclusion du milieu. Mais ces lois sont des principes trop limités, trop restreints, et qui ne suffisent pas à expliquer toute connaissance. Comme nous l'avons expliqué dans cet ouvrage, elles constituent les lois de l'accord de la vérité avec elle-même, et de l'équivalence ; au dire des logiciens formels, elles expliquent aussi le syllogisme, c'est-à-dire l'accord de deux vérités entre elles par l'intervention d'une troisième vérité (*mediate consistency*) ; mais personne ne peut prétendre que ces lois nous donnent le critérium de toute vérité réelle.

Hamilton a avancé que le « témoignage de la conscience » était le critérium suprême et infaillible de la certitude. Il a exprimé les rapports de la vérité avec la conscience dans ces trois maximes ou règles :

1° Ne rien admettre pour vrai qui ne soit ou une donnée originale de la conscience, ou la conséquence légitime d'une de ces données ;

2° Énumérer toutes les données originales de la conscience, ainsi que toutes leurs conséquences ;

3° Présenter chacune de ces données dans son intégrité propre, sans la mutiler ou la défigurer, et en lui conservant sa place relative, son rang, selon qu'elle est subordonnée ou antérieure. (Œuvres de Reid, p. 747.)

Exposé sous une forme générale, ce critérium semble irréprochable. Mais, lorsqu'on en vient à des recherches particulières, on s'aperçoit aisément qu'il est vague et plein d'incertitude. Sans doute, notre conscience actuelle doit être prise pour une conscience actuelle. Si nous éprouvons une sensation de faim, nous savons de science certaine que nous sentons la faim. Mais une question s'élève : qu'est-ce que la conscience peut nous apprendre sur les événements passés ou les événements futurs? Et même, quelque étrange que la chose paraisse, on peut ne pas être d'accord sur les choses dont nous avons actuellement conscience.

M. Spencer donne une autre forme au postulat universel. Ce postulat est, d'après lui, l'impossibilité de concevoir le contraire. La seule raison, dit-il, qu'on puisse indiquer, pour établir nos croyances primitives, est leur existence invariable, garantie par l'impuissance de tous les efforts tentés pour les détruire. Lorsque le contraire d'une proposition est entièrement inconcevable, nous devons admettre cette proposition comme vraie.

Les difficultés que soulève l'emploi de ce critérium sont les suivantes :

1° Les exemples qui sont le plus favorables à ce critérium sont ceux où le contraire d'une proposition est inconcevable, parce qu'il est en contradiction formelle avec la proposition. Je ne puis pas croire que je n'existe pas en ce moment, parce que ces deux suppositions sont incompatibles et contradictoires ; les admettre l'une et l'autre, ce serait violer la loi de l'accord de la vérité avec elle-même. De même, le mouvement ne peut être conçu sans que l'on conçoive en même temps quelque chose qui se meut ; dans ce cas, les deux expressions représentent le même fait ; car « mouvement » et « chose qui se meut » ne sont que deux termes différents pour une conception identique. Le contraire serait une pure contradiction.

Jusqu'ici, on le voit, le postulat de l'accord de la vérité avec elle-même atteindrait le même but que le postulat de l'inconcevabilité du contraire.

2° Dans les affirmations où le sujet et l'attribut ne sont pas identiques, et qui associent des idées distinctes, l'inconcevabilité du contraire dérive d'une expérience qui n'a jamais été démentie, ou d'une liaison indissoluble dans les faits. C'est par exemple le cas pour l'étendue et la couleur ; nous ne pouvons penser à un objet étendu sans lui attribuer une certaine couleur ; la forme visible, quoiqu'elle soit, en elle-même, distincte de la couleur, est toujours confondue avec une impression de couleur. De même, nous ne pouvons penser à la glace sans penser au froid ; l'apparence visible de la glace et la sensation de la chaleur ne sauraient se produire à la fois dans l'esprit, en raison de la force de l'association contraire.

La même remarque s'applique aux axiomes des mathématiques. Le renouvellement de l'expérience, qui leur est toujours favorable, crée en leur faveur un lien presque indissoluble dans la pensée. Nous sommes incapables en fait de penser le contraire de ces axiomes. Il en est de même pour l'axiome du syllogisme.

Relativement à cette classe de croyances, il y a lieu de discuter si leur évidence dérive de l'inconcevabilité du contraire, ou bien de cette autre circonstance, à savoir le renouvellement perpétuel et sans exception des faits conformes à ces vérités. De ces deux origines, quelle est celle que nous devons choisir : la condition primitive et essentielle, ou celle qui n'est que la conséquence ? Il semble que les présomptions soient en faveur de la condition primitive, c'est-à-dire du renouvellement constant de l'expérience.

M. Spencer lui-même attribue notre impuissance à concevoir le contraire des axiomes et des autres croyances nécessaires, aux expériences accumulées et transmises par les générations humaines. « Les faits objectifs ne cessent pas de faire impression sur nous ; notre expérience est comme le registre où sont inscrits les faits objectifs, et l'inconcevabilité d'une chose implique qu'elle est en contradiction absolue avec ce recueil de faits et d'expériences. »

3° Il y a des propositions que nous admettons comme universellement vraies, mais dont le contraire peut être parfaitement conçu. Telle est la loi de la gravitation. Il est possible et même facile de supposer que le cours de cette loi est suspendu. Ce qui permet cette supposition, c'est que, malgré la grande généralité des cas où les corps tombent vers la terre quand ils cessent d'être soutenus, il y a cependant des cas où c'est le contraire qui arrive : la fumée et le brouillard s'élèvent dans les airs. Sans doute, nous apprenons à considérer ces faits comme des exceptions, mais ils suffisent à empêcher qu'il y ait dans notre esprit, entre l'idée d'un corps abandonné à lui-même et l'idée de sa chute, une liaison d'une force absolue.

4° Quelques exemples, cités comme des applications incontestables du principe de l'inconcevabilité, sont cependant niés par toute une école de penseurs. Hamilton et M. Spencer soutiennent, l'un et l'autre, qu'il est nécessaire de croire à la persistance de la force ; qu'il est impossible de concevoir la matière ou la force comme absolument créée ou absolument détruite. C'est à la première forme de l'inconcevabilité (le cas où le contraire est contradictoire à la proposition vraie) que se rapporterait cet exemple ; il n'est pas question d'en fonder la vérité sur la perpétuité de l'expérience. Néanmoins la contradiction n'est pas apparente. La force est une chose, et le commencement ou la fin de la force semble être une chose différente. Sans doute, lorsque nous avons été instruits des vérités de la mécanique, nous nous familiarisons avec cette idée que la force, lorsqu'elle se communique, perd l'équivalent numérique de ce qu'elle a communiqué ; et nous sommes par là préparés à accepter comme vraie la doctrine de la persistance. Mais, avant que nous ayons acquis cette connaissance des lois de la mécanique, connaissance qui est nécessaire pour que nous ayons une conception claire et précise de la force, nous pouvons nous former l'idée d'une force qui commencerait et qui finirait un jour ou l'autre. Nous ne sommes nullement frappés dès l'abord de la contradiction prétendue qu'il y aurait à concevoir une force qui ne dériverait pas d'une force antérieure; la contradiction que nous apercevons plus tard est fondée sur notre expérience.

Nous trouvons un exemple encore plus contestable dans ce qu'on peut appeler la question des questions, c'est-à-dire le problème de la perception extérieure. M. Spencer résout cette question dans le sens le plus populaire, en s'appuyant sur l'inconcevabilité de la négative. Quelque mystérieuse que puisse être la conscience de quelque chose qui serait distinct de notre conscience, nous sommes, dit-il, obligés d'y croire. « La croyance vulgaire à des objets, considérés « comme des entités extérieures, présente de plus solides « garanties que n'importe quelle autre croyance. » Cependant cette croyance contient une contradiction évidente, qui a été mise en relief par Berkeley et, après Berkeley, par d'autres philosophes. (Voyez, en particulier, la Critique de Berkeley par Ferrier.) Un critérium de certitude qui garantit une pareille croyance doit être repoussé par les penseurs, en raison de la proposition contradictoire qu'il justifie. Il y a un défaut de logique évident à accepter comme postulat universel un principe qui garantit le point précisément en discussion dans une controverse importante.

5° Les vues de M. Spencer sur l'inconcevabilité (lorsqu'elle ne consiste pas dans la contradiction de la vérité avec elle-même) reviennent à dire que l'inconcevabilité représente « le résultat net des expériences faites jusqu'à ce jour ». Mais ces vues supposent une théorie de la connaissance qui soulève de grandes objections. M. Spencer admet que notre contact habituel avec des objets réels développe dans nos esprits une tendance à unir les idées des objets, tendance proportionnée dans sa force au nombre de fois que ces objets se sont présentés à nous. Par exemple, les relations des choses dans l'espace sont celles qui se renouvellent le plus souvent; par suite, c'est à la conception de l'espace que nos esprits s'attachent avec le plus de ténacité. Il faudrait placer ensuite les relations de la matière et de la force. Ici, comme nous l'avons déjà remarqué, notre répugnance à concevoir le contraire est une preuve de la persistance des faits qui correspondent à notre croyance. De telle sorte que, sur ce point, l'expérience et l'inconcevabilité du contraire sont des critères de certitude réductibles l'un à l'autre.

On peut accorder, sans doute, que l'impression constante des choses réelles est *une* des sources de la croyance; mais elle n'est pas la seule, ni la plus considérable. En réalité, les autres sources de croyance sont si importantes, qu'elles réduisent l'importance de la première à des proportions relativement insignifiantes.

Les éléments réels de la croyance sont, en résumé, les suivants : 1° l'instinct qui nous porte à croire que ce qui est sera ; 2° l'influence de nos émotions vives et de nos affections. Ces deux influences seront plus tard mises dans tout leur jour, comme les causes principales de l'erreur et des sophismes (livre VI). Il faut aussi tenir compte de cette circonstance qu'en raison des limites de notre expérience, la force de la liaison ne représente pas la répétition réelle des faits, à moins que nous ne soyons placés de façon à rencontrer ces faits toutes les fois qu'ils se produisent. Ce qui est le plus familier pour la nature, peut ne pas être ce qui est le plus familier pour nous. Nous ne considérons pas toujours l'univers du haut d'un point de vue central et dominant. Le meilleur exemple que nous puissions en donner, c'est l'importance excessive que nous sommes disposés à attribuer à un type particulier de causalité, la volonté humaine, parce qu'il nous est plus familier que d'autres. Il en résulte que nous nous représentons la volonté comme le type naturel et essentiel de l'activité, quoique, en fait, ce ne soit là qu'une forme rare et même exceptionnelle de l'action et de la causalité.

Il faut encore tenir compte de l'influence que la société exerce sur la propagation de certaines croyances, qui reviennent souvent dans les discours des hommes. C'est ce renouvellement verbal des propositions qui, non moins que l'expérience personnelle des faits, nous détermine à accepter certaines doctrines. En résumé, lorsque l'on considère les différentes influences qui concourent à former nos convictions, la circonstance unique que M. Spencer met en avant est tellement dominée par les autres que la vivacité de la croyance et, par suite, l'inconcevabilité du contraire, ne peuvent plus être considérées comme un critérium de certitude.

6° Il n'y a aucun intérêt à réunir, dans une même catégorie, et à assujettir à un seul critérium, des croyances aussi différentes que celles qui sont fondées sur l'accord de la vérité avec elle-même, et sur l'accord de la vérité avec les faits. Jusqu'à ce jour, les philosophes ont maintenu la distinction de ces deux catégories de vérités, en les désignant sous divers noms. La première catégorie comprend les vérités formelles, les vérités nécessaires, les lois de la pensée ; l'autre est composée des vérités réelles, des vérités contingentes, des certitudes inductives. Bien que, dans les inductions relatives aux faits les plus fréquents, l'esprit arrive à des associations presque indissolubles, et ne puisse sans difficulté concevoir le contraire de ces vérités, il n'en est pas moins vrai que cette ressemblance approximative avec les vérités fondées sur le principe de contradiction n'est qu'accidentelle, et n'appartient pas également à toutes les lois inductives. Lorsque l'inconcevabilité du contraire est réelle, il faut toujours en donner la raison, et, cette raison n'étant pas toujours la même, il n'y a aucun intérêt à dissimuler des différences fondamentales sous une ressemblance apparente et superficielle. Rien ne nous oblige à n'avoir qu'un seul postulat universel. Puisque nous avons affaire à deux différentes formes de certitudes, qui ne sont nullement liées entre elles, la logique veut que nous reconnaissions des critères différents.

Pour ces diverses raisons, nous repoussons le critérium de l'inconcevabilité du contraire ; nous n'admettons pas qu'il soit le fondement de toute certitude, le postulat qui ne peut être prouvé, et qu'il faut accorder avant d'entreprendre toute démonstration. A la place de ce critérium unique, nous proposerons au moins deux postulats, d'après la distinction que nous venons de rappeler. Peut-être même y en a-t-il un plus grand nombre.

Au premier rang nous placerons le postulat de l'accord de la vérité avec elle-même (*consistency*) ou l'absence de contradiction. Ceci est le principe de toute inférence immédiate, ou de toute proposition équivalente. Il doit être accepté comme la condition *sine quâ non* de tout raisonnement, de toute discussion, de toute conversation intelligente. Nous en avons assez dit sur ce sujet.

En second lieu, il doit y avoir un ou plusieurs postulats, pour légitimer toutes les inférences ou conclusions qui dérivent de l'expérience ; des principes, en d'autres termes, de certitude réelle ou inductive. Ici il y a une plus grande difficulté que tout à l'heure à décider quel peut être le postulat de ces inférences réelles, et si un seul postulat suffit. Nous entrons dans une sphère totalement nouvelle.

Pour garantir les conclusions de notre expérience, pour légitimer des assertions comme celle-ci : « L'eau apaise la soif », « les corps abandonnés à eux-mêmes tombent, » il y a une première condition requise : c'est la foi à la *conscience actuelle*. Il faut admettre ce principe, que nous sentons réellement ce que nous sentons ; que nos sensations et nos sentiments se présentent réellement à nous comme nous en avons conscience. Peu importe que nous appelions cette foi naturelle, une croyance irrésistible ou une assertion dont le contraire est inconcevable. Le fait est que nous admettons cette croyance primitive ; c'est sur elle que nous nous appuyons dans toutes nos actions. Dire que le contraire de cette proposition est inconcevable, ce n'est pas démontrer qu'il est nécessaire de l'admettre. Il est impossible de donner une autre raison que celle-ci : c'est qu'en fait nous l'acceptons.

L'importance de ce principe primitif de la croyance instinctive à la conscience ne se révèle tout à fait que lorsque nous dépassons le témoignage de la conscience actuelle. Cette conscience en elle-même ne nous fait pas faire de grands progrès dans la connaissance. Il est nécessaire que nous allions au delà, et que nous acceptions d'autres croyances, bien que ces croyances paraissent d'une évidence précaire, quand on les compare avec la certitude décisive d'une conscience immédiate. Une seconde condition, c'est que nous ayons foi à la *conscience passée* ou *mémoire*. Si nous n'admettons pas cette faculté de revenir sur le passé, notre connaissance est strictement limitée à ce qui est actuel ;

nous ne pouvons pas même comparer deux expériences successives, ou déclarer que deux faits se succèdent l'un à l'autre. Nous avons, dans un premier moment, conscience de la soif ; dans un second moment, nous avons conscience d'un certain acte qu'on appelle boire ; enfin, dans un troisième moment, nous avons conscience que notre soif est apaisée. La succession de ces trois états de conscience est un fait d'expérience ; mais nous ne pouvons le croire vrai qu'à la condition d'avoir foi au fait passé, qui nous est fourni par la mémoire, comme nous avons foi au fait présent, qui nous est fourni par la conscience.

La croyance à la mémoire est donc aussi un postulat. Mais on a le droit de demander si nous devons accorder à la mémoire une foi illimitée, ou, sinon, quelles doivent être sur ce point les limites de notre croyance. S'il y a quelque circonstance qui qualifie et détermine la croyance, cette circonstance doit être mise en relief comme quelque chose de plus fondamental encore, comme un critérium destiné à prendre la place de la croyance qu'il détermine et qu'il qualifie. En résumé, nous devons croire à la mémoire ; mais le postulat de cette croyance ne doit pas être entièrement indépendant et isolé : il doit s'appuyer, dans une certaine mesure, sur un postulat différent.

Tout en accordant que la croyance à la mémoire, aussi bien que la croyance à la conscience actuelle, sont des hypothèses nécessaires et primitives, nous ne pouvons nous empêcher de remarquer qu'il s'en faut beaucoup que ce critérium réponde à tous les besoins de l'intelligence. Le souvenir le plus exact ne nous apprend que ce qui a été, quelque chose qui a cessé d'être. Il reste à franchir un passage bien plus périlleux, le passage du présent ou du passé à l'avenir. C'est uniquement l'avenir qui nous intéresse à vrai dire ; le présent et le passé n'ont de valeur que comme la clé de l'avenir. Or il est plus facile de nous satisfaire, pour la connaissance de ce qui a été, que pour la connaissance de ce qui sera.

Le postulat que nous cherchons maintenant doit nous

permettre de franchir l'intervalle, l'abîme qui sépare les événements inconnus, dont nous n'avons pas fait l'expérience, des événements que nous avons expérimentés et que nous connaissons, soit par la conscience, soit par la mémoire. « L'eau a toujours apaisé la soif. » En vertu de quelle hypothèse affirmerons-nous qu'il en sera de même dans l'avenir ? L'expérience ne peut évidemment nous renseigner sur ce point, puisque l'expérience nous fait connaître uniquement ce qui existe actuellement, ou ce qui a existé jusqu'ici, et, quel que soit le nombre des expériences faites, il reste toujours la difficulté périlleuse de s'avancer sur le terrain inexploré des possibilités futures.

Le fait qu'on exprime généralement par ces mots : « Uniformité de la nature », est la garantie, la majeure suprême de toute induction. Ce qui a été sera ; voilà le principe qui justifie toute inférence sur l'avenir, qui nous assure, par exemple, que l'eau, dans l'avenir comme aujourd'hui, apaisera notre soif. Nous ne pouvons donner de raison démonstrative pour établir cette uniformité ; il faut donc l'accepter sans démonstration comme le postulat universel. À coup sûr, il n'y a pas d'autre issue. Nous pouvons choisir entre diverses expressions de ce principe ; mais, quelle que soit l'expression, le fond est nécessairement le même, à savoir le fait de l'uniformité de la nature.

Comme la nature n'est pas uniforme en toutes choses, nous devons avoir soin de distinguer l'uniformité du changement. Il y a des lois uniformes dans la génération des animaux, mais les naissances individuelles dans un même couple ne sont pas exactement semblables. L'expérience établira, non pas l'uniformité, mais les *exceptions à l'uniformité* ; elle examinera toutes les successions naturelles, et nous décidera à rejeter toutes celles qui ne sont pas uniformes. Elle ne prouvera pas que tous les phénomènes seront dans l'avenir ce qu'ils ont été dans le passé, mais elle nous apprendra que certains phénomènes ont été uniformes dans le passé, d'autres non. Elle aura tout au moins une valeur négative.

Exprimons donc le postulat ainsi : *Ce qui est arrivé uniformément dans le passé arrivera dans l'avenir*, ou, en d'autres termes : « Ce qui n'a jamais été contredit dans aucun cas (en admettant qu'il y ait eu de nombreuses occasions de le vérifier) sera toujours vrai. » Dans le cours de notre expérience, nous avons vu souvent contredire par des faits nouveaux beaucoup d'uniformités supposées. D'autre part, nous avons rencontré des phénomènes qui n'ont jamais varié; dans ce cas, nous nous risquons à prédire la continuation dans l'avenir de ce que nous avons observé dans le passé. Nous nous abandonnons à notre foi aveugle, jusqu'à ce que nous soyons arrêtés par une exception; notre confiance grandit avec l'expérience. Cependant l'expérience n'a qu'une valeur négative; elle nous montre seulement qu'une chose n'a jamais été contredite, et, d'après ce témoignage, nous nous risquons à augurer de l'avenir.

Cette supposition de l'uniformité de la nature suffit amplement à justifier l'opération inductive, et les inférences réelles qu'elle nous suggère. Sans elle nous ne pouvons rien; avec elle nous pouvons tout. L'erreur serait de chercher quelque raison qui la justifiât, au lieu de la considérer comme un *postulat* nécessaire. Si cette raison existait, elle serait nécessairement pratique, non théorique. Or, sans ce postulat, nous ne pouvons pas faire un seul pas dans la pratique; nous ne pouvons poursuivre un seul but dans la vie. Si l'avenir ne reproduit pas le passé, nous sommes entourés d'énigmes, nous sommes perdus dans un labyrinthe. Il faut donc obéir à l'instinct naturel qui nous pousse à *admettre* sans preuve la ressemblance de l'avenir et du passé; commençons par le croire, nous le prouverons ensuite.

Ce troisième postulat est le vrai postulat de l'expérience. Non-seulement il ne donne lieu à aucun doute, ce qui le distingue des postulats de la conscience et de la mémoire, mais c'est lui qui écarte les doutes et les incertitudes, liées à ces hypothèses, en apparence plus naturelles. Sans doute, il ne peut y avoir de meilleure évidence que celle qui dérive d'une réalité présente, mais à une condition cependant : c'est que nous ne confondions pas avec une prétendue conscience actuelle une inférence ou un souvenir. Cette difficulté sera écartée par la comparaison des cas, et l'application de principes généraux, qui, en dernière analyse, reposent sur le grand postulat de l'expérience.

Il en est de même pour la mémoire. Nous avons instinctivement foi à un souvenir encore récent. Mais à mesure que l'intervalle de temps augmente, notre foi diminue. Il faut par conséquent fixer une limite, et c'est ce qu'on fera, grâce à une comparaison des diverses expériences, suivie d'une inférence qui nous permette de passer du présent à l'avenir; ce qui nous ramène encore au postulat de l'expérience. Par conséquent, de quelque côté que nous nous tournions, nous constatons que ce postulat est le seul terrain ferme sur lequel nous puissions porter nos pas.

E. LES SOPHISMES D'APRÈS ARISTOTE ET LES SCOLASTIQUES.

La théorie d'Aristote a servi de principe à toutes les classifications qui ont été adoptées après lui. Elle est fondée sur la distinction des sophismes de langage et des sophismes de pensée.

I. *Sophismes de langage* (*in dictione*, οἱ παρὰ τὴν λέξιν). 1° L'équivoque, l'homonymie, ὁμωνυμία, l'ambiguïté d'un terme. C'est là une classe très-nombreuse de sophismes. Un des exemples donnés par Aristote est l'ambiguïté du mot « nécessaire ». — « Le mal est un bien, parce tout ce qui est nécessaire (τὰ δέοντα) est bon, et le mal est nécessaire. » Tout ce qui est nécessaire pour atteindre à un but désiré est bon, mais ce qui résulte nécessairement de conditions antérieures peut être mauvais. Whately donne dans sa logique une énumération des mots qui sont le plus souvent employés dans la discussion avec un sens ambigu. Cette tâche appartient pour le moins autant au lexicographe qu'au logicien. Ainsi le mot *devoir* peut représenter, ou bien une chose qui, probablement, arrivera : « Le soleil doit se lever demain; » ou bien, ce qui est moralement obligatoire : « Tout homme doit obéir à la loi. » Le mot anglais *old* (vieux) signifie à la fois la longue durée, et l'éloignement dans le temps. Comme l'âge donne de l'expérience, et que l'expérience enseigne souvent la sagesse, il y a un préjugé général qui nous porte à considérer les anciens comme plus sages que nous. A cela Bacon répond avec raison : « C'est *nous* qui sommes les anciens. » Nous héritons de la sagesse des vieux (*old*), et nous pouvons y joindre de nouvelles expériences.

Une des causes pricipales de l'ambiguïté des termes, c'est que le sens des mots change sans cesse.

Le mot « quelques-uns » est un mot important, au point de vue logique, dans ses deux sens principaux : « quelques-uns au moins », — « quelques-uns au plus », — ou bien quelques = non aucun; — et quelques = non tous.

Le remède à l'ambiguïté des mots est la définition.

2° *Amphibologia, amphibolie,* ἀμφιβολία. Une pensée, qui a deux sens, peut être arrangée de façon à n'en suggérer qu'un pour nous tromper. C'était la ruse ordinaire des anciens oracles : *Aio te, Æacida, Romanos vincere posse*, signifie à la fois que les Romains seront vainqueurs ou qu'ils seront vaincus.

3° *Fallacia compositionis et divisionis*. Whately définit ce sophisme comme l'emploi d'un terme pris collectivement dans une prémisse et distributivement dans l'autre. Si le terme est collectif dans la majeure et distributif dans la mineure, c'est un sophisme de division; si la mineure contient le terme collectif et la majeure le terme distributif, c'est un sophisme de composition.

Cinq est un nombre............	
Trois et deux font cinq.........	Sophisme de division.
Trois et deux sont un nombre....	

Trois et deux sont deux nombres. \
Trois et deux font cinq .... } Sophisme de composition.
Cinq est deux nombres.......... /

Aristote indique une distinction analogue,— σύνθεσις, ou la possibilité d'une disjonction incorrecte, et διαίρεσις, ou la possibilité d'une conjonction incorrecte. Son exemple de διαίρεσις est :

 Cinq est deux et trois.
 Deux et trois sont un nombre pair et impair.
 Cinq est un nombre pair et impair.

Ce serait un sophisme de composition selon Whately, et M. Poste observe qu'il n'est pas facile de comprendre exactement la distinction d'Aristote.

4° *Fallacia prosodiæ* ou *accentûs*, προσῳδία. Ceci est tout à fait insignifiant et frivole, et ne mérite d'être cité qu'à cause des différentes significations qui peuvent être données à une phrase par le ton plus ou moins emphatique qu'on met dans la prononciation. M. de Morgan remarque que le commandement : « Tu ne porteras pas un faux témoignage contre ton voisin, » peut être prononcé avec un accent tel que le faux témoignage n'est pas défendu, ou que le mensonge est permis excepté dans le témoignage, ou qu'on peut mentir dans son intérêt, ou enfin que c'est seulement contre les voisins que le faux témoignage est défendu. La plupart des vieux exemples ne sont que des calembours : *Tu es qui es ; qui es est requies, ergo tu es requies.*

5° *Fallacia figuræ dictionis*, σχῆμα λέξεως. Selon les vues d'Aristote, ce sophisme est une sorte de confusion grammaticale, qui dérive de cette circonstance que des choses différentes ont des noms dont l'inflexion est semblable. Ainsi souff*rant* et aim*ant* ont la même terminaison, mais l'un désigne un état passif, l'autre un état actif.

II. *Sophismes de pensée* (extra dictionem, οἱ ἔξω τῆς λέξεως).

1° *Fallacia accidentis* ou *a dicto simpliciter ad dictum*

secundum quid, παρὰ τὸ συμβεβηκός. C'est un sophisme qui suppose à tort que le sujet et le prédicat ont tous leurs attributs en commun. Il consiste à prendre un prédicat comme ayant une extension égale au sujet, alors qu'il ne l'a pas.

2° *Fallacia a dicto secundum quid ad dictum simpliciter*, τὸ ἁπλῶς ἢ μὴ ἁπλῶς ἀλλὰ πῇ ἢ ποῦ ἢ ποτὲ ἢ πρός τι λέγεσθαι. C'est la confusion d'une affirmation absolue avec une affirmation qui est limitée, par rapport au temps, au lieu, à la manière et à la relation.

> Ce que vous avez acheté hier, vous le mangerez aujourd'hui.
> Vous avez acheté hier de la viande crue.
> Vous mangerez aujourd'hui de la viande crue.

C'est le contraire du sophisme appelé *fallacia accidentis* : beaucoup d'exemples de ces deux sophismes sont des cas de conversion incorrecte d'une affirmative universelle.

3° *Ignoratio elenchi*, τὸ παρὰ τὴν τοῦ ἐλέγχου ἄγνοιαν. C'est une forme inexacte de la réfutation. Un contradicteur entreprend de combattre une thèse; seulement il s'attaque à une thèse un peu différente. C'est l'erreur commune qui consiste à discourir en dehors du sujet, à prouver ce qui n'a qu'une ressemblance superficielle avec la conclusion. M. de Morgan rattache à ce sophisme tous les efforts tentés pour déplacer l'*onus probandi*.

4° *Fallacia consequentis, non sequitur*, τὸ παρὰ τὸ ἑπόμενον. Prendre du fiel pour du miel parce qu'il est jaune, est un *non sequitur*. La pluie mouille la terre, par conséquent la terre mouillée indique qu'il a plu. Tout homme qui a la fièvre a chaud, mais tout homme qui a chaud n'a pas la fièvre. Dans ce cas aussi, les exemples sont le plus souvent des cas de conversion incorrecte d'une affirmative universelle.

5° *Petitio principii*, τὸ παρὰ τὸ ἐν ἀρχῇ λαμβάνειν. Aristote décrit cinq formes de ce sophisme: 1° lorsqu'on demande qu'on accorde la chose qu'il s'agit précisément de démontrer; 2° lorsqu'on demande qu'on accorde universellement ce qui doit être démontré particulièrement; 3° lorsqu'on demande qu'on accorde particulièrement ce qui doit être prouvé universellement ; 4° lorsqu'on demande qu'on accorde toutes les vérités particulières qui forment la proposition universelle à prouver ; 5° lorsqu'on demande qu'on accorde quelque chose qui est nécessairement lié à la conclusion.

Les logiciens discutent la question de savoir si le syllogisme n'est pas lui-même une pétition de principe.

6° *Non causa pro causa*, τὸ μὴ αἴτιον ὡς αἴτιον τιθέναι. C'est un sophisme inductif, qu'on appelle encore : *post hoc, ergo propter hoc;* ce qui est le fait de l'induction trompeuse *per simplicem enumerationem.* Whitfield attribue l'orage de grêle qui l'assaillit au fait de n'avoir pas prêché dans une ville.

7° *Fallacia plurium interrogationum,* τὸ τὰ πλείω ἐρωτήματα ἓν ποιεῖν. C'est le sophisme qui consiste à considérer plusieurs questions comme n'en formant qu'une seule. Pourquoi avez-vous frappé votre père? C'est là un piége assez ordinaire pour demander raison d'un fait qui n'a pas d'existence. Les premiers membres de la Société royale commettaient cette erreur, lorsqu'ils s'efforçaient d'expliquer pourquoi un poisson mort pesait plus qu'un poisson vivant. La vraie réponse, c'est que cela n'était pas vrai.

Les écrivains modernes n'ont guère fait d'additions à la liste d'Aristote. Le principe de classification d'Aristote a été déclaré illogique, et l'on a proposé de nouveaux arrangements, mais son énumération n'a pas été matériellement accrue.

La distribution adoptée dans la plupart des manuels de logique syllogistique est celle de Whately.

Whately rejette, comme confuse, la distinction des sophismes en sophismes de mots (*in dictione*) et sophismes de pensée (*extra dictionem*). Il les divise en deux catégories : les sophismes *logiques* et les sophismes *non logiques.* Les sophismes logiques comprennent tous les cas où des prémisses insuffisantes sont données comme suffisantes : tous les cas où la conclusion ne peut régulièrement dériver des prémisses. Ces cas seuls, d'après lui, sont véritablement logiques : la logique ayant seulement à rechercher si les prémisses sont suffisantes pour justifier la conclusion donnée. Comme sophismes non logiques, Whately entend tous les cas où les prémisses suffisent pour la conclusion, où la conclusion peut dériver des prémisses, mais dans lesquels ou bien les prémisses ont été acceptées sans raison, ou bien encore la conclusion ne se rapporte pas à l'objet de la discussion. D'après Whately, en effet, établir si les prémisses sont légitimes, ou si la conclusion est appropriée à la question, ce n'est pas l'affaire de la logique.

Telles sont les divisions de Whately. Il groupe les sophismes d'Aristote dans chacune de ces catégories, de la manière suivante : 1° Il subdivise les sophismes *logiques* en sophismes purement *logiques* et *semi-logiques*. Les sophismes *purement logiques* sont l'erreur du moyen terme non distribué, et de l'extension illégitime du grand ou du petit terme : deux erreurs qu'Aristote n'énumère pas dans sa liste des sophismes (*sophismata*), soit parce qu'il les considère comme trop palpables pour être employées frauduleusement par un sophiste, soit parce qu'il les a suffisamment indiquées dans sa théorie du syllogisme. Les sophismes *semi-logiques* comprennent tous les cas d'ambiguïté du moyen terme. L'ambiguïté peut être dans le terme lui-même, ou bien dépendre de l'ensemble du texte. Si l'ambiguïté est dans le terme lui-même, nous avons *fallacia equivocationis*; ou *fallacia amphiboliæ*. Notre auteur profite de l'occasion pour remarquer qu'un terme peut avoir deux sens, ou bien par accident, ou bien par suite de quelque connexion de ressemblance, d'analogie, de cause et d'effet, etc., entre les deux sens. L'ambiguïté, qui dérive de l'ensemble du texte, donne lieu au sophisme *compositionis et divisionis* et au sophisme *accidentis*, enfin au sophisme *a dicto secundum quid ad dictum simpliciter*. Dans ce cas, le moyen terme n'est pas ambigu par lui-même, mais il est employé avec différents qualificatifs dans les prémisses.

II. Dans le groupe des sophismes *non logiques*, il y a deux cas, comme on l'a déjà vu : ou bien les prémisses sont illégitimement acceptées, ou bien la conclusion ne convient pas. Une prémisse peut être entièrement fausse. La seule garantie contre ce danger est la connaissance exacte des conditions de l'induction. La prémisse majeure peut contenir la conclusion (*petitio principii*) : ou bien elle est la conclusion elle-même et n'en diffère que par la forme, ou bien, sans être tout à fait la conclusion, elle l'implique jusqu'à un certain point. Voilà pour les prémisses illégitimes. Si nous passons ensuite à l'autre subdivision des sophismes non logiques (*ignoratio elenchi*, ou conclusion qui ne convient pas), nous trouvons différentes façons d'escamoter la question traitée. Ou bien l'on accorde une trop grande importance aux objections, en négligeant tous les arguments favorables. Ou bien on change le terrain de la discussion, soit par un déplacement complet de la question, soit par un changement insensible d'une prémisse à l'autre. En troisième lieu, on peut échapper à la discussion véritable par l'emploi des termes complexes et généraux. Enfin, en quatrième lieu, on fait appel aux passions et aux sentiments, en laissant dans l'ombre les arguments rationnels de la question. (*V*. 1. VI.)

FIN DU PREMIER VOLUME.

TABLE DES MATIÈRES

DU PREMIER VOLUME.

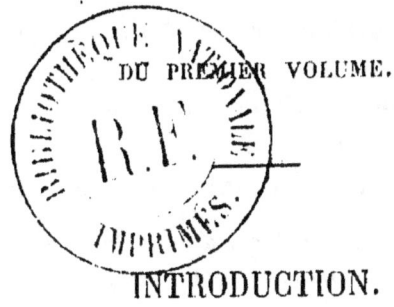

INTRODUCTION.

                                                      Pages.

1. Définition sommaire de la logique............................. 1

Données psychologiques de la logique.

2. La logique, à tous les points de vue, embrasse toutes les opérations de l'esprit... 1

Différence ou relativité.

3. Pour que nous éprouvions une *sensation*, il doit y avoir un changement d'impression, de telle sorte que toute sensation est double... 2

4. Dans la *connaissance*, il y a de même dualité.............. 3

Accord ou ressemblance.

5. Une impression qui se renouvelle après un intervalle affecte l'esprit d'une façon toute spéciale............................ 4

La connaissance est à la fois différence et accord.

6. La connaissance comprend à la fois la différence et l'accord. — La mémoire, elle aussi, est nécessaire......................... 5

La connaissance comprend deux choses : l'objet et le sujet.

7. Opposition du monde intérieur et du monde extérieur...... 6

La connaissance individuelle et concrète, générale ou abstraite.

8. La connaissance générale, c'est la ressemblance des individus.. 7

Pages.

Discussion sur le caractère des connaissances générales, appelées aussi idées abstraites.

9. Systèmes sur les idées abstraites : réalisme, conceptualisme.... 7

L'idée d'un individu est un composé d'idées générales.

10. La perception d'un individu combine plusieurs impressions généralisées.. 9
11. Le caractère spécial d'un individu doit être défini............ 10
12. *Présentation* et *représentation*............................ 10
13. Les noms des individus sont des combinaisons de noms communs. 11

L'opération intellectuelle de l'accord ou de la ressemblance est le principe du raisonnement.

14. Le raisonnement, sous toutes ses formes, est une assimilation. 11

L'origine de notre connaissance est l'expérience.

15. La matière et l'esprit nous sont également révélés par la conscience et l'expérience.. 13
16. Certaines connaissances sont dites *intuitives* : la force, l'espace, la cause, la substance.. 14

La nature de la croyance dans ses rapports avec le problème de l'origine des idées.

17. La tendance naturelle de l'esprit est de croire avec excès...... 17

Rien ne peut être affirmé comme vrai sans la garantie de l'expérience.

18. Nous devons écarter nos instincts, et n'accepter que l'expérience seule... 18
19. Nous connaissons tout ce qui affecte quelqu'une de nos facultés de sentir... 19

Premiers principes de la logique.

20. Énumération des premiers principes de la logique............. 20

Principe de l'accord de la vérité avec elle-même : vérités nécessaires.

21. Ce qui peut être affirmé sous une forme verbale peut l'être sous une autre.. 20
22. Les « lois de la pensée ». — *Identité, contradiction, exclusion du milieu*.. 22

Premiers principes de la déduction.

23. Application d'une proposition générale à un cas particulier.... 25
24. Axiome de la déduction.. 26
25. La déduction suppose l'uniformité de la nature................ 27

Premiers principes de l'induction.

26. Inférence d'un fait connu à un fait inconnu.................. 28
27. Les uniformités de succession rentrent sous la loi de causalité. 28
28. La causalité considérée comme la persistance ou la conservation de la force... 29

Nature et classification des connaissances.

29. Définition de la connaissance. Elle comprend la croyance, dont le critérium est l'action.................................... 31
30. La connaissance doit être *vraie*............................. 31
31. La connaissance particulière et la connaissance générale..... 31
32. Les généralités fondées sur la répétition des faits naturels.. 32
33. Nous devons rechercher les généralités les plus hautes....... 32
34. La forme parfaite de la connaissance est la SCIENCE. Recherche de la *vérité*... 33
35. La science aspire aux connaissances *générales*.............. 33
36. Chaque science distincte a un objet déterminé................ 33
37. Une science est un *système* de connaissances................ 34
38. La classification des sciences est conforme aux observations précédentes.. 34
39. Les sciences se divisent en sciences abstraites et concrètes. 35
40. Classification des sciences ABSTRAITES....................... 37
41. Les sciences CONCRÈTES....................................... 40
42. Les sciences PRATIQUES....................................... 41
43. Toute science pratique suppose un but........................ 42

Considérations sur la définition ou les limites de la logique.

44. La logique considérée comme l'art et la science du raisonnement... 43
45. Que le terme raisonnement est trop restreint................. 43
46. La Logique définie : la science des lois de la pensée........ 44

47. Autre définition : La logique, science des opérations de l'intelligence dans la recherche de la vérité...... 46
48. Les vérités sont : 1° immédiates ou intuitives; 2° médiates ou inférées...... 46
49. La Logique définie par M. Mill : la science de la preuve...... 49
50. Comment le but de la logique est conçu dans le présent ouvrage...... 49

Divisions de la logique.

51. Il y a dans la recherche de la vérité quatre opérations essentielles...... 52
52. L'*Observation*. Pourquoi elle ne fait point partie de la logique. 52
53. La *Définition*. Une des parties essentielles de la logique...... 55
54. L'*Induction*. La partie la plus considérable des recherches scientifiques...... 58
55. La *Déduction*. Elle comprend l'étude des formes du syllogisme. 59

LIVRE PREMIER.

DES MOTS, DES IDÉES, ET DES PROPOSITIONS.

CHAPITRE PREMIER.

Des mots et des termes.

1. Les vérités considérées dans la logique sont exprimées par des mots. Le langage n'est pas nécessaire à la connaissance...... 63
2. La connaissance, verbalement exprimée, revêt la forme d'une proposition...... 66
3. Des raisons qui nous décident à commencer l'étude de la logique par l'étude des mots...... 68
4. Un mot est un signe qui représente une chose...... 70
5. Les mots, au point de vue logique, se rapportent à la GÉNÉRALITÉ ou à la RELATIVITÉ...... 70
6. Au point de vue de la *généralité*, les mots sont *singuliers* ou *généraux*...... 71
7. Du sens de ces deux expressions...... 72
8. Les mots généraux sont dits *connotatifs*...... 74

TABLE DES MATIÈRES.   443

Pages.

9. Distinction d'Hamilton entre l'extension et la compréhension...   77
10. Le dernier résultat de la généralité est le mot *abstrait*........   79
11. Le second groupe des mots se rattache à la *relativité*.........   83
12. Mots *positifs* et *négatifs*. Toute idée universelle suppose une idée contraire..   83
13. Une idée universelle contient deux membres seulement......   87
14. Lorsqu'une idée universelle contient plus de deux membres, l'idée opposée est vague..   87
15. Formes verbales pour exprimer la négation...................   87
16. La négative d'une qualité ou d'une chose réelle est, elle aussi, réelle   88
17. Les relations particulières des choses donnent lieu à une multitude de termes relatifs...   90
18. Le sens de chaque objet augmente avec l'extension de ses contraires..   91

CHAPITRE II.

Classes, notions ou concepts.

1. La généralisation d'une seule propriété par opposition à la généralisation de propriétés *accouplées*............................   93
2. Beaucoup d'idées générales reposent sur un seul caractère commun..   94
3. Des classes fondées sur un petit nombre de caractères communs.   95
4. Des classes fondées sur un grand nombre de caractères communs ou espèces..   96
5. Les classes sont plus ou moins générales : genre et espèce ; de la gradation des classes dans l'histoire naturelle................   97
6. A chaque classe correspond une ou plusieurs classes corrélatives.   99

La notion exprimée sous forme de proposition.

7. Beaucoup de propositions ne contiennent pas une affirmation réelle. C'est une source de sophismes..........................   100
8. Lorsqu'une classe possède à la fois plusieurs attributs, cette circonstance peut donner lieu à des propositions sans affirmation réelle...   103
9. Dans les espèces naturelles, la prédication verbale peut être confondue avec la prédication réelle..............................   104
10. La *définition* est en apparence une prédication, mais elle ne l'est pas réellement..   107

11. La définition de mots énumère toutes les propriétés que les mots connotent 107
12. Dans les espèces naturelles, on peut se contenter de définitions qui ne sont que des énumérations incomplètes 108
13. Les *cinq prédicaments* se rapportent à la distinction de la prédication verbale et réelle................................... 109
14. Définition par le *genre* et par la *différence*.................. 110
15. Les attributs qui servent à la définition d'une chose sont appelés attributs essentiels.. 111
16. Le prédicat, appelé *propre*, appartient à la prédication *réelle*; il désigne un attribut qui dépend du sujet....................... 111
17. L'*accident* est quelque chose de distinct qui ne dépend pas du sujet.. 113
18. Accidents *inséparables*....................................... 114

CHAPITRE III.

Propositions.

1. Propositions classées d'après la généralité et la relativité. Extension et compréhension des propositions. Le mot jugement employé pour désigner les propositions........................... 116

Forme extérieure des propositions.

2. Les propositions sont *totales* ou *partielles* : différence de quantité... 116
3. Les propositions sont ou *affirmatives* ou *négatives* : différence de qualité.. 120
4. Mots et phrases qui expriment la négation...................... 124
5. Les propositions sont ou **simples** ou **composées** : distinction qui est en partie logique... 126
6. Les propositions composées au point de vue logique sont les propositions *conditionnelles* et les propositions *disjonctives*........ 127
7. Quatre classes de propositions d'après la quantité et la qualité; leurs symboles... 128
8. Par la *quantification* du prédicat, Hamilton propose quatre formes additionnelles... 129
9. Par une détermination plus complète des contraires, de Morgan ajoute encore de nouvelles formes................................ 134

Opposition des propositions.

10. Opposition des *contraires* 137

	Pages.
11. Opposition des *contradictoires*............................	139
12. *Propositions modales*......................................	145

Du sens des propositions.

13. La classification des propositions, d'après leur importance, est une préparation à la logique inductive....................	147
14. Le sens d'une proposition d'après Hobbes..................	147
15. La proposition considérée comme rattachant quelque chose à une classe..	148
16. Procédés pour arriver à la plus haute généralisation des propositions	150
17. Les affirmations ultimes sont la coexistence, la succession, l'égalité et l'inégalité...	151
18. Les propositions de *quantité* ou mathématiques portent sur l'égalité ou l'inégalité...	151
19. Les sciences de quantité sont déductives...................	152
20. Les propositions de coexistence expriment d'abord la *situation dans l'espace*...	152
21. Elles expriment en second lieu l'inhérence de plusieurs attributs dans un même sujet.......................................	152
22. A la *succession* se rattachent d'abord les propositions qui expriment *l'ordre dans le temps*..................................	154
23. La seconde forme de succession est le *rapport de cause à effet*. L'existence ne constitue pas un prédicat régulier.............	155

Propositions équivalentes. — Inférence apparente ou immédiate.

24. Formes équivalentes. Dans quel sens on peut les appeler des inférences..	157
25. Une *proposition universelle* et ses éléments *particuliers*......	158
26. Du plus et du moins dans la *connotation* et la *compréhension*..	159
27. *Obversion dans la forme*...................................	161
28. *Obversion dans la pensée*..................................	163
29. *Conversion*. 1° Simple conversion. 2° Conversion par limitation. 3° La conversion complexe avec l'obversion..................	166
30. *Inférences hypothétiques*, considérées à tort comme des syllogismes..	170
31. Propositions conditionnelles et leur équivalence.............	172
32. Équivalence disjonctive.....................................	174

416   TABLE DES MATIÈRES.

	Pages.
33. Le dilemme..	177
34. *Propositions synonymes*...............................	180

Exercices sur les propositions.

Résumé sur les caractères des propositions. Exemples............ 182

LIVRE II.

DÉDUCTION.

CHAPITRE PREMIER.

Du syllogisme.

1. Le syllogisme est la forme complète du raisonnement déductif.	193
2. Le syllogisme contient trois *termes*.........................	194
3. Le syllogisme contient trois *propositions* : deux prémisses et la conclusion..	196
4. Les syllogismes divisés en FIGURES, d'après la position du moyen terme..	197
5. Chaque figure comprend des formes distinctes, appelées *modes*. Détails sur les formes syllogistiques. La première figure renferme les modes réguliers et typiques......................	200
6. Lignes mnémoniques du syllogisme........................	214
7. Règles des raisonnements légitimes. Comment elles doivent être exprimées...	216
8. Règles d'Hamilton.......................................	220
9. Les règles du syllogisme appropriées à chaque figure.........	221
10. Choix des modes concluants.............................	223

Axiome du syllogisme.

11. Forme du *Dictum de omni et nullo*.......................	226
12. *Nota notæ est nota rei ipsius*............................	227
13. La preuve de l'axiome est l'expérience invariable............	232
14. Formes données à l'axiome par Hamilton. Raisonnement *non formel*..	233
15. Raisonnement figuré....................................	234
16. Correction de Thomson à la première forme d'Hamilton......	234
17. Vues de M. de Morgan sur l'axiome.......................	235

18. L'axiome sous sa forme ordinaire (*Dictum*) dérive-t-il des lois de la pensée?... 236
19. Les règles spéciales du syllogisme déduites de l'axiome........ 237
20. Axiome de l'égalité, et *argument à fortiori*.................. 239

Exemples de syllogismes.

21. Application de la théorie et des formes du syllogisme......... 240
22. Méthode applicable aux raisonnements confus................. 240
23. Exemples.. 241

CHAPITRE II.

Additions récentes à la théorie du syllogisme.

ADDITIONS D'HAMILTON. — L'extension donnée par Hamilton à la théorie et aux formes du syllogisme est fondée sur la détermination de la quantité du prédicat, et sur le développement complet des deux modes de la quantité : extension et compréhension..... 259

ADDITIONS DUES A DE MORGAN. — Théorie de la copule. Extension des formes syllogistiques par l'accroissement des propositions fondamentales. Preuves de la validité des raisonnements : règles des inférences. Formes opposées. Les différentes manières d'exprimer la quantité. Le syllogisme numériquement défini. Distinction des figures. Comparaison avec le système d'Aristote............ 265

ADDITIONS DUES A DE BOOLE. — Figures et symboles employés dans le raisonnement. Expression de la proposition. Jusqu'à quel point les règles de l'algèbre peuvent s'appliquer à l'expression symbolique des notions et des propositions. Les symboles O et 1. Expression des idées générales et de leurs contraires. Expression et équivalence des attributs complexes. Définitions. Propositions réelles et leurs négatives. Inférences immédiates. Propositions secondaires (hypothétiques, etc.). Exemple de la dérivation symbolique des formes équivalentes. Démonstration de Clarke sur l'existence et les attributs de Dieu. Argumentation de Spinoza en faveur du panthéisme. Conversion. Le syllogisme.............. 276

CHAPITRE III.

Du rôle et de la valeur du syllogisme.

1. Caractère particulier du syllogisme. La conclusion ne dépasse pas les prémisses. Différentes opinions à ce sujet. Le syllogisme accusé de n'être qu'une *petitio principii*........................ 301
2. La majeure peut être divisée en deux parties : les cas observés et les cas inférés... 302

3. En affirmant une proposition générale, on fait une inférence aussi complète que possible... 302
4. Le vrai type du raisonnement est l'inférence du particulier au particulier... 303
5. Lorsque de certains cas particuliers nous pouvons inférer un autre cas particulier, il est possible de *généraliser* l'inférence... 304
6. L'inférence déductive est une interprétation.................... 305
7. Qu'il est utile de formuler toutes les inférences possibles dans une affirmation générale... 308
8. Utilité du syllogisme pour présenter dans des propositions isolées les différentes parties du raisonnement....................... 309

CHAPITRE IV.

Suites de raisonnements et sciences déductives.

1. Série de syllogismes.. 311
2. L'inférence du particulier au particulier a lieu encore dans les séries de raisonnements... 312
3. Les *sciences déductives* sont celles qui consistent surtout à développer les inductions déjà établies, à les étendre par la découverte des mineures... 314
4. La détermination déductive s'oppose à la détermination inductive.. 317

CHAPITRE V.

Démonstration. — Axiome. — Vérités nécessaires

1. La démonstration a sa source dans l'induction................. 319
2. Le principal argument contre l'origine inductive des premiers principes, c'est qu'ils sont *nécessaires*........................ 320
3. *Sens divers du mot nécessité.* I. *Certitude.* La certitude s'étend aux vérités inductives... 320
4. II. *Implication* ou accord de la vérité avec elle-même........ 321
5. Les vérités nécessaires, en ce sens, sont admises, dès qu'on a compris les mots qui les expriment. Elles ne sont pourtant pas intuitives... 323
6. III. La nécessité considérée comme l'*inconcevabilité du contraire*. 324
7. *La nature des axiomes.* Les principes fondamentaux des sciences déductives sont appelés axiomes.................................. 326
8. Les deux principaux axiomes des mathématiques sont des vérités inductives.. 327

	Pages.
9. Les axiomes du syllogisme reposent sur l'expérience	329
10. Il y a une tendance instinctive à croire à la loi de causalité....	330
11. Au fond de tous les axiomes se trouve le principe de l'uniformité de la nature....	330

APPENDICE.

A. Classification des sciences.

Classification de Bacon......................................	335
D'Alembert..	336
Encyclopædia Metropolitana.................................	337
Neil Arnott..	338
Auguste Comte..	338
Spencer...	339
Critique du système de Spencer.............................	340

B. Limites du domaine de la logique.

Séparation établie par Mansel entre la logique formelle et la logique concrète. Discussion	353
Domaine de la logique théorique............................	354
Logique formelle et concrète	357
Le raisonnement mathématique est le meilleur exemple du raisonnement formel...	364
Analogie de la logique et des mathématiques	365
Vérification essentielle à tout raisonnement formel............	366
Les opérations logiques sont essentiellement concrètes	366
La déduction et l'induction sont des opérations qui se continuent l'une l'autre...	369
La logique est une science pratique. Valeur des règles de l'induction..	369

C. Énumération des choses.

Diverses manières de diviser la totalité des choses.............	372
Relativité fondamentale.....................................	373
I. La plus profonde des relations est celle de l'objet et du sujet.	373
II. Analyse de l'objet....................................	374
III. Analyse du sujet....................................	375

Pages.

IV. Attributs communs au sujet et à l'objet : ressemblance et différence, quantité, coexistence et succession ; ou plus brièvement : QUANTITÉ, SUCCESSION et COEXISTENCE.................................. 375

V. Attributs particuliers à l'objet : *Extension, résistance, couleur, son, odeur, goût, chaleur* et *froid*, outre les propriétés moléculaires qui échappent aux sens... 378

VI. Attributs particuliers au sujet : *sensibilité, volonté, pensée*. 381

VII. *Substance*, non pas opposée aux attributs, mais formée des attributs les plus essentiels... 382

Énumération donnée par M. Mill des choses qui peuvent être désignées par des mots.. 383

Les catégories d'Aristote.. 384

D. LE POSTULAT UNIVERSEL.

Toute démonstration repose sur quelque chose qu'on ne peut démontrer.. 388

Données primitives ; lois de la pensée................................ 389

Témoignage de la conscience, d'après Hamilton....................... 390

Inconcevabilité du contraire, d'après Spencer....................... 391

Il doit y avoir au moins deux données élémentaires : 1° le postulat de l'accord de la vérité avec elle-même ; 2° une hypothèse relative à l'expérience... 396

L'uniformité de la nature est notre dernière garantie ; on ne peut la démontrer, mais elle peut être exprimée de diverses façons... 400

E. SOPHISMES D'APRÈS ARISTOTE ET LES SCOLASTIQUES.

Énumération des sophismes d'après Aristote.......................... 401

De l'ordre habituellement suivi dans les manuels de logique syllogistique... 405

FIN DE LA TABLE DU PREMIER VOLUME

Paris. — Typographie Georges Chamerot, rue des Saints-Pères, 19.

www.ingramcontent.com/pod-product-compliance
Lightning Source LLC
Chambersburg PA
CBHW070210240426
43671CB00007B/605